Im Schatten der Politik

Wolfgang Rudzio

Im Schatten der Politik
Ein Leben

Wolfgang Rudzio
Oldenburg, Deutschland

ISBN 978-3-658-19584-7   ISBN 978-3-658-19585-4   (eBook)
https://doi.org/10.1007/978-3-658-19585-4

Die Deutsche Nationalbibliothek verzeichnet diese Publikation in der Deutschen Nationalbibliografie; detaillierte bibliografische Daten sind im Internet über http://dnb.d-nb.de abrufbar.

Springer VS
© Springer Fachmedien Wiesbaden GmbH, ein Teil von Springer Nature 2018
Das Werk einschließlich aller seiner Teile ist urheberrechtlich geschützt. Jede Verwertung, die nicht ausdrücklich vom Urheberrechtsgesetz zugelassen ist, bedarf der vorherigen Zustimmung des Verlags. Das gilt insbesondere für Vervielfältigungen, Bearbeitungen, Übersetzungen, Mikroverfilmungen und die Einspeicherung und Verarbeitung in elektronischen Systemen.
Die Wiedergabe von Gebrauchsnamen, Handelsnamen, Warenbezeichnungen usw. in diesem Werk berechtigt auch ohne besondere Kennzeichnung nicht zu der Annahme, dass solche Namen im Sinne der Warenzeichen- und Markenschutz-Gesetzgebung als frei zu betrachten wären und daher von jedermann benutzt werden dürften.
Der Verlag, die Autoren und die Herausgeber gehen davon aus, dass die Angaben und Informationen in diesem Werk zum Zeitpunkt der Veröffentlichung vollständig und korrekt sind. Weder der Verlag noch die Autoren oder die Herausgeber übernehmen, ausdrücklich oder implizit, Gewähr für den Inhalt des Werkes, etwaige Fehler oder Äußerungen. Der Verlag bleibt im Hinblick auf geografische Zuordnungen und Gebietsbezeichnungen in veröffentlichten Karten und Institutionsadressen neutral.

Verantwortlich im Verlag: Frank Schindler

Gedruckt auf säurefreiem und chlorfrei gebleichtem Papier

Springer VS ist ein Imprint der eingetragenen Gesellschaft Springer Fachmedien Wiesbaden GmbH und ist Teil von Springer Nature
Die Anschrift der Gesellschaft ist: Abraham-Lincoln-Str. 46, 65189 Wiesbaden, Germany

Inhalt

Einleitung | 1

I Vorfahren: Ethnische Integration und Modernisierung
   in Ostpreußen | 3
1 Väterliche Seite: Aufstieg und Krise einer liberalen Familie | 3
2 Mütterlicherseits: Bauern, Schmiede, flexibler Unternehmer | 21
3 Die Eltern: Reaktionen angesichts einer bedrohlichen Welt | 39

II Bürgerliche Kindheit im Schatten des Krieges (1935–45) | 49
1 Königsberg: Aufwachsen in Mutter-Kind-Familie | 49
2 Zweites Zuhause: Das ländlich-masurische Rhein | 63
3 Der näherrückende Krieg | 67
4 Tiefster Lebensbruch: Die Flucht | 76

III Unten: Heranwachsen in der Nachkriegszeit (1945–55) | 99
1 Nach der Katastrophe: Das Ringen ums Überleben | 99
2 Leben in der Dorfgesellschaft: Einheimische und Flüchtlinge | 106
3 Die andere Welt: Gymnasium in Hannover | 118

IV Linker Student im Abseits (1955–61) | 131
1 Göttingen: Klärender Vorlauf | 131
2 Bescheidenes Studentendasein in Frankfurt | 138
3 Intensives Studium – am Ende finanzielles Stranden? | 144
4 Aktivitäten im SDS, bei den Jusos und der IG Metall | 150

V Zwischen linkem Engagement und bürgerlichen Lebenszielen
   (1961–73) | 165
1 Vom Studenten zum promovierten Historiker –
   ohne Uni-Zukunft? | 165
2 Natalja – der holprige Weg zum Glück | 173
3 Nicht mitgerissen: Als Assistent im Sturm
   der Studentenbewegung | 184
4 SPD-Vorstand: Vom Fall Littmann zum Stamokap-Konflikt | 201

VI Oldenburg 1973–85: Dissident in der Universität | 229
1 Etablierung im kühlen Norden | 229
2 Universität: Konflikte mit DKP-Anhang
   und „Undogmatischen" | 241
3 Politikwissenschaft: Forschung mit ausgreifenden Horizonten | 263

VII Die besten Jahre und der Kollaps des Kommunismus
    (1985–2000) | 271
1 Familienleben: Geisterfahrer der Nation? | 271
2 Arbeitsplatz Universität: Verschanzt im Institut | 282
3 Herausforderung und Kollaps des Kommunismus | 289
4 Zentral: Die Demokratie der Bundesrepublik | 305

VIII 2000–15: Neue Perspektiven oder nur Abgesang? | 309
1 Großelternrolle in wachsender Familie | 309
2 Kulturelle Nachrüstung noch im Alter? | 317
3 Abschied von Politik, bisschen wissenschaftlicher Nachruhm | 324

Wissenschaftliche Schriften Wolfgang Rudzio | 337

Abkürzungen | 343

Einleitung

„Ohne Erinnerung und Sehnsucht ist das Leben sinnlos. Ich habe längst jede Sehnsucht verloren. Jetzt auch die Erinnerung". So kann die psychische Situation eines alten Menschen aussehen[1]. Auch mir sind Sehnsüchte vergangen, ersetzt durch den Spruch „Stillstand ist der Sieg der Alten" – mehr können sie nicht erwarten. Das gilt für das eigene Leben ebenso wie für Erwartungen an die Politik: Von ihr erhofft man nur noch, dass sie die Probleme des Tages oder Jahrzehnts einigermaßen händelt und nicht in Katastrophen führt.

Noch geblieben ist aber die Erinnerung. Sie ist hier in einem Lebensrückblick niedergeschrieben. Er umfasst einerseits das persönliche Dasein im Kreise der Familie, andererseits Erfahrungen als Politikwissenschaftler bzw. politisch Aktivem. Es handelt sich also teils um ein persönliches, teils um ein politisches Buch. In der vorliegenden Fassung sind familiäre Aspekte gekürzt.

Man hat den modernen Menschen als „Gott auf Krücken" bezeichnet. Auch seine Erinnerung wird durch Krücken gestützt, wie sie gelernte Historiker zu Hilfe nehmen. Entsprechend beruht die Darstellung möglichst auf zeitnahen Quellen, die im einzelnen den Fußnoten zu entnehmen sind. Ausgewertet wurden Terminkalender, Briefe, Fotos, Geburts-, Heirats- und Todesurkunden, protokollierte Befragungen, Archivunterlagen, Publikationen und Zeitungsberichte. Für Hilfen danke ich Verwandten. Während so über weite Strecken der Charakter eines historischen Berichts erreicht wird, spielt für Persönliches mehr eigene Erinnerung und die meiner Frau eine Rolle.

Entsprechend dem Buchtitel „Im Schatten der Politik" liegt der Akzent auf Auswirkungen der Politik, politischen Einstellungen und politischem Verhalten. Politik und Brüche der deutschen Geschichte spielten für die Vorfahren ebenso wie für mich eine zentrale Rolle. Mein persönliches Schicksal, die be-

---

1   Jane Gardam, Ein untadeliger Mann, München 2015, S. 306.

rufliche Tätigkeit als Politikwissenschaftler und Phasen politischer Aktivität legen diese Akzentsetzung nahe. Für mich waren Drittes Reich, Flucht, soziale Chancengleichheit, die 68er Bewegung, Freiheit der Wissenschaft und die Auseinandersetzung mit dem Kommunismus bewegende Themen – nicht zuletzt auch das Ringen um eine normativ befriedigende und handlungsfähige Demokratie. „Im Schatten" blieb ich im Verhältnis zur Politik insofern, als ich sie nur vorübergehend von der Basis her beeinflusste, im übrigen ihr Objekt und ihr wissenschaftlicher Beobachter war.

Kapitel I
Vorfahren:
Ethnische Integration und
Modernisierung in Ostpreußen

1 Väterliche Seite: Aufstieg und Krise einer liberalen Familie

Schon als Kind wurde mir bewusst, dass „Rudzio" kein deutscher Name ist. Handelte es sich um einen italienischen? Aber meine Mutter korrigierte: Das treffe nicht zu, vielmehr stammten die ersten bekannten Rudzios aus dem Kreis Angerburg in Ostpreußen. Als Student bin ich bei Leistungsprüfungen von Professoren gefragt worden: Woher kommt denn Ihr Name? Das war eine freundliche, mit etwas persönlichem Interesse verbundene Frage. Aber wie antworten? Der Hinweis auf die Herkunft aus Ostpreußen war nur eine halbe Antwort. Als ich später, in den 80er Jahren, den polnischen Historiker Janusz Mallek (Photo S. 299) kennen lernte, ordnete er „Rudzio" dem Polnischen zu, und tatsächlich gibt es die „dz"-Verbindung (gesprochen wie „dsch") im Polnischen. Namensgeber also polnisch-masovische Zuwanderer im südlichen Ostpreußen? Einige Jahre neigte ich dazu, dieser Sicht zu folgen. Mehrere Argumente weisen aber in eine andere Richtung:

(1) In einem Zeitschriftenaufsatz zu den masurischen Namen mit der Endung „zio" wird der Name „Rudzio" als litauisch bezeichnet[1]. Tatsächlich ist „rudzio" ein litauisches Wort und bedeutet rotbraunes Pferd (= „Fuchs")[2].
(2) Für das 17. und frühe 18. Jahrhundert ist eine Schulzenfamilie namens „Rudzio" im Dorf Paulswalde (auch Paulswohl) bei Angerburg belegt. Von ihr wusste wohl meine Mutter. 1642, 1663 und 1714 schworen diese Dorfschul-

---
1 Wolfgang Brozio, Untersuchungen und Ergebnisse zur Herkunft des Familiennamens „Brozio" und anderer auf „-zio" endender masurischer Familiennamen, in: APG 1982, S. 331 ff., hier 340.
2 Alexander Kurschat, Litauisch-deutsches Wörterbuch, Göttingen 1972, Bd. 3, S. 2104.

zen Rudzio Loyalität für den Großen Kurfürsten von Brandenburg bzw. für König Friedrich-Wilhelm I.[3]. Es handelte sich um ein Dorf, gegründet 1563, indem einem Paul Lissen (aus Lissen bei Johannisburg) Wildnis hierfür zugewiesen wurde. Nach ihm wurde „Paulswohl" benannt, wobei „wohl" ein masovisches Wort für „Siedlergrund" ist. Die Siedler waren „in der Hauptsache Masuren und Litauer". Ab 1628 amtierten über 200 Jahre jeweils zwei Schulzen in Paulswohl, von denen lange Zeit einer von den Rudzios gestellt wurde. Sie repräsentierten wohl die beiden Siedlergruppen. Als der Große Kurfürst 1642 von Dietrich von Schlieben Geld borgte, wurde das Dorf an die Schliebens verpfändet, auch die niedere Gerichtsbarkeit auf sie übertragen. Um 1669 kam es zu Streitigkeiten zwischen den Bauern und Schlieben[4]. Nicht einfach dürfte daher die Schulzenrolle der Rudzios gewesen sein, die zwischen Dorf und Herrschaft vermitteln mussten.

(3) Darüberhinaus zählen Kirchenquellen für 1638 den Angerburger Raum zum litauischen Sprachgebiet, erst für die Wende zum 18. Jahrhundert zum polnischen[5]. Hinweise finden sich auf Rudzios als Angerburger Bürger und Dorfbewohner im Umland. Ein Beispiel ist der Musketier Michael Rudzio aus Paulswalde (Bürger ab 1751); er diente 14 Jahre als Soldat und „blieb in der Bataille" – möglicherweise im Siebenjährigen Krieg[6].

(4) Untersuchungen weisen darauf hin, dass bei Ende der Kämpfe zwischen Deutschem Orden und Prussen ein Teil der östlichen Prussen nach Litauen auswich. Sie vor allem seien es später gewesen, die als „litauische" Zuwanderer zurückkehrten – so eine These, die plausibel, aber nicht belegbar ist. Dass sie als Litauer galten, spricht wegen der sprachlichen Nähe zwischen Prussen und Litauern nicht zwingend gegen die Prussenthese.

Mein Ergebnis: Die Rudzios sind wohl litauische Zuwanderer gewesen. Eine Katastrophe für diese Gruppe stellte die verheerende Pest von 1709/10 dar, der überdurchschnittlich viele Menschen in litauischen Zuwanderergebieten zum Opfer fielen. Die Nachkommen dieser Gruppe haben zunächst nur langsam, im 19. Jahrhundert dann in rascherem Tempo die deutsche Sprache angenommen. Ihre preußische und dann deutsche Loyalität stand nie in Frage. Selbst nördlich der Memel, wo sich litauische Sprache teilweise bewahrte, ergaben die

---

3   Hans Heinz Diehlmann (Hg.): Erbhuldigungsakten des Herzogtums Preußen, 1. Teil, Hamburg 1980, S. 230, 239; 2. Teil, Hamburg 1983, S. 64, 244; 3. Teil, Hamburg 1992, S. 241.
4   Erich Pfeiffer, Der Kreis Angerburg, o. O. 1973, S. 49, 51, 157–59.
5   Andreas Kossert, Ostpreussen, München 2005, S. 62, 64. Masovien war ein polnisches Herzogtum südlich von Ostpreußen, aus dem im 15.–17. Jahrhundert viele Menschen eingewandert waren.
6   Roland Seeberg-Elverfeldt, Die Bürger der Stadt Angerburg 1653–1853, in: APG 1936, S. 67–71, 102–03.

Wahlen unter litauischer Herrschaft 1923–39 stets Mehrheiten von etwa 80 Prozent für deutsche Parteien[7].

Somit beweist der Name Rudzio keine Abstammung aus der prussischen Urbevölkerung, auch wenn ich das gern gehabt hätte. Definitiv auszuschließen ist sie allerdings nicht. Hierfür lässt sich auch die Schätzung seriöser Historiker anführen, wonach die Prussen trotz ihrer schweren Verluste im Kampf gegen den Orden noch um 1400 die knappe Bevölkerungsmehrheit im Ordensland östlich der Weichsel bildeten[8].

Während meiner Kindheit habe ich meiner Mutter noch eine andere Frage gestellt: Wer waren meine Vorfahren, welche Berufe hatten sie? Ihre Antwort lautete: Sie kamen aus dem Volk, waren Handwerker und Bauern.

Tatsächlich erweist sich der älteste nachweisbare Vorfahr, Paul Rudzio (1761–1832), als evangelischer Gerber in der masurischen Kleinstadt Arys[9] (östlich des Spirdingsees). Ihm folgte sein Sohn Wilhelm dort als Gerber, und auch dessen Sohn Wilhelm wurde Gerbermeister. Gerber, dass war ein wenig geachteter und auch eher ungesunder Beruf. Aber er ließ sich betreiben, gerade wenn Wasser zur Verfügung stand. Beide Gerber Rudzio in Arys heirateten Frauen mit masovischen Nachnamen, Catarina Sczesny bzw. Lowisa Przylacki. Das überrascht nicht, galt doch noch Anfang des 20. Jahrhunderts in der evangelischen Kirchengemeinde Arys die Hälfte der „Seelen" als Masuren, d. h. nicht deutschsprachig[10]. Die beiden Frauen brachten 6 bzw. 8 Kinder zur Welt. Aber ihre Lebensverhältnisse scheinen drückend gewesen. Zumindest zwei Kinder von Catarina starben früh an einer „Geschwulst" bzw. an „Masern", drei ledige Töchter Lowisas zogen um 1860 nach Barmen (Wuppertal)[11]. Catarina starb mit nur 40 Jahren an „Fieber", der Aryser Wilhelm Rudzio mit 59 Jahren an „hitziger Krankheit".

Weniger kinderreich, aber anscheinend leichter gestaltete sich das Leben in der nächsten Generation des zweiten Wilhelm Rudzio (Urgroßvater von mir, 1837–1905), der sich als Gerbermeister im idyllischen Nikolaiken (nordwestlich des Spirdingsees) niederließ[12]. Weshalb der Umzug? Die Erklärung liegt wohl

---

7 Kossert, Ostpreussen, S. 96 f., 18.
8 Hartmut Boockmann, Deutsche Geschichte im Osten Europas – Ostpreußen und Westpreußen, Berlin 1992, S. 138.
9 Altpreußischer Seename „Aris". Rozalia Przybytek, Ortsnamen baltischer Herkunft im südlichen Teil Ostpreußens, Stuttgart 1993.
10 So 1912/13 nach Erhebungen der evangelischen Kirche. Reinhold Heling (Hg.), Die evangelischen Kirchengemeinden in Ostpreußen und Westpreußen in den Pfarr-Almanachen von 1912 und 1913, 2. A. Hamburg 2000, S. 59.
11 Eine wurde Volksschullehrerin, eine Haushälterin. E-Mail-Mitteilung Frieder Gutowski.
12 Von altpreußisch „lauken" = Feld. Der Hochmeister verlieh 1437 einem Hans Niklas u. a. das Recht zur Dorfgründung.

darin, dass er mit Nikolaiken in das Kirchspiel ging, aus dem seine Frau Ottilie Prengel, Bauerstochter aus Wosnitzen, stammte[13]. Dieses Kirchspiel trug einen etwas anderen Charakter als Arys, da hier 1912/13 deutlich weniger, nämlich nur 30 % der Einwohner masovisch-polnisch sprachen[14]. Im Unterschied zu den Aryser Rudzios hatte das Paar nur zwei Kinder: zunächst eine Tochter Anna (1872–97), die 1892 den Lehrer und späteren Schulrektor in Elbing, Wilhelm Hetz (Salzburger Herkunft), heiratete. Dieser Ehe entsprossen drei Söhne, von denen jedoch nur einer die Kindheit überlebte: Erich Hetz (1895–1944), Vetter meines Vaters. Anna Hetz starb jung an Kindbettfieber.

Das zweite Kind der Nikolaiker Rudzios, ihr Bruder, war mein Großvater Max Rudzio (1875–1929). Er brach mit der Tradition in zweifacher Hinsicht. Zunächst: Er verließ Masuren und ging nach Rastenburg. Das bedeutete, dass er das von der masovischen Zuwanderung geprägte Masuren mit seiner Zweisprachigkeit, seinen überwiegend sandigen Böden, aber reizvollen Seen, seiner Abgeschiedenheit und seiner wirtschaftlich-sozialen Rückständigkeit verließ[15] – damit zugleich auch einen Teil der Provinz, in dem Großgrundbesitz keine Rolle spielte. Rastenburg war zwar auch nach damaligen Verhältnissen keine große Stadt (1867 5 556 Einwohner, 1900 11 144, 1939 19 634), etwa an 10. Stelle in Ostpreußen rangierend, aber seit dem Bau der Südeisenbahn 1867 von Königsberg über Rastenburg und Lyck zur Grenze nach Kongreßpolen[16] mit der Welt und dem wirtschaftlichen Fernaustausch verbunden. Dazu kamen kurz nach 1900 Kleinbahnen, die ausstrahlend eine weite Umgebung erschlossen. Angesichts der Schlüsselrolle der Eisenbahn konnte Rastenburg als aufstrebende Stadt gelten. Es hatte auch eine lange, bis 1329 zurückreichende Geschichte, welche von den Litauerkriegen des Ordens bis zur städtischen Selbstverwaltung des 19. Jahrhunderts reichte. Nachdem man zuvor Pflasterung und Straßenbeleuchtung erreicht hatte, wurden in der Amtszeit des Bürgermeisters Wilhelm Pieper (1897–1921) Gasanstalt, Fernsprechnetz und Kanalisation mit Kläranlage eingeführt. Seit 1871 gab es Theateraufführungen im Ordensschloss und in einzelnen Hotels[17].

---

13 Prengels gab es schon länger in Ostpreußen. Mehrere Spuren weisen auch ins Rheiner Gebiet.
14 Heling, Kirchengemeinden, S. 70 f.
15 1912/13 lebten in Rastenburg 11 945 Einwohner, darunter 1 023 Katholiken. Selbst unter Einbeziehung der Umgebung kam man unter den Evangelischen auf nur 30 Personen masurisch-polnischer Sprache. Heling, Kirchengemeinden, S. 29.
16 Ute Caumanns, Technischer Fortschritt und sozialer Wandel in deutschen Ostprovinzen, Bonn 1994, S. 62 und Anhang, Tab. 2; Fritz R. Barran, Städte-Atlas Ostpreussen, 3. A. Leer 1994, S. 184; Erich Pfeiffer, Der Kreis Angerburg, o. O. 1973, S. 96. „Kongreßpolen" = Polen unter russischer Herrschaft, wie es der Wiener Kongreß abgegrenzt hatte.
17 Rudolf Grenz, Der Kreis Rastenburg, Marburg 1976 (versch. Beiträge).

Der zweite Traditionsbruch Max Rudzios bestand darin, dass er nicht Gerber, sondern Kaufmann wurde. Als Hintergrund hierfür kann man die auch Ostpreußen erfassende wirtschaftliche Entwicklung und Modernisierung im Wilhelminischen Deutschland sehen, die soziale Aufstiegschancen eröffnete. Max Rudzio arbeitete als Angestellter der alteingesessenen Firma Gebrüder Reschke, die neben einer Glockengießerei ein Eisenwarengeschaft und ein Sägewerk umfasste. 1904 heiratete Max die etwas jüngere Helene Ahl (geb. 1879), Tochter eines Druckereibesitzers und Zeitungverlegers in Rastenburg. Ihr Hochzeitsbild (Photo S. 9) zeigt eine größere Gesellschaft, die im Hotel Thuleweit feierte. Von ihnen lassen sich von Seiten des Bräutigams nur dessen Mutter Ottilie Rudzio, vom Familienverband der Ahls aber neun Angehörige identifizieren. Max Rudzio stieg in die städtische Oberschicht ein.

Im Jahre 1907 nahm man ihn auch in die Rastenburger Freimaurerloge auf, die bereits seit 1818 bestand. Ihr gehörten Kaufleute, Gewerbetreibende, höhere Beamte, aber auch Gutsbesitzer aus Rastenburg und Umgebung an – darunter der Glockengießereibesitzer Karl Reschke, der Hotelier Thuleweit und Rastenburgs Bürgermeister Pieper. Max Rudzio betätigte sich zunächst als „Bruder", der sich um Weinkeller und Logenküche kümmerte (sein Nachfolger in dieser Funktion, der Kaufmann Heinrich Claaßen, war auch gern gesehener Gast bei Familienfeiern der Rudzios). Hervorhebend rühmt die Geschichte der Loge: „Br. Rudzio machte eine sehr namhafte Stiftung, welche hinreichte, die sehr erheblichen Kosten für den Erneuerungsbau (der Loge, W. R.) zu decken, wodurch eine große Sorge von unsern Schultern genommen wurde."[18]. Deutlich wird hier Wohlstand, den Max Rudzio offenbar erreicht hatte. Er ist später auch „zugeordneter Meister" der Loge geworden, in der er „oft auch Reden gehalten" hielt. Deren Rituale erschienen meiner Großmutter „sehr feierlich, nur etwas unheimlich". Man vertrat menschheitliche Brüderlichkeit, verehrte Friedrich den Großen, der Freimaurer gewesen war und dessen Bild die Loge schmückte. Daneben war die Loge ein Ort gesellschaftlichen Verkehrs, mit wöchentlichem Kaffee der „Logen-Schwestern" (= Frauen der Brüder) und gemeinsamen Festessen einschließlich Tanz. Auch Wohltätigkeit übte man: „Zu Weihnachten wurden arme Kinder gut beschert, eingekleidet u.s.w."[19]. Sicherlich ermöglichte die Freimaurerloge auch Kommunikation zwischen Honoratioren aus verschiedensten Bereichen. Politisch konnte man ihr eine liberale Tendenz zuordnen. War es diese oder einfach der Honoratiorenkontakt, der Max Rudzio später auch zum Stadtverordneten in Rastenburg werden ließ? Wir wissen es nicht. Seine Logenaktivitäten veranlassten ihn mehrfach zu Reisen nach Königsberg, wo er mit der übergeordneten Loge zu tun hatte.

---

18 Ernst Lentz, Geschichte der Loge „Zu den drei Thoren des Tempels" im Orient Rastenburg 1818–1918, Rastenburg 1920, S. 29, 84, 86, 94 f., 100 f.
19 Helene Meylaender verw. Rudzio an Wolfgang Rudzio, 5.5.1952.

Darüberhinaus verbesserte sich die berufliche Position Max Rudzios noch einmal wesentlich. Hermann Reschke (geb. 1853) hatte „das umfangreiche Geschäft seines Vaters" bis 1914 selbst betrieben: „In diesem Jahre gab er Eisengießerei und Eisengeschäft an Max Rudzio ab und behielt nur die dem Bahnhof gegenüberliegende Schneidemühle." Reschke widmete sich stärker der Kommunalpolitik[20]. Damit stieg mein Großvater zum selbständigen Kaufmann und Unternehmer auf, der sich die großzügige Stiftung für das Logenhaus und in den zwanziger Jahren Studienfinanzierungen für seinen Sohn Alfred und seinen Neffen Erich Hetz leisten konnte. Er kaufte das Geschäftshaus der Reschkes am Neuen Markt 3, besaß daneben ein Wohnhaus in der altstädtischen Mauerstraße 6–7. Wenn er auch bei seiner Heirat eine Mitgift erhalten hat – wesentlicher war, dass die Geschäfte im aufstrebenden Rastenburg gut gingen. Und das „Eisenhaus Reschke" im Besitz Max Rudzios war vielseitig: Es führte, wie große Lettern verkündeten, „Haus- und Küchengeräte", „Glas und Porzellan", umfasste „Eisengießerei und Maschinenfabrik". Und immer wieder priesen seine Inserate Neues im Angebot an, 1918 Steintöpfe, „Eis-" und „Fliegenschränke". Nach dem Kriege, 1925, ging noch das Rastenburger Logenhaus in Maxens Besitz über[21] – sein Wohlstand wuchs weiter.

An dieser Stelle sei der Fokus auf die Familie seiner Frau Helene geb. Ahl, gerichtet. Von ihren Großeltern, den Krauses und den Ahls in Angerburg, ist nur bekannt, dass Krause Viehhändler war (Photo S. 18). Er „hatte Geld", das es seinem Schwiegersohn Eduard Ahl (1843–1929, Photo S. 18) ermöglichte, in Rastenburg eine Druckerei zu kaufen oder aufzubauen[22]. Eduard Ahl und seine Frau Minna, geb. Krause, Urgroßeltern von mir, gingen in jungen Jahren dorthin. Eduard, der sich zuvor als Apotheker versucht hatte, erwarb nun eine Druckerei und brachte 1865 das „Rastenburger Wochenblatt – Zeitschrift für Gewerbe, Landwirtschaft und Gesundheitspflege" heraus. Dies erwies sich anscheinend als Fehlschlag, jedenfalls wurde das Blatt noch im gleichen Jahre wieder eingestellt. Er lebte dann zunächst von der Druckerei, auch vom Verlegen einiger Bücher unterschiedlichen Inhalts (teilweise Dissertationen): über das Fernbleiben von Kindern vom Schulunterricht (die man auf dem Lande im Sommer zum Hüten einsetzte), ein anderes zur Geistesbildung. Drei weitere Titel betrafen medizinische (1912, 1918, 1923), zwei juristische Themen (1913, 1923), eines Schillers „Don Carlos" (1910) und eines handelte vom „Vom Siegen und Sterben" (1916). Auch eine Geschichte der kreisangehörigen Stadt Drengfurt (1905) und eine der Rastenburger Loge (1920) erschienen im Verlag Eduard Ahl, desgleichen Adressbücher zu Stadt und Kreis Rastenburg (1899–1910,

---

20 Walter Luckenbach, Ehrenbürger und Stadtälteste der Stadt Rastenburg, in: Grenz, Der Kreis Rastenburg, S. 395 ff., hier 404.
21 Letzter Satz: Touristenwerbung für Rastenburg, Internet-Abruf vom 16.6.2014.
22 Befragung Hans-Joachim Kirchgessner, 8.10.2007 in Oldenburg.

Vorfahren: Ethnische Integration und Modernisierung in Ostpreußen 9

Hochzeit Helene Ahl mit Max Rudzio, Rastenburg 1904. Erste Reihe von links: Paul + Elise Weigel, Leopold + Ida Bretschneider, Ottilie Rudzio, Hochzeitspaar, Minna + Eduard Ahl; zweite Reihe von rechts: Otto + Käthe Ahl. © Wolfgang Rudzio, Autor.

1908–21), ein Rastenburger Bürgerbuch 1910 und ein Adressbruch des westpreußischen Kreises Rosenberg 1924[23].

Mein Urgroßvater Ahl war großgewachsen, seine Frau Minna eher klein und ausgesprochen zierlich. Familiäres Ondit besagt, sie sei Salzburger Herkunft gewesen. Er könne sie, meinte er gelegentlich, auf einer Hand tragen. Das Paar bekam zwischen 1865 und 1879 vier Kinder, einen Sohn Otto und drei Töchter: Ida, Elise und Helene (meine Großmutter). Von den drei Töchtern habe ich zwei sehr gut, eine flüchtig kennen gelernt. Alle vier Kinder heirateten, und auf dem Hochzeitsbild von 1904 sieht man die vier Paare: Den Sohn Otto, der Jura studierte und Oberpostdirektor wurde, turtelnd mit seiner Käthe (geb. Wilhelm, 2. Reihe ganz rechts); vorn von links Elise Weigel mit ihrem aus Sachsen stammenden, vorzeigbaren, aber zu keinem bürgerlichen Beruf taugenden Mann Paul („Onkel Baule"); die zäh-energische Ida Bretschneider mit ihrem Mann, einem Journalisten; Ottilie Rudzio geb. Prengel, Mutter des Bräutigams (eine meiner Urgroßmütter); schließlich meine Großmutter Helene Rudzio mit dem einen wilhelminischen Schnurrbart tragenden Max Rudzio. Rechts davon saßen Minna und Eduard Ahl, die Brauteltern. Alle zusammen bildeten einen großen Familienzusammenhang, den Ahl-Clan, zu dem nun auch Max Rudzio stieß.

---

23 Internet-Abruf Rastenburg/Eduard Ahl.

Der umtriebige Eduard Ahl beschränkte sich nicht auf die Druckerei. Um 1900 bestand daneben eine Ahlsche Buch- und Papierhandlung, später als „Büro und Kontorbedarf Eduard Ahl GmbH" figurierend in der Königsberger/ Ritterstr. 13. Da wurde vieles angeboten, so Pergamentpapier (1899), Gesangbücher, „Krepp-Papier" und „unzerbrechliche Schiefertafeln" (1918). Eine weitere Aktivität bildete um 1900 der Vertrieb von „Brennabor-Rädern" aus Brandenburg – damals der neueste Schrei. Eduard animierte seine Töchter, die Fahrräder zu besteigen und zu fahren, was sie auch taten. Selbstverständlich für bürgerliche Töchter in einer mittleren Stadt war das wohl nicht. Im Alter übergab er die Buchhandlung seiner Tochter Elise, während Ida die Druckerei leitete. Züge eines lokalen Familienkonzerns traten hervor.

Zur herausragendsten Unternehmung Eduard Ahls aber wurde eine von ihm herausgegebene und gedruckte Tageszeitung. Sie erschien 1882 bis Ende 1918. Ihr Titel „Ostpreußisches Volksblatt" hob sie aus der Menge der Kreisblätter heraus und unterschied sie von der konkurrierenden „Rastenburger Zeitung". Trotz ihres überörtlichen Anspruchs und regelmäßiger Berichte aus verschiedenen Teilen der Provinz gelang es aber nicht, ihr Absatz in ganz Ostpreußen zu verschaffen. Ihr Schwerpunkt blieb der Kreis Rastenburg mit vielleicht einigen Rändern benachbarter Kreise. Annahmestellen für Inserate und Abonnements gab es in Rastenburg, Barten und Drengfurt[24]. Der Begriff „Volksblatt" sollte offenbar alle Bevölkerungsschichten im Sinne ihres linksliberal gesinnten Herausgebers Ahl ansprechen. Aber: Der Liberalismus in Ostpreußen ging zurück. Während es noch 1877 ebensoviele linksliberale wie konservative Reichstagsabgeordnete entsandt hatte (daneben zwei Zentrums- und einen nationalliberalen Vertreter), wurden ab 1884 nur noch in Königsberg liberale Reichstagsmandate erreicht – bei Remanenzen in Kreistagen, für die ungleiches Wahlrecht galt[25]. Außerdem existierte bereits eine ostpreußenweit bekannte liberale Pressestimme, die Hartungsche Zeitung in Königsberg. Daher war es geschäftlich kaum noch angebracht, auf dieses Pferd zu setzen, aber Eduard Ahl trieb wohl auch politisches Sendungsbewusstsein.

In der Aufmachung brachte das Volksblatt um 1900 auf der ersten Seite gewöhnlich einen deutschland- oder preußenbezogenen Meinungsartikel sowie unter „Lokales und Provinzielles" Meldungen aus Ost- und Westpreußen. So in der Ausgabe vom 10.August 1899: Ein Artikel zur „Gesinde-Ordnung in Ostelbien" forderte die Beseitigung dieser überholten Ordnung, „welche das Prügelrecht der Herrschaft gegenüber dem „Gesinde" ausdrücklich anerkennt". Unter „Lokales und Provinzielles" schlossen sich kurze Meldungen aus Ras-

---

24 Ostpreußisches Volksblatt, 7.7.1899. Im Abonnement kostete das Blatt damals per Post in der Stadt Rastenburg 1,50 Mark pro Vierteljahr.
25 Patrick Wagner, Die Puttkamer'sche Säuberung auf dem Lande, in: Karl Christian Führer u. a. (Hg.), Eliten im Wandel, Münster 2004, S. 346 et passim.

tenburg, Stürlack, Korschen, Lötzen, Lyck, Rössel, Tilsit, Allenstein, Königsberg, Gumbinnen und Elbing an. Dem folgten Nachrichten aus Berlin, London, Warschau und Paris. Politisch akzentuiert waren die jeweiligen Meinungsartikel, anhand deren die Linie des Blattes deutlich gemacht werden kann (Stichprobe 1899–1900):

Im Jahre 1899 war es die sogenannte „Zuchthausvorlage", mit deren Hilfe Wilhelm II. die Streikfähigkeit der Gewerkschaften und Übergriffe gegen Arbeitswillige einzuschränken suchte, was die Gemüter bewegte. Das Volksblatt nahm klar gegen die Vorlage Stellung und attackierte die „Herrenhausjunker", die sie unterstützten[26]. Als vorbildlich rühmte es das parlamentarische System Großbritanniens, in dem „der König niemals einen einen anderen Willen, eine andere Meinung als die der verantwortlichen Regierung habe"[27] – was nichts anderes als die Entmachtung des Monarchen bedeutet hätte.

Im gleichen Jahr hielt Ahls' Zeitung einem Urteil entgegen, dass die „Gleichheit der Staatsbürger vor dem Gesetz nunmehr uneingeschränkt auch den Anhängern der sozialdemokratischen Partei zugute kommen müsse."[28] Entsprechend berief sich das Volksblatt gegenüber dem Vorgehen gegen einen sozialdemokratischen Universitätslehrer auf „ein natürliches Menschenrecht im konstitutionellen Staat, auf die Meinungsfreiheit". Das Gemeinwohl könne wohl nicht „leiden, wenn ein Sozialdemokrat über Physik und Mathematik dozirt."[29]

Stark machte sich das Volksblatt für eine „energische Bekämpfung des Agrarierthums" und gegen dessen einseitige Interessenverfolgung zu Lasten der Industrie[30]. Statt Deutschland „mit einer chinesischen Zollmauer (zu) umgeben", brauche man Handelsverträge der bisherigen Art und müsse sich dem „Wettbewerb der Völker" stellen[31]. Uneingeschränkt stimmte das Blatt der Freisinnigen Volkspartei zu, dass man gegen die Vorrechte und die Sonderpolitik des Großgrundbesitzes Front machen müsse. Dabei gehe es hauptsächlich um „die Ostelbischen Junker". Anzustreben sei eine „Verminderung des Großgrundbesitzes und Vermehrung derjenigen Landwirthschaften mittleren und kleineren Umfanges, welche sich ... auch heute noch mehr rentieren als es bei dem Großgrundbesitz der Fall ist."

---

26 Ostpreußisches Volksblatt, 7.7.1899.
27 Ostpreußisches Volksblatt, 17.7.1899.
28 Ostpreußisches Volksblatt, 26.7.1899.
29 Ostpreußisches Volksblatt, 2.8.1899.
30 Ostpreußisches Volksblatt, 15.9.1899.
31 Ostpreußisches Volksblatt, 8.11.1900.

Ostpreußisches Volksblatt, 25.10.1900 (Oben links Hinweis auf Eduard Ahl für Druck und Verlag).

Großgrundbesitzern fehle sehr oft „entsprechende Vorbildung", dazu kämen ihre oft überhöhten Lebensansprüche[32].

Sicherlich entsprachen diese Ausführungen den Überzeugungen Eduard Ahls. Er, der zeitweilig selbst die Funktion des gegenüber Gerichten verantwortlichen Redakteurs ausübte, stand für sie gerade. So hatte er bei Großgrundbesitzern des Kreises Rastenburg den Ruf des „roten Ahl"[33]. Aber was hieß da „rot"? Im Lichte der Zitierungen: Eintreten für ein parlamentarisch-demokratisches Regierungssystem, für Meinungsfreiheit, für mittleren und kleineren Besitz in der Landwirtschaft. Immerhin, das konnte man im Kaiserreich vertreten, ohne verfolgt zu werden.

Ab November 1918 fungierte Eduard Ahls Schwiegersohn Leopold Bretschneider (Photo S. 9) als verantwortlicher Redakteur des Blattes. Daraus darf man wohl schließen, dass dieser schon länger als Journalist und leitender Mitarbeiter am Volksblatt mitgearbeitet hat. Da der einzige Sohn Eduards sich für eine Karriere bei der Post entschieden hatte, zeichnete sich ab, dass der Schwiegersohn in die Rolle eines Nachfolgers für Eduard Ahl hineinwuchs. Bretschneider war zudem auch Mitglied der Rastenburger Loge geworden. Züge eines Familienkonzerns und lokaler Elitenverflechtung verstärkten sich damit. Eduard Ahl konnte sich eine „Villa Ahl" am Seeweg Nr. 5 leisten.

In solcherart ebenso streiterfüllte wie glückliche Verhältnisse brach der Erste Weltkrieg herein. Am 28. Juni 1914 waren die Logenbrüder wie alljährlich zum Johannisfest versammelt. Man saß in großer Zahl „fröhlich und heiter" bei der Tafel. „Mitten hinein in die gehobene Stimmung brachte Br. Bretschneider, in seinem profanen Beruf Herausgeber und Schriftleiter des Ostpreußischen Volksblattes, die Nachricht, dass das Österreichische Thronfolgerpaar in Serajewo ermordet sei". Die folgenden Wochen brachten viel „Spannung und Aufregung": „Gerade wir Rastenburger, die wir so nahe der, wie allgemein bekannt war, schlecht beschützten Ostgrenze wohnten, war die Sorge wohl berechtigt." Bei Kriegsbeginn eilten viele Männer zu ihren Truppenteilen, durchzogen Truppen die Stadt, von Männern und Frauen aus der Stadt versorgt und verpflegt. „Während die Stimmung anfangs recht zuversichtlich gewesen war, sickerten bald Gerüchte über Misserfolge unserer Truppen im Osten durch; erst vereinzelt und unsicher, dann immer bestimmter (…). Von den Grenzgebieten her kamen Flüchtlinge mit der Bahn, zu Fuß und zu Wagen. Ihr bisschen Hab und Gut führten sie mit sich, wie sie es in der Angst im letzten Augenblick zusammengerafft hatten… Viele hatten ihr Vieh bei sich, sodass die Straßen mit Wagen, Menschen und Tieren angefüllt waren, das letztere schrie und blökte ganz schrecklich, weil nicht genügend Leute zum Melken vorhan-

---

32 Ostpreußisches Volksblatt, 25.10.1900.
33 So rückblickend meine Großmutter Helene Meylaender geb. Ahl.

den waren. Da bekamen es auch die Rastenburger mit der Angst, packten ihre Habe zusammen und suchten sich selbst hinter der Weichsellinie in Sicherheit zu bringen."

Geflüchtet waren auch „die meisten Magistratsmitglieder, Stadtverordnete und Beamte". Bürgermeister Pieper, der geblieben war, bildete eine provisorische Verwaltung[34]. Am 24. (oder 25.) August 1914 rückten russische Truppen vom Nordosten her und ohne Widerstand in die Stadt ein, um sie bis zum 2. September besetzt zu halten. Sie nahmen Uniformierte fest, selbst Schüler mit ihren Mützen. Die Russen, die zur sich vorwärts tastenden Njemen-Armee gehörten (während sich im Südosten Ostpreußens das Verhängnis über der russischen Narew-Armee bei Tannenberg zusammenbraute), verhielten sich aber korrekt. Ihr Fourier verlangte Auskunft, wo man Heu, Stroh und Hafer für die Pferde finde. „Ich wusste", so ein Bericht, „das das Proviantamt in Rasthöhe eine alte Scheune und auf dem Hof der Druckerei Ahl einen Speicher gemietet hatte" und zeigte sie ihm[35]. So überlebte Rastenburg die Besetzung glimpflich – anders als andere ostpreußische Gemeinden, wo man neben verbrannten Häusern und Plünderungen etwa 10 000 nach Russland verschleppte Einwohner und eintausend erschossene Zivilisten zu beklagen hatte[36].

Ob die Ahl'schen Familien die Stadt verlassen hatten oder nicht, ist unbekannt. In jedem Falle erlebten sie aufregende Zeiten während jener ersten Kriegswochen. Letztlich blieb es für die Rastenburger bei einem Intermezzo ohne gravierende äußerliche Folgen. Erinnerungen und ein Bewusstsein der Gefährdung aber blieben. Während der weiteren Kämpfe in Ostpreußen 1914–15 konnte man sich westlich der Sperre der masurischen Seen relativ sicher fühlen, doch die Rastenburger hörten noch lange bedrohlichen Kanonendonner.

Das Ahl'sche Volksblatt druckte, als das Kriegsende nahte, im kritischen Juli und August 1918 unkommentiert die amtlichen Kriegsnachrichten, die kaum die dramatische Zerreißsituation an der Westfront erkennen ließen. Die Rede war davon, dass feindliche Angriffe überall „abgewiesen" wurden. Berichtet wurde über „schwerste Verluste des Feindes", eigene blieben unerwähnt[37]. Ebenso war auch Mitte August nur von alliierten Angriffen die Rede, die „gescheitert" oder „im Gegenstoß" zurückgeschlagen seien[38]. Mehr war wohl angesichts der Militärzensur kaum möglich. Aber auch eigener Durchhaltewille scheint eine Rolle gespielt haben. Zu den 14 Punkten des US-Präsidenten Wil-

---

34 Lentz, Geschichte der Loge, S. 87 ff.
35 Ernst Anker, Die ersten Wochen des 1. Weltkrieges in Rastenburg, in: Grenz, Kreis Rastenburg, S. 89 ff., hier 90 f.
36 O. V., Schicksalstage in Ostpreußen 1914, Wolfenbüttel 2007, S. 125.
37 Ostpreußisches Volksblatt, 22. 7. 1918.
38 So Ostpreußisches Volksblatt., 22. 7. und 15. 8. 1918.

son jedenfalls (die sich auf das Selbstbestimmungsrecht, zugleich aber auf einen „unbeschränkten Zugang" Polens zur Ostsee festlegten), formulierte das Volksblatt noch im späten Oktober die Parole: „Auf Wilsons Herausforderung die beste Antwort: Kriegsanleihen zeichnen!"[39]

Die Revolution vom November 1918 hat dann die Ahl-Familie zu intensivem politischen Engagement veranlasst. Das Volksblatt publizierte unterschiedlichste Meinungsbekundungen, beginnend am 11. November mit dem Aufruf des Berliner „Arbeiter- und Soldatenrats", am 21.11. mit Aufrufen des Preußischen Landwirtschaftsministeriums und des Vollzugsrates des AuS-Rates zur Ablieferungspflicht der Landwirte im Interesse der Volksernährung[40], auch mit dem Aufruf des Rastenburger Arbeiter- und Soldatenrates zur Ehrung der Gefallenen, die „der imperialistischen Idee geopfert wurden". Zugleich berichtete das Volksblatt über das Eingreifen des Berliner AuS-Rates gegen den Versuch der „blutigen Rosa" (Luxemburg) und Karl Liebknechts, dem Berliner Lokalanzeiger ihre spartakistischen Positionen aufzuzwingen[41].

Unverkürzt als Anzeige veröffentlichte es im Dezember 1918 auch den Beitrittsaufruf der Rastenburger „Deutschnationalen Volkspartei" (konservativ). Am 2. Dezember 1918 erschien in gleicher Weise ein Aufruf der Ortsgruppe Kreis Rastenburg der „Deutschen demokratischen Partei". Deutlich trat hier Eduard Ahl als wichtigster Initiator hervor. Als Parteibüro, an das man sich wenden solle, wurde dieselbe Adresse wie die Ahlsche Firma (Königsberger Str. 13) genannt, Geldsendungen wurden auf das „Postscheckkonto Königsberg 98 (Eduard Ahl G.m.b.H.)" erbeten. Mit 57 Unterzeichnern, darunter mindestens 13 aus dem Umland, stellte sich die Partei mit der dreifachen Zahl von Unterzeichnenden der Öffentlichkeit vor wie die Deutschnationalen. Unter den Namen standen neben dem des damals 75jährigen Eduard Ahl auch die seiner Töchter Ida Bretschneider und Elise Weigel sowie die seines Schwiegersohnes Leopold Bretschneider. Der Ahl-Clan war stärkstens engagiert. Mit dem Aufruf an „Arbeiter und Angestellte! Besitzer und Bürger! Hausfrauen und Dienstmädchen!" strebte man einen volksparteilichen, mit dem Appell an die Frauen auch einen geschlechterübergreifenden Charakter für die Neugründung an. Letzteres gelang mit 15 unterzeichnenden Frauen einigermaßen, während die Arbeiterschaft mit zwei Arbeiterfrauen und einem Knecht nur marginal vertreten war. Mit 12 selbständigen Handwerkern und 14 Kaufleuten und anderen Selbständigen, dazu 11 Beamten wirkte man doch als eine bürgerliche Partei von Selbständigen und Beamten. Dazu kamen noch aus der Landwirt-

---

39 Ostpreußisches Volksblatt, 17.10.1918, wiederholt am 21.10.1918.
40 Ein vitales Thema angesichts der nach dem Waffenstillstand fortgesetzten Hungerblockade.
41 Ostpreußisches Volksblatt, 21.11.1918.

schaft zwei Gutsbesitzer und zwei weitere Landwirte – ohne das damit der große Anteil der landwirtschaftlich Tätigen hinreichend vertreten schien[42].
Inhaltlich formulierte der 12 Punkte-Aufruf folgende Positionen:

1. Gleichberechtigung der Frauen in Familie und Beruf.
2. „Freiheit" aller religiösen Überzeugungen.
3. Es sind Großbetriebe wie Eisenbahnen und Bergwerke sowie „große Monopole (zu) verstaatlichen", andererseits wolle man in „Mittel- und Kleinbetriebe(n) möglichst viel freie Existenzen erhalten und schaffen."
4. Man trete ein „für die Aufteilung der Staatsdomänen und Einschränkung des Großgrundbesitzes", Ziel sei ein „zahlreicher gesunder Bauern- und Besitzerstand".
5. Für Beamte und Lehrer fordere man „das uneingeschränkte Koalitionsrecht" und zugleich „eine gesicherte Lebensstellung".
6./7. Für Kriegsteilnehmer, ihre Witwen und Waisen ist zu sorgen, Kriegsgewinne sind zu erfassen, eine „mit dem Reichtum steigende Vermögensabgabe" vorzunehmen. Die Steuergesetze sind gerecht „und unter Berücksichtigung von Kinderreichtum umzugestalten."
9. Ein „Bau vieler Kleinwohnungen" müsse dem Wohnungsmangel abhelfen.
10. Die Schule sei so „umzugestalten, dass den tüchtigen Knaben und Mädchen ohne Rücksicht auf die wirtschaftlichen Verhältnisse der Eltern der Weg in alle Berufe freigemacht wird.".
11. Man trete ein für die „Gleichberechtigung der Arbeiter, der Dienstmädchen und Angestellten" sowie für ihre „angemessene Entlohnung."
12. Man strebe die „Hebung der Fachausbildung der Handwerker" und eine „freiheitliche Ausgestaltung der Handwerkergesetze" an.

Abschließend hieß es: „Wir setzen unberechtigten Verlangen nach Losreißen gemischtsprachiger oder gar rein deutscher Teile vom Vaterlande kraftvollen und entschiedenen Widerstand entgegen. Wir Ostpreußen sind deutsch und wollen deutsch bleiben."[43]

Das Programm, teilweise von der Lage bei Kriegsende geprägt, nahm schon länger vertretene Positionen des Volksblattes auf. Sozialistisch klingende Forderungen rechtfertigten sich mit dem Ziel, eine breite Schicht mittlerer Eigentümer zu fördern. Zusammen mit Chancengleichheit und religiöser Freiheit kann man darin eine gesellschaftlich absichernde, liberale Programmatik sehen. Parteipolitisch ist eine Nähe zu gemäßigter, Markt akzeptierender Sozialdemokratie deutlich. Tatsächlich wurde die Demokratische Partei zum Bünd-

---

42   Der Beruf von zehn Unterzeichnenden ist nicht angegeben.
43   Ostpreußisches Volksblatt, 2.12.1918.

nispartner der Weimarer SPD, nicht zuletzt auch in Ostpreußen, wo die DDP nun lange Zeit den Oberpräsidenten der Provinz stellen konnte. Im Widerstand gegen die drohenden Abtretungen deutscher Gebiete aber standen so gut wie alle politischen Strömungen zusammen.

Wie die Deutschen insgesamt, fühlten sich gerade die Ostpreußen durch Gebietsabtrennungen entgegen dem Selbstbestimmungsrecht betroffen. Die Provinz, abgeschnitten vom übrigen Deutschland, schien wirtschaftlich kaum lebensfähig. So führte der Versailler Vertrag zu einem politischen Klimasturz, der 1920 für SPD, Zentrum und DDP massive Wählerverluste zur Folge hatte. Dass die ostpreußische Landwirtschaft dann nach der Inflation, während der „besten Jahre" der Republik, über die allgemeine Misere der Landwirtschaft hinaus in eine katastrophale Verschuldung geriet (und zwar keineswegs der Großgrundbesitzer allein)[44], kam zum Versailler Schock hinzu und eröffnete schon lange vor der Weltwirtschaftskrise düstere Aussichten

Dabei schien sich, als 1921 die Enkelin Eduard Ahls und Tochter seines Sohnes Otto, Lotte Ahl, den jungen Gutsbesitzer Kurt Jungklaaß heiratete, zunächst die wirtschaftliche Basis des Familienverbandes noch zu erweitern. Das Glück lächelte dem Paar, dem bis 1927 zwei Töchter und zwei Söhne entsprossen (Sieglinde, Walheide, Friedrich-Karl und Kurt) – erste vier Urenkel Eduard Ahls. Das war ein großer Schritt der Familie in die Zukunft. Doch Schicksalsschläge folgten. Die Familie Jungklaaß, die ursprünglich ein Gut im Kulmer Land besessen hatte, musste, da das Gebiet an Polen fiel, wie viele andere Deutschbleibende das Land verlassen und das Gut billig verkaufen. Man suchte ein anderes Gut. Schließlich hat Kurt Jungklaaß, der Landwirtschaft gelernt hatte und engagierter Landwirt war, das Gut Liebenstein im Kreis Züllichau/Ostbrandenburg übernommen, das mit etwa 500 Morgen nicht groß war, aber guten Boden aufwies.

Doch schon nach wenigen Jahren bekam er ein Furunkel mit Blutvergiftung, wurde Anfang 1928 „falsch geschnitten" und verstarb. Das Gut „war nicht zu halten", da er für einige Neuanschaffungen Kredite aufgenommen hatte, die nun „rücksichtslos eingetrieben" wurden. Nur mit Sondererlaubnis durften die Witwe und ihre vier Kinder persönliche Sachen wie Kleidung mitnehmen, nur dank ihrem Vater Otto Ahl kam sie an eine passende Wohnung in Königsbergs Stadtteil Auf den Hufen. Die Schalen des Unheils waren damit aber nicht geleert. Denn im gleichen Jahre verstarb der Lotte beistehende Vater, ein Jahr später ihre Mutter und ihr Großvater Eduard Ahl. Allein mit vier Kindern hatte sie sich nun mühsam als Lehrerin durchzuschlagen[45]. Sie hielt standhaft durch, allerdings politisch verbittert und dann dem Nationalsozialismus zuge-

---

44 Dieter Hertz-Eichenrode, Politik und Landwirtschaft in Ostpreußen, Köln-Opladen 1969, S. 145 ff.
45 Befragung Walheide Jungklaaß, Hannover 16. 2. 2005.

Vier Ahl-Generationen 1897/98 (Von links: Otto, Werner und Eduard Ahl, Ur-Urgroßvater Krause). © Wolfgang Rudzio, Autor.

wandt. Die Ursachen ihres Unglücks lagen im Versailler Vertrag, in der Misere der Landwirtschaft (die viele Landwirte von ihren Höfen und zu Protesten bis zu gewaltsamen Aktionen trieb[46]), schließlich im Fehler eines Arztes.

Der Tod des hochbetagten Familienpatriarchen Eduard Ahl im Februar 1929 brachte eine weitere Lawine ins Rollen. Er hatte schon seine letzten Jahre als Witwer gelebt, sein potentieller Nachfolger Leopold Bretschneider war vor ihm verstorben. Wer sollte nun die Druckerei übernehmen? Hier kam, da Eduards Sohn Otto durch seine Berufswahl und dann seinen Tod ausgefallen war, nur dessen Sohn Werner infrage. Werner Ahl (1897–1950), gut aussehend, in Rastenburg – so eine missgünstige Stimme – als „Besucher von Cafés und leichtsinniger Gent" bekannt[47], hatte wie sein Vater zunächst Jura studiert und dann auf Drucktechnik umgesattelt. Er kannte sich bald mit ihr gut aus und übernahm nun die Druckerei. Während er sich auf den technischen Betrieb konzentrierte, „betrog" ihn jedoch sein kaufmännischer Leiter, und 1930 machte die Firma Pleite. In meiner Sicht dürfte bei diesem Zusammenbruch – zumindest auch – die Weltwirtschaftskrise eine ursächliche Rolle gespielt haben. Schwieriger Übergang in einem Familienbetrieb und Wirtschaftskrise trafen verhängnisvoll zusammen.

Sein weiteres Leben weist Werner Ahl als tüchtigen Menschen aus. Er wirkte nicht nur „sehr umgänglich und einnehmend", sondern bewährte sich auch als leitender Angestellter in einer Druckerei im Vogtland. Er besuchte mit seiner Rastenburger Frau und Tochter Dagmar, dem 1929 geborenen fünften Urenkelkind des Patriarchen, etwa alle zwei Jahre Ostpreußen. Als Jungchen begegnete ich ihm im August 1939 – einem freundlichen Onkel. Da herzkrank, wurde er erst 1944 eingezogen und kehrte 1946 ins Vogtland zurück. Er arbeitete dann dank Russisch-Kenntnissen als Lehrer an einer Oberschule[48].

Auch der Rudzio-Zweig der Familie wurde durch einen folgenreichen Todesfall getroffen. Mein Großvater Max erlitt am 24.7.1929 während einer Autofahrt einen Schlaganfall (seinen zweiten) und verstarb. Nicht zuletzt ungesunder Lebensstil, allzu „gutes" Essen und Trinken haben ihn wohl umgebracht. Meine Großmutter jedenfalls meinte später mir gegenüber, sie habe ihm sicherlich zu fettes und schweres Essen vorgesetzt, aber er sei auch darauf aus gewesen. Da ihr einziges Kind, Alfred Rudzio, sich für das Studium der Elektrotechnik entschieden hatte, übernahmen zwei bisherige leitende Angestellte das Eisenhaus Reschke. Geschäfts- und Wohnhaus blieben bei den Rudzios. Die Ablösesumme für den Betrieb legte man in einem Mietshaus an. Ein Grund für

---

46 Ein literarisches Zeugnis ist hier Hans Falladas Roman „Bauern, Bonzen, Bomben" von 1931, der die Vorgänge in Schleswig-Holstein beschrieb.
47 Befragung Hans-Joachim Kirchgessner, Oldenburg 8.10.2007.
48 Befragungen Dagmar Regener, Berlin 13.10.2004 und 7.3.2007.

Polterabend Meylaender 1930 in Königsberg (von links: Ruth Wolff, unbekannt, Helene und Alfred Rudzio, Anton Meylaender, Ida Bretschneider, Walheide Jungklaaß, unbekannt, Hildegard Lemke, Elise Weigel, Sieglinde, Friedrich-Karl und Lotte Jungklaaß). © Wolfgang Rudzio, Autor.

den Hauskauf war, dass meine Großmutter bei der Vermögensfeststellung dem Bücherrevisor Meylaender näher kam, ihn noch 1930 heiratete und nach Königsberg zog. Das erregte Aufsehen in Rastenburg und wohl auch in der Familie. Mein Vater sorgte sich, der neue Ehemann, der sein Vermögen an der Börse verloren hatte, könnte das Geld seiner Mutter aufs Spiel setzen. Daher suchte man alles fest anzulegen, durch den Kauf eines Vorder- und Hinterhauses am Domplatz 2 in Königsberg mit 13 Mietparteien – 1930 günstig für 90 000 RM erworben[49]. Die Rudzios kamen ohne eklatante Vermögensverluste durch die schwierigen Jahre.

Somit allerdings schied 1929 auch der Rudzio-Zweig aus dem aktiven Geschäftsleben aus. Die großen Zeiten des Ahl'schen Familienverbandes in Rastenburg waren vorbei. Seine überlebenden Angehörigen lebten nun verstreut in Königsberg, im Vogtland und in Rastenburg, wo einige Jahre noch Ida

---

49 Antrag Helene Meylaender auf Feststellung von Vertreibungsschäden, 28.10.1952; Bescheid des Ausgleichsamtes Landkreis Oldenburg über Schadensfeststellung Helene Meylaender, 17.9.60.

Bretschneider (dann in Königsberg), schließlich nur die Familie Elise Weigels blieb. Deren einzige Tochter Traute brachte in einer (bald geschiedenen) Ehe 1931 das sechste Urenkelkind Eduard Ahls, Hans-Joachim Kirchgessner, zur Welt. Aber die Töchter Eduard Ahls „hielten die Familie zusammen", auch über Entfernungen hinweg. In Königsberg hatte Helene Meylaender, ohnehin „lebenslustig" und gesellig, viel Besuch, nicht zuletzt der Jungklaaßen, ebenso der Ahls aus dem Vogtland[50]. Die Männer der Ahl-Töchter, zwei ältere, freundliche Prinzgemahle, wirkten demgegenüber nur als Randfiguren.

2 Mütterlicherseits: Bauern, Schmiede, flexibler Unternehmer

Beginnen wir mit der Namenslinie meiner Mutter, einer geborenen Lemke. Lemkes bzw. Lembkes oder Lemckes finden sich vielerorten in Ostpreußen[51]. Das spricht für lange Ansässigkeit, doch erschwert gerade diese Häufigkeit des Namens eine direkte Ableitung von einem der Lemkes. Einer von vielen ist ein Köllmer Urban Lembke aus dem „Gaweytischen" gewesen, der 1663 die Erbhuldigung für den Kurfürsten Friedrich-Wilhelm als Herzog in Preußen geleistet hat[52]. Das war die Huldigung, mit der die Kette souveräner Fürsten bzw. Könige eröffnet wurde und Preußen als souveräner Staat in die Welt trat. Dieser Urban Lembke könnte ein Vorfahr gewesen sein. Denn in demselben Gawaiten hat sich 1789 (d. h. allerdings erst hundert Jahre später) mein ältester nachweislicher Lemke-Vorfahr, der Schmied Gabriel Lemke, verheiratet.

In diesem Dorf zwischen Gumbinnen und Goldap, bereits 1545 bestehend, waren die Bauernfamilien aber – bis auf eine einzige Ausnahme – Opfer der großen Pestkatastrophe geworden, die Ostpreußen 1709/10 heimsuchte und in der etwa 40 Prozent der Einwohner umkamen, vornehmlich im Nordosten. Daher wurde das „Rétablissement" Ostpreußens zur großen Aufgabe König Friedrich Wilhelms I. Um die wüst gewordenen Hufen (noch 1715 in Gawaiten 13 von 19 Hufen)[53] wieder zu besetzen, veranlasste er eine „Kolonistenwerbung", die zunächst zur Ansiedlung von calvinistischen Schweizern, dann von meist reformierten Nassauern und Pfälzern führte (die den reformierten Hohenzollern besonders genehm waren). Auch galten deutsche Bauern als tüch-

---

50 Befragungen Regener.
51 APG 1936, S. 11, 12, 14, 105, 112; 1937, S. 47; 1942/43, S. 37, 49, 55, 109. Diehlmann, Erbhuldigungsakten 3, S. 334.
52 Diehlmann, Erbhuldigungsakten 2, S. 47.
53 Hans Berner, Gawaiten, Goslar 1937, S. 6, 10 f.

tigere „Wirthe" (= Landwirte) verglichen mit den ansässigen „Litauern"[54]. Die Kolonisten hatten großenteils unter Druck katholischer Landesherren gestanden, suchten aber auch nach Land und besseren Lebenschancen. Außerdem lud der König die von ihrem katholischen Fürstbischof Graf Firmian vertriebenen Salzburger evangelischen Glaubens nach Ostpreußen ein. „Cuius regio, eius religio" – diesem Grundsatz des Augsburger Religionsfriedens von 1555 folgte Firmian mit Starrheit und Härte: „Lieber Dornen und Disteln auf meinen Äckern als Protestanten in meinem Land"[55]. Jenes Prinzip, zwar Friedensformel zwischen Landesherren, widersprach aber der Glaubensfreiheit ihrer Untertanen. Als 1731 sechzehn große, monatelange Treckzüge der vertriebenen evangelischen Salzburger über 1 000 km quer durch Deutschland zogen, mit vielen Todesfällen, da erregte das vielenorts die Menschen[56]. Insgesamt sind bis 1750 etwa 30 000 Kolonisten in Ostpreußen angesiedelt worden, davon von außerhalb Ostpreußens rund 2 500 Schweizer, 1 500 Nassauer, 250 Pfälzer, 11 000 Salzburger und 2 500 andere Deutsche[57]. Da die Pest unter der litauischen (oder als solche eingeschätzten) Bevölkerung gewütet hatte, bedeutete dies, dass der deutsche Bevölkerungsanteil im nordöstlichen Ostpreußen stark anstieg. Die neuangesetzten „Kolonisten" waren von Scharwerk (Arbeitspflicht auf Abruf) beim Grundherren befreit. Ihr Zuzug bedeutete einen calvinistischen und durch Glaubensverfolgungen geprägten Einschlag, der das Kolonistenmilieu im Nordosten Ostpreußens um Gumbinen charakterisierte. Fleiß und Glaubenstreue spielten da eine Rolle.

Das wiederbelebte Gawaiten des 18. Jahrhunderts trug etwa zur Hälfte den Charakter eines Kolonistendorfes (Kolonisten = hier nur Zuwanderer von außerhalb Ostpreußens). In ihm gab es 1798, bei über 218 Einwohnern, einen Schmied[58]. Dieser war offensichtlich Gabriel Lemke (Ur-Ur-Urgroßvater von mir), mit großer Wahrscheinlichkeit ostpreußischer Herkunft. Denn unter den Salzburgern gab es keinen Lemke, und reformiert wie die zugewanderten Schweizer, Nassauer und Pfälzer war er auch nicht, sein Name vielmehr seit langem in Ostpreußen verbreitet. Anders jedoch seine Frau, Euphrosine Lemke (geb. Seethaler), die Salzburger Herkunft war. Offenbar ist Ruprecht oder Mathes Seethaler, deren Namen in den Listen der 1732 Angekommenen aufgeführt sind und dann als Hofbesitzer in Gawaiten auftauchen, ein Vorfahr der Euphrosine Seethaler. Ihre Familie stammte aus den Radstädter Tauern. Als

---

54 So König Friedrich I., zit. nach: Hermann Pölking, Ostpreussen, Berlin 2011, S. 185.
55 So Firmian, zit. nach: Julian Schreibmüller, Auf dem Weg nach Ostpreußen, Leer 2005, S. 45.
56 Hermann Gollub, Stammbuch der ostpreußischen Salzburger, Bielefeld 1958, S. 9 ff.
57 Dietrich Goldbeck, Aus dem Leben in Gumbinnen, Bielefeld 1994, S. 25, 31. Der Rest der Kolonisten kam aus Ostpreußen.
58 Berner, Gawaiten, S. 15

später gekommene Zuwanderer konnten die Salzburger nicht in geschlossenen Siedlungen ansässig werden, sondern wurden auf 241 Ortschaften verteilt, wo sie häufig nur ein oder zwei Familien stellten[59]. „Mischheiraten" mit Angehörigen anderer Bevölkerungsgruppen waren daher verbreitet, und eine solche Heirat ist die zwischen Gabriel und Euphrosine gewesen. Das bedeutete Integration, aber auch Verlust der alpenländischen Identität.

Ihr Sohn, der folgende meiner Vorfahren, Gottlieb Lemke (1794 Gawaiten–1876) lebte als Köllmer (Landwirt, zinspflichtig nur dem Landesherrn) in dem kleinen Dorf Stulgen[60], das zum Kirchspiel Gumbinnen-Altstadt (ev.-lutherisch wie er) gehörte. Sein Bauernberuf war ein Abgehen vom väterlichen Beruf, doch ist ein Johann Lemke ebenfalls aus Gawaiten (geb. 1800) nachgewiesen, der 1836 als Schmiedemeister in Gumbinnen lebte. Es sieht so aus, dass es sich um einen Bruder Gottliebs handelt, der das Schmiedehandwerk bei Gabriel Lemke erlernt haben dürfte. Er war es, der die Schmiedetradition fortführte. Was Gottlieb zur Landwirtschaft getrieben hat, wissen wir nicht: Einfluss seines bäuerlichen Schwiegervaters oder einfach Ungeeignetheit bzw. Unlust zum Schmiedeberuf?

In die Fußstapfen seines Vaters trat Gottlieb dafür bei der Wahl seiner Frau Henriette geb. Schäf(f)er (1808–78) aus Sadweitschen, einem Dorf wenige Kilometer östlich von Gumbinnen[61]. Denn auch sie entstammte den in und um Gumbinnen zahlreichen Kolonistenfamilien. Allerdings, mit durchweg reformierter Konfession ihrer Eltern und Großeltern handelte es sich bei ihr nicht um Salzburger, sondern um Nassauer, Schweizer oder Pfälzer Herkunft. Sadweitschen nach der Pest war ein von Bauern aus diesen drei Herkunftsgebieten besetztes Kolonistendorf, in dem nur Scharwerker litauische Namen trugen. Besitzertabellen des Dorfes deuten zwar auf Anderes, aber Lebensdaten und reformierte Konfession ihrer Vorfahren bestätigen[62]: Henriette Schäfer gehörte zu den in und bei Gumbinen zahlreichen Schäfers reformierter Konfession, die schon seit 1714 im Gumbinner Raum vertreten waren[63].

Somit stammten die Kinder Gottliebs und Henriettes Lemke zu dreiviertel von nach 1712 zugewanderten Kolonisten ab. Eines dieser Kinder war mein Urgroßvater Friedrich Lemke (1835–1908). Er setzte die Familientradition des Schmiedemeisters fort, der sein Handwerk vermutlich bei seinem Onkel in

---

59 Gollub, Stammbuch, S. 219 f., 11; Berner, Gawaiten, S. 16.
60 Umbenannt zu Hasenrode hatte es 1939 ganze 119 Einwohner. Barran, Städte-Atlas, S. 188.
61 1939, umbenannt zu Altkrug, mit 753 Einwohnern. Barran, Städte-Atlas, S. 188.
62 Otto Gerhardt, Chronik der Gemeinde Altkrug 1539–1945, o. O. 1989, insbes. S. 19, 24, 69, 72.
63 Heinz Baranski, Die Taufregister der deutsch-reformierten Gemeinde Sadweitschen Kreis Gumbinnen 1714–1735, Hamburg 1974; Fritz Schütz, Rahts- und Bürgerbuch (1728–1852) und Seelen-Register (1780–1788) der Stadt Gumbinnen, Hamburg 1978.

Gumbinnen erlernt hat. Aber mit der Heirat einer jungen Frau aus Rhein (abgeleitet vom altprussischen Gewässernamen „Rinis"[64]) im nördlichen Masuren vollzog er einen Ortswechsel in die Heimat seiner Frau. Und diese, Friederike Kerstan (1841–1934), war von typisch masurischer Herkunft:

- väterlicherseits von einer alteingesessenen Kürschnerfamilie Kerstan, zusätzlich mit einer Mutter ebenfalls aus einem Kürschnerhaus aus Rhein, doch mit dem masovischen Nachnamen „Tuchlerski";
- mütterlicherseits von masurisch-polnischen Landwirten aus der seenreichen Nachbarschaft von Rhein (Nikolaiken und Wosnitzen), die ihrerseits Frauen mit masovischen Geburtsnamen hatten.

Insofern war Friederike Kerstan zu dreiviertel masovisch-polnischer Herkunft. Zwar nicht dem Namen, wohl aber der Abkunft Friederikes nach war also die Ehe zwischen ihr und Friedrich Lemke, 1864 geschlossen, eine „Mischehe" – zwischen einem primär Kolonistenabkömmling und einer Frau primär masovischer Herkunft, daneben beide mit einem deutsch-ostpreußischen Einschlag. Das junge Paar war in der Lage, rasch nach der Heirat ein neues Haus in Rhein zu beziehen – das durch Anbauten erheblich erweitert, noch über 1945 hinaus stand und (wohl) steht. Mit erheblichem Abstand zum Wohnhaus, auf dem zum Rheiner See reichenden und leicht abschüssigen Grundstück befand sich die Schmiede Friedrich Lemkes, die ich als Kind sah.

Rhein war als Burg des Deutschen Ordens 1337 auf einer Anhöhe zwischen zwei Seen entstanden. Es stieg zeitweilig zum Komtursitz auf und war danach Sitz eines Amtshauptmannes, d. h. zentraler Ort eines Verwaltungsbezirks. Der Ort erlitt bei einer Belagerung durch die Tataren 1657 schwere Brandschäden[65]. Auch die Pest von 1709–11 forderte im Amtsgebiet tausende Opfer[66]. Ungeachtet dessen erhielt der Ort unter Friedrich-Wilhelm I. 1723 Stadtrechte. Er blieb aber ein ländliches Städtchen und kam bis 1939 nicht über 2 529 Einwohner hinaus[67]. Einen Fortschritt stellte 1902 sein Anschluss an eine der Kleinbahnen dar, die von Rastenburg ins Umland führten. Deren Gütertransport bestand aus landwirtschaftlichen Produkten bzw. Maschinen und Holz, beim Perso-

---

64 Später zu „Rhein" eingedeutscht. Przybytek, Ortsnamen.
65 Kossert, Ostpreussen, S. 87. Es handelte sich um den schwedisch-polnischen Krieg unter Beteiligung Brandenburgs-Preußens, in dem der Große Kurfürst die Souveränität in Ostpreußen erreichte (1660). Die Erbhuldigungen dienten der Loyalitätssicherung sowohl gegenüber der früheren polnischen Oberhoheit als auch gegenüber Machtansprüchen des Adels.
66 Kossert, Ostpreussen, S. 97.
67 Christofer Hermann, Burgen im Ordensland, Würzburg 2006, S. 228 ff.; Barran, Städteatlas, S. 99, 194.

nenverkehr spielten Einkaufs- und Schülerfahrten eine Rolle[68]. Am nördlichen Rande Masurens gelegen, nahm der bis 1710 mehrheitliche Anteil von Einwohnern masovisch-polnischer Sprache in Rhein und seiner Umgebung ab, seit Mitte des 19. Jahrhunderts auch reduziert durch Übergang zur deutschen Sprache. 1912/13 machte er nur noch 13,7 % der Bevölkerung aus[69].

Das Paar Friedrich und Friederike Lemke begründete dort mit acht das Erwachsenenalter erreichenden Kindern eine weitgespannte Lemke-Familiengruppe. Es müssen günstige Lebensverhältnisse gewesen sein, die das ermöglichten. Neben der wirtschaftlichen Entwicklung jener Jahrzehnte mögen sie auch durch etwas Mitgift und Erbschaften gestützt worden sein. Ganz ungetrübt war das Familienleben aber nicht. Denn Friedrich Lemke hat seine Kinder geschlagen, offenbar auch unkontrolliert. Er kam, so mündliche Berichte, angetrunken nach Hause, verlangte dann, dass die Kinder mit ihm Kirchenlieder sangen, und warf einmal, als ihm sein Sohn Karl nicht hinreichend zu parieren schien, mit einem Stuhl nach ihm und verletzte ihn am Kopf. Die Kinder haben bei ihren Eheschließungen Rhein verlassen. Die einzige Ausnahme bildete der älteste Sohn Otto (1865–1934), mein Großvater, der Schmiedemeister (Photo S. 27) wurde und in Rhein blieb. Ihr Lebensweg führte sie weit auseinander:

- Zwei Kinder, ein Sohn Max und eine Tochter Helene Bethge (oder Betke), gingen nach Memel;
- relativ nahe in Angerburg blieb die älteste Tochter Emma Biege,
- nahe in Masuren (Lyck bzw. Johannisburg) Tochter Klara Dziedo;
- aus Ostpreußen hinaus führte ihre Ehe die Tochter Martha, die den Gerichtsbeamten Friedrich Lowien aus Stettin heiratete, der seine Stelle in Samter/Provinz Posen fand;
- zwei Brüder wanderten in den Westen Deutschlands ab: Als Berufssoldat ging Paul (1868–1947) nach Metz und heiratete im Westen; Karl (1867–1921) arbeitete als Beamter und heiratete in Essen.

Dass drei der Rheiner Lemke-Geschwister Ostpreußen verließen, reiht sie ein in die Hunderttausende, die die Provinz verließen, um ihr Glück im sich industrialisierenden Westen (vor allem Rheinland, Westfalen, Berlin) zu suchen[70]. Das Untypische der Lemkes ist darin zu sehen, dass die abwandernden Geschwister dann sämtlich in Beamtenhaushalten (Berufssoldaten mitge-

---

68 Lycker und Rastenburger Kleinbahnen, in: Eisenbahn Spezial, Freiburg 1999, S. 52.
69 Heling, Kirchengemeinden, S. 62.
70 Erich Keyser, Die Bevölkerung der östlichen Provinzen des Preußischen Staates von der Mitte des 19. Jahrhunderts bis zum Jahre 1939, in: Gotthold Rhode (Hg.), Die Ostgebiete des Deutschen Reiches, 4. A. Würzburg 1957, S. 54 ff., hier 56 f.

zählt) lebten, wozu noch ein Postbeamter in Masuren kam. Die Hälfte der acht Geschwister lebte also in Beamten-, vier in Selbständigenhaushalten. Obwohl sich die Geschwister und Angeheirateten gut verstanden, habe ich auch mal abfällige Bemerkungen über „die Beamten" bzw. den „Fourage-Offizier" aufgeschnappt.

Große Leute waren die Lemkes damit nicht. Unter den Beamten nahm nur Paul Lemke als Major eine höhere Position ein, unter den Selbständigen sicher der älteste Sohn Otto, mein Großvater. An ihn erinnernd erhielten mein Vetter Siegfried Lauter und ich den Beinamen Otto. Er dürfte um 1900 die Schmiede vom Vater übernommen haben, der 1908 in seiner Sterbeurkunde als „Rentier" bezeichnet ist. Otto heiratete 1900 die Bauerntochter Johanna („Anna") Dziedo aus dem Dorf Szielasken in der südöstlichen Ecke Ostpreußens (Photo S. 27). Deren Bruder Hans Dziedo ehelichte dann 1908 Ottos Schwester Klara. Infolgedessen sind die Familien Lemke und Dziedo doppelt miteinander verkoppelt – nicht verwunderlich, dass zwischen ihnen die Kontakte eng blieben. Aus der Ehe des 16 Jahre älteren Otto mit seiner jungen Frau entstammten dann vier Kinder: Sohn Herbert (geb. 1906), und die Töchter Marta (geb. 1902), Gertrud (geb. 1905) und meine Mutter Hildegard (geb. 1911).

Es könnte sein, dass schon in der aktiven Zeit des alten Friedrich Lemke ein Ausgreifen über den Schmiedebetrieb hinaus erfolgte. In massiver Form geschah dies jedenfalls ab 1900 durch seinen Sohn Otto. In der erwähnten Sterbeurkunde firmiert dieser, der Schmiedemeister, bereits als „Fabrikbesitzer", in einer anderen als „Wagenfabrikant". Tatsächlich baute er nun Pferdewagen, nicht zuletzt Kutschen. Eine „Stellmacherei" mit ihrer Holzverarbeitung war es vor allem, die dem diente. Aber wie lange reichte noch die Zeit der Kutschen, nachdem das Auto auf der Bühne erschienen war, wieviel ließ sich an Pferdewagen noch verdienen? Irgendwann verlagerte Otto den Schwerpunkt seines Betriebes auf den Verkauf und die Reparatur von Landmaschinen. Mit der Kleinbahn seit 1902 war deren Zulieferung ermöglicht. Eine große Schlosserei mit Drehbänken und Schweiß- oder Lötgeräten entstand. Dazu kam ein langgezogener „Schauer" mit einer Auffahrtrampe. Zu meiner Zeit wurde er als zweistöckige Landmaschinenhalle genutzt, in der auf beiden Seiten eines Ganges jeweils Reihen von Pflügen, Eggen und Kartoffelerntemaschinen standen, während in einem niedrigeren Untergeschoss mit eigenem Zugang Ersatzteile lagerten. War es früher eine Wagenhalle gewesen? Man erkennt aber: Die Verlagerung des Schwerpunktes zunächst von der Schmiede auf Stellmacherei und Wagenbau, dann auf Landmaschinenhandel und -reparatur folgte der allgemeinen technisch-wirtschaftlichen Entwicklung. Dahinter stand der unternehmerische Geist Otto Lemkes, der sich dem Wandel anzupassen suchte. Er war es auch, der während der etwa 34 Jahre seines selbständigen Wirkens rastlos am Bauen war. Immer gab es, so halb klagend, halb stolz, später seine Witwe, irgendwo eine Baustelle oder Sand und andere Zutaten zum Bauen auf dem

Vorfahren: Ethnische Integration und Modernisierung in Ostpreußen

Lemkes und Dziedos, Rhein Juli 1918 (3. Reihe von links: Gertrud und Erika Lemke, unbekannt, unbekannt, Marta Lemke; 2. Reihe von links: Otto, Frieda (geb. Westphal) und Anna Lemke, Hans u. Greta Dziedo; 1. Reihe von links: Hildegard (meine Mutter) und Herbert Lemke, unbekannt, Heinz Dziedo, Dziedo-Tochter). © Wolfgang Rudzio, Autor.

Hof. Am Ende existierte ein Betriebsgelände mit drei größeren Gebäuden und zahlreichen Unterstell- bzw. Lagermöglichkeiten, zur Straße hin durch Wohnhaus und Einfahrt abgeschlossen. Das Wohnhaus war also zwischen Nikolaiker Straße und dem alltags mit bäuerlichen Pferdewagen vollgestellten Betriebshof eingequetscht. Für Freizeit draußen existierte nur hinter der Schlosserei ein kleiner Garten mit Baum und Gartenlaube, hart an ein Holzlager grenzend. Wie groß war der Betrieb? Ein Photo von etwa 1911 zeigt nicht alle Beschäftigten. Für 1939 sind 19, für die erste Jahreshälfte 1944 25 Beschäftigte (darunter 10 Kriegsgefangene) nachgewiesen[71].

Der kantig-gerade Otto Lemke, mit Mittelscheitel, auf Familienphotographien stets in festem, traditionellen Anzug aus dem 19. Jahrhundert, führte so seinen Betrieb mit Offenheit für neue Entwicklungen, ohne sich auf große

---

71 LAG-Zeugenerklärungen Walter Zimmer (Raiffeisenkasse Rhein) und Willhelm Barran (Rheiner Geschäftsmann) vom 2.12. bzw. 3.11.1958.

Sprünge einzulassen. Die Landwirtschaft mechanisierte sich, verschuldete sich jedoch nach der Inflation von 1923 in rapidem Tempo. Auch gab es zuweilen eigene Engpässe. Einmal hatte Otto Lemke eine Bürgschaft für einen Verwandten geleistet, die fällig wurde. Er musste zahlen und das erworbene Rheiner Schützenhaus verkaufen. Am Ende erwischte ihn ein Brand, bei dem das Dach der Schlosserei in Flammen aufging. Geld, es durch ein neues zu ersetzen, war offenbar nicht zur Hand, sodass das Gebäude mit Holzbalken, Latten und darüber Teerpappe abgedeckt wurde. Ästhetisch wirkte das schräge Dach ohne First dann nicht, aber es hielt. Kredite, so sieht es aus, hat Otto möglichst nicht aufgenommen. Als die Weltwirtschaftskrise einsetzte, erwies sich seine Geschäftspolitik als richtig – man litt unter der Krise, aber der Betrieb geriet in keine finanzielle Schieflage. Ohne finanzielle Einbrüche durch die Krise und bei rapidem technisch-wirtschaftlichem Wandel durchzukommen – das war die Leistung Otto Lemkes.

Man ist versucht, in Otto den Prototyp eines calvinistisch geprägten Kleinunternehmers zu sehen. Da wirkte vielleicht das Kolonistenmilieu Gumbinnens und Sadweitschens nach. Seine Bauten und sonstigen Investitionen hat er sich sicherlich aus Betriebseinkünften leisten können, auch wenn die beträchtliche Mitgift seiner Frau Anna eine Rolle spielte. Dass gespart wurde, ist unverkennbar. So gab es zwar Hausmädchen, aber seine Frau hatte neben dem Haushalt noch einen gesonderten Mittagstisch für die Arbeiter und Lehrlinge zu versorgen, die es mittags nicht nach Hause schafften. In der späteren Zeit kümmerte sich darum die älteste Tochter Marta. Deutlicher noch war der Verzicht auf eine private Krankenversicherung, sodass man bei Krankheit nur zurückhaltend auf einen Arzt zurückgriff. In zwei Fällen hatte dies ernste Folgen: Es führte dazu, dass Sohn Herbert infolge einer Mittelohrentzündung einen bleibenden Gehörschaden davontrug, vor allem aber, dass Otto bei einer Blinddarmentzündung 1934 zu lange zögerte und am Blinddarmdurchbruch verstarb.

Aber es wäre verfehlt, ihn als geizig einzustufen. Für seine Familie und Verwandte hatte er stets was übrig. Seiner Frau kaufte er von sich aus moderne Haushaltsgeräte, und als sie kränkelte, konnte sie zur Kur ins schlesische Bad Kudowa reisen (freilich ohne ihn). Tochter Marta durchlief 1918 nach dem „Einjährigen" eine Hauswirtschaftslehre in Angerburg. Sohn Herbert wurde nach dem Einjährigen zum Kaufmann ausgebildet, wie üblich in einem fremden Unternehmen. Das entsprach der Entwicklung des Betriebes, in dem die Schmiede nur noch eine periphere Rolle spielte. Tochter Gertrud bekam ihre gewünschte Ausbildung zur Klavierlehrerin. Tochter Hildegard konnte nach der Volksschule zunächst in einer Privatschule im Rheiner Ordensschloss die ersten Oberschuljahre absolvieren, um dann ein Oberlyzeum in Rastenburg zu besuchen. Sie wohnte dort zu Kost und Logis, die zu bezahlen waren. Man kleidete sich gut, Hildegard trug früh die Mode der zwanziger Jahre. Und Otto wie

Vorfahren: Ethnische Integration und Modernisierung in Ostpreußen 29

Lemke-Belegschaft (insbes. Lehrlinge) vor dem Schauer ca. 1911 (vorn links als Kleinster: Herbert Lemke). © Wolfgang Rudzio, Autor.

Anna hielten ihr Haus offen für Verwandtenbesuche. Diese waren damals sicherlich keine Alltäglichkeit. Photos zeigen größere Besuchergruppen, so

- im Juli 1918, als von Ottos Bruder Karl dessen Frau und Tochter Erika in Rhein weilten, dazu Annas Bruder Hans Dziedo mit Frau und Kindern;
- 1920, als neben anderen Verwandten zwei Brüder Ottos aus dem Westen angereist waren;
- 1929, als mehrere erwachsene Kinder von Ottos bzw. Annas Geschwistern aus Lyck, Kassel und Angerburg in Rhein versammelt waren.

Auch die Rheiner Lemkes reisten zu Verwandten. Noch kurz vor dem Tode Ottos wurde aus Szielasken berichtet: „Heiligabend abends kam der Otto und Annachen aus Rhein zu uns und Zweit-Feiertag mittags fuhren sie schon zu Bartholomeyciks..."[72] Die beiden besuchten, wohl per Pferdewagen, über die Festtage einen Bruder und eine Schwester Annas, die auf Höfen im südöstlichen Kreis Lyck lebten.

In Rhein gehörte Otto Lemke zu den örtlichen Honoratioren. Er wurde von konservativer Seite auch zum Stadtverordneten gewählt. Ein böses Ondit besagte, der Lemke stimme gegen die Asphaltierung der Straßen, weil es auf dem Kopfsteinpflaster zu mehr Radschäden an den Wagen komme, die dann in seiner Stellmacherei bzw. Schmiede repariert werden müssten. Nüchtern ist dazu zu sagen, dass in ostpreußischen Kleinstädten damals Kopfsteinpflaster üblich war. Auch zehn Jahre nach Ottos Tode hatte die Nikolaiker Straße noch immer Kopfsteinpflaster. Aber es traf zu, dass er als angesehener Bahnkunde (Landmaschinentransporte!) seiner Frau helfen konnte, wenn sie die Abfahrtszeit der Kleinbahn nach Rastenburg zu verpassen drohte. Dann schickte er einen Lehrling zum Bahnhof, der dem Zugführer Bescheid gab, und dieser wartete dann auf die Passagierin Anna Lemke.

Einen Einschnitt bedeutete der Erste Weltkrieg. Zwei überlegene russische Armeen drangen im August 1914 in Ostpreußen ein und besetzten die Hälfte der schwach verteidigten Provinz. Massen von Flüchtlingen suchten ihnen zu entkommen, „jeder erzählte Schreckliches". Ein zeitgenössischer Bericht vom Lande westlich Rheins: „Die Wagen mit Hausgerät beladen, oben thronend 20 Leute und mehr, alte Frauen, frierende Kinder, abgehärmte Mütter, oft selbst den Wagen lenkend, weil der Mann im Kriege, Kühe und Fohlen angebunden oder nebenher getrieben. Tagelang kamen diese Züge bei uns durch". Zuweilen wurden, als die Russen da waren, einzelne Zivilisten mehr oder weniger willkürlich erschossen[73]. Auch wenn es Städte wie Rastenburg oder Insterburg

---

72 Adolf Dziedo an Bruder (Hans?), 6.6.1933.
73 S. J. Siegfried, Aus der Russenzeit Ostpreußens, Berlin 1915, S. 3, 8, 19.

gab, wo alles glimpflich ablief und jeder Vergleich mit 1945 verfehlt wäre – der Schrecken trieb Hunderttausende nach Westen.

Auch Rhein war in Gefahr. Otto Lemke war aber vorausschauend. Er setzte sich und seine Familie rechtzeitig in die Eisenbahn, die sie bis nach Berlin brachte. Einen Schatz von Talern, der zurückblieb, vergrub er zuvor in der Erde unterhalb der Holzlaube. So kam man, wie weitere 10 000 ostpreußische Flüchtlinge, wohlbehalten in Berlin an. Ein Photo zeigte dort die Lemke-Kinder in feiner Kleidung, die Mädchen mit Schleifen in den Haaren. Man ist geneigt, von einer Flucht de luxe zu sprechen, wenn auch in Sorge, was aus Hab und Gut werden würde, von dem die wirtschaftliche Existenz abhing. Nach dem gloriosen deutschen Sieg bei Tannenberg Ende August 1914 kehrten die Lemkes zurück. Es stellte sich heraus, dass der Feind zwar schon westlich von Rhein gewesen war, den Ort selbst aber nicht besetzt hatte. Nichts war zerstört. Dennoch, als 1914/15 die russische Njemen-Armee angriff, flüchteten die Rheiner Lemkes – wie viele andere – erneut, diesmal bis Meseritz in Ostbrandenburg. Nach der für Hindenburg erfolgreichen Winterschlacht in Masuren kehrten die Lemkes wieder zurück.

In den folgenden Kriegsjahren spielte die mangelnde Ernährung vor allem in den Städten eine Rolle. Sie erklärt wohl, weshalb die Tochter Erika (Photo S. 27) von Ottos Bruder Karl jahrelang bei ihrer Lemke-Tante Marta Lowien in Samter/Posen lebte. Unabhängig davon trieb es Rheiner Lemke-Töchter zusammen mit Lowien-Kindern zu Besuchen bei den Angerburger Verwandten. Von Marta und anderen kess aufgesetzte Militärmützen zeigen, welch guten Mutes sie noch im September 1918 waren. Die Niederlage und die Abtrennung Ostpreußens vom übrigen Deutschland dürfte daher die Lemkes wie ein Schock getroffen haben.

Politische Unsicherheit herrschte auch nach dem Kriege. Nicht nur drang die Rote Armee bis in die Nähe vor und wurde erst bei Warschau von den Polen zurückgeschlagen. 1920 versetzte die in Versailles beschlossene Volksabstimmung in Masuren und Teilen Westpreußens östlich von Weichsel und Nogat die Menschen in große Erregung. Sie fand unter Aufsicht einer französisch-britisch-italienischen Kontrollkommission statt und sollte über die Zugehörigkeit zu Ostpreußen oder Polen entscheiden. Abstimmungsberechtigt waren die in den Abstimmungsgebieten Geborenen. So kamen Geschwister Otto Lemkes aus anderen Teilen Deutschlands nach Rhein. Auf einem damals aufgenommenen Photo (S. 32) befanden sich unter den 13 Erwachsenen nicht nur meine Großeltern Lemke sowie die damals als Witwe bei ihnen lebende Friederike Lemke (Mutter Otto Lemkes), sondern auch Ottos Brüder Max aus Memel und Paul aus Berlin sowie die Schwestern Martha Lowien aus Kassel und Emma Biege aus Angerburg. Außerdem sieht man zwei Schnoebergs auf dem Photo, deren Mutter, Maria Dorothea Schnoeberg (1841–90), eine nach Rhein geheiratete Schwester von Urgroßvater Friedrich Lemke gewesen war: den Apothe-

Der Lemke-Clan am Abstimmungstag 11.7.1920 in Rhein. 3. Reihe von links: Paul Bartholomeyczik, Herr Becker, Max, Otto und Paul Lemke, Franz und Hermann Schnoeberg; 2. Reihe: Lieschen Becker (?), Martha Lowien, Friederike und Anna Lemke, Emma und Lieschen Biege; 1. Reihe: Gertrud, Hildegard und Herbert Lemke, Annchen Becker, Marta Lemke. © Wolfgang Rudzio, Autor.

ker Franz und den Pfarrer Hermann Schnoeberg. Mit ihnen bestand ein vertrauter Familienzusammenhang. Davor hocken die vier Lemke-Kinder (unter ihnen meine Mutter). Je näher der Abstimmungstag kam, desto mehr glich das Land einem „Pulverfass"[74]. Das Ergebnis aber war eindeutig: 97,8 % der Abstimmenden in Masuren votierten für Deutschland. Dies war keine Augenblicksstimmung, sondern bestätigte eine lange Entwicklung.

Der polnische Zugriff war damit vorerst abgewehrt. Aber ein Gefühl der Unsicherheit lastete fortan auf der ostpreußischen Insel. Otto Lemke musste zudem die Weltwirtschaftskrise meistern. Er hatte noch das Glück, 1933 seinen ersten Enkel Peter Lauter zu erleben, Sohn seiner ältesten Tochter Marta. Doch das Jahr 1934 wurde zu einem tiefen Einschnitt im Leben der Lemkes. Zuerst verstarb im Alter von 92 Jahren Friederike Lemke, die Mutter der acht Lemke-Geschwister, dann traf der Tod ihren ältesten Sohn, Otto Lemke, das

---

74 Andreas Kossert, Masuren, Berlin 2001, S. 251.

Haupt der Familie. Zum Verhängnis wurde ihm die verschleppte Blinddarmentzündung. Gewiss: Sein noch junger, als Kaufmann ausgebildeter Sohn Herbert übernahm den Betrieb, die älteste und die jüngste Tochter waren verheiratet. Aber gebrochen, wie um Jahre gealtert, blieb seine Frau Anna zurück, und die Jüngeren mussten nun allein ihren Weg gehen. Otto Lemke hatte sein Haus bestellt, hinterließ aber eine schmerzliche Lücke.

Eingegangen sei hier noch auf die Familie seiner Frau Anna Lemke geb. Dziedo (1881–1945). Ihre Vorfahren kamen über Generationen aus der Südostecke Ostpreußens, dem Kreis Lyck. Die Männer waren allesamt Landwirte, ihre Nachnamen wie die ihrer Frauen durchweg masovisch-polnisch, doch die Vornamen deutsch und alle evangelischer Konfession.

Dies alles machte sie zu typischen Vertretern der schon erwähnten Bevölkerungsgruppe in Südostpreußen, die aus dem südlich angrenzenden polnischen Masovien eingewandert war und nach der das Gebiet als „Masuren" bezeichnet wurde. Die zuvor dort lebenden Deutschen und Prussen hatten eine nur dünne Bevölkerungsdecke gebildet, bezeichnenderweise galt das Gebiet bis ins 15. Jahrhundert als „Wildnis". Die Masovier kamen nicht als Eroberer. Vom Deutschen Orden bzw. den preußischen Herzögen wurden sie begrüßt und mit Land versehen. Sie erhofften sich Boden zu besseren Bedingungen und bei mehr Freiheiten als in ihrer Heimat. Die polnische Adelsrepublik, wenn auch Gegenmodell zum Absolutismus, hatte eben ihre finstere Kehrseite für die Bauern. Die Landverschreibungen in Masuren brachten ihnen den begehrten Status des „Köllmers" (nur Zinszahlung an den Landesherren), bei Adelsland klar begrenzte Dienstauflagen. Loyal lebte man dann unter deutscher Obrigkeit, abgeschieden und jeder in seiner Sprache. Ohne viel Kontakt mit Masovien machten die Eingewanderten, vergleichbar den Franko-Kanadiern, die Entwicklung des Polnischen zum Hochpolnischen nicht mit[75]. Auch die evangelische Konfession trennte sie bald von Polen.

Masuren mit seinen vielen Seen, seiner welligen Bodenbeschaffenheit und seinen Wäldern landschaftlich reizvoll, gerade in seiner relativen Unberührtheit, war zugleich ein abgeschiedenes, wirtschaftlich-kulturell zurückgebliebenes Gebiet, in dem die Zeit still zu stehen schien. Obwohl 1525 protestantisch geworden, hielt die Bevölkerung an „äußerlichen Pflichten" katholischer Art fest, so an Wallfahrten, vielfach auch an abergläubischen Vorstellungen von Geistern, bösen und guten Vorzeichen[76]. In den Schulen mussten die Lehrer mit Zweisprachigkeit umgehen, doch – so ein Bericht – die meisten Landlehrer „können weder deutsch noch polnisch richtig schreiben" und die Schüler hü-

---

75 Heinrich Mrowka, Die Anfänge einer polnischen politischen Bewegung in Masuren, in: Hans Hecker/Silke Spieler (Hg.), Deutsche, Slawen und Balten, Bonn 1989, S. 128 ff., hier 128.
76 Max Toeppen, Aberglauben aus Masuren, 2.A. Danzig 1867, S. 10 f., 14 f.

ten im Sommer das Vieh, um nur im Winter, „der eigentliche(n) Schulzeit", bei langen Schulwegen häufig jammervoll bekleidet zu erscheinen[77].
Die Dörfer, aus denen die Vorfahren meiner Rheiner Großmutter Anna Lemke (geb. Dziedo) sind im Zuge jener Einwanderung entstanden:

- Der eine ihrer Urgroßväter, Johann Wolski, lebte mit seiner Frau Erna in Pissanitzen, einem Kirchdorf 17,5 km östlich von Lyck. Zum Kirchspiel gehörte das Dorf Kutzen, in dem ihre Tochter Louise mit ihrem Mann Johann Dziedo eine Landwirtschaft betrieb. Kutzen ist als Dorf seit 1485 erwähnt. Es hatte 1939 insgesamt 186 Einwohner. Das Kirchspiel Pissanitzen gehörte mit zwei Dritteln masovisch-polnischer Sprache noch 1912/13 eindeutig zum masovischen Milieu[78].
- Die zweite Wurzel führt in das Dorf Regeln, 16 km südöstlich von Lyck, Wohnort des anderen Urgroßvaters von Anna Lemke, Jakob Bartholomeyczik. Das Dorf ist bereits zu Ordenszeiten 1473 mit 30 Hufen Land gegründet worden. Beauftragt damit war der masovische Zuwanderer Jan Rigelsky (daher der Ortsname „Regeln"), und das Land wurde ohne Scharwerksverpflichtungen vergeben. 1939 hatte Regeln 389 Einwohner und umfasste 42 landwirtschaftliche Betriebe, darunter die Hälfte mit unter 5 ha, 9 mit 5–20 ha und 12 mit 20–100 ha Land – Großgrundbesitz gab es nicht. Im Kirchspiel, zu dem es gehörte, machten 1912/13 die Einwohner masovisch-polnischer Sprache noch 55,6 % der fast durchweg evangelischen Bevölkerung aus[79].
- Während die sich auf Kutzen zurückführenden Großeltern von Anna Lemke am gleichen Ort verblieben, gilt dies nicht für ihre aus Regeln stammende Großmutter Esther Bartholomeyzyk verwitwete Brodowski. Sie heiratete 1845 in zweiter Ehe Carl Braczko – sie 35, er 26 Jahre alt – und bewirtschaftete mit ihm einen Hof im Dorf Szielasken südöstlich von Lyck. Was sie in dieses Dorf zog, ist unklar – möglicherweise hatte Esther dort geerbt. Ein Sohn des Kutzener Dziedo, ebenfalls ein Johann Dziedo (1846–1903), heiratete 1875 eine Braczko-Tochter aus Szielasken, Henriette (1852–1930). Dieses Paar übernahm den Hof in Szielasken und begründete mit sieben Kindern einen weitverzweigten Dziedo-Familienverband. Dazu gehörten Johann („Hans") Dziedo, der älteste Sohn (geb. 1876), der 1908 Klara Lemke (Schwester Otto Lemkes) ehelichte, und Johanna („Anna"), jüngste Tochter, die Otto Lemke aus Rhein heiratete, aber stets fast zärt-

---

77 Friedrich Salomo Oldenberg, Zur Kunde Masurens (1865), Dortmund 2001, S. 14, 194 f., 200.
78 Reinhold Weber, Der Kreis Lyck, Leer 1981, S. 94, 669; Barran, Städte-Atlas, S. 195; Heling, Kirchengemeinden, S. 64.
79 Weber, Kreis Lyck, S. 130, 685 f.; Heling, Kirchengemeinden, S. 64.

lich von „Szielasken" sprach, mit stimmhaften „Sch". Alle drei kannte ich als Kind.

Drei der Dziedo-Kinder blieben mit der Scholle verbunden, drei lebten in Beamtenhaushalten, nur meine Großmutter Anna bildete durch ihre Heirat mit dem Schmied Otto Lemke einen Sonderfall. Szielasken, der Heimatort der späteren Dziedos, war ebenfalls ein altes Dorf, 1544 im Zusammenhang mit der masovischen Zuwanderung entstanden auf 20 Hufen Land. Es zählte 1939 nur 100 Einwohner mit 11 landwirtschaftlichen Betrieben, darunter 5 unter 10 ha-Größe, einer zwischen 10 und 20 ha sowie 5 mit 20–100 ha Land – ein Straßendorf, dessen Feldmark von Wald, im Süden einem See, eingefasst war. Auch hier gab es keinen Großgrundbesitz. Gehörend zum Kirchspiel Prostken, in dem 1912/13 die Hälfte der Evangelischen masovisch-polnischer Sprache waren, hatte man es zum masovischen Milieu zu rechnen[80].

Wie in diesen Dörfern, so spielte generell im Landkreis Lyck der Großgrundbesitz keine relevante Rolle. Der Kreis gehörte mit einem Anteil reiner Sandböden von nur 19% der Fläche im innermasurischen Vergleich zu den drei Kreisen mit relativ besseren Böden[81]. Es sieht demnach danach aus, dass die dortigen bäuerlichen Vorfahren – so weit sie auch von Gutsherren entfernt waren – nicht zu den Armen gehört haben. Die ansehnliche Mitgift, die Anna Dziedo mitbrachte, unterstützt diese Sicht.

Kriege und Wandlungen berührten das Leben dieser Vorfahren auch im Abseits. Eine Katastrophe bedeutete es 1656, als im Krieg zwischen Schweden, Brandenburg-Preußen und Polen die polnische Seite bei Prostken siegte und tatarische Hilfsvölker plündernd und mordend durch Masuren zogen. Andererseits, da Großgrundbesitz selten war, dürfte sich die Bedrückung durch den Adel seit der zweiten Hälfte des 17. Jahrhunderts im Lycker Gebiet wenig ausgewirkt haben. 1710 hat die Pest, die in Lyck vielen das Leben kostete[82], in abgeschiedenen Dörfern vielleicht weniger verheerend gewirkt. Manch Unglückskelch könnte denen im Abseits erspart geblieben sein.

Veränderungen brachten dann der liberale Fortschritt, die Industrialisierung und die aufkommenden nationalen Konflikte. Die Abgeschiedenheit Masurens wurde durch Chaussee- und Eisenbahnbau abgemildert. Einen geradezu revolutionären Durchbruch bedeutete die schon erwähnte, 1868 fertiggestellte Südbahn, die von Königsberg bis Kongresspolen führte und damit Lyck mit der Welt verband. Mehr als bisher begegneten sich Menschen von weit her, entstanden Arbeitsplätze in den Städten. Stets war die deutsche Sprache gefragt. Schon 1865 konstatierte man, dass der durchschnittliche Ma-

---

80 Weber, Kreis Lyck, S. 99; Heling, Kirchengemeinden, S. 64.
81 Weber, Kreis Lyck, S. 23.
82 Weber, Kreis Lyck, S. 134.

sure sich bemühte, „in der Regel..., deutsch sprechen zu lernen. Die Alten sehen es gerne, wenn ihre Kinder dazu gelangen; der Vortheil, den sie unter allen Lebensverhältnissen davon haben ist auch handgreiflich." Man stellte fest, der Masure habe „so entschieden von Polen sich losgelöst, dass er dem National-Polen, seinem Blutsverwandten, weit fremder ist als dem deutschen. Er legt sogar großes Gewicht darauf, Preuße zu sein."[83]

Auch die Sprachzählungen bestätigten im 19. Jahrhundert einen sich verstärkenden Trend hin zu Deutschland. Mehr noch: Wenn sich im Kreis Lyck noch bei der Sprachzählung von 1910 nur 49 % der Bevölkerung als deutschsprachig, hingegen 11 % als polnisch- und 35 % als „masurisch"-sprachig erklärte[84], so war das eine Sprachzählung, die zwischen Masurisch und Polnisch unterschied. Man kann darüber streiten, ob die masurisch-polnische Mundart sprachlich nicht dem Polnischen zuzurechnen ist. Was die damals eingeführte Unterscheidung ermöglichte, war, dass mit ihr diejenigen identifizierbar wurden, die zwar Masovisch-Polnisch sprachen, sich national aber dem deutschen Staat zugehörig fühlten. Insofern lag keine künstlich ausgedachte Aufspaltung vor. Denn die Polnische Partei hatte sich, ähnlich wie in anderen Teilen Masurens, im Reichstagswahlkreis Oletzko-Lyck-Johannisburg 1898 mit dem Leiter der Lycker polnischen Zeitung als Kandidaten zur Wahl gestellt, aber nur 229 Stimmen bei insgesamt 17 832 Wählern erreicht. Auch entstand in Lyck eine zweite Zeitung, die „Gazetta Mazurska", in Masovisch-Polnisch geschrieben, aber ohne nationalpolnische Tendenz, die das nationalpolnische Blatt niederkonkurrierte; letzteres wurde 1902 eingestellt[85]. Überdeutlich war: Die Sprache allein entschied nicht darüber, welchem Staat oder welcher Nation man angehören wollte. Das galt für Lyck und ganz Masuren.

Erneut im Zentrum der Konflikte standen die Dörfer um Lyck, als der Erste Weltkrieg ausbrach. Am 19. August 1914 marschierten die Russen „in voller Ordnung" in die Kreisstadt ein. Sie räumten Lyck nach der Schlacht bei Tannenberg, eroberten und räumten es erneut, um es schließlich am 7. November 1914 zum dritten Mal zu besetzen – nun für etwa drei Monate. Nur 144 Einwohner befanden sich noch in der Stadt. Erst im Mai 1915 konnte die geflüchtete Bevölkerung zurückkehren. Insgesamt waren im Kreis 133 Einwohner von Russen getötet worden, 871 Männer und 170 Frauen nach Russland „verschleppt". In Lyck selbst waren neben Kirche und Rathaus 165 Häuser zerstört, der Ort Prostken „ein Trümmerhaufen", einige Dörfer beschädigt[86].

---

83 Oldenberg, Kunde Masurens, S. 100.
84 Erich Keyser, Die Bevölkerung der östlichen Provinzen des Preußischen Staates von der Mitte des 19 Jahrhunderts bis zum Jahre 1939, in: Gotthold Rhode (Hg.). Die Ostgebiete des Deutschen Reiches, 4. A. Würzburg 1957, S. 54 ff., hier S. 80.
85 Mrowka, Die Anfänge, S. 128 ff., hier 138.
86 Weber, Kreis Lyck, S. 181, 189, 193.

Unbekannt ist, wie die Dziedos und die anderen in den Dörfern diese Zeit überlebten – ob sie, wie die Mehrheit der städtischen Bevölkerung, geflüchtet waren oder bei ihrem Vieh und ihrer Habe ausharrten. Aber: Im Februar 1915 erschien Kaiser Wilhelm II. in Lyck und kündigte im Angesicht der Ruinen vor den deutschen Soldaten den Wiederaufbau in Ostpreußen an. Tatsächlich setzte dieser, dank öffentlicher Hilfe und zahlreicher Patenschaften helfender Städte „im Reich" mit ostpreußischen Gemeinden, noch während des Krieges ein. Bis Ende des Krieges war „die Mehrzahl der zerstörten Gebäude wieder hergestellt... Lyck wurde eine schöne Stadt mit vielen modernen Neubauten"[87]. In vielen Orten Ostpreußens gab es später Denkmäler und Straßennamen, die Dank für jene Solidarität bekundeten. Als Kind sah ich noch einige, ebenso wie einen Soldatenfriedhof, der an 1914/15 erinnerte.

Die vom Premierminister Lloyd George in Versailles durchgesetzte Volksabstimmung in Masuren ermöglichte es nach dem Kriege auch den Verwandten im Kreis Lyck, sich zu Deutschland zu bekennen. Die Abstimmung fand 1920 wie in Rhein unter alliierter Kontrolle statt. In den Dörfern, in denen sie lebten, lautete das Ergebnis: In Szielasken 67 zu 0 Stimmen für Deutschland, in Regeln 193 zu 0, in Kutzen 126 zu 0, in Krzywen (= Rundfließ) 339 zu 0. Im Grenzkreis Lyck insgesamt war das Verhältnis 36 520 Stimmen zu 44 Stimmen (für Polen)[88]. Auch hier bestätigte sich die deutsche Nationalität der Masuren masovischer Herkunft und Sprache.

Damit waren jedoch die Dziedos in der Folgezeit nicht von der Ostpreußen quälenden, in einem Grenzkreis besonders verspürten Unsicherheit befreit. Auch nagten die ostpreußische Insellage und die Freihandelspolitik an der Rentabilität der Landwirtschaft und trieben sie in eine würgende Verschuldung. Am Ende erfolgte ab 1929 ein breiter Übergang zur NSDAP-Wahl. Der Politikwissenschaftler Werner Kaltefleiter stellte eine signifikant positive Korrelation zwischen Verschuldungsgrad der Landwirtschaft und NSDAP-Wahl fest. Die höchsten Werte an beidem wurden, was Ostpreußen betraf, in den Kreisen Lyck, Johannisburg, Ortelsburg, Lötzen und Niederung erreicht[89] – bis auf Lötzen allesamt Grenzkreise, alle mit relativ niedrigen Großgrundbesitz-Anteilen. Wie sich die Familien des Dziedo-Zusammenhangs verhielten, ist nicht bekannt. Aber die Verhältnisse, unter denen sie litten, werden in Umrissen erkennbar.

---

87 Weber, Kreis Lyck, S. 200.
88 Weber, Kreis Lyck, S. 214 f.
89 Klaus von der Groeben, Verwaltung und Politik 1918–33 am Beispiel Ostpreußens, Kiel 1986, S. 298 f.

Zusammengefasst:

(1) Ostpeußen war im betrachteten Zeitraum ein multiethnisches Land, zusammengesetzt aus Prussen, Deutschen (seit 13. Jahrhundert), Masoviern und Litauern (beides Zuwanderer des 15.–17. Jahrhunderts). Sie lebten lange nebeneinander mit ihren Sprachen unter deutscher Landesherrschaft. Doch verlor sich die prussische Sprache im 16. Jahrhundert bei Assimilation der Prussen vor allem an die Deutschen, während das Polnische und das Litauische in der Zeit der Industrialisierung und des Zweiten Kaiserreichs bis auf Reste zurückgingen. Es fand eine konfliktfreie Integration in das deutsche Volk statt.

Sucht man meine ethnische Herkunft zu erfassen, ergibt sich folgendes Bild: Unter den Nachnamen meiner 16 Ur-Urgroßeltern finden sich 8 deutsche (Lemke, Ahl, Kerstan, Krause, Prengel, Schäf(f)er, Schur, unbekannt deutsch), 7 masovisch-polnische (Dziedo, Braczko, Wolski, Bartholomeyczik, Przylacki, Pcola, Pczolla) und ein litauischer (Rudzio). Diese Namensverteilung dürfte in etwa der Herkunft entsprechen, da Mischheiraten eher später häufiger wurden. Ein prussischer Anteil könnte sich noch hinter anderen Namen verbergen. Aufschlussreich für ihr national-kulturelles Bewusstsein sind daneben ihre durchwegs (Ausnahme ist eine „Lowisa") deutschen Vornamen.

(2) Fragt man nach der Dauer der Ansässigkeit, ergibt sich ein vielleicht überraschendes Ergebnis: Vorfahren, die länger schon als die Rudzios und diejenigen masovischen Namens in Ostpreußen ansässig waren, sind am ehesten unter denen mit deutschen Nachnamen zu vermuten – einfach, weil nach dem Ende der mittelalterlichen Einwanderung mit der großen Pest von 1348–50 nur noch in geringerer Zahl Deutsche (Glaubensflüchtlinge) nach Ostpreußen gekommen sind. Die verschiedenen Familienstränge deuten auf eine über Jahrhunderte währende Ansässigkeit in Ostpreußen hin. Nach der Zuwanderung fanden Ortswechsel (abgesehen von Abwanderungen in den Westen) anscheinend nur innerhalb Ostpreußens statt. Die vier Zuwanderungsströme nach Ostpreußen: der Deutschen, der Litauer, der Masovier und der Glaubensflüchtlinge finden sich in der Zusammensetzung meiner Vorfahren wieder.

(3) Die Zuwanderungen waren motiviert von der Suche nach besseren wirtschaftlichen Verhältnissen und mehr persönlicher Freiheit, im Falle der Salzburger und der Reformierten auch der Glaubensfreiheit. Politische Vorgänge wie die Eroberung Altpreußens im 13. Jahrhundert durch den Deutschen Orden, die entfesselte Adelsherrschaft im Polen-Litauen des 16. Jahrhunderts und der Fanatismus des Salzburger Erzbischofs spielten hierbei eine wesentliche Rolle. Die zuwandernden Vorfahren gingen nicht in ein Land der unbegrenzten Möglichkeiten wie Amerika, aber in eines,

dessen Landesherren – der Deutsche Orden, die preußischen Herzöge und Könige – sie willkommen hießen und ihnen trotz karger Verhältnisse ein besseres und persönlich freieres Leben ermöglichten. Das dürfte die Loyalität erklären, die gerade auch die Angehörigen der Zuwanderergruppen der deutschen Landesherrschaft entgegenbrachten.
(4) Günstige Voraussetzungen für den Aufstieg ins Bürgertum, besonders deutlich bei meinem Urgroßvater Eduard Ahl sowie meinen Großvätern Max Rudzio und Otto Lemke, waren äußere Sicherheit, der große Wirtschaftsraum des Deutschen Reiches, geordnete liberal-rechtsstaatliche Verhältnisse und die grandiose Entwicklung der Natur- und Technikwissenschaften in Deutschland. Sie ermöglichten Industrialisierung, Modernität und steigenden Wohlstand, welche bis ins ländliche Ostpreußen ausstrahlten und soziale Aufstiege ermöglichten. Nicht zuletzt führten die günstigen Verhältnisse zu einem Bevölkerungszuwachs, der sich in der Geschichte der Lemkes, Ahls und Dziedos widerspiegelt. Eine Ausnahme bilden die Rudzios, bei denen Säuglings- bzw. Kleinkindverluste (bei Helene und Anna Rudzio) sowie tödliches Kindbettfieber (bei Anna Rudzio) nur eine schmale Lebenslinie zuließen.

3 Die Eltern: Reaktionen angesichts einer bedrohlichen Welt

Zwei schon erwähnte Probleme waren es, welche die ostpreußische Politik nach 1918 beherrschten, d.h. die Welt, in der meine Eltern aufwuchsen. Sie bildeten den Hintergrund für politische Prägungen ihrer Generation.
Das eine war die Gefährdung des deutschen Charakters Ostpreußens. Wenn man die moderne Nation als „Plébiscite de tous les jours" (Ernest Renan) versteht, so war die nationale Identität des Landes eigentlich eindeutig. Aber man erlebte in Ostpreußen, wie die Siegermächte Gebietsabtrennungen ohne Abstimmungen bzw. ohne deren Beachtung vornahmen. Vor der Haustür wurde das westliche Westpreußen ohne Abstimmung an Polen gegeben, Danzig gegen den Willen der Bevölkerung abgetrennt, der ostpreußische Kreis Soldau (trotz deutschgesinnter Mehrheit) an Polen und das Memelland 1923 an Litauen (wo die Bevölkerung dann zu 80% deutsche Parteien wählte) ausgeliefert. Das alles nahm dem von Präsident Wilson propagierten Selbstbestimmungsrecht der Völker viel an Glaubwürdigkeit – obwohl es teilweise, so in Masuren, doch auch beachtet wurde. 1921 besetzte Polen das Wilna-Gebiet militärisch – Litauen blieb nur Protest. Das schien selbst dem linksliberalen Oberpräsidenten Ostpreußens, Ernst Siehr (DDP), bedrohlich: Man sei „nicht gewillt, sich das Schicksal des Wilna-Gebietes bereiten zu lassen", äußerte er

kämpferisch[90]. Und man konnte nach 1919 in Ostpreußen immer wieder Deutschen begegnen, die den Korridor oder Posen hatten verlassen müssen und denen von ihrem zwangsverkauften Eigentum nur ein Teil seines Wertes geblieben war – etwa 575 000 derart Vertriebene suchten im Weimarer Deutschland eine neue Existenz. Die Jungklaaßen in meiner Familie waren kein Einzelfall[91].

Angesichts dessen herrschte in Ostpreußen „Angst von Teilen der Bevölkerung in den Grenzkreisen Masurens vor einer polnischen Expansion"[92]. Noch 1938 sah ein Sopade-Bericht in Ostpreußen, außer im katholischen Ermland, „einen starken und aktiven Anhang in allen Schichten der Bevölkerung" für den Nationalsozialismus, um erklärend hinzufügen, die Bedrohung durch Polen und Litauen habe die Meinungsbildung stark beeinflusst. Dahinter stehe keine Kriegsstimmung, sondern Furcht, erneut zum Kriegsschauplatz zu werden[93].

Man konnte eine Lehre aus alledem ziehen: die des Rechts des Stärkeren, mit der Konsequenz, unbedingt zu den Stärkeren zu gehören. Es ist kaum nötig zu betonen, dass Hitlers Konsequenz eine falsche war. Mehr Geduld und Kompromissbereitschaft, Anerkennung einer zwar beschränkten, aber doch vorhandenen Rolle ethischer Prinzipien, auch Poppersche Stückwerk-Lösungen akzeptieren statt auf vollkommenen Lösungen zu bestehen – das alles wäre ein besserer Weg gewesen. Er ist ja auch von Außenminister Stresemann beschritten worden. Aber er erwies sich als steinig und konnte keine raschen Erfolge vorweisen.

Das zweite zentrale Problem bestand in der nach 1918 fast durchweg katastrophalen Wirtschaftslage Ostpreußens. Teilweise ging sie auf seine Abschnürung und Gefährdung im Rahmen der Versailler Verhältnisse zurück. Transportwege wurden teurer, Schuldzinsen und Investitionsrisiken höher als anderswo. Dazu kam die Freihandelspolitik jener Zeit, die Konkurrenz auch mit überseeischen Produzenten bedeutete und die allgemeine Agrarkrise befeuerte. Ostpreußen mit seiner dominierenden Landwirtschaft war von alledem besonders betroffen. Seine Landwirtschaft, nicht allein der Großagrarier, wie man vielfach bei der Linken meinte, geriet ab 1924 in eine zunehmende, desaströse Verschuldung, die zu zahlreichen Zwangsvollstreckungen führte.

---

90 Zit. nach: Helmut Motekat, Aspekte des geistigen und literarischen Lebens in Ost- und Westpreußen unter Auswirkung der Inselsituation 1918–1933, in: Udo Arnold (Hg.), Kultur im Preussenland der Jahre 1918 bis 1939, Lüneburg, 1987, S. 9 ff., hier 13.
91 Gotthold Rhode, Das Deutschtum in Posen und Pommerellen in der Zeit der Weimarer Republik, in: Erwin Hölzle u. a., Die deutschen Ostgebiete zur Zeit der Weimarer Republik, Köln/Graz 1966, S. 88 ff., insbes. 99, 105 f., 111, 114 ff.
92 Sopade = Exil- und Untergrund-SPD, zit. nach: Christian Rohrer, Nationalsozialistische Macht in Ostpreußen, München 2006, S. 53.
93 Rohrer, Macht, S. 495.

Die Weltwirtschaftskrise brachte dann eine weitere Verschärfung der wirtschaftlichen Lage. Verzweiflung und Radikalisierung griffen um sich.

In diese Welt wuchs mein Vater, Alfred Rudzio (geb. 1905), Sohn von Max und Helene Rudzio, in Rastenburg hinein. Als einziges Kind (zwei Schwestern starben am Lebensanfang) von seiner Mutter geliebt und umsorgt, lebte er in bürgerlichen, wohlhabenden Verhältnissen, zugleich Angehöriger des Ahl'schen Familienverbandes. Er war ein sehr guter Schüler, besuchte das Gymnasium und machte 1923 das Abitur. „Sehr befreundet" war er damals mit Wilhelm Helmerking, mit dem er gemeinsam von der Sexta bis zum Abitur die Schule besuchte[94]. 1923 findet er sich als einer der Jüngsten auf einer Rastenburger Party – neben seinem acht Jahre älteren Vetter Werner Ahl und Ewald Krankowski, der sein Klassenkamerad gewesen war[95]. Seine Entscheidung, nicht in die Fußstapfen seines Vaters zu treten, sondern ein Technik-Studium zu beginnen, war zu diesem Zeitpunkt bereits gefallen. Was trieb ihn dazu? Die Eisen- und Glockengießerei des Vaters kann ihn trotz der mit großen Lettern am Neuen Markt genannten „Maschinenfabrik" schwerlich zur Elektrotechnik animiert haben. Immerhin, dass sie die Gedanken des Jungen, der den Betrieb des Vaters und die Ahl'sche Druckerei sicherlich gesehen hat, überhaupt auf Technik lenkte, dürfte plausibel sein. Für die Entscheidung zur Elektrotechnik könnte der seit der Vorkriegszeit revolutionierende Siegeszug des Elektromotors in der Industrie eine Rolle gespielt haben. Gerade weil man im Deutschland stolz war, in modernsten Industriezweigen wie Chemie und Elektrotechnik eine führende Rolle zu spielen, dürften solche Sparten Aufmerksamkeit auf sich gezogen haben. Es war jedenfalls Interesse, was den jungen Alfred dorthin zog.

Der unternehmungslustige Achtzehnjährige nahm sein Studium an der Technischen Hochschule München auf. In seiner Freizeit in jener attraktiven Stadt wanderte er in den Alpen und hat den Watzmann bei Berchtesgaden bestiegen. Versorgt mit Geld vom Vater spekulierte er mit Dollars und konnte sich so, in der Zeit der Hochinflation, eine kleine Italienreise finanzieren. Am 9. November 1923, als Hitler in München seinen Putschversuch unternahm, war auch mein Vater beteiligt, wenn auch nur irgendwo hinten in dem langen Zug auf die Feldherrnhalle mitmarschierend. Wie er dazu kam oder Einzelheiten sind nicht bekannt. Er hatte danach, so meine Mutter, keine Berührung oder Verbindung zur NSDAP.

---

94 Danach waren sie wenig zusammen, da Dr. Helmerking Landwirtschaft studierte und dann beruflich bei IG Farben tätig war. Wilhelm Helmerking an Wolfgang Rudzio, Mai 1991.
95 Ewald Krankowski war ein früh verstorbener Bruder meiner Schwiegermutter Eva Both.

Doch ohne Grund ist er sicher nicht mitgelaufen. Im Zusammenhang mit jener politischen Aktivität erscheint die Wertschätzung aufschlussreich, die Alfred Rudzio für Oswald Spenglers „Der Untergang des Abendlandes" hegte. Das Werk, 1918/22 veröffentlicht, machte Spengler mit seiner Theorie der aufsteigenden und sterbenden Kulturen „schlagartig berühmt"[96]. Seine Sicht der Weltgeschichte mochte die Orientierungssuche vieler, so auch des jungen Studenten aus Rastenburg, nach verlorenem Weltkrieg, angesichts bolschewistischer Revolution und Aufstieg Amerikas befriedigen. Vergänglichkeit wurden damit auch dem „europäisch-amerikanischen Liberalismus" bescheinigt, Werte als nur kulturspezifische relativiert. Auf der Linie der Elitentheoretiker sah Spengler stets führende Minderheiten und geführte Mehrheiten. Die repräsentative Demokratie verspreche zwar freie Wahl der Volksvertreter, aber „jede entwickelte Organisation ergänzt sich in Wirklichkeit selbst". Tatsache sei auch, dass man in der Demokratie „von verfassungsmäßigen Rechten nur Gebrauch machen kann, wenn man Geld hat" und das Geld über die Presse als „geistige Artillerie" verfüge[97]. Diese eliten- und plutokratietheoretische Kritik der Demokratie, der man zutreffende Züge nicht völlig absprechen kann, stellte sich allerdings nicht der Frage,

- in welchem Maße diese Phänomene in der Wirklichkeit bestimmend sind
- und wie Demokratie im Vergleich zu anderen Staatsformen abschneidet?

Anders als NS-Vorstellungen basierte Spenglers Weltsicht auf dem Aufstieg und Niedergang von Kulturen – Rassentheorie oder dauerhafte Überlegenheit einer Kultur waren ihr fremd. Wenn man von Spengler fasziniert war, implizierte das eine Geringschätzung liberaler Demokratie. Doch – welche Bedeutung hatte Spengler für meinen Vaters? Wie lange er ihn schätzte, ist nicht bekannt – vielleicht war es nur eine vorübergehende Phase des 18-Jährigen.

Im Zentrum seines Lebens stand jedenfalls in den Folgejahren nicht Politik, sondern die Elektrotechnik. Auch eine kleine Fachbibliothek, die er sich zulegte, spricht für diese Sicht. Nach Münchner Semestern setzte Alfred das Studium an der Technischen Hochschule in Danzig fort. Sie lag als nächste TH deutscher Sprache für einen Ostpreußen einfach nahe. Dort schloss er 1928 oder 29 mit dem „Dipl.-Ing." für Elektrotechnik sein Studium ab.

Er geriet dann in die Strudel der Weltwirtschaftskrise. Eine reguläre Stelle zu bekommen, gelang ihm nicht. Auch ließen seine Kräfte merklich nach. So hat er, um berufliche Erfahrung zu gewinnen, während der Krise ohne Gehalt bei der Firma Schichau gearbeitet. Das war eine erste Adresse, nämlich

---

96 Wikipedia, Oswald Spengler (Abruf 12. 7. 2014).
97 Oswald Spengler, Der Untergang des Abendlandes (Gekürzte Ausgabe), München 1959, insbes. S. 17, 69, 175, 349, 368, 376, 378 f., 381–84, 393, 398.

das größte Industrieunternehmen im nordöstlichen Deutschland, 1912 mit 8 500 Beschäftigten. Es baute in Danzig größere, in Elbing kleinere Schiffe und Lokomotiven; auch Maschinenbau gehörte zum Produktionsspektrum. Dazu kamen Reparaturwerkstätten in Pillau, dem Vorhafen Königsbergs. Die Firma war bei Beginn der Krise 1929 in Konkurs gegangen, wurde aber in öffentlicher Hand weitergeführt. In ihr konnte man an der Spitze der Elektrifizierung moderner Produktion und Produkte mitarbeiten. Die Entscheidung hierzu war ein großer Zug, mit eigenen Geld und eigener Arbeit eine Investition in ungewisse Zukunft – seine persönliche Antwort auf die Weltwirtschaftskrise.

Als Student, wohnhaft in Danzig-Langfuhr, hatte Alfred Rudzio dort bereits 1927 seinen PKW-Führerschein erworben. Noch im gleichen Jahre machte er, mit Lederkappe und Fahrerbrille, eine Landpartie per Auto in die relativ unberührte waldreiche Johannisburger Heide im Süden Masurens. Mit von der Partie waren: Neben Mutter und einer Cousine ein langjähriger Freund, Georg Dorn, ein aus der Sowjetunion emigrierter Russlanddeutscher. Dessen Schicksal dürfte ein Bewusstsein der kommunistischen Gefahr bei ihm wachgehalten haben. Außerdem fuhr meine Mutter Hildegard Lemke, damals als Oberschülerin bei Rudzios in Rastenburg einlogiert, zusammen mit ihrer Schwester Gertrud mit.

Hildegard Lemke als jüngste Tochter Otto und Anna Lemkes war in Rhein im Kreis der Familie aufgewachsen. Sie hatte erste Oberschuljahre in einer privaten Aufbauschule im Rheiner Ordensschloss absolviert. Doch mehr war in dem Landstädtchen nicht möglich. So schickte man sie nach Rastenburg, wo sie das Oberlyceum besuchte. Zum Wochenende pendelte sie mit der Kleinbahn nach Hause. Von der Mode der zwanziger Jahre beeinflusst, kreuzte sie in Rhein mit knielangem, locker hängendem Kleid ohne Ärmel auf. Auch die Möglichkeiten Rheins nutzte Hildegard. Sie lernte, da wegen ihrer älteren Schwestern ohnehin ein Klavier im Hause war, früh und nicht schlecht Klavier spielen. Außerdem lag Rhein zwischen zwei Seen – so schwamm sie gern und häufig, ihre Kraft und Ausdauer machten sie zu einer guten Langstreckenschwimmerin.

Im Lyceum hat sie intensiv Französisch gelernt. Daneben blieb ihr als Frucht der Schulzeit lebenslange Liebe zur Literatur, vor allem zur neueren deutschen. Dazu hat wohl eine Lehrerin beigetragen, „die O", von der auch später noch sie und ihre Schulfreundinnen sprachen. Zu letzteren gehörten Magdalene Schlemminger und Gertrud Marquardt (später Landwirtschaftslehrerin, Photo S. 45), beide mir seit der Kindheit bekannt. „Die O", das war eine ältere Oberstudienrätin (daher der Spitzname) namens Demant, die Deutsch und Geschichte unterrichtete. Sie muss eine herausragende Lehrerin gewesen sein, die vielen in guter Erinnerung blieb. Nach dem Eindruck meiner Mutter trat sie für die Weimarer Republik ein, hat 1933/34 auf Fragen, welchen Reim man sich auf politische Geschehnisse machen solle, geantwortet: „Kinder, denken müsst ihr alleine!". Sie leitete dann 1938–45 als Direktorin das Lyceum. Die außergewöhnliche Frau war 1909–11 Hofdame bei er Zarenfamlie in St. Petersburg gewesen[98].

Noch eine weitere Person hat im Lyceum Einfluss auf meine Mutter ausgeübt: der einzige Schüler, der in ihrer Klasse gemeinsam mit den Schülerinnen das Abitur machte, Hans-Joachim Paltzo (Photo S. 45). Er warb in der Klasse engagiert für die Nationalsozialisten und war bereits als Siebzehnjähriger für sie politisch aktiv. War es die Lage in Ostpreußen, die Suche der Jungen nach neuen Antworten – nicht wenige in der Klasse folgten seinen Argumentationen, so auch die Schülerin Lemke. Paltzo selbst, 1912 in Rastenburg geboren, trat 1930 in die NSDAP ein und stieg als Stern am NS-Himmel steil auf: sogleich nach dem Abitur wurde er NS-Gaupropagandaleiter für Ostpreußen. Man könnte meinen, jene Lyceumsklasse habe ihm als Paukboden für die folgenden Wahlkämpfe gedient. Er gehörte dann durchgehend der NS-Gauleitung an und amtierte 1941–44 als Propagandaleiter für die Ukraine. Dorthin ist er mit dem Gauleiter Ostpreußens und Reichskommissar Ukraine, Erich Koch, mitgegangen[99]. Sein Sensorium dafür, wie Dinge in den Köpfen anderer ankommen, ließ ihn aber kritisch gegen das gewalttätige nationalsozialistische Vorgehen vom Sommer 1932 Stellung beziehen: „Acts of terror...have repelled the population from us", so äußerte er sich[100]. Man mag rätseln, ob sich dahinter grundsätzliche Ablehnung von Gewalt verbarg. Wahrscheinlicher handelte es sich um taktisch-pragmatische Kritik.

Hildegard Lemkes Schulfreundin Magdalene Schlemminger (1911–1974, Photo S. 129), die anscheinend ebenfalls Paltzos Thesen zuneigte, studierte nach dem Abitur Germanistik, Geschichte und Religion, um Studienrätin zu werden. Sie geriet aber an der Universität Königsberg, wo der Nationalsozialistische Studentenbund eine Mehrheit bereits seit Juli 1931 hinter sich hatte[101], in einen politischen Konflikt. Einer ihrer Professoren, der Literaturhistoriker Paul Hankamer, wurde Ende 1935 vom NS-Studentenbund attackiert, seine Veranstaltungen gestört. Man warf ihm undeutsches Denken, seinen Katholizismus und faktisch seine jüdische Frau (evangelisch-reformiert mit Vornamen Edda) vor. Demgegenüber stellten sich im Januar 1936 44 Studierende

---

98 1945 lehnte sie eine Flucht ab: „Was werden die Russen mit alten Frauen schon tun?" Sie wurde mit vielen anderen Frauen in den Ural transportiert und starb dort im Lager. Anna Demant (1881–1945). www. Familien Gemähling und Kiaulehn. Abruf „Die O.", 13.7.2014.
99 Dort kam er am 19.1.1944 bei Kampfhandlungen um. Rohrer, Macht, S. 551, 555, 593.
100 Zit. nach Richard Bessel, Political Violence, in: Nancy Gina Bermeo, Ordinary People in Extraordinary Times, Princeton 2003, S. 62. Zu den terroristischen NS-Aktionen vom August 1932 in Ostpreußen vgl. Hermann Pölking, Ostpreußen, Berlin 2011, S. 526 f.
101 Pölking, Ostpreußen, S. 521.

Erste Abiturklasse des Rastenburger Oberlyzeums 1931 (1. Reihe ganz links Gertrud Marquardt, in der Mitte Joachim Paltzo, direkt hinter ihm Hildegard Lemke) mit Abiturmützen, allein der Abiturient auch mit „Alberten" (erinnernd an Herzog Albrecht als Universitätsgründer). © Wolfgang Rudzio, Autor.

öffentlich hinter Hankamer. In einem „mutigen" Papier konstatierten sie, bei ihm keine undeutsche Sicht feststellen zu können. Sie plädierten für den Angegriffenen, passten sich nationalen Argumentationen durchaus an, für einen weiteren Toleranzspielraum plädierend, quasi für einen liberaleren Nationalismus. Zu ihnen gehörte Magdalene Schlemminger. Doch alles half nichts: Hankamer verlor noch 1936 seine Stellung. Auch Bruno Liebrucks, ein Assistent, der das Papier der 44 mit unterschrieben hatte, wurde geschasst[102]. Magdalene Schlemminger machte 1937 ihr Staatsexamen, fand trotz ordentlicher Noten bis zum Kriege nur eine Stelle als Lehrerin an einer „Familienschule" im Dorf Trempen/Kreis Darkehmen in Ostpreußen[103]. Erst im Krieg bekam sie

---

102 Hankamer kam 1945 um. Wolfgang Harms, Die studentische Gegenwehr gegen Angriffe auf Paul Hankamer an der Universität Königsberg 1935/36, in: Martin Huber u. a. (Hg.), Nach der Sozialgeschichte, Berlin 2000, S. 281 ff., hier insbes. 284–86.
103 Archivdatenbank – Personaldaten von Lehrern und Lehrerinnen Preußens/Personalblatt Magdalene Schlemminger (www.Magdalene Schlemminger, Abruf 18. 7. 2014).

Hildegard Lemke und
Alfred Rudzio, Oliva 1931.
© Wolfgang Rudzio, Autor.

eine Stelle im besetzten altpolnischen Plock an der Weichsel, das mit dem Bezirk „Zichenau" Kochs „Gau Ostpreußen" zugeschlagen war. Eine Auszeichnung war das wohl nicht, eher eine Bewährungsstelle. Sowenig die Informationen ein abschließendes Urteil erlauben, lassen sie doch erkennen, wie Jüngere, vom Nationalsozialismus erfasst, in Entscheidungssituationen von der Linie abwichen – hier mit hohem Risiko.

Hildegard Lemke trat (wohl 1931) in die NSDAP ein. In der Folgezeit jedoch hatte sie andere Probleme. Das Jahr ihres Abiturs führte nämlich Alfred Rudzio und Hildegard Lemke zusammen. Er besuchte sie in Rhein, sie ihn in Danzig. Sie verlobten sich. Doch erste Schatten waren schon damals sichtbar. Rückblickend signalisierte der Spazierstock am Arm des Sechsundzwanzigjährigen, dass er seinem Gleichgewicht nicht ganz traute. Untersuchungen enthüllten bald, dass er an unheilbarer Multipler Sklerose litt. Zu Gleichgewichtsstörungen kamen Sehschwächen. Seine Lebensperspektiven brachen schrittweise zusammen. An eine vollberufliche Tätigkeit war immer weniger zu denken. Und durfte er eine junge gesunde Frau an sich ketten? Er sprach nicht mehr von Heirat. Sie inzwischen hatte, gedrängt vom Vater, eine Ausbildung zur Hauswirtschaftslehrerin in Elbing begonnen. Es war dann sie, die ihn fragte und zur Heirat gewillt war. Insbesondere ihr Vater Otto Lemke sprach sich gegen eine Heirat aus. Dennoch blieb sie bei ihrer Haltung. So heirateten sie im März 1934 im kleinen Verwandtenkreis. Otto Lemke fehlte.

Das Paar zog nach Insterburg, wo es eine Papierwaren- und Buchhandlung (Schulbücher) betrieb. Ähnlich wie einst Eduard Ahl zwei seiner Töchter zu einer selbständigen Berufstätigkeit verholfen hatte, suchte auch Alfred Rudzio weniger für sich Beschäftigung als vielmehr seine Frau auf eigene Beine zu stellen.

Kapitel II
Bürgerliche Kindheit im
Schatten des Krieges (1935-45)

1   Königsberg: Aufwachsen in Mutter-Kind-Familie

In jene Situation hinein wurde ich am 29. März 1935 in Insterburg geboren, kurz danach evangelisch getauft. Ich war ein gesundes Kleinkind, das die Sonne genoss, wenn man es im Kinderwagen zum Nachmittagsschläfchen nach draußen stellte. In blondem lockigen Haar erlebte ich strahlend das erste Weihnachtsfest. Über unser damaliges Weihnachtsphoto zu Dritt soll mein Vater erschüttert gesagt haben, auf ihm sehe nur einer glücklich aus. Als Einjähriger galt ich meiner Mutter als „unser kleiner Träumer"[1].

Tatsächlich vermochte sich meine Mutter nicht recht für den Papierwarenladen zu erwärmen. Abrechnungen übernahm mein Vater, außerdem gab es eine Angestellte. Er machte Spaziergänge mit Brille und Stock in den Insterburger Grünanlagen. 1936 traf er seinen Vetter Erich Hetz in Allenstein. Im April des gleichen Jahres besuchten wir drei „Insterburger" meine Großmutter Helene Meylaender mit ihren Mann und Großtante Ida Bretschneider in Königsberg. Man wanderte zu einem bekannten Ausflugslokal, dem „Vierbrüderkrug" westlich der Stadt, wo wir draußen im Biergarten einkehrten – mein Vater mit dunkel abgeschirmter Brille. Dem folgte, wiederum zu Dritt, ein Besuch bei meiner Großmutter Anna Lemke, ihrem Sohn und ihrer Tochter Gertrud im Mai/Juni 1936 in Rhein (Photo S. 50). Nach Berichten ist mein Vater dort durch Straßen gegangen, schwankend infolge der Gleichgewichtsstörungen, was Rheiner als Zeichen von Trunkenheit deuteten.

Während ich nach der Rückkehr in Insterburg meine „ersten Schritte" (Hildegard Rudzio) machte, am 16. Juni meinen Kinderwagen zu schieben suchte,

---

1   So eine Photounterschrift von ihr.

Letztes Bild mit meinem Vater, Rhein Juni 1936 (Von links: Herbert und Anna Lemke, Wolfgang Rudzio, Gertrud Lemke, Alfred Rudzio). © Wolfgang Rudzio, Autor.

hielt sich mein Vater noch einmal in Königsberg auf. Er erschoss sich dort am Vormittag des 17. Juni 1936 mit einer Pistole.

Heute, so hieß es in der Todesanzeige, „entschlief unerwartet nach jahrelangem schweren Leiden mein geliebter, herzensguter, treusorgender Mann und Vater, mein einziger unvergesslicher Sohn", der „Diplom-Ingenieur und Kaufmann Alfred Rudzio im Alter von 31 Jahren. Das Schicksal hat es so gewollt." Darin drückte sich Bitterkeit aus, dass ein vielversprechendes Menschenleben vor seiner Entfaltung abgebrochen war. Waren, so könnte man fragen, die Besuchsreisen meines Vaters von 1936 nach Allenstein, Königsberg und Rhein ein Abschiednehmen? Dass er sich eine Pistole verschafft hatte, spricht für eine schon länger erwogene Absicht. Jahrzehnte später hat meine Mutter davon gesprochen, dass Unverständnis und die negative Zeitstimmung gegenüber unheilbar Kranken zu seinem Entschluss beigetragen hätten, dem Leben ein Ende zu machen. Er hinterließ aber weder Testament noch Abschiedsbrief.

Nach seinem Tode eilten im Sommer Verwandte nach Insterburg, um der jungen Witwe beizustehen: nacheinander meine Großmütter, auch Marta Lauter als älteste Schwester mit ihrem Sohn Peter. Währenddessen lief und spielte ich draußen. Meine Mutter wickelte den Laden in Insterburg ab, reiste im September mit mir zu Hetzens nach Allenstein. Den Oktober 1936 verbrachten wir im Rheiner Großelternhaus. Dort begegnete ich erstmals Klara Dziedo mit ihrem Mann Hans, einem freundlich-lebhaften Paar.

Als gesetzliche Erben meines Vaters blieben meine Mutter und ich finanziell in gut situierten Verhältnissen zurück. Das Erbe umfasste das Insterburger Papierwarengeschäft (ca. 4500 RM), das Reschke-Geschäftshaus am Markt 3 und das Wohnhaus Mauerstraße 6-7 in Rastenburg (zusammen 43500 RM), Wertpapiere im Tageswert von 22630 RM (Reichsschatzanweisungen, Pfandbriefe und Aktien), Hypotheken auf fünf Häuser in Königsberg (37300 RM), und Bank-Guthaben (9400 RM). Dem gegenüber standen Verbindlichkeiten in Form von zwei Hypotheken (rd. 2900 RM)[2]. Das war nach damaligen Verhältnissen kein Reichtum, aber ein Vermögen, von dessen Erträgen ein Zwei-Personenhaushalt gut leben konnte. So bezog meine Mutter 1943 3400 RM Einkommen aus den beiden Häusern und 3140 RM aus Kapitalerträgen[3].

Es fehlte mir daher in der Kindheit materiell an nichts. Spielsachen gab es aller Art, alles, was als gut galt: Stofftierchen wie einen Teddybär oder die geliebte Stoff-Ente, einen Roller, später einen vierrädrigen „Selbstfahrer", den man mittels eines Handhebels bewegte und mit den Beinen steuerte. Letzterer

---

2 Erbschaftssteuererklärung Hildegard Rudzio vom 6.9.1936 für das Finanzamt Königsberg-Land.
3 Handschriftliche Anlagen zur Einkommensteuererklärung 1943 Hilde Rudzio.

war mehr als viele andere Kinder besaßen. Auch trug ich feine Kinderkleidung, später Hosen bayerischer Art und einen Matrosenanzug.

Der Tod meines Vaters wirkte wie ein Schatten, der meine Kinderjahre begleitete. Auch war mir damit und mit verstorbenen Großvätern eine väterlose Kindheit beschieden, in der meine Mutter und die beiden Großmütter allein die Elternrolle spielten. Scheu, womöglich Wunden aufzureißen, hielt mich davon ab, meine Mutter über meinen Vater auszufragen und über ihn erzählen zu lassen. Zwar hing ein Bild von ihm in unserer Wohnung, aber von sich aus kam sie kaum auf ihn zu sprechen. Anders meine Oma Helene Meylaender, deren Erwähnungen aber rasch in kaum unterdrückter Klage endeten. Ich hörte, dass er sehr begabt und strebsam gewesen sei. Im ganzen habe ich nicht viel über ihn erfahren.

Am 1. Oktober 1936 zog meine Mutter mit mir nach Königsberg, in die Kronprinzenstraße 14 im modernen „Villenvorort"[4] Amalienau. Schon mein Vater hatte gewünscht, dass wir im Grünen, in gesunder Umgebung, leben sollten. Die Straße entsprach dem mit ihren Bäumen und der lockeren, überwiegend von Villen geprägten Bebauung. Allerdings, das Haus, in dem wir wohnten, fiel als moderner, dreigeschossiger Neubau aus dem Rahmen, und wir lebten im 2. Obergeschoss in drei Wohnräumen mit Küche, Bad und Zentralheizung.

Der Paraderaum war das große „Herrenzimmer" mit mehreren Fenstern zur Straße, das von schwarzen Möbeln im Danziger Stil mit gedrehten Füßen und säulenförmigen Teilen bestimmt war. Zu ihnen gehörten ein Bücherschrank, ein ausziehbarer Spieltisch mit speziellen Aschenbechern und Kartenablagen sowie eine Standuhr. Ledersessel umgaben den Tisch. Das Ensemble stammte noch von Max Rudzio.

Ergänzt wurde es durch ein Klavier, auf dem meine Mutter häufig spielte – nicht virtuos, aber klassische Stücke durchaus gekonnt, und ich hörte sie gern. Schon damals sprachen mich klassische Musik, insbesondere Mozarts, an. Außerdem gab es da ein Radio und einen Grammophonschrank. Letzterer bildete eine Attraktion, nicht nur wegen seiner technischen Modernität, sondern weil sich mir durch die Schallplatten weitere Musikerlebnisse vermittelten. Besonders berührten mich Stücke wie Mozarts kleine Nachtmusik und Zarah Leanders dunkle Stimme in Melodien wie „Ich weiß, es wird ein Wunder geschehen…" Außerhalb beeindruckte mich das Motiv Wagners aus der Tannhäuser-Ouvertüre, mit dem Sondermeldungen angekündigt wurden. Am Strand habe ich von meiner Mutter einige Lieder gelernt, wenn auch nur flüchtig. Doch ich liebte sie: „Die (blauen) Dragoner, sie reiten…und ihre Fahnen (Fähnlein?) flattern im Wind…", „Von den blauen Bergen kommen wir…"

---

4 Hans-Christian Petersen, Bevölkerungsökonomie – Ostforschung – Politik, Osnabrück 2007, S. 72.

oder „Aus grauer Städte Mauern..." Das klang romantisch und naturnah. Sie wirken wie ein Nachhall der Jugendbewegung um 1900. Jene Musikstücke bedeuteten frühe, emotionale Prägungen, um so mehr als ab 1945 Jahre ohne Musik folgten.

In jenem Herrenzimmer empfing meine Mutter Besucher. Außergewöhnlich war, noch vor meiner Schulzeit, ein Abendbesuch mehrerer jüngerer Männer, bei dem man nur Kleinigkeiten aß und etwas trank. Ich kannte keinen und habe auch keinen von ihnen wieder gesehen, ebenso wie ich von den Gesprächen nichts mitbekam. War es Joachim Paltzo, der damals in Königsberg lebte, samt Parteigenossen, der meine Mutter besuchte? Nicht aus der Verwandt- oder Nachbarschaft kamen auch ein paar Besuche von Eva und Friedrich Both, die meine Mutter aus Rhein kannte, von denen mir damals vor allem Fritz mit seinem stattlichen Äußeren und seiner sonoren Stimme Eindruck machte. Sie wohnten einige Zeit in Königsberg. Bei einem ihrer Besuche spielte ich mit ihren Söhnen „Buschebau", d. h. wir Älteren, Eberhard Both und ich, ängstigten den jüngeren Hasso im dunkleren Kellergeschoss. Erst im Alter ist mir klar geworden, dass wir da eine Sitte der Prussen nachspielten, die ihre Kinder gegen Abend mit einem „Buschebau" erschreckten, um sie in die Unterkünfte zu scheuchen.

Gespielt habe ich in Königsberg auf der ruhigen Straße oder hinter dem Haus vor allem mit einigen gleichaltrigen Jungen, die auch meine ersten Klassenkameraden wurden: Wolfgang Schieder[5] aus unserem Hause, Rainer Durchholz aus der Villa gegenüber (der früh an Tuberkulose starb) und Gerhard Schröder. Getrennt durch höheres Alter war der Sohn unserer Flurnachbarin, Heiner Nielebock. Gelegentlich war ich auch bei Schieders, wo wir mit kleineren Geschwistern gerne „tobten" und in einer Schaukel hingen, die in einem Türrahmen befestigt war. Besonders regten Zinnsoldaten meine Phantasie an, und ich lernte weißgewandete „Österreicher" von blaugerockten „Preußen" zu unterscheiden.

Als Einzelkind blieb ich allerdings häufig auf mich allein gestellt. Kinder aus der Verwandtschaft traf ich zwar, aber das waren eher seltene Begegnungen. Im Wohnzimmer hatte ich unter einer Schräge einen Raumteil mit Tischchen, Stuhl und Regal für mich. Das war mein kleines Reich mit Bilderbüchern, Spielen und Stofftieren. Vor allem liebte ich es, mit Bauklötzen aus Holz und dann aus Stein Gebäude und Brücken zu bauen, auch mit einer kleinen Eisenbahn und vielen Murmeln zu spielen. Am Strand entwickelte sich, nach anfänglichen Wasserdämmen und Hafenbauten, ein starkes Faible, aus angefeuchtetem Sand immer kunstvollere Gebäude zu errichten. Besonders ange-

---

5   Sohn des bekannten Historikers Prof. Dr. Theodor Schieder, der damals an der Universität Königsberg lehrte. Wolfgang Schieder wurde später selbst auch Professor für Geschichte.

tan hatten es mir – gotisch oder romanisch geformte – Torbögen, die allein vom Sand getragen waren. Als Berufswunsch nannte ich damals ganz entschieden: „Baumeister". Versunken in Spiele litt ich nicht unter Alleinsein. Natürlich waren für mich als Einzelkind auch Erwachsene von Bedeutung. Gerne spielte ich mit der Königsberger Oma und Großtante Ida Gesellschaftsspiele.

In Königsberg habe ich 1936–44 die Kindheit verbracht. Es wurde die einzige Großstadt, die ich kannte und als unzerstörte gesehen habe. So wurde es für mich zum Vorbild für eine große, vielfältige und lebenswerte Stadt. Unsere Wohngegend gehörte zu den „Hufen" mit historischer Vergangenheit. Das waren einst Dörfer gewesen, „Hufen" genannt, da die Bauern jeweils gleich große Hufen sowie eine Allmende bearbeiteten. Eigentümer des Bodens war die Stadt Königsberg, der sie zinspflichtig waren und deren nahe gelegenem Gutshof, dem „Ratshof", sie auf Abruf Scharwerksdienste zu leisten hatten. Ein Wandel trat ab 1776 ein, als die stadtferneren Bauern ihr Land kaufen konnten. Es scheint, dass die in Königsberg einflussreiche liberale Wirtschaftslehre Adam Smiths hier frühe Wirkungen zeitigte. Doch wurden diese Hufen bald von wohlhabenden Stadtbürgern aufgekauft. Einer von ihnen ließ sein Grundstück in einen Park umwandeln, und dieser ging dann an den Königsberger Bürgermeister (und Teilnehmer an Kants Tafel) Gottlieb von Hippel[6], dann auf den Kirchen- und Schulrat Busolt über. Von Bedeutung wurde dies, indem Busolt der legendären Königin Luise Haus und Park zur Nutzung anbot. Luise, kränkelnd, nahm an und lebte 1807–08 dort. Hat jene Idylle es der viel verehrten Königin erleichtert, jene schwere Zeit außerhalb des napoleonischen Zugriffs zu überstehen? Ihre Söhne, später König Friedrich-Wilhelm IV. bzw. Kaiser Wilhelm I., hielten sich als Kinder gerne dort auf und spielten mit der Dorfjugend[7].

Jenes Sommerhaus stand bis 1945 nahe der Gabelung der Hufen in Hammerweg und Lawsker Allee. Ich muss es gesehen haben, wusste aber nichts von seiner Geschichte. Dort befand sich ein leicht abfallendes Grüngeländer, wo ich – wie andere Kinder – im Winter meine ersten Rodelvergnügungen erlebte. An der erwähnten Gabelung stand (und steht) die „Luisenkirche", deren Glocken häufig zu hören ware. In ihr besuchte ich einige Zeit den Kindergottesdienst. Es war die erste und bis über das 10. Lebensjahr hinaus einzige Kirche,

---

6   Der aus Gerdauen/Ostpreußen stammende Hippel (1741–96) führte ein Doppelleben als Jurist, Beamter und Bürgermeister Königsbergs einerseits und als anonymer Autor andererseits, den man zu den „Pionieren fortschrittlich-emanzipatorischer Ideen" zählen kann. Thomas Meissner, Königsberger Klopse, in: FAZ, 5.11.2004; Silke Osman, Verschlossener Einzelgänger mit Gemüt, in: Preußische Allgemeine Zeitung, 9.10.2004.

7   Hans-Hermann Wasserberg, Die Bauern von Königsberg in Preußen, Berlin 2006, S. 6–12, 104, 107.

die ich von innen sah. Die biblischen Geschichten, die uns (meinem Freund Wolfgang Schieder und mir) dort beim Kindergottesdienst erzählt wurden, und die Bilderchen, die wir mitbekamen, törnten mich allerdings wenig an. Ihnen schien ein Geruch des Altertümlich-Überholten anzuhaften, berichteten sie doch aus einer ländlichen Welt einfache oder unglaubliche Geschichten. Hinter der Kirche lag der „Luisenwahl", ein mir groß erscheinender Park mit Grünflächen und Baumbeständen in leicht welligem Gelände. Er war der erste und lange Zeit einzige Park, den ich kennen lernte – der gleiche, den Hippel gestaltet und Königin Luise genossen hatte[8].

Von der Luisenkirche aus führte die Hufenallee, eine größere Straße mit Straßenbahn, hin zum Stadtzentrum, die ich in ihren näheren Teilen häufig gegangen oder mit „der Elektrischen" (so nannte man damals die Straßenbahn) gefahren bin. Bis zum Zoo umfassen meine Erinnerungen dort Häuser und Straßenbiegungen. Vor ihm kam die nächste Haltestelle, von wo aus wir einige Male Jungklaaßens besuchten, die dort im locker gebauten Villengebiet wohnten. Darauf, nach etwas abschüssiger Strecke, folgte der moderne Zoo, wo ich meine ersten – und für lange Zeit einzigen – Begegnungen mit Elefanten, Affen, Hirschen, Bären, Papageien und anderen Tieren hatte.

Stadtauswärts führte von der Luisenkirche die Lawsker Allee nach Juditten. Sie konnte man auch mit der Straßenbahn zwei Haltestellen bis „Rathshof", in die Nähe meiner Schule, fahren. Rathshof – das war zu meiner Zeit der Stadtteil, der sich am alten Gut der Stadt entwickelt hatte. Weiter hinaus besuchten wir „Onkel Schnoeberg" in Juditten, der dort als Apotheker in einer Villa mit großem, etwas verwuscheltem Garten wohnte. Villa und Garten haben es mir angetan und blieben unvergessen. Andererseits führte von der Luisenkirche stadtauswärts auch der breite Hammerweg. Er war unsere nächste Straße mit Geschäften für den täglichen Bedarf.

Königsberg vereinte moderne Villenviertel im Grünen wie Amalienau mit einem eindrucksvollen historischen Stadtzentrum, das Kirchen und Dom, Schloss, Universität, Börse, Speicherviertel und Pregelarme umfasste. Auf dem Wege in die Innenstadt kam man an modernen Bauten wie dem Rundfunkhaus, neuem Schauspielhaus, Nordbahnhof, Haus der Technik und einem Parteitagsgelände vorbei. Letzteres sah ich von der Straßenbahn aus einmal auch voller Menschen. An den neuen Gebäuden entwickelte sich mein Gefühl für kühl-sachliche Bauten der zwanziger und dreißiger Jahre. Im Schauspielhaus erlebte ich zu Weihnachten meine erste Theateraufführung, die „Goldene Gans". Der Nordbahnhof war Ausgangspunkt für Tagesausflüge nach Cranz mit seinen weiten offenen Stränden, erreichbar in halbstündiger Bahnfahrt. Nur wenig länger dauerte es nach Rauschen mit seiner Steilküste und der ers-

---

8 Wasserberg, Bauern, S. 75; Fritz R. Barran, Städte-Atlas Ostpreussen, 3. A. Leer 1994, S. 94.

ten Bergbahn meines Lebens, die zum Strand hinunterführte. Die Nähe zum Meer gehörte zu den Vorzügen Königsbergs. Nahe dem Nordbahnhof befand sich der Eingang zur „Ostmesse", die ich einmal besucht habe.

Auch das Zentrum Königsbergs lernte ich kennen. Da waren Fahrten zum Hauptbahnhof, wenn wir nach Masuren fuhren. Man kam am Kaiser-Wilhelm-Platz mit dem Schlossturm vorbei, mit lebhaftem Verkehr und engen Bürgersteigen. Dort begegneten einem auch ausländischen Soldaten, jedenfalls spanische von der „Blauen Legion"[9]. Danach kam dann der Pregelübergang mit dem Blick auf die Börse und, von weitem, die malerischen, mehrstöckigen Fachwerkspeicher. Mit meiner Mutter war ich auch am „Paradeplatz", am Theater, der Universität mit ihren Säulen und Zieranlagen voll Stiefmütterchen. Dort besuchten wir die erste Buchhandlung meines Lebens, „Graefe und Unzer". Einmal stand ich auch im Schlosshof, vor dem Restaurant mit dem gruseligen Namen „Blutgericht", als meine Mutter mir das berühmte „Bernsteinzimmer" zeigen wollte, das aber nicht zugänglich oder nicht mehr da war. Ein, zwei mal besuchten wir ihren Onkel Hans und Tante Klara Dziedo, die direkt am Pregel in der Innenstadt, mit Blick auf die Kneiphof-Insel, in einer älteren Stadtwohnung lebten. Unvergessen blieb mir da eine Dia-Vorführung ihres Sohnes Heinz Dziedo, der als Soldat des Afrika-Korps uns Bilder aus dem fernen Afrika mit seinem Wüstensand und deutschen Soldaten vorführte.

Viel von Königsberg nahm ich auch auf, wenn meine Mutter allein verreiste. Im Juni 1939, als sie sich vier Wochen im thüringischen Bad Liebenstein aufhielt, wohnte ich bei meiner Königsberger Oma Meylaender im Nachtigallensteig. Auch als ich zur Schule ging, wurde ich für mehrere Wochen bei ihr abgeliefert. Täglich fuhr ich von dort aus per Straßenbahn quer durch die Stadt bis Ratshof zur Schule, möglichst vorne neben dem Fahrer stehend, aber abseits der offenen Tür. So beobachtete ich, wie der Fahrer schaltend die Elektrische bewegte, nahm aber auch Straßen, Gebäude und Verkehr wahr. Die Wohnung meiner Großmutter im zweiten Stock in einem der großen Altbauten, die mit ihren hohen Räumen und Stuck verzierten Decken den Stil der Jahrhundertwende atmeten, wirkte so ganz anders als unsere Neubau-Wohnung.

Meine Oma wohnte zentral, aber zugleich in der Nähe des „Oberteichs", einem See mit abwechslungsreichen Grünanlagen an seinen Ufern. Sie ging mit mir dort gerne spazieren. Der Teich war wohl als Wasserspeicher für eine Wassermühle des Deutschen Ordens angelegt. Dort, abseits der steinernen „Trittoirs" spazierten wir im Grünen, vorbei an steinernen Seehundfiguren und ausbuchtenden Uferbefestigungen. Sie und ihre Schwester Ida sprachen noch gespickt mit französischen Ausdrücken, wie sie um 1900 als schick gegolten hatten, von Billetts, Trittoir, Chaiselongue, Portemonnaie, Pelerine…

---

9   Diese Truppe kämpfte, als Beitrag des francistischen Spanien, gemeinsam mit den Deutschen gegen die Sowjets.

Helene Meylaender, einst Dame der Rastenburger Gesellschaft, führte auch in Königsberg ein gesellschaftliches Leben. Dies ermöglichte das Erbteil, das beim Tode ihres ersten Mannes, Max Rudzio, auf sie entfallen war. Ihr zweiter Mann Anton (Photo S. 20), dick, mit Schnurrbart, kurzgeschorenem Haar und fast immer eine – meist kalte – Zigarre im Mund, lebte eher ruhig, wie ein Prinzgemahl neben der umtriebigen Oma. Regelmäßig veranstaltete sie mit Bekannten und Verwandten Ausflüge ins Samland, an den Galtgarben (mit 110 m die höchste Erhebung im Samland), zum Vorort Metgethen oder zu alten Königsberger Befestigungsanlagen. Auch ich war mit von der Partie. Zu anderen Jahreszeiten wurde abwechselnd zur großen Tafel geladen, das beste Geschirr und alte Silberbestecke in gesonderten Haltern samt Servietten aufgefahren. Da mochte es etwas eng werden, aber man tafelte, sprach und die Stimmung war gut. In frühen Jahren krabbelte ich unter der Tafel hin und her, um später den Gesprächen zu lauschen. Aus dem Mund meiner Königsberger Großmutter vernahm ich die Namen Hans Lohmeyer, des Königsberger Bürgermeisters der Weimarer Zeit (nicht zufällig von der Demokratischen Partei!), und den des ihr bekannten „Forstreuter", eines Historikers der ostpreußischen Geschichte. Besonders durch ihr Reden von den „besseren Kreisen", denen sie sich zuzählte, kam sie mir zu fein vor. Vielleicht sprach aus mir der volksgemeinschaftliche Geist der Zeit, wenn ich zu meiner Mutter meinte: „Oma ist vornehm, Du bist nicht vornehm. Meinst Du, vornehm sein ist schön? Vornehm sein ist nicht schön!" Aber mit ihren Ausflügen und Tafelrunden gab sie mir ein Vorbild, wie man leben sollte, das ich aber nie erreichte.

Meine Großmutter ist dann als Witwe, wohl auch wegen der Bombengefahr zusammen mit ihrer ebenfalls verwitweten Schwester Ida Bretschneider in unsere Nähe gezogen. Eine Zeitlang wohnte Ida sogar neben uns. In ihrer Wohnung hingen zwei große Gemälde an der Wand, die auf mich nachhaltigen Eindruck machten: Die Erschießung der elf Schillschen Offiziere und die Ansprache Yorcks an die ostpreußischen Stände Anfang 1813. Napoleon, die Besetzung Preußens und die Befreiungskriege drangen mir, indem ich mir die Bilder erklären und auf mich wirken ließ, früh ins Bewusstsein. Es war mein erster Einstieg in die Geschichte. Wohl kaum zufällig waren auf den beiden Bildern gerade zwei Befreiungsaktivitäten festgehalten, die ohne oder gegen den Willen des Königs erfolgten. Waren sie bewusst ausgewählt von Ida Bretschneider, der Mitbegründerin der Demokratischen Partei von 1918? Über das Geschichtliche hinaus bewegte mich angesichts des zwischen Toten noch stehenden Schillschen Offiziers vor dem französischen Peleton die Frage, welche Gedanken einem wohl in den letzten Sekunden des Lebens durch den Kopf jagen? Auch in Spielen brachte mir Tante Ida bürgerlich-nationales Bewusstsein näher. Neben Murmelspielen, Mensch ärgere Dich nicht, Halma und Dame lernte ich durch sie ein Hanse-Spiel kennen, ein Würfelspiel, bei dem man mit einer Kogge die Hansestädte anlaufen musste, doch auch mit Störtebecker oder

Sandbänken zu tun bekommen konnte. Die Umrisse der Ostsee- und teilweise der Nordseeküste sowie die Lage der Hansestädte wurden mir so geläufig, Namen wie Lübeck, Hamburg, Wismar, Danzig, Königsberg, Riga und Reval. Die damaligen Verhältnisse wiedergebend war hingegen ein Puzzle, das mir meine Mutter schenkte: Da hatte man die Gaue Großdeutschlands zusammenzusetzen. Immerhin, beides verhalf mir zu ersten geographischen Vorstellungen. Im Übrigen las mir meine Mutter zum Schlafengehen öfters vor, gängige Märchen, vor allem der Gebrüder Grimm.

Eingeschult wurde ich im August 1941. Noch heute erinnere ich mich an den ersten Tag, als wir in einem Klassenraum auf Pultbänken aus Holz saßen. Das Schulleben begann allerdings für mich schon am zweiten Tag mit einer Enttäuschung – gab es doch wider mein Erwarten keine neu gefüllte Schultüte! Der Schulweg war lang, führte von der Kronprinzenstraße durch ruhige, gepflegte Villenstraßen, die zum Spielen einluden. Und wir, vom gleichen Jahrgang, Wolfgang Schieder, Rainer Durchholz, Gerhard Schröder und ich gingen unseren Weg langsam, trödelnd und unterwegs spielend. Maximal brauchten wir eine Stunde bis zur Schule. Nur in Ratshof war die Straße eng und belebt; führte leicht bergab zum Pregel, und am anderen Ufer ragte das riesige Gebäude des größten Getreidespeichers Europas herüber.

Vom Unterricht fühlte ich mich wenig angeregt. Ich lernte pflichtgemäß, bekam eher mittlere Zeugnisse. Im vierten Schuljahr konnte ich, dank Schiefertafel und Fibel flüssig lesen, auch schreiben und mit den Grundrechenarten umgehen. Häusliche Schularbeiten machte ich an einem Stehpult. Es erschreckte mich allerdings, als wir bei Beginn des zweiten Schuljahres schlagartig von der bisher eingeübten Sütterlin-Schrift auf die lateinische umsteigen mussten. Unsere Fibel, in der noch der brave Landmann mit der Hand das Samenkorn ausstreute und sich traditionelles Leben widerspiegelte, kam mir altertümlich-zurückgeblieben vor. Meine Begegnung mit landwirtschaftlichen Maschinen im einstigen Betrieb Otto Lemkes lehrte mich, dass jenes nicht mehr die Wirklichkeit war. Unterrichtet wurden wir hauptsächlich von unserem älteren Klassenlehrer Anacker, der den Schultag regelmäßig mit einem Gebet begann. Ohne besonders mitreißenden Unterricht schien er mir ruhig und gerecht. Die politische und kriegerische Welt blieb außerhalb seines Unterrichts.

Ganz andere Verhältnisse lernte ich kennen, als ich ab Frühjahr 1944 die Volksschule in Rhein/Masuren besuchte. Dort wurde jeder Morgen mit einem stehend gesungenen Lied begonnen, das in das Dritte Reich passte, nicht zuletzt das SA-Lied „Die Fahne hoch, die Reihen fest geschlossen…". Der einzige in der Klasse, der keines dieser Lieder kannte, war ich. So stand ich denn, schwieg, bewegte hin und wieder den Mund, aber das war's. Der Lehrer, dem dies wohl nicht entging, sagte nichts – sei es wegen meiner angesehenen Familie, sei es, dass ihm meine Mutter als Alt-Parteimitglied bekannt war. Meine unterschiedlichen Erfahrungen decken sich mit dem Historiker-Urteil zum

Bürgerliche Kindheit im Schatten des Krieges (1935–45)

Wolfgang Rudzio am Oberteich in Königsberg, 1943 (Photo auf der Flucht lädiert, mit Flecken von mitgeführtem Malzkaffee). © Wolfgang Rudzio, Autor.

Dritten Reich, „die Schulen waren im allgemeinen nicht der Ort systematischer Indoktrination der deutschen Jugend"[10]. Abgesehen von dem politischen Liedgut-Manko fiel mir die Schule hier leicht im Vergleich zu Königsberg. Ob das auf Vorsprünge aus der Großstadt zurückging oder ich einen Sprung nach vorne gemacht hatte?

Lediglich im Sportunterricht, den ich ebenfalls ohne Begeisterung erlebte – mit Abneigung gegen die Leibesübungen an Geräten[11], etwa dem in Reihe zu absolvierenden Sprüngen über die langgezogenen Böcke, doch mit Spaß an Gruppenwettkämpfen wie „Völkerball" –, schwangen vielleicht politische „Ertüchtigungs"-Ziele mit. Jedenfalls ließ uns einmal eine Sportlehrerin antreten, um jeden einzelnen Schüler zu fragen, zu welcher Waffengattung er denn kommen wolle. Darüber hatte ich noch nie nachgedacht. Aber mir war bewusst, nicht die Strapazen eines Infanteristen auf mich ziehen zu wollen. Ich hatte an der Luisenkirche aus nächster Nähe den Vorbeimarsch einer Einheit vor höheren Offizieren miterlebt und dabei mitbekommen, wie die vormarschierenden, belasteten Soldaten dabei vor Anstrengung keuchten und ächzten. So antwortete ich: „Flieger"! Außerdem schienen mir die Luftwaffen-Uniformen schicker als die des Heeres, attraktiv die Lederwesten und die Selbständigkeit der Piloten. Vielleicht hat auch eine Rolle gespielt, dass der erste Kinofilm, den ich 1943 in Königsberg sah, „Quax der Bruchpilot" mit Heinz Rühmann gewesen war. Ob dieser Kinobesuch jener Szene in der Turnhalle vorausging, muss allerdings offen bleiben. Er lässt sich gut datieren, weil in der Wochenschau (der einzigen, die ich vor Kriegsende sah) die Befreiung Mussolinis durch deutsche Fallschirmjäger auf dem Gran Sasso zu sehen war – seine bleichen Gesichtszüge und weit aufgerissenen Augen, umrahmt vom hochgeklappten Mantelkragen, blieben mir unvergessen.

Was ich von der Hitler-Jugend wahrnahm, wirkte auf mich weder abstoßend noch anziehend. In Königsberg auf unserer Straße sah ich sie zuweilen antreten und exerzieren. Über Politik sprach meine Mutter nicht mit mir. Nur ein einziges Mal kam es zu einem politischen Erziehungsakt. Sie erklärte mir, Nachbarn hätten sich beschwert, ich würde nur mit „Guten Tag" und nicht mit „Heil Hitler" grüßen. Sie setzte sich an den großen Tisch im Herrenzimmer, und ich musste immer wieder mit erhobenem Arm „Heil Hitler" grüßend an ihr vorbeidefilieren. Sie korrigierte meine Armhaltung mehrfach, und die Prozedur dauerte, bis sie zufrieden gestellt war. Die Feststellung der Nachbarn traf zu. Hinter meinem Verhalten steckte keine Opposition, sondern Abneigung, bei alltäglichen Begegnungen solch einen bedeutsamen Gruß anzu-

---

10 Wolfgang Benz, Geschichte des Dritten Reiches, München 2000, S. 74.
11 Aber ich zog mich durchaus an den Kletterstangen bis zur Decke der Turnhalle hoch, bin dabei allerdings einmal unten so hart gelandet, dass ich mir das Steißbein brach – festgestellt erst Jahrzehnte später.

bringen. Was dessen Korrektheit betraf, spielte Unwissenheit mit. Mir fiel auf, dass meine Mutter keinen Versuch machte, mir den Sinn des Grußes nahe zu bringen. Es gehöre sich so, Nachbarn seien nicht richtig gegrüßt – dies war die ganze, mir gegebene Begründung für ihre Aktion. – Zu einem anderen Zeitpunkt fragte ich einmal, wie denn der „Führer" zum Führer geworden sei. Sie antwortete, er sei gewählt worden, ohne etwas hinzuzufügen.

Bis 1945 habe ich Ostpreußen nie verlassen. Obwohl ich in einer Reihe von Orten gewesen bin, sind die Erinnerungen begrenzt. Nur vage Vorstellungen gibt es von Gerdauen, wo wir meine Vettern Peter und Siegfried sowie Cousine Ingrid Lauter besuchten. Deutlicher sind sie von Rastenburg, das ich bei wenigen Ganztagsbesuchen gesehen habe.

Glücklich waren Zeiten an der Samlandküste, Tagesausflüge oder Ferienaufenthalte. Bei gutem Wetter fuhr meine Mutter mit mir vom Nordbahnhof zu Tagesausflügen an die See, vor allem nach Cranz mit seiner flachen Küste und seinem unendlichen, irgendwo in der Ferne in die Kurische Nehrung übergehenden Sandstrand. Im Sommer pflegten wir Wochen an der Ostsee zu verbringen, gemeinsam mit Verwandten – so mit Lauters aus Gerdauen (1937 Cranz, 1939 und 1940 Rauschen), mit den Rheiner Verwandten (1938 Rauschen, einschließlich einer Schulfreundin meiner Mutter, Tuta Marquardt) oder denen aus Königsberg (1938 und 1940). Man traf sich am Strand, und da die Entfernungen nicht groß waren, kamen Männer wie meine Onkel Herbert Lemke und Oswald Lauter oder Ältere wie Meylaenders und Ida Bretschneider auch mal für einzelne Tage an die See. Auch der weibliche Teil der Familie Hetz kreuzte in Rauschen auf. Schön fand ich Spielen am Strand, toll den Gang auf den hölzernen Strandpromenaden und den Blick aufs Meer. Die samländische Steilküste lernte ich von Rauschen aus kennen, teilweise auch bei Wanderausflügen von Königsberg aus. Unvergesslich blieben die Sonnenuntergänge am Kap von Brüsterort im Westen mit dem weithin herüber glitzernden Meer. Bei einem Badeaufenthalt spielte gegen Abend eine Kapelle draußen auf einem Küstenplateau stimmungsvolle Unterhaltungsmusik. Der Traum vollkommenen Lebens verband sich mir mit der Musik, urlaubenden Menschen, dem Blick von oben übers weite Meer, dessen Farbe mit versinkender Sonne langsam vom Grün und Blau zum Dunkel wechselte, bis schließlich nur das Leuchtfeuer von Brüsterort als einziger ferner Lichtpunkt blieb.

Traumhaft erlebte ich in den Sommern 1942 und 1943 die Kurische Nehrung in Schwarzort, dem letzten Dorf vor Memel, wo meine Mutter und ich Ferienwochen verbrachten. Schon die Reise dorthin war attraktiv: vom Nordbahnhof bis Cranzbeek mit der Eisenbahn, dann mit einem der Dampfer, die nach Memel verkehrten, auf der Hinfahrt links die sich langsam auftürmenden Sanddünen der Nehrung, auf leichten Wellen, mit aufgeräumten Urlaubern an Bord. Draußen oberhalb der größeren Kajüte konnte man sitzen und weit über Haff und Dünen der Kurischen Nehrung blicken, hin und wieder be-

Hildegard und Wolfgang Rudzio, Cranz 8. August 1939. © Wolfgang Rudzio, Autor.

gleitet von schreienden Möven. Etwa 15–20 km voneinander entfernt tauchten kleine Nehrungsdörfer auf, die das Schiff ansteuerte. Bei Pillkoppen mit seinen gewaltigen Dünenbergen konnte man nicht anlegen, die Aussteigenden mussten auf offenem Haff über schwankende Planken in ein Ruderboot umsteigen, das sie zum Dorf übersetzte. Interessiert, begeistert, einmal – als die Passagiere auf einer Seite dem nahenden Ruderboot entgegensehen wollten und so das Schiff in eine Schieflage versetzten – auch etwas ängstlich erlebte ich die vier- bis fünfstündige Seereise. In Schwarzort hatte man einen langen Sandweg zwischen den krüppeligen Kiefern hinüber auf die Ostseeseite zu gehen. Dort erwartete uns kein Haus, sondern fast menschenleerer endloser Sandstrand. Bei sonnigem Wetter waren das großartige Tage unter tiefblauem Himmel, von dem sich das Grün der Kiefern und das Hellgelb des Sandes abhob. Ich fühlte mich überwältigt von der Größe und Schönheit der Natur. Leider herrschten manchmal aber auch graue Farben und regnerisches Wetter vor. Dann hockte man im Zimmer eines kleinen Hotels oder lag auf den Betten, um auf die nächste Mahlzeit oder das Ende des Regens zu warten. Und von den sagenhaften Elchen, von denen ich hörte, war nichts zu sehen. Ein Tagesausflug führte uns nach Memel, wo wir die dortigen Lemkes besuchten.

2 Zweites Zuhause: Das ländlich-masurische Rhein

Prägende Erinnerungen verbinden mich auch mit Rhein im masurischen Kreis Lötzen, woher meine Mutter stammte. Dort waren wir häufig bei meiner Großmutter Anna Lemke, ihrem Sohn Onkel Herbert („On Hebett", wie ich sagte) und ihrer Tochter Gertrud (genannt „Tuta", s. Photo S. 50). Meine dortige Oma wirkte als häufig kränkelnde Wittwe älter als sie war. Ihre Stimme klang schwach, und ihr auf dem Nachttisch liegendes Zahngebiss konnte ein Kind erschrecken. Aber ihren Enkeln, deren zweiter ich war, wandte sie sich in Liebe zu. Rhein war eine abseits gelegene, kleine Landstadt, überragt von einer Ordensburg aus dem 14. Jahrhundert, das auf einer Anhöhe zwischen Rheiner und Olofsee hochragte. In diesem „Nest" (so Tuta zuweilen) lebten die Lemkes seit Mitte des 19. Jahrhunderts.

Das hellblau gestrichene Wohnhaus in der Nikolaiker Straße 14, im ersten Stock teilweise mit Gauben, seitwärts ergänzt einerseits durch einen Flachdach-Anbau nur im Erdgeschoss, andererseits durch einen Anbau mit zwei voll ausgebauten Stockwerken, besaß zur Straße hin im Erdgeschoss zwei Türeingänge und sieben Fenster. Zum Wohnen standen Wohn- und Festraum, zwei Küchen, ein Durchgangs- und Arbeitsraum, ein modernes Badezimmer sowie vier Schlafzimmer zur Verfügung, dazu ein Essraum fürs Personal. Außerdem gab es Dachboden und einen kleinen Weinkeller. Den flachen Anbau hatte bis 1934 noch meine Urgroßmutter Friederike geb. Kerstan bewohnt. In ihn zogen meine Mutter und ich ein, als wir im Frühling 1944 nach Rhein umsiedelten.

Alle Räume besaßen Doppelfenster, deren Luftschicht gegen Kälte dämmte. Geheizt wurde, anders als in Königsberg, mit bis zur Decke reichenden, blauen oder grünlichen Kachelöfen, welche die Wärme lange und gleichmäßig hielten. Das am Ofen im Wohnzimmer stehende Sofa war ein beliebter Platz, vor allem der Katzen. In Schlafräumen gab es noch eine halbhohe Kommode mit großer Waschschüssel und Wasserkanne aus einfachem Porzellan, dazu einen Spiegel an der Wand. Dort wusch und frisierte man sich. Aus Zeiten vor der Elektrifizierung existierten ein paar alte Öl-Lampen, inzwischen außer Betrieb. Tapeten deckten die Wände, würdig-dunkel im Herrenzimmer, freundlich-hell mit Blümchen-Mustern in den Schlafzimmern, wo ich als Kind der Vielfalt und Systematik ihrer Muster nachging. Im Wohnzimmer befanden sich neben Möbeln ein größerer Radioapparat und ein Telefon. Der Durchgang von dort zum Kontor war durch eine ledergepolsterte doppelte Tür verschlossen, sodass kein

Rattern der Schreibmaschinen durchdrang. Als Kind telefonierte ich mit dem Weihnachtsmann, der nur wenige Meter entfernt aus dem Kontor Wünsche entgegen nahm und Ermahnungen aussprach.

Den Betrieb Otto Lemkes fand ich kaum verändert vor. Zunächst war da zur Straße hin im angebauten Turmbau das „Kontor" mit zwei Sekretärinnen, in dem Schreibmaschinen ratterten, Telefonanrufe getätigt wurden und Leitzordner zahllose Papiere aufbewahrten. Dahinter befand sich das Chefzimmer meines Onkels. An den Wänden hingen Bilder von Landmaschinenfabriken in Westfalen, unter anderem aus Hagen, von denen man Maschinen bezog.

Neben dem Wohnhaus konnte man von der Nikolaiker Straße aus in den Hof einfahren. Auf ihm standen werktags dicht bei dicht Pferdewagen von Kunden. Während die Pferde aus vorgebundenen Säcken ruhig ihren Hafer kauten, beäugten die Bauern prüfend Maschinen oder verhandelten mit meinem Onkel. Der bäuerliche Klageton über das Wetter und schlechte Ernteaussichten klingt mir noch im Ohr. Auf der rechten Hofseite stand der langgezogene „Schauer" (Photo S. 29). In seinem niedrigeren Untergeschoss lagerte Kleinmaterial, im übrigen beherbergte er Pflüge, Eggen, Heuwender und andere Landmaschinen.

Daran schloss sich, dem Wohnhaus gegenüber, die Schlosserei an. Aus rotem Ziegelstein gemauert, hatte sie aber infolge des Brandes nur ein mit Teerpappe belegtes, leicht geneigtes Flachdach – ein Stilbruch. Rechts in der Ecke, zu ebener Erde, befand sich die alte Schmiede, wo ich oft zusah, wenn Metallteile erhitzt und in die richtige Form geschlagen, gelegentlich auch Hufe von Pferden beschlagen wurden. In der geräumigen Schlosserei standen Drehbänke und Maschinen. Dort beobachtete ich auch Männer beim Schweißen. Links von ihr befand sich eine „Stellmacherei", wie sie für den früheren Wagenbau benötigt wurde. Vor dieser gab es einen offenen, überdachten Bereich, in dem u. a. ein, zwei Dreschkästen und eine ausrangierte Kutsche standen. Dem schloss sich in Richtung Wohnhaus ein mehrgeschossiger Speicher an, von geringerer, quadratischer Grundfläche. Was dort gelagert wurde, ist mir entgangen. Weiter vorn stand eine Autogarage aus Wellblech, auf dem Hof eine handbetriebene Wasserpumpe samt Trog, gedacht fürs Pferdetränken. Direkt am Wohnhaus lagerte Sand zum Bauen, zugleich Spielmöglichkeit für Kinder.

Dort konnte ich mit Nachbarsjungen wie Werner (oder Günter?) Malessa spielen. Oder ich sah dem Treiben auf dem Hof bzw. hörte Gesprächen der Erwachsenen zu. Vereinzelt sprach mich jemand mit „Herrchen" an – was ich als peinlich empfand. Es war wohl der Versuch, nicht einfach „Jungchen" zu sagen, andererseits mit dem angehängten „chen" aber auch die Ehrfurcht der Anrede wieder zurückzunehmen. Im übrigen nahm ich viel von dem dort breit gesprochenen Dialekt meiner Spielkameraden an.

Gerne bin ich gelegentlich mit meinem Onkel in seinem hohen, fast kastenförmigen „Opel P 4" übers Land zu Bauern unterwegs gewesen. Scharf aufs

Bürgerliche Kindheit im Schatten des Krieges (1935–45)

Wolfgang Rudzio auf Nikolaiker Straße in Rhein 1937. Links vorne Eingänge zum Lemke-Haus, Blick geradeaus auf die Ordensburg. © Wolfgang Rudzio, Autor.

Autofahren, habe ich so einige Landstraßen und Einzelhöfe in der näheren wie weiteren Umgebung kennen gelernt. Neben Zielen im Kreis Lötzen ging es zu Landwirten im Kreis Sensburg. Der P 4 bewährte sich dabei gut auch auf sandigen Wegen, er blieb nicht stecken. Andere Kundenbesuche, etwa wegen kleiner Reparaturen, wurden von Angestellten per NSU-Motorrad erledigt.

Was war ich für ein Kind? Körperlich im ganzen gesund, nach der Zeit des Babyspecks hager und hochgeschossen. Außer üblichen Kinderkrankheiten erwischte mich ein Anflug von Tuberkulose und 1944 eine schwere Lungenentzündung. Ich war zunächst kein guter Esser. Meine Mutter köderte mich in Königsberg damit, dass ich, wenn ich nach dem Abendbrot noch weitere „Stullen" aß, noch länger draußen spielen durfte. Aber in der Kriegszeit gab es vieles nur knapp. Überkochende Magermilch und magerer Griesbrei erzeugten Appetit auf Fleisch – ganz zu schweigen von der ersten, einmaligen und daher unvergessenen Apfelsine während einer Krankheit. So änderten sich die Einstellungen! Einen Besuch von Eva Both, die in Grodno (Ostpolen) eher an nahrhafte Dinge herankam, empfing ich einmal an der Tür mit der Einlassfrage: *„Hast Du auch Blutwurst mitgebracht?"* Allerdings, als ich auf dem Hof in Rhein geschockt das Schlachten eines verzweifelt quiekenden Schweins per Holzhammer-Betäubung miterlebt und das aus dem aufgeschlitzten Hals in einen Eimer laufende Blut gesehen hatte, war Blutwurst für mich längere Zeit ungenießbar. Ungeachtet dessen blieb ich ein Fleischesser. Nicht zuletzt Hühnerschenkel begehrte ich, obwohl ich das Köpfen von Hühnern miterlebt hatte, voll Erstaunen gemischt mit Entsetzen auch ein kopfloses Huhn noch ein paar Schritte laufen sah.

Im ganzen erzog mich meine Mutter durchaus streng. Sie war sich wohl bewusst, dass ich als Einzelkind im Wohlstand aufwuchs und wollte kein „Muttersöhnchen". Klar sagte sie mir, dass sie mir nicht helfen werde, sollte ich unten hinter dem Königsberger Haus, wo Kinder spielten, von anderen „verkloppt" werden. Ich müsste mir selbst helfen. Das gleiche galt in Rhein, wo eine Bande älterer Nachbarskinder uns hin und wieder angriffen. Wenn sie in unseren Hof einbrachen, lieferten wir als zahlenmäßig unterlegene, aber gut Postierte und mit angelegten Vorratslagern an Steinen ihnen Schlachten mit gezielten Steinwürfen. Bitter war es, als einzelner von ihnen erwischt zu werden. Ein Spielkamerad wurde einmal vor dem Haus erwischt und blutig geschlagen.

Mehrfach hat mich meine Mutter systematisch verhauen, mit einem leichten Stock – so lange und so hart, bis ich in Tränen ausbrach und um ein Ende flehte, alles versprechend, was verlangt war. Selbst wenn ich schon soweit war, hörten ihre Schläge nicht immer auf. Einer besonderen Widerborstigkeit bin ich mir nicht bewusst, aber ganz einfach war es mit mir wohl auch nicht. Meine Gefühle zur „Mutti" kühlten dadurch ab. Schlagen war aber verbreitet. Mir ungewöhnlich und schockierend erschien aber, dass in der Wohnung eines meiner Rheiner Spielkameraden, wenige Häuser entfernt, an der Wand der „Siebenzagel" hing, eine kleine Peitsche mit mehreren Lederriemen, die in festen Knoten oder Kugeln ausliefen. Damit gab es bei ihm zu Hause Prügel. In der Schule hingegen, in Königsberg wie in Rhein, kann ich mich an keine Prügelstrafen erinnern. Es gab sie nicht. Erst nach dem Kriege, in der Grundschule bei Hannover waren sie üblich.

3 Der näherrückende Krieg

Langsam und mit Unterbrechungen schob sich der Krieg ins Bewusstsein. Von seiner Vorgeschichte bekam ich nichts mit, ebensowenig von seinem Beginn. Allerdings erinnere ich mich, dass kurz zuvor Kleiderkarten eingeführt wurden. Warum denn rationiert werde, es sei doch Frieden? fragte ich meine Mutter. Im Nachhinein hörte ich später, Onkel Herbert sei zum „Polenfeldzug" eingezogen gewesen und mit Nierenbeschwerden, verursacht durch das Schlafen auf dem Erdboden, zurückgekehrt. Sein größeres Auto, ein „Opel-Sechs-Zylinder", sei mit ihm in den Krieg gezogen und im Felde geblieben. Tatsächlich wurde damals so mancher Autobesitzer mitsamt seinem Fahrzeug eingezogen und eingesetzt, mangelte es doch der Wehrmacht an Kraftfahrzeugen.

Vom Winter 1939/40 gibt es ein Photo von mir, auf dem ich in Rhein mit einem westenähnlichen Überzug mit Abzeichen der Luftwaffe und einem Helm auf dem Kopf zu sehen bin – das erste „Kriegsweihnachten" hinterließ da Spuren. Allerdings, die Spieluniform gefiel mir nicht recht, ich spielte nie in ihr. Später, etwa 1942 oder 43, schenkte mir meine Mutter ein Buch über den Krieg, in dem dessen Phasen bis zum Russlandfeldzug in Photos mit Begleittexten dargestellt waren. Ich betrachtete gern manches Bild, in dem die Wehrmacht mit blanken Helmen auf der Erfolgsstraße gezeigt war, und las die Texte. Mein Interesse fanden vor allem die dramatischen Kämpfe von 1940 um Narvik. Aber es ging auch um den deutschen Tanker „Altmark", der mit 300 britischen Gefangenen von versenkten Schiffen unterwegs war. Er war in norwegischen Hoheitsgewässern, d.h. auf neutralem Gebiet, von einem britischen Zerstörer aufgebracht worden. War der Vorgang mit der Neutralität Norwegens vereinbar? Der Altmark-Fall spielte bei der Rechtfertigung der deutschen Norwegen-Aktion eine gewisse Rolle[12]. Zum ersten Male wurde mir bewusst, dass es Regeln für die Kriegsführung gab und dass es wichtig war, sein Verhalten als rechtmäßig darzustellen.

Eine weitere Erinnerung stammt vom Sommer 1940, als wir uns in Rhein aufhielten. Da versammelten sich die Rheiner Lemkes und meine Mutter im

---

12 Vgl. Lothar Gruchmann, Der Zweite Weltkrieg, 7. A. München 1982, S. 54.

Salonzimmer, um mit Sekt auf den Sieg über Frankreich anzustoßen. Unverkennbar feierten sie kaum den Sieg, vielmehr spürte ich bei ihnen vor allem Erleichterung. Schien doch dieser Krieg vergleichsweise leicht verlaufen und nun offenbar zum Ende zu kommen. Ob alle, insbesondere meine pessimistische Oma Anna Lemke, darin sicher waren oder es nur hofften? Sie äußerte sich in meiner Anwesenheit dezidiert kritisch zu den Zeitläuften. Die gute Zeit, das war für sie die Zeit, da es noch den Kaiser gab, stabiles Goldgeld galt, geordnete und gute Verhältnisse herrschten. Solche habe es danach nicht mehr gegeben. Auch die Gegenwart, Hitler mit seinem Krieg, fiel unter ihr Verdikt: „Wir werden den Krieg verlieren", hörte ich früh und nicht nur einmal aus ihrem Munde. Gegen die Engländer hätten wir keine Chance, sie seien mit ihrer Diplomatie „schlauer" und würden uns am Schluss mit Verbündeten den Garaus machen. Dahinter stand die Erfahrung des Ersten Weltkrieges.

Es folgte die Zeit, da England der einzige Kriegsgegner war und wir, Wolfgang Schieder und ich, in Königsberg „Kurkil" und „Kemberlain" spielten. Diese waren für uns zwei Witzfiguren, der Dicke mit einer Zigarre (wofür wir irgendeinen Stummel nahmen) im Mund, der andere, Dünne, mit einem Regenschirm stolzierend: Churchill und Chamberlain – quasi Dick und Doof wie im amerikanischen Kino. Wir mimten die beiden, guckten in den Flurspiegel und schüttelten uns vor Lachen. Ohne viel zu verstehen, spiegelte sich die Kriegspropaganda so in Spielchen von Fünf- bis Sechsjährigen wider. Auch das schmissige Lied „Bomben, Bomben… Bomben auf Engelland" trällerten wir gedankenlos nach. Der Rhythmus der Melodie riss einfach mit.

Und England hatte ein schlechtes Image. Die Rede war von der „englischen Krankheit", die so viele Kinder in ihrem Wachstum behinderte. Eines Tages sah ich in einer Königsberger Zeitung ein mich erschreckendes, unvergessenes Photo mit zu Haut und Knochen abgemagerten, teilweise toten oder sterbenden Menschen in Indien, das diese „Engelländer" beherrschten. Auch in manchen unserer Kinderspiele spiegelte sich etwas vom Kriegsverlauf wider – so bei dem beliebten Springspiel, bei dem mit Kreide oder Stein eine große kreisförmige Torte auf den Asphalt oder in den Sand gezeichnet wurde, jeder ein gleiches Stück als sein Land erhielt, und man dann durch gekonnte Sprünge den Mitspielern Land abnehmen konnte. Bei der Rollenverteilung zeigte sich, welche Länder besonders beliebt waren: Das waren, wohl 1942, vor allem hoch bewundert Japan, gefolgt von Deutschland. Italien hingegen wollte niemand mehr so recht spielen, auch Frankreich nicht, eher dann schon England oder Russland als Feinde, aber eben Starke.

Noch waren die Auswirkungen des Krieges gering. Bis auf etwas knapperes Essen und anbrennende Magermilch-Suppen in Königsberg lebten wir wie im Frieden. Die Sommerreisen an die See fanden statt wie eh und je, zwar nur innerhalb Ostpreußens, aber mehr kannte ich ja nicht. In Rhein, wo die Familie nicht nur einen Feldgarten besaß, sondern der Kontakt mit den Bauern auch zu nahrhaften Gaben führte, mangelte es kaum an etwas. Selbst die im harten Winter von 1929 in Ostpreußen erfrorenen Apfelbäume hinterließen hier keine Lücke, ließ sich doch mein Onkel regelmäßig Äpfel aus „dem Reich" schicken, die auf Paletten sorgfältig aufbewahrt wurden. Allerdings, eines Tages erwischte mich der Krieg ein bisschen selbst in Rhein, als während eines Besuchs auch mein Großonkel Paul Lemke aus Berlin aufkreuzte. Beim Entenessen mäkelte ich bei Tisch, dass ich kein Beinstück bekäme. Da fing ich mir plötzlich einen scharfen Verweis des Großonkels ein, der mit erhobener Stimme in die Runde hinein fragte: „Weiß der Junge nicht, daß wir Krieg haben?!" Das saß, zumal ich nie von einem erwachsenen Mann einen Anraunzer bekommen hatte. Mein „On Hebett" war viel zu gutmütig-friedlich, „Opa Meylaender" als Angeheirateter zurückhaltend und wohl auch unabhängig davon wenig geneigt, kleine Jungchen zur Ordnung zu rufen.

Meine Mutter war zwar zeitweilig dienstverpflichtet, Briefe französischer Kriegsgefangener in Ostpreußen zu kontrollieren. Vor allem klagten diese, dass „le soleil", die Sonne, hier so selten scheine. Aber Französisch las sie gerne, dazu erhielt sie anscheinend ein Hausmädchen, das mich betreute. Im übrigen begegnete einem der Krieg im Straßenbild Königsbergs durch Soldaten und Plakate wie das mit der schiefen Schattenfigur mit Schiebermütze, die einen Sack davonschleppt, dem „Kohlenklau", was sich gegen Verschwendung richtete; oder das mit dem großen horchenden Ohr und der Warnung „Feind hört mit!", das vor leichtfertigem Plaudern über Interna warnte. Wenn wir reisten, begegnete man 1943 dem Slogan „Räder müssen rollen für den Sieg", der sich gegen unnötige Privatreisen wandte.

Die nächsten Erinnerungen an den realen Krieg beziehen sich auf den Einmarsch in Russland im Juni 1941. Wir hielten uns in Rhein auf, und ich erlebte zwei bis drei Tage, wie durch das kleine Landstädtchen deutsche Militärfahrzeuge in erheblicher Zahl durchhetzten. Auf der Strecke blieben tot gefahrene Katzen, die an solchen Verkehr nicht gewöhnt waren. Dann schien der Krieg eine Weile weit weg. Aber im Winter 1941/42 gab es das Debakel der deutschen Ostfront. Sie wankte im kalten Winter, große deutsche Verbände wurden eingekesselt. Während der Weihnachtsferien in Rhein bekam ich mit, wie für die frierenden deutschen Soldaten gesammelt wurde. Unsere Familie stiftete Skier, einen Muff, warme Handschuhe und einen Pelz. Auch geredet wurde über die Situation. Mich als Sechsjährigem erstaunte, wie wenig vorausschauend „der Führer" und andere gewesen sein mussten, dass sie die Soldaten ohne Winterkleidung ins große, kalte Russland geschickt hatten.

Vielleicht war es jenes Winterdebakel, vielleicht aber auch ein Jahr später Stalingrad (von dem ich keine Erinnerung habe), was den Anlass für eine mich nachdenklich stimmende Szene abgab, die sich in Königsberg abspielte. Da unterhielt sich meine Mutter mit unserer Nachbarin, Frau Nielebock, die gegenüber in der anderen Wohnung des obersten Stockwerks wohnte. Die beiden Frauen verglichen im Treppenflur Hitler mit Napoleon (einer mir schon bekannten Figur), stellten im einzelnen die Jahre ihres Aufstiegs nebeneinander und kamen dann auf ihren Einmarsch nach Russland, der jeweils in einer Winterkatastrophe ausmündete. Diese wurde der Anfang von Napoleons Ende – würde Hitler (und Deutschland) ebenso enden? Mit gespitzten Ohren hörte ich zu. Bald redeten sie nur noch leise wispernd, und nach ängstlichen Blicken hinunter in das stille Treppenhaus meinte die Nachbarin, man sollte lieber in einer Wohnung weiter sprechen. Dazu kam es nicht, sie hatten sich alles Wesentliche gesagt und beendeten das Gespräch. Etwa in jenen Jahren hörte ich aufmerkend auch eine klagend-kritische Äußerung meiner Königsberger Oma zum Krieg: „Unter Stresemann wäre uns das nicht passiert, wäre der Krieg nicht gekommen...", meinte sie, eine Anhängerin der Deutschen Volkspartei des einstigen Außenministers der Weimarer Republik, dessen Name damals zum ersten Male an mein Ohr drang. Zweifel waren nicht nur bei den Großmüttern, sondern, wie ich nun spürte, auch im Kopf meiner Mutter vorhanden.

Die Einberufungen zum Militär führten dazu, dass im Rheiner Betrieb meines Onkels weniger Deutsche arbeiteten. Ihren Platz hatten stattdessen etwa zehn sowjetische Kriegsgefangene eingenommen, dazu ein belgischer (Emile). Sie wohnten in einem Dachgeschoss oberhalb der Stellmacherei, wurden dort nachts eingeschlossen, hatten Stacheldraht vor den Fenstern, und tagsüber patrouillierte ein deutscher Soldat mit aufgepflanztem Bajonett auf dem Hof. Mir fiel auf, dass es für die Gefangenen nicht schwer sein konnte, ihn überraschend zu überwältigen. Aber die Schwierigkeiten des Entfliehens begannen ja erst jenseits des Hofes. Um die Gefangenen bei Kräften zu halten, kaufte mein Onkel zusätzlich Freibankfleisch (Pferdefleisch) für sie. Im Sommer, wenn es warm war, gingen sie gelegentlich mit ihrem Wachposten auch zum Baden und Lagern an den Rheiner See. Ihre Furcht war, so hörte ich von ihnen wie von meiner Familie, in ein „Lager" zu kommen.

Natürlich blieb die Sprache eine Barriere. Emile erfreute es, mit meiner Mutter gelegentlich Französisch parlieren zu können. Aber mit Zeichen und einzelnen Worten konnte man sich ein wenig auch mit den anderen verständigen. Gewiss, einige Russen blickten verschlossen drein – Großrussen oder „Bolschewisten", wie es hieß – ‚andere hingegen verhielten sich offen und freundlich, und mit ihnen hatte ich ein bisschen Kontakt. Da war der gutmütige, ruhige Iwan, ein Weißrusse in der Stellmacherei, der mir überraschend ein Spielgewehr aus Holz schreinerte – ohne dass ich je einen Wunsch danach geäußert hatte. Sicher hatte er beobachtet, dass wir im Hof Krieg spielten, uns belauerten, um dann mit vorgestrecktem Zeigefinger oder einem Stöckchen die anderen unter Paff-Paff-Rufen zu überfallen. Ebenso steht mir der lebendige, häufig lachende Anton vor Augen, der Schmied, dem ich interessiert bei der Arbeit zusah. Konstantin gab es in zwei Fassungen. In ihrer Unterkunft spielten die Kriegsgefangenen Karten oder Schach. Einige Male war auch ich dort, sah, wie sie mit diesem oder jenem „Tabak" bzw. Tabakähnlichem ihre Pfeifen stopften, um zu rauchen. Sie brachten mir die Regeln des Schachspiels bei. Zu mehr reichte es wohl bei dem Acht- oder Neunjährigen noch nicht.

Manchmal, vor allem als ich anfing, Rundfunknachrichten von der Ostfront zu verfolgen und auf einer Landkarte nachzusehen, fragte ich mich, warum wir eigentlich mit diesen Russen im Kriege lagen. Aber darüber nachgedacht habe ich nicht. Anders wurde dies, als einer der Russen auf dem Hof – in einem Moment, da niemand sonst in der Nähe war – plötzlich zu mir sagte: „Stalin schlecht, Hitler schlecht". Er, der aufs politische Glatteis marschiert war, blickte mich fragend an. Ich zögerte: Was antworten? Mir schoss durch den Kopf: Hitler verurteilen, wäre das nicht Verrat? Nach kurzem Zögern sprach ich aber seine Formel zustimmend nach: Stalin schlecht, Hitler schlecht. Das war in der Sache schon das ganze Gespräch, aber ich habe es nicht vergessen, erzählte allerdings niemandem davon. War es nur nachgeplappert, im Bemühen, ihn, der sich von Stalin lossagte, nicht zu enttäuschen? Wie auch immer – ein Spalt kritischer Distanz zu den Verhältnissen war aufgerissen.

Im Sommer 1944 kündigten dann Veränderungen das Unheil an. Bereits im Frühjahr war meine Mutter mit mir wegen der Bombengefahr von Königsberg nach Rhein umgezogen. In Königsberg hatte es zuvor kleinere Bombardierungen durch sowjetische Flugzeuge gegeben. Nach dem unheimlichen Heulen der Sirenen liefen wir die Treppen nach unten bis in den Luftschutzkeller des Mehrfamilienhauses, wo auf mich eine „Zieharmonika" als Liege wartete. Fernes Rumssen einiger Bomben und Flakfeuer hörte man, aber nie nahe und nie wirklich erschreckend. Manchmal schlief ich, stieg nach der Entwarnung die Treppen wieder hoch und konnte mich morgens an nichts erinnern. Einen der Angriffe erlebte ich aber draußen vor dem Hauptbahnhof, sah am dunklen Himmel die Scheinwerfer der Luftabwehr den Himmel abtasten, mal auch etwas erfassend und hörte die Schüsse der Flak. Aber Schrecken bedeutete das nicht, eher ein grandioses und etwas unheimliches Schauspiel. Auch dass mir eines Tages eine Gasmaske angepasst wurde (die dann aber nie überzuziehen war), förderte eher Gefühle der Sicherheit denn Ängste. Anders wurde dies erst nach unserem Umzug nach Rhein, als Ende August 1944 zwei massive britische Bombenangriffe die Innenstadt Königsbergs mit zerstörender Wucht trafen. Phosphorbomben taten ihr grausames Werk, Menschen, sofern durch einen Phosphorspritzer getroffen, unaufhaltsam zu verbrennen – erschreckend waren Berichte. Als ich hörte, das Schloss und die Speicher seien verbrannt, schien mir Schönes unwiederbringlich dahin.

Lange hatte ich die Spannung gespürt, die sich auf die erwartete Landung der Alliierten im Westen bezog. Sie galt als entscheidend für den weiteren Kriegsverlauf. Eines Tages war es soweit. Die Zeitung berichtete auf der ersten Seite mit rot unterstrichener Überschrift von der „Invasion". Der weitere Verlauf entging mir, weil ich an einer Lungenentzündung erkrankte. Sie hatte ich mir wohl beim erhitzten Spielen auf dem Hof und häufigem kalten Wassertrinken aus der Pumpe geholt. Wochenlang lag ich danieder, teilweise im Delirium. Antibiotika gab es nicht, ich befand mich – wie meine Mutter später sagte – zeitweilig in einer kritischen Lage. Als diese vorbei war, ich aber noch ans Bett gefesselt, las ich mein erstes großes Buch. Es war nicht für Kinder gedacht: die Erinnerungen Erich Ludendorffs an den 1. Weltkrieg. Auch wenn ich als Neunjähriger vieles nicht verstand oder überschlug, prägte sich mir der Eindruck von schwersten Kämpfen und Entscheidungen ein.

Infolge jener Krankheit bekam ich im Sommer 1944 den Zusammenbruch des Mittelabschnitts der Ostfront nicht mit. Bei der Rückkehr ins Leben fand ich jedoch eine gänzlich veränderte Situation vor. Die Gefangenen waren fort, der Betrieb stillgelegt. Mein Onkel war eingezogen, „Kanonier Lemke", wie er sich ironisch titulierte, diente in Königsberg. Die Frauen – meine Oma, Tante „Tuta" und meine Mutter – waren nun allein mit mir. Dafür befanden sich deutsche Soldaten in der Kleinstadt. Auch bei uns waren einige einquartiert, mit denen es Gespräche im Wohnzimmer gab, wenn sie manchmal gedrückt Rundfunknachrichten über Bombenangriffe auf westdeutsche Städte und deutsche Rückzugsbewegungen („Frontbegradigungen", „erfolgreiche Absetzbewegungen") im Osten hörten. Namen und geographische Lage vieler osteuropäischer Städte sind mir damals geläufig geworden.

Als die mittlere Ostfront im Juni/Juli 1944 zusammenzubrach, sie dicht an die ostpreußische Grenze rückte und die Sowjets mit einem Stoß bis an die Ostsee die deutsche Kurlandarmee im Baltikum abschnitten, hatte mein Onkel eine katastrophale Entwicklung für möglich gehalten und seinem Onkel Paul Lemke in Berlin geschrieben:

„Lieber Onkel Paul!

Im Osten sind die Kämpfe nach wie vor sehr hart, und ist die Front allmählich näher gerückt. Auf alle Fälle möchte ich Dir daher verschiedenes mitteilen. Es kann möglich sein, dass wir hier eines Tages getrennt werden, oder es können auch sonst. besondere Umstände eintreten, und würden dann meine Mitteilungen evtl. nützlich sein.
(...)

Herzl. Gruss!
Herbert"

Die „Mitteilungen" im längeren Hauptteil des Briefes bestanden aus einem Überblick über seinen Vermögensstand: Die Feuerversicherungswerte der Immobilien samt Einrichtung, der landwirtschaftlichen Maschinen und Lager-

vorräte in Höhe von 180 800 RM (nach beigelegter Versicherungspolice) sowie sechs Bank- und drei Sparkonten samt Außenständen[13].
Eines Tages hörte ich, die „Gestapo" stehe vor der Tür. Hineilend zu meiner Oma fand ich sie an einem geöffneten Fenster zum Hof – draußen unterhalb von ihr standen zwei Männer in Ledermänteln. Sie verlangten die Schlüssel zu den Wirtschaftsgebäuden, der Betrieb werde von der Wehrmacht benötigt. Nein, antwortete Anna Lemke glattweg und zu meiner Überraschung. Sie habe nicht das Recht, über den Betrieb zu verfügen; man müsse sich an ihren Sohn, den Besitzer, wenden, der sich beim Militär in Königsberg befinde. Nach etwas Hin und Her zogen die beiden mürrischen Gesichts ab. Die Oma aber meinte auf besorgte Vorhaltungen ihrer Töchter: „Was wollen die denn einer alten Frau wie mir tun?" Natürlich kam die Zustimmung meines Onkels. Der Betrieb wurde zur Reparaturwerkstätte einer Division. Soldaten, Militärfahrzeuge und Kriegsgerät füllten und belebten nun den Hof.
Selbst mein Spielzeug veränderte sich. Ich sammelte nun eifrig Patronenhülsen zum Spielen. Dafür legte ich mich einmal – wohl auf dem Gelände des nahen Sägewerks – neben Maschinengewehrschützen, die ein Probeschießen in eine sandige Erhöhung vornahmen – bemüht, möglichst viele der heißen ausgeworfenen Hülsen in die Hände zu bekommen. Irgendwie kam mir damals auch eine alte Pistole in die Hände, allerdings ohne passende Munition.
Irgendwann ins zweite Halbjahr 1944 gehört ein ungewöhnlicher Besuch, den ich im Kreise der Erwachsenen miterlebte. Es war ein Bekannter, der als Parteifunktionär („Goldfasan") in der Verwaltung der Ukraine tätig gewesen war. Er erzählte vom anfänglich freundlichen Empfang durch die Bevölkerung, die dann unter den Deutschen aufs schwerste zu leiden hatte. Rabiat seien ihr die Lebensmittel weggenommen worden, was viele dem Hunger auslieferte. Brutalität habe die deutsche Herrschaft gekennzeichnet. In der langsam einfallenden Dämmerung, die im Wohnzimmer kaum noch die Gesichtszüge erkennen ließ, machte sich gedrückte Stille breit. Jemand meinte halblaut, ohne den Satz zu vollenden: „Wenn das einmal auf uns zurückschlägt..." Im Oktober 1944, als die schon ein Stück in Ostpreußen eingedrungenen Sowjets noch einmal zurückgedrängt wurden, schockten in der Kreisstadt Goldap und in Nemmersdorf vorgefundene Leichen von grausam ermordeten Zivilisten, Frauen wie Männern und Kindern. Das, was mir von Erzählungen der Boths aus ihrer Zeit in Grodno haften geblieben war, die Grausamkeit der Partisanen, erweiterte sich nun zu einer allgemeinen, grauenhaften Aussicht.
Der Krieg war nahe gerückt. Gegen Abend, wenn die Tagesgeräusche verstummt waren, hörte man von Süden, über den Rheiner See und das Talter Gewässer, von Ferne dumpfes Grollen – Geschützdonner. Monatelang, vom

---

13 Herbert an Paul Lemke, 13.7.1944.

Herbst 1944 bis Ende Januar 1945, hallte das Menetekel leise herüber. Aber wer in Rhein wohnhaft war, durfte nicht einfach in den Westen umziehen. Wohin auch, da die Städte bombardiert wurden und sich überall Evakuierte drängten? Kolonnen kleiner Pferdewagen („Panjewagen", wie wir sagten) aus dem Osten, aus Litauen und weiter her, die Rhein im Herbst 1944 durchzogen, zeugten vom nahenden Unheil. Auch Verwandte aus dem Lycker Grenzkreis im Süden, die „Regelner", eine Schwester Ida meiner Rheiner Großmutter mit ihren Angehörigen, trafen mit Treckwagen bei uns ein und zogen dann weiter. Mitte Oktober berichtete der Szielasker Bruder meiner Großmutter davon, dass in Frankreich ein zweiter Sohn von ihm gefallen sei und wie der Krieg an sie im Grenzkreis Lyck nahegerückt war: „Heute wurden wir (…) gemustert, die Männer (die) noch zu Hause sind bis zum Jahrgang 1880. Die sollen gegen Banden, und abgesetzte Feindtruppen aufgestellt werden. Hier (bei) uns wird noch immer geschanzt, jedoch soll das beinah in ganz Deutschland (so zugehen)." Von einem Besuch einer jüngeren Verwandten im ländlichen Bayern berichtete er: „Jedoch…ist (es) da gefährlicher wie hier, da die Flieger immerzu kommen, und (auf) Höfe auch Bomben schmeißen, viel Alarm ist"[14].

Was ich als Kind mitbekam, reichte, sich Vorstellungen von den Gefahren zu machen, die uns drohten. Die Erwachsenen dachten an Flucht. Auch im August 1914, als russische Armeen in Ostpreußen eindrangen, waren die Lemkes geflüchtet. An jene Zeiten erinnerte im Wohnzimmer ein den Raum beherrschendes Gemälde, das Paul von Hindenburg in Generalsuniform zeigte, in Farbe und sehr groß. Stand darunter „Hindenburg – Dem Retter Ostpreußens"? Nein, aber dieses Gefühl verband sich mit dem Bild. Erst Jahrzehnte später erfuhr ich, dass das Gemälde auf recht banale Weise dorthin gelangt war: Ein Kunde Otto Lemkes, der Zahlungsschwierigkeiten hatte, hat es ihm abgetreten. Im übrigen überstrahlte das Hindenburg-Gemälde – selbst mir auffallend – ein relativ kleines, schwarz-weißes Kopfbild Hitlers, das an der gleichen Wand hing. Ein Parteigenosse befand sich unter den Rheiner Verwandten nicht, meinen Onkel hatte man zwar gedrängt, aber er hatte als Autobesitzer mit einer Mitgliedschaft beim NSKK einen relativ unverfänglichen Ausweg gefunden. Tante Tuta, die gelegentlich bei Ausbrüchen über eine jüdische Freundin auch über „die Juden" schimpfte, erregte sich aber ganz ähnlich auch über örtliche NS-„Bonzen". Und meine Großmutter stand unverkennbar dem Ganzen kritisch gegenüber. Insofern signalisierte der Unterschied der Bilder durchaus etwas.

Ich hörte, wie die Erwachsenen über das verbliebene Auto, den „Opel P 4", sprachen und klagten, dass sie es nicht fahren könnten. Keine der jun-

---

14 Adolf Dziedo/Szielasken an Bruder Dziedo, 15.10.1944. Von „Angriffe(n) mit Bordfeuerwaffen auf die Zivilbevölkerung… auch auf dem Lande" berichten auch Historiker. Karl Ploetz, Auszug aus der Geschichte, 24. A. Würzburg 1951, S. 849.

gen Frauen hatte Fahren gelernt. Im übrigen war auch nur wenig Benzin vorhanden, das gerade bis Westpreußen reichen würde. Einige Habe (Wäsche, Bestecke, Photo-Alben) wurde in Pakete verpackt und in den Westen geschickt. Aber wohin? Die Familie lebte in fast allen ihren Zweigen in Ostpreußen. Nur die Lowiens hatten als Beamte nach dem Ersten Weltkrieg die Provinz Posen verlassen müssen und wohnten dann im „Reich" (Kassel), nach der Pensionierung in Herzberg am Harz. Das schien vor Bombardierungen sicher. An sie suchten nun alle östlichen Verwandten bewegliche Habe zu senden. Aus Platzmangel war das aber nur in beschränktem Umfang möglich. So wandte sich meine Mutter auch an Stopps, Strumpffabrikanten in Geyer im Erzgebirge; Frau Stopp hatte meine Mutter bei einer Kur in Liebenstein kennengelernt. Außerdem war von Meseritz in Ostbrandenburg die Rede, wohin die Familie 1914 geflüchtet war.

Immer häufiger wurde der Weinkeller angezapft, mit seinem kleinen Niedergang vom Hof aus zu erreichen. „Wer weiß, für wen wir das womöglich aufbewahren!" hieß es. Auch der zynische Spruch „Genießt den Krieg, der Friede wird schrecklich!" begleitete manchen Griff zur nächsten Weinflasche.

Und dann kam das unvergessliche Weihnachten 1944, das letzte in der Heimat, mit großem geschmückten Baum, mit strahlenden Lichtern, farbigen Kugeln und Lametta im Salonzimmer. Für alles war gesorgt, meine Mutter, Oma und Tante Tuta um mich als Kind. In der Stimmung lag etwas Gedrücktes, hing Ungewissheit über künftige Weihnachten. Aber Geschenke lenkten doch ab. Mein liebstes war ein dickes, richtiges Buch, mit wenigen Zeichnungen darin. Dabei hatte es ein exotisch-fernliegendes Thema, nämlich den chinesischen Boxer-Aufstand im Jahre 1900. Dennoch zündete es bei mir, und mein Geist weilte während der ruhigen Tage zwischen Weihnachten und Silvester 1944 weit entfernt bei der Ermordung des deutschen Gesandten, bei der Belagerung des Diplomatenviertels in Peking und dessen Befreiung.

Noch am 17. Januar 1945, als durch die Großoffensive seit dem 12.1. schon die deutschen Fronten durchbrochen waren, die Russen in Ostpreußen vordrangen, als Rhein keine zehn Tage vor seiner Räumung und Königsberg vor seiner Belagerung standen, schrieb Onkel Herbert als Soldat seiner Mutter einen Brief, aus dem zwar Besorgnisse, aber auch ein noch verbreitetes Gefühl einer gewissen Sicherheit sprach. Auf jeden Fall herrschten Alltagsprobleme und Normalität vor. Das Schreiben sei hier im Wesentlichen wiedergegeben:

„Königsberg/Pr. d. 17.1.45.

Liebe Mutter!

(...) Für die zugesandten Brotmarken danke ich, und habe ich zunächst davon an Frau Nielebock die geliehenen Marken abgegeben. Soweit ich die Marken nicht selbst verbrauche, werde ich sie Schnöbergs[15] geben. Gestern habe ich nun meinen freien Tag gehabt, und war bereits von Montag Ab. dort. Heute früh begann wieder der Dienst.

Am Nachm. besuchte (ich) mich dann Marta[16], die zum Dr. Rusch nach hier gekommen war. Sie hat nun ihre Zähne in Ordnung, und ist froh darüber. Am Nachm. zur 4-Uhr Vorstellung gingen wir dann ins Kino im Schauspielhaus, und um 7,30 Uhr musste Marta dann wieder zur Bahn, da ihr Zug kurz vor 9 Uhr abfährt. Oswald kommt in der nächsten Woche auf Urlaub, bevor er zur Feldtruppe abgestellt wird. Nun muss ich Dir leider mitteilen, dass der Urlaubsantrag vom Generalkommando abgelehnt worden ist (...).

Nun geht wieder der Angriff der Bolschewisten los. Hoffentlich gelingt es erneut den Russen zu halten, und zu schlagen, damit uns unsere Heimat erhalten bleibt.

Hildchen[17] schrieb wegen Brennmaterial. Wie ich bereits telef. sagte, will Kohlen-Import nur noch 14 Ctr. Koks liefern (...). Bei der Deutschen Bank – Königsberg, Vorstädt. Langgasse habe ich mir ein Konto einrichten lassen, und bitte ich zunächst cr. 5 000.– per Zahlkarte zu überweisen (...)

Herzl. Grüsse von Deinem Sohn, dto an Alle!
Herbert."[18]

4 Tiefster Lebensbruch: Die Flucht

So herrschte in weiten Teilen Ostpreußens ein Schleier von Normalität. Gerade dass es gelungen war, Oktober/Anfang November 1944 die Sowjets aus Nemmersdorf und Goldap wieder zurückzudrängen und dann zweieinhalb Monate lang trügerische Ruhe an den ostpreußischen Fronten herrschte, schien jenen Eindruck zu bestätigen. Tatsächlich aber waren die deutschen Kräfte zu schwach, und die in aushängendem Bogen das Land von Gumbinnen bis zum Südwesten abdeckende 4. Armee unter General Hoßbach drohte, als der sowjetische Großangriff am 12. Januar 1945 begann und südlich von Ostpreußen „eine breite Lücke" aufriss, durch die in Richtung Haffküste vorstoßenden So-

---

15 Gemeint war die verwandte Familie Franz Schnöbergs im Königsberger Vorort Juditten.
16 Marta Lauter/Gerdauen, älteste Schwester meiner Mutter, verheiratet mit Oswald Lauter.
17 Hildegard Rudzio. Ihre Kohlenanfrage betrifft die Versorgung für ihre Königsberger Wohnung, wo ihr Bruder nun an dienstfreien Tagen lebte.
18 Herbert an Anna Lemke, 17.1.1945.

Bürgerliche Kindheit im Schatten des Krieges (1935–45)   77

wjets vom Westen abgeschnitten zu werden. Gleichzeitig wurde von Nordosten her die Front in Richtung Königsberg eingedrückt. Hoßbach suchte daher seit dem 21. Januar durch Rückzugsbewegungen und Bildung eines Angriffskeils nach Westen der Einkesselung zu entgehen[19].

Über Rhein brach die Katastrophe ganz plötzlich herein. Noch am 23. Januar 1945 hatte ich die Schule besucht – ebenso wie die große Mehrheit der anderen Schüler. Vielleicht fehlten einzelne, aber das fiel nicht auf. Die Dramatik jener Tage war nicht in mein Bewusstsein gedrungen. In der folgenden Nacht, gegen sechs Uhr morgens, in der Dunkelheit, wurden wir aus dem Schlaf gerissen. Das laute „Kling, kling, kling" der Glocke des Ausrufers, der wie üblich in regelmäßigen Abständen auf der Straße anhielt und die Beschlüsse des Magistrats der Stadt Rhein verkündete, ließ uns hochfahren. Er rief aus, die Stadt Rhein müsse bis zehn Uhr vormittag von der Bevölkerung geräumt werden. Tatsächlich kamen die Russen schnell und haben Rhein noch am gleichen 24. Januar eingenommen. Auch in dieser Stadt und ihrer Umgebung ist die Besetzung von Erschießungen, Ausplünderungen und den „Schreien der vergewaltigten Frauen" begleitet gewesen[20]. Wir fuhren aus den Betten, hektisches Kofferpacken begann, obwohl sicher schon vorher überlegt worden war, was man mitnehmen müsste. Am Ende waren für die drei Frauen und mich sechs Koffer, einige Taschen und mein Schultornister gefüllt, auch mit Essen, darunter Speck.

Aber wie wegkommen? Die Kleinbahn nach Rastenburg war die einzige öffentliche Verbindung, draußen herrschte eisige Kälte, lag Schnee und an vielen Stellen Eis. Auf der Straße standen Militärfahrzeuge, auch Soldaten waren da. Die Fahrzeuge würden aus Benzinmangel liegen bleiben und gesprengt werden, hörten wir. So verhandelten die Frauen mit einigen Soldaten, boten ihnen die paar Liter Benzin an, wenn sie uns dafür bis zur nächsten, etwa 10 Kilometer entfernten Großbahnstation Stürlack fahren würden. So geschah es. In der Helligkeit des grauen Morgens gingen wir aus dem Haus, ließen dort alles unverändert, stiegen in ein vollgepacktes Militärauto und fuhren ab. Bewusst blickte ich noch einmal auf das Haus, später unterwegs auf das Dorf Orlen – ob ich alles jemals wiedersehen würde?

Den Bahnhof Stürlack fanden wir überfüllt vor. Draußen sah man von weitem endlose Trecks, die auf der Landstraße zogen. Es gingen keine Personenzüge mehr. Nur Militärtransporte kamen ab und zu durch. So blieb abwechselnd immer jemand mit dem schweren Gepäck in der Eiseskälte an den Gleisen, und wenn ein Zug nahte, stürzten alle übrigen aus dem Bahnhof nach

---

19 Friedrich Hoßbach, Schlacht um Ostpreußen, Überlingen 1951, S. 51 ff.
20 Bericht Heinz Lalla, Gut Wiesenthal bei Rhein, 23.1.1945, in: Walter Kempowski, Echolot, Bd. 2, München 1999, S. 283. Vgl. Lew Kopelew, Aufbewahren für alle Zeit! 3. A. München 1981, S. 91 ff.

draußen. Einmal war ich draußen, als dumpfes Dröhnen das Nahen eines Zuges ankündigte. Unsere Hoffnungen stiegen. Es war ein langer Zug mit offenen Loren, auf denen Militärfahrzeuge aller Art, auch Panzer und Geschütze geladen waren. Wieweit mit Soldaten und Flüchtlingen gefüllt, war nicht zu erkennen, denn der Zug donnerte mit Tempo am Bahnhof vorbei. Erst nach weiteren Stunden bangen Wartens und steigender Unsicherheit hatten wir Glück. Ein Militärzug aus Loren mit aufgeladenen Fahrzeugen hielt, wir konnten mit unserem Gepäck zusteigen, wenn auch auf mehrere Fahrzeuge verteilt.

So schienen wir erst einmal gerettet, auch nicht mehr draußen in der Kälte. Geheizt allerdings war es drinnen nicht. Meine Mutter und ich saßen im Führerhaus eines Lastwagens. Der Zug fuhr langsam, kam an Rastenburg vorbei, wo Fluchtpanik herrschte, und wir dachten sorgenvoll an unsere dortigen Verwandten. Tatsächlich ist die Stadt am nächsten Tag gefallen. Bei einsetzender Dämmerung tauchten wie verwunschen noch die Türme der Ordensburg Rößel aus der verschneiten Landschaft auf. Unser Zug hielt dann auf offener Strecke in Wäldern oder geschützten Stellen – Gefahr drohte aus der Luft. So vergingen der erste und zweite Tag der Flucht. Erst in der Dunkelheit des darauffolgenden Abends erreichten wir den Bahnhof der kleinen Stadt Mehlsack. Sie war überfüllt mit Flüchtlingen und Soldaten. Wir wurden in eine Wohnung einquartiert, in der auch andere, darunter ein Offizier, lebten. Meine Mutter und ich lagen in einem Durchgangszimmer auf Matten und Decken. Dort blieben wir sechs oder sieben Tage. Wir mussten uns um Essen, frisches Brot (das den Bäckern aus der Hand gerissen wurde), heißes Wasser für warme Getränke kümmern – Kaffeepulver hatte meine Mutter auf der ganzen Flucht in ihrer großen Handtasche, und Flecken von diesem Kaffee haften noch heute an Fotos, die sie mit hatte. Dort machten wir auch die erste Bekanntschaft mit Flöhen. Jucken und Kratzen begleitete uns nun mehrfach.

In Mehlsack war fast ständig Artilleriefeuer zu hören, die Front nur gut 10 km entfernt. Von Kämpfen um die Nachbarstadt Wormditt war die Rede. Hin und wieder griffen russische Tiefflieger an und schossen auch in die Häuser. Ich wurde unterwiesen, dass man sich in einem solchen Fall nicht ins Innere des Zimmers verdrücken dürfe, sondern direkt an die Wand unter dem Fenster werfen müsse. Wir befanden uns am westlichen Rande des ostpreußischen Kessels. Verzweifelte Hoffnungen auf ein Freikämpfen von Elbing und damit Öffnung des Kessels beherrschten die ersten Tage. Sie erloschen dann, die Stimmung wurde zunehmend gedrückt. Allen wurde bewusst, ein Entrinnen könne den Soldaten kaum gelingen, anderen nur auf einem strapazenreichen Weg über das Eis des Frischen Haffes, bedroht von Eisbrüchen und russischen Tiefflieger. Auch das Wetter wechselte, an manchen Stellen verwandelte sich der Schnee auf den Straßen zu grauem Matsch. Eines Abends, in der nur durch den Schnee aufgehellten Dunkelheit, war ich mit meiner Mutter am Bahnhof am Rande des Städtchens, um zu sehen, ob sich Möglichkeiten

Bürgerliche Kindheit im Schatten des Krieges (1935–45)

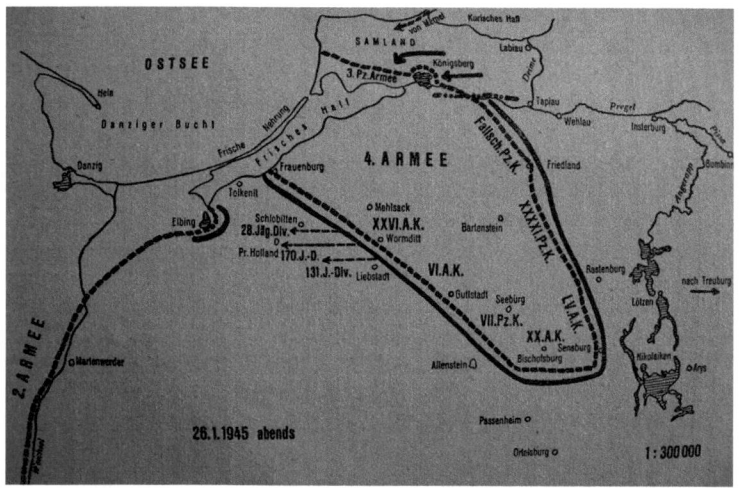

Der ostpreußische Kessel am 26.1.1945 (Friedrich Hoßbach, Schlacht um Ostpreußen, Überlingen 1951, S. 69).

zum Fortkommen zeigten. Es war still, wir trafen auf einen Wachsoldaten und sprachen leise mit ihm. Er sagte, die Front sei nur wenige Kilometer entfernt, und die russischen Panzer könnten jeden Moment nach Mehlsack durchbrechen. Er würde, wenn er könnte, selbst „auf Knien kriechen", um davonzukommen. Einen Moment erfasste mich Panik, aber was tun? Am 30. Januar, dem Tag der Machtergreifung, hörte ich in einem Raum voller Doppelbetten zusammen mit einigen jungen, meist wohl nur 18- bis 20-jährigen SS-Soldaten die Goebbelsrede zur Feier des Tages, die Durchhaltewillen beschwor. Es war das erste Mal, dass ich eine politische Rede hörte. Die Rede war eindrucksvoll, sie hatte Schneid. Aber unsere Lage im Kessel zerstörte alle Empfänglichkeit für sie. Hämische und deprimierte Kommentare der Soldaten zerrissen ihr Pathos.

An mehreren Abenden traf sich eine Runde in einem größeren Raum des Erdgeschosses des Hauses, in dem wir lebten. Ich als hochgeschossener 9-Jähriger durfte in einer Ecke dabei sein und bekam Schokolade. Die Erwachsenen, Flüchtlinge und Soldaten, suchten ihre Stimmung mit Wein, vielleicht auch etwas Schnaps und Likör aufzuhellen. Ob man versuchen sollte, sich übers Frische Haff zu retten? Ähnlich wie damals Treckende sahen auch wir uns hin und her gerissen: „Während von hinten die Nachrichten über das Schicksal abgeschnittener Trecks durchsickerten, hörten wir vorn Gerüchte vom Weg über das Eis, die uns erzittern machten, Gerüchte über die Brüchigkeit des

Eises, über zu Hunderten untergegangene Wagen und Menschen, über dauerndem Artilleriebeschuss" – so ein im „Echolot" Kempowskis wiedergegebener Bericht aus jenen Tagen im ostpreußischen Kessel[21]. In die unsichere Stille unserer abendlichen Gesellschaft sagten eine ältere Frau und eine Behinderte, sie würden draußen in der Eiseskälte sowieso umkommen und wollten hier in Mehlsack bleiben. Lieber so, zu Hause, das Ende finden. Die Soldaten schwiegen... Wohl alle Anwesenden fühlten sich im Vorhof des Todes.

Aber am 3. Februar brachen wir auf, mitgenommen von Soldaten, die wir kennengelernt hatten. Wir fuhren als einzige Flüchtlinge (oder mit wenigen anderen) in einem Militärbus voller Soldaten mit. Der Bus fuhr in völliger Dunkelheit und ohne Licht, nur wenige sprachen leise miteinander. So erreichten wir zusammen mit ein oder zwei Begleitfahrzeugen nach langsamer Fahrt über winterliche Landstraßen und durch stille Dörfer die etwa 25 km entfernte Stadt Braunsberg. Sie lag nur wenige Kilometer vom Frischen Haff entfernt. Dort wurden wir in ein oder zwei Räumen eines größeren, mehrgeschossigen Wohnhauses einquartiert. Alles schien in der frontferneren Stadt komfortabler.

Doch am Morgen des übernächsten Tages, dem 5. Februar, wurden wir durch sowjetische Flugzeuge und Explosionen aufgeschreckt. Alle in dem voll belegten Hause stürzten nach unten in die Kellerräume. Dort drängten sich die Menschen zusammen, und weitere kamen von der Straße während kurzer Bombardierungspausen dazu. Ich erlebte, in der Nähe einer offen gehaltenen Außentür stehend, mit, wie einzelne Menschen atemlos von der Straße hereinstürzten, hinter sich peitschendes Knattern russischer Bordwaffen. In Wellen von jeweils wenigen Flugzeugen wiederholten sich die Angriffe fortlaufend, nur mittags durch eine Pause unterbrochen. Abwehrfeuer gab es nicht. So wurden die Stadtbewohner den ganzen Tag bis etwa 5 Uhr nachmittags in den Kellern festgehalten. Es war zermürbend, das Heranfliegen und Näherkommen auch der wenigen Flugzeuge zu hören, dann das Heulen von Bomben und schließlich die Explosionen, mal ferner, mal näher und manchmal ganz nahe, sodass Haus und Keller wankten, irgendwo auch Mörtel herunterfiel. Die Menschen drückten sich zusammen, manche beteten und in einigen Augenblicken schrien viele in Todesangst auf. Angst erfasste auch mich – jede Sekunde konnte, wenn Flugzeuge über uns schienen und das Heulen zu hören war, das Leben enden. Jemand hatte zwar gesagt, das Haus sei zu groß, als dass russische Bomben bis zum Keller durchschlagen könnten. Aber vielleicht sollte das nur beruhigen. Außerdem gab es Furcht, verschüttet zu werden; Nebenausgänge waren nicht vorhanden, Grabungen nach Verschütteten nicht zu erwarten.

Erst mit einsetzender Dämmerung endeten die Luftangriffe. Nun herrschte Panikstimmung. „Die Stadt brennt!" und „Die Russen kommen!" hallten Rufe.

---

21 Bericht vom 28.1.1945 bei Domnau, in: Kempowski, Echolot Bd. 2, S. 805.

Wir jagten die Treppen hoch zu unseren Sachen, packten sie fieberhaft in wenige Koffer um und brachen zu Fuß zum Stadtausgang in Richtung Frisches Haff auf. Es brannte an vielen Stellen, in Schrecken hasteten Menschen aus der Stadt. Am Stadtrand stießen wir auf Treckwagen, die zum Haff strebten. Dort standen Feldgendarmen (Militärpolizisten) mit ihren großen Metallschildern auf der Brust und setzten alte Leute und Kinder in die vorbeifahrenden Wagen. Meine Großmutter und ich sowie unser Gepäck wurden den Wagen eines Bauern aus dem Kreise Insterburg zugeladen, während meine Mutter und Tante zu Fuß mitgehen mussten. Hinter uns blieb der Schein der Brände zurück, bald ging es in die Dunkelheit der Nacht hinein, und die Wagen fuhren langsam ruhiger. Ich schlief ein.

Als ich aufwachte, standen die Wagen in langer Reihe, zum Teil auch nebeneinander im grauen Licht des Morgens. Wir befanden uns an der Mündung der Passarge, in der Nähe eines kleinen Dorfes. Vor uns war die Küste zu erkennen, dahinter die endlose Eisfläche des Haffs. Am Horizont verschwammen Eisfläche und grauer Himmel miteinander, die Nehrung sah man nicht. Dunkle Flecken auf dem Eis waren Treckwagen. Nah konnte man noch in Abständen herausragende hohe Stangen als Wegmarkierungen erkennen. Am Ufer standen Feldgendarmen und Helfer, die das Gewicht der Wagen schätzten, hier und da ein Abladen von Ladung durchsetzten und für hinreichende Abstände zwischen den Wagen sorgten. Vom Kontrollieren auf Deserteure, was wohl auch geschah, habe ich nichts bemerkt.

Das hielt auf, aber schließlich waren wir auf dem Eis. Hier ging auch ich zu Fuß mit. Wir kamen nur langsam voran, der Abstand musste gewahrt bleiben, um nicht einzubrechen. Unsicher hielt ich Abstand zum Wagen, andererseits konnte nur er Schutz bei einem Tieffliegerangriff bieten. Mit Sorge blickten wir zum Himmel, vor allem als er am späten Mittag aufzureißen schien. Es blieb aber zu unserem Glück bedeckt, russische Tiefflieger tauchten nicht auf. Nur dumpfes Grollen von Artillerie hallte vom Festland, von Tolkemit herüber. Ein paar Mal kamen wir an eingesunkenen Wagen vorbei, von denen nur die obere Deckplane zu sehen war. Einige tote Pferde lagen auf dem Eis, vereinzelt auch ein menschlicher Leichnam. Im Verhältnis zur Zahl der Wagen waren es jedoch nur sehr wenige. Es schien auch nicht beißend kalt, was allerdings die Eisdecke schwächen konnte. Unheimlich blieb, dass es an manchen Stellen Risse im Eis gab. An ein, zwei Stellen mussten die Wagen und wir über Risse hinweg. Wenn da ein Wagen drüber fuhr, drückte er etwas Wasser aus der Spalte nach oben – griff da schon das tödliche Element nach uns? Die Küstenlinie verschwand hinter uns im Dunst, ohne dass vor uns die Nehrung sichtbar wurde. Schließlich erreichten wir die Nehrung, mussten aber in einem Abstand zu ihr auf dem Haffeis weiterziehen. Es gab hier keinen befahrbaren Zuweg zur Nehrungsstraße. Als die Dunkelheit einbrach, blieben die Wagen auf dem Eis stehen und wir schliefen ein.

Schreie ließen uns hochfahren: „Wir sinken, die Wagen sinken!" Beim Sprung aus dem Wagen geriet ich über die Knöchel in kaltes Wasser und erschrak. Im Dunkeln suchten wir und andere Herumirrende das Land der Nehrung, hatten aber keine Orientierung. „Wo ist das Land?" hallten Rufe über das von Wasser bedeckte Eis. Jemand fand schließlich die Richtung, und so erreichten wir erleichtert, wenn auch nur mit Taschen festen Boden. Durch Gestrüpp und Krüppelwald hielten wir auf Lichter zu. Es waren Lagerfeuer, und wir stießen auf vertraut im Walde lagernde Menschen. Ein Teil saß oder lag einfach auf eiskaltem Boden, andere saßen dicht gepackt um Lagerfeuer. In der harten Kälte der Winternacht und mit nassen Füßen suchten wir nach einem Platz am Feuer, aber nirgendwo konnte man sich noch an eines herandrängen. Da retteten uns die Französisch-Kenntnisse meiner Mutter. Sie sprach eine Gruppe französischer Kriegsgefangener an, die um ein oder zwei Feuer lagerte und uns in ihren Kreis hineinließ. Auch sie, die Schokolade und heißen Kaffee hatten, schienen auf der Flucht, nicht auf einer Gefangenendeportation[22]. Ihr deutscher Wachsoldat passte nicht auf sie auf, sondern suchte weit herum nach Holz für das Feuer. Noch heute spüre ich dessen einseitige Hitze, der man sich abwechselnd mit Brust oder Rücken zuwandte, während die andere Seite des Körpers rasch erkaltete. So überlebten wir jene bitterkalte Nacht.

Am nächsten Morgen fanden wir unsere Insterburger Bauernwagen und damit unser Gepäck wieder. Diesen 7. Februar 1945 marschierten wir langsam auf der schmalen, nicht asphaltierten Nehrungsstraße (eher ein Fahrweg) in eng aufgefahrener endloser Kolonne der Planwagen nach Westen, etwa knapp 15 km bis Kahlberg. Dort schliefen wir nachts auf Stroh in einem Stall, eng zusammen, aber einigermaßen gewärmt. Allerdings spürte man Ungeziefer am Leibe. Am Morgen ergatterte meine Mutter noch etwas warmes frisches Brot bei einem Bäcker, dann zogen wir die Nehrungsstraße weiter. Sie war von Schlaglöchern durchsetzt, mancher Wagen kam zu Schaden, einmal auch einer unseres Bauern, bei dem ein Rad ausgetauscht werden musste. Das war, weil es kaum Ausweichmöglichkeiten gab, nicht einfach. So lagen hin und wieder defekte Wagen verlassen am Wegesrand. Die Pferde waren extrem angestrengt, und der langsamste Wagen bestimmte das allgemeine Tempo. Im Strom der neben den Wagen Gehenden fielen verwundete Soldaten mit blutig roten Verbänden auf, mühsam vorankommend, manche am Rande sich ausruhend. Außer diesem Zug der Flüchtenden, dem krüppeligen Wald und grau verhangenem Himmel sah man nichts. Kurze Zeit schienen wir Tante Tuta verloren zu haben, die etwas vorausgegangen war und uns dann in der Masse der Treck-

---

[22] Ein ganz analoges Erlebnis auf der Nehrung schildert Frau von Sydow, darüberhinaus allgemeiner: „Die Franzosen sind uns auf unserer ganzen Flucht, wo man ihnen begegnete, immer freundlich und hilfsbereit gewesen." Kempowski, Echolot Bd. 2, S. 599 (11. 2. 1945).

wagen zunächst nicht wiederfand. Meine Großmutter klagte im Wagen immer wieder bei den Schlaglöchern, die ihr Schmerzen bereiteten.

Am Abend erreichten wir nach 20 km Stutthof am Ausgang der Nehrung, bereits im Danziger Werder gelegen. In der Dunkelheit war nichts vom Ort oder der Umgebung zu sehen. Wir kamen in eine Halle voller doppelstöckiger Betten mit Stroh und einfachen Decken. Alles gehörte zum Konzentrationslager Stutthof, wie gesagt wurde. Nur kurz ging ein Gedanke an die Häftlinge durch meinen Kopf, die hier zuvor gelegen hatten. Wer mochten sie gewesen sein? Aber erschöpft versank ich in Schlaf.

Am Folgetag zogen wir zunächst eine Straße weiter in Richtung Danzig. Doch kurz hinter Stutthof stand Feldgendarmerie. Sie dirigierte uns und weitere Wagen nach Süden, in Richtung Marienburg und damit in Richtung Front. Die Straße nach Westen, parallel zur Küste nach Danzig, sei überfüllt und kein Platz dort auf den Weichselfähren. Tante Tuta allerdings war vorangegangen, an der Abzweigung natürlich in Richtung Danzig. So verloren wir sie. Erst nach dem Kriege erfuhren wir, dass sie überlebt hatte. Meine Großmutter, Mutter und ich waren nun allein. Es fuhr sich dann auf fester Straße in der Ebene des Werders leichter, auch ließ die Kälte nach. Aber wir näherten uns wieder den Russen. Zeitweilig hallte Kanonendonner von Marienburg herüber. Erst hinter Tiegenhof wendete sich unser Weg nach Westen, und wir erreichten die breite Weichsel, die wir auf einer Fähre überquerten. Zuvor hatten wir wohl übernachtet. Erleichtert, den großen Strom hinter uns zu haben, zogen wir dann auf Danzig zu. An einem Vormittag erreichte der Treck von Süden aus kommend die Stadt. Ich erinnere mich, begleitend durch die Vorstadt Danzig-Ohra gegangen zu sein und meine, in der Ferne die wuchtigen Türme der Marienkirche gesehen zu haben. Bevor wir die Innenstadt erreichten, bog aber der Treck nach Westen in Richtung Karthaus ab.

Wir zogen nun bald allein mit wenigen, vielleicht 4–6 Pferdewagen. Über stille, hügelige Landstraßen, deren Steigungen den geschwächten Pferden zu schaffen machten, zog der kleine Treck in der Gegend von Karthaus westwärts. Doch plötzlich, auf unübersichtlicher Strecke, waren wir von Männern umringt, die mit Knüppeln und anderem in Händen um die Wagen streiften und hineinzusehen suchten. Die Wagen kamen zum Stehen: Polen (oder Kaschuben?), die bedrohlich wirkten! Es waren zwar nicht sehr viele, aber Männer jungen und mittleren Alters, während unser Treck nur aus Frauen und Kindern bestand, abgesehen von einzelnen alten Männern. Was hatten die Polen vor? Sie wirkten etwas unschlüssig – befürchteten sie, es könne jemand mit Schusswaffe in den Wagen sein? Vorne sprach jemand auf Polnisch, so mein Eindruck, es klang, als streite man. In dieser gespannten Situation sprach plötzlich meine Großmutter mit hoher Stimme aus dem Wagen heraus, auf Polnisch, das ich von ihr nie zuvor gehört hatte, schnell und viel redend, wie in einem Schwall. Einer der Knüppelmänner sagte noch ein, zweimal kurz etwas zu ihr, dann verschwanden die Gestalten. Aufatmend zogen wir weiter. Was da gesprochen worden war, habe ich nie erfahren.

Bei Linde, an der Grenze Pommerns, erreichte unser Treck eine Bahnverbindung. Wieviel Tage wir seit Stutthof unterwegs gewesen waren, ist mir präzise nicht mehr deutlich. Von Linde aus ging ein Zug nach Lauenburg/Pommern. Wir drei trennten uns von den freundlichen Bauersleuten aus dem Insterburgischen, mit deren Wagen wir soweit hatten mitfahren können. Sie treckten weiter, nun mit etwas weniger Last. Wir nahmen den Personenzug, stiegen in Lauenburg um und reisten bis Stolp, der größten Stadt Ostpommerns. Erschöpft, wie meine Oma war, blieben wir erst einmal dort. Erholung brauchten wir alle. Zudem umfing uns von der pommerschen Grenze an fast unwirkliche Normalität. Züge verkehrten, in Stolp arbeiteten Behörden, Uniformträger „der Partei" bewegten sich auf der Straße, Geschäfte hatten geöffnet, mit Lebensmittelmarken konnte man einkaufen! Wir waren recht zentral in einer gut eingerichteten Wohnung untergebracht. Natürlich gab es Flüchtlinge, aber Trecks zogen wohl eher am Stadtrand vorbei. Außer am Bahnhof störten kaum Flüchtlinge, abgekämpfte Soldaten und Verwundete den Eindruck einer geordneten und ansehnlichen Stadt. Wir begannen wieder etwas zu Kräften zu kommen.

Ende Februar wurde aber deutlich, dass erneut eine bedrohliche Lage entstand. Die Russen stießen westlich von uns zur Ostseeküste vor. Am 28. Februar 1945 erreichten sie zwischen Schlawe und Köslin die Bahnverbindung nach Westen und schnitten uns den Weg ab; kurz darauf standen sie an der Ostsee. Damit saßen wir erneut in einem großen Kessel, anfänglich von fast 150 km West-Ost-Ausdehnung. Der einzige Ausweg war die Ostsee. An der pommerschen Küste des Kessels gab es aber keine Häfen, selbst Stolpmünde konnte kein größeres Schiff anlaufen. Nur Gotenhafen (das polnische Gdingen) und Danzig waren beachtliche Häfen. Die Halbinsel Hela in deren Nähe ließ sich vielleicht länger verteidigen. So begann am 2. oder 3. März unsere Flucht in Richtung Osten, aus der Wärme und dem Komfort der Stolper Wohnung und den geordneten Verhältnissen wieder ins ungewisse Draußen.

Wir stiegen in einen Güterwagen-Zug, der sich vom Bahnhof aus langsam in Richtung Ost in Bewegung setzte. Für die Strecke bis Gotenhafen (etwas über 100 km) brauchten wir acht Tage. Wir verbrachten sie mit vielen anderen Flüchtlingen auf dem Boden eines voll belegten Güterwagens. Etwas Stroh lag da, und man mummelte sich in Mäntel und Decken, aber spürte die Stöße bei fahrendem Zug. Meine Oma stöhnte leise. Der Zug hielt häufig, auch längere Zeit, auf offener Strecke und an kleinen Bahnstationen. Dann konnte man irgendwo seine Notdurft verrichten. Auch ließen sich gelegentlich Wasser und Lebensmittel besorgen. Aber weit durfte man sich nicht trauen, denn ohne Vorankündigung fuhr der Zug plötzlich an, zunächst ganz langsam, um ein Aufspringen zu ermöglichen, dann aber Fahrt aufnehmend. Manchmal hielt er auch noch einmal nach kurzem Anfahren. Das versetzte jeden draußen in Unsicherheit, man musste aufpassen und ständig zum Anlaufen und Aufspringen bereit sein. Ich wagte mich nur wenige Schritte aus dem Güterwagen.

Im Wagen musste man entscheiden, entweder bei offener Schiebetür zu frieren oder stinkige Luft zu atmen. Das wurde kompromisshaft gehandhabt. Nahe zur Tür stand ein Kanonenofen mit Rohr nach draußen, der in seiner Nähe ein wenig Wärme erzeugte; auch wurde auf ihm Wasser heiß gemacht. In einer dunklen Ecke standen ein, zwei Kübel – der Abort für die Wageninsassen, der mehr oder minder verschämt benutzt wurde (oder auch nicht). Wenig hatte man zu essen, die hygienischen Verhältnisse verschlechterten sich, aufgehalten durch Kälte. Sie war bei Märzbeginn allerdings nicht mehr beißend, auch lag kaum noch Schnee. Wachgehalten vom Fahren des Zuges, dösend mit geschlossenen Augen, nachts schlafend überlebten wir die Fahrt. Einige bewegten sich kaum, man konnte denken, sie seien tot.

Nach einigen Tagen kam es zu einem längeren Halt bei Lauenburg[23], etwa auf der Hälfte der Strecke zwischen Stolp und Gdingen. Auch weitere Güterzüge mit Flüchtlingen fuhren auf. Irgendwo wurde geschossen. Schließlich hieß es, wir könnten nicht weiter fahren, die Russen seien in der Nähe, wir müssten zu Fuß an einer anderen Stelle wieder die Bahnlinie erreichen. So brachen wir wie viele andere auf. Wir kamen an ein weites offenes Gelände, in das hereinpfeifend vereinzelt Granaten einschlugen und Erde hochwirbelten. Da musste man hinüber. Letzte Koffer blieben zurück, nur mit leichtem Handgepäck hetzten wir wie andere in kleinen Gruppen über das Feld, voller Angst getroffen zu werden. Im Laufen sah ich vor mir, wie bei einem Einschlag die Erde hochwirbelte. Nur das Laufen über den unebenen Boden und das Wissen, wie sich abgehende anders als nähernde Geschosse anhören, hielten die Todesangst in Grenzen. Schließlich erreichten wir Wald. Bald stießen wir auf Eisenbahngleise, wo auch ein Zug mit Güterwagen stand. Mit diesem sind wir dann in gleicher Weise wie bisher weiter gefahren, nun zügiger als zuvor.

Ob es Eisenbahner, Soldaten oder wer es sonst gewesen ist, der die Flüchtlinge in dieser gefahrvollen Lage informiert und geholfen hat? Meine Mutter schrieb von einem Panzergefecht, in das wir geraten seien. Tatsächlich erreichten die Sowjets zu jenem Zeitpunkt die Bahnlinie Stolp-Gdingen, und wahrscheinlich gehörten wir zu den letzten, die noch aus dem Raum Stolp die Danziger Bucht erreichten. Nur kurze Zeit war dies noch zu Fuß möglich.

Am 8. oder 9. März 1945 erreichten wir Gdingen. In grauem Licht tauchten die Flachdachbauten der kalt wirkenden Stadt auf, bevor wir den Hafen erreichten. Dort wurde uns ein Platz in einer der riesigen Lagerhallen zugewiesen, in denen tausende und abertausende Flüchtlinge lagerten. Es traf uns wie ein Schock, dass der Hafen mit Flüchtlingen überfüllt war, die auf Schiffe warteten.

---

23 Lauenburg fiel als letzte Kreisstadt in Hinterpommern am 10.3.1945.

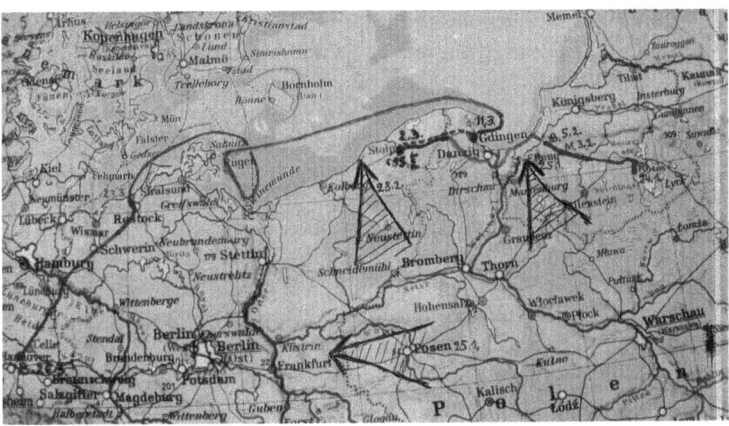

Unser Fluchtweg 24.1.–26.3.1945 (rot = Mitfahrt mit deutschen Militärfahrzeugen; grün = trecken mit Pferdewagen, großenteils zu Fuß; schwarz = Reichsbahn; schwarz-schraffiert = Fahrt in Güterwagen der Bahn; blau = Fahrt per Schiff. Daten: Flucht von (nur bei Burgwedel und Stolp Ankunftsdaten). Breite Pfeile: Sowjetische Stoßkeile). © Wolfgang Rudzio, Autor.

Jede Familie oder Gruppe hatte ihre Stelle, wo ihre Habe lag und etwas Stroh und/oder Decken zum Schlafen. Auch wurde warme Suppe ausgegeben.

Schiffskarten entschieden über die Reihenfolge der Abfahrt, aber wir sprachen Leute, die schon zwei Wochen und länger warteten. Passiv verbrachten viele die Zeit. Wenn man erlebt hatte, wie rasch der Kessel in Pommern zusammenfiel, war das eine düstere Aussicht.

Wir hörten, dass manche Leute auch „hintenherum" auf Schiffe gelangten. So streiften meine Mutter und ich am übernächsten Tag von Hafenbecken zu Hafenbecken, um nach Schiffen Ausschau zu halten. Viel war nicht da, zudem gab es Wachtposten und Kontrollen vor in Frage kommenden Schiffen. Erstmals sah ich auch ein paar schmale, lange U-Boote. Erschrocken nahm ich wahr, wie in einem Nachbarbecken plötzlich eine vereinzelte Granate einschlug und eine Fontäne aufwirbelte. Sie traf nichts – aber erinnerte, wie wenig Zeit uns blieb. Schließlich entdeckten wir einen hochbordigen Frachter am Kai, der bald ablegen, doch keine Flüchtlinge aufnehmen sollte. Marinewachtposten, die abseits vom Aufgang standen, waren aber bereit, uns zu helfen. So holten wir meine Großmutter und die wenige Habe, die wir seit der Hasenjagd bei Lauenburg noch hatten, und kehrten zum Schiff zurück. Während am Aufgang des Schiffes kontrolliert wurde, hoben hinten die Posten uns und andere Flüchtlinge zur Bordwand hoch, wo sich andere Hände entgegenstreckten und uns ins Schiff hievten.

Tatsächlich handelte es sich um die „Detlef", einen 1910 gebauten Frachter von 1 908 Brutto-Registertonnen des Hamburger Reeders Carsten Rehder[24]. Er legte bald vom Kai ab, verließ den Hafen und gesellte sich auf dem Meer vor Gotenhafen zu weit voneinander wartenden Schiffen, unserem Geleitzug, der sich langsam formierte. Bei Dunkelheit setzte sich der Verband langsam in Bewegung. Am nächsten Morgen war die Küste nicht mehr in Sicht. Da unter Deck wohl kein Platz mehr war, hatten junge Reicharbeitsdienstler und Luftwaffenangehörige auf Deck ein paar Zelte aufgebaut, in denen sie biwakierten. In einem größeren Zelt kamen auch wir mit unter. Es waren großenteils junge Männer, einige auch leicht verwundet, und sie wirkten erleichtert, dem Danziger Kessel zu entkommen. Einer spielte sogar Mundharmonika, einige sangen Lieder wie „Das kann doch einen Seemann nicht erschüttern..." Etwa zwölf Tage nach uns konnte das letzte größere Schiff noch unter heftigem Beschuss von Gotenhafen aus die offene See erreichen, am 29. März fiel die Stadt[25].

Aber die Fahrt wurde sehr hart. Im Zelt gab es nur einen Spirituskocher, der zum Erhitzen von Wasser benutzt wurde, Heizung gab es nicht. Auf offener See wurde es kalt, besonders wenn der Wind Schnee oder Regen über das Deck fegte. Bis ins Mark durchgefroren suchten meine Mutter und ich ab und zu unter Deck den Maschinenraum auf, um uns aufzuwärmen. Dort wiederum war es so warm, dass es einem die Luft verschlug. Unheimlich war der Blick über die dröhnend arbeitenden Maschinen in die Tiefe, unter die Wasserlinie.

Vor allem quälte uns Hunger. Es gab während der 12 Tage an Bord nichts zu essen. Man war auf die angeblich 300 Flüchtlinge an Bord nicht vorbereitet. Die Passagiere unter Deck habe ich nie gesehen. Wir hatten nur noch etwas Speck mit, den meine Oma aus Rhein mitgenommen hatte. Von den Reichsarbeitsdienstlern oder Luftwaffensoldaten bekamen wir ein paar Leibniz-Keks. Es waren nur wenige, und um das bohrende Hungergefühl niederzuhalten, lutschte ich an einzelnen Keks so lange wie irgend möglich. Im Laufe der Fahrt starben mehrere Menschen an Bord. Es waren wohl fünf, deren Leichen eingewickelt an Deck lagen.

Eines Morgens fanden wir uns allein auf hoher See, die „Detlef" machte keine Fahrt. Der Geleitzug hatte uns zurückgelassen, da wir wegen eines Maschinenschadens nicht Schritt halten konnten. Viele Stunden, vielleicht ein Tag, vergingen, während wir hungernd auf der See dümpelten, um auf ein Minenräumboot zu warten. Gerüchte gingen um, der Kapitän ließe es sich mit Marmeladenbroten wohl ergehen. Auf Deck sammelten sich Menschen, riefen hinauf zur Steuerkajüte, wir sollten weiterfahren, manche drohten mit erhobenen Fäusten. Doch wir dümpelten weiter auf der Stelle. Schließlich erschien ein Minensucher, setzte sich vor uns, und wir nahmen wieder Fahrt auf. Keine

---

24 Martin Schmidtke, Rettungsaktion Ostsee 1944/1945, Bonn 2006, S. 32.
25 Schmidtke, Rettungsaktion, S. 12.

Die „Detlef" vor 1945 (Aus: Martin Schmidtke, Rettungsaktion Ostsee 1944/45, Bonn 2006, S. 32. © Bernard & Graefe Verlag, Koblenz/Bonn/Bad Neuenahr).

zwei, drei Stunden später, als ich von der Toilette am Bug kam, auf dem einer Vierlings- oder Drillingsflak stand, ließ mich plötzlich ein dumpfer Krach zusammenzucken. Ich blickte nach vorn, sah vor dem Bug eine hohe Wasserfontäne in sich zusammenfallen – eine Mine war explodiert! Sie hatte in unserer Fahrtrinne gelegen und war vom Minensucher erfasst worden.

Tage später tauchte dann weit vor uns Land auf: Sassnitz auf Rügen. Aber wir mussten abdrehen, man könne dort nicht einlaufen, hieß es. So nahmen wir Kurs auf Swinemünde. Als dessen flache Küste vor uns im grauen Wetter sichtbar wurde, stoppten wir, mehrere Schiffe kamen, sich auf dem Meer rasch voneinander entfernend, aus dem Hafen. Die Stadt sei bombardiert, hieß es, aus der Ferne war mit bloßem Auge nichts auszumachen. Es handelte sich wohl um den amerikanischen Luftangriff auf Swinemünde, dem tausende Flüchtlinge zum Opfer fielen. Wir mussten abdrehen, umkurvten Rügen. Unsere Irrfahrt endete schließlich einige Tage später, als wir in Warnemünde, dem Vorhafen von Rostock, wieder Land betreten konnten. Das muss am 23. März gewesen sein. Wir ließen die „Detlef" hinter uns. Sie hat am 30. März abgelegt,

um Flüchtlinge nach Kiel zu transportieren. Dort wurde sie am 4. April durch britische Bomber versenkt[26].
Bei der Ankunft empfingen uns Frauen der NSV[27], die uns warme Kohlsuppe anboten. Wegen der leeren Mägen und der grassierenden Ruhr konnten viele kaum noch oder nur wenig essen. Meine Oma, völlig geschwächt und apathisch, aß nichts, meine Mutter nur wenig, und sie warnte mich, mehr zu nehmen. Aber ich schaufelte hungrig die Suppe in mich hinein und nahm noch ein zweites Wehrmachtsgeschirr davon. Wohlgefühl eines gefüllten und gewärmten Magens wischte alle Bedenken fort. Und ich vertrug die Suppe. Nahe unserem Landungskai stand ein moderner, langer Personenzug, mit durchgehenden Gängen in den Wagen; man stieg also nicht in die Einzelabteile direkt von draußen ein, wie ich das bisher kannte. Der Zug, ein Flüchtlingszug aus Stettin, war großenteils leer, und wir konnten ein ganzes Abteil für uns belegen.

Meine Mutter bemühte sich wegen des gesundheitlichen Zustands der Oma darum, dass wir rasch in ein festes Quartier kämen. Es hieß, in Warnemünde könnten wir nicht bleiben, der Zug gehe bald ab und fahre nur bis Grevesmühlen (zwischen Wismar und Lübeck)[28]. Aber der Zug stand länger, auch über Nacht. Während meine Oma verfallen und abwesend im Abteil dämmerte, auch meine Mutter meist lag, genoss ich auf den Trittbrettern des Wagens die erste, leicht wärmende Sonne des späten März, nach soviel Kälte und Dunkelheit wohltuend auf der Haut und in den Knochen. Ruhe und wieder ein Stück geordneter Normalität umgab einen. Unterhalten habe ich mich einmal mit einem älteren Pimpf aus Warnemünde, dem ich sagte, die Russen würden auch hierher kommen, was er noch nicht ganz glauben wollte.

Schließlich setzte sich der Zug in Bewegung. Er fuhr langsam, meist in der Dämmerung oder in der Nacht, und stand bei Tage versteckt in Wäldern. Meine Großmutter und meine Mutter lagen apathisch oder dösend im Abteil. Viel habe auch ich nicht gesehen. Erst als der Zug bei wenig Licht über eine Brücke die Elbe überquerte (vielleicht bei Dömitz), hatte ich das Gefühl, den Russen entronnen zu sein. Dann kam die Fahrt durch waldreiche Gebiete der grünenden Lüneburger Heide. Nach zwei Tagen Fahrt, am 26. März 1945, endete die Reise auf dem alleinstehenden Bahnhof von Burgwedel bei Hannover. Während andere in umliegende Dörfer aufbrachen, lagerten einige Erschöpfte auf den Steinfliesen des Bahnhofs, so auch meine Großmutter. Ein Arzt gab ihr eine Spritze. Er legte sie dann mit dem Kopf auf meinen Schoß, während ich auf dem Fliesenboden saß und meine Mutter sich um Unterkunft in der Nähe bemühte. Plötzlich starb meine Großmutter. Ich spürte eine Entspannung in ihr, sah erschreckt, wie Urin aus ihrer Kleidung floss, und wusste, was geschah.

---

26 Schmidtke, Rettungsaktion, S. 32.
27 Nationalsozialistische Volkswohlfahrt, die die früheren Wohlfahrtsverbände ersetzte.
28 Vgl. unten Brief meiner Mutter vom 10.8.1945.

Mit diesem Schock endete die Flucht. Auf einem Leiterwagen, einen einfachen Sarg in der Mitte, fuhren wir stumm in das Dorf Großburgwedel ein. Unser Ziel war der Friedhof.

Zu viert hatten wir die Flucht begonnen, zu zweit erreichten wir diesen Endpunkt. Mit sechs Koffern waren wir aufgebrochen, mit nur einer Handtasche und meinem Schulranzen kamen wir an. Einen Bericht aus jener Zeit über unsere Flucht liefert ein erhaltener, handschriftlicher Brief meiner Mutter:

„Herzberg, den 10. 8. 45.

Lieber Herbert,

ich bin gerade 1 Woche hier zum Besuch + erhielt heute Deinen lb. Brief aus Walsrode. Wie sehr ich mich gefreut habe, kannst Du Dir denken! Hoffentlich geht es Dir gesundheitlich einigermassen. Ich wohne mit Wölfi bei Hannover in Grossburgwedel mit der Strassenbahn zu erreichen.

Wir sind am 26.3. mit dem Flüchtlingszug aus Warnemünde dort eingetroffen. 14 Tage waren wir in Stolp, wir haben eine furchtbare Flucht hinter uns, der Schmutz, Hunger + Kälte haben viele Menschen umgebracht. Unsere liebe Mutter hielt diese Strapazen nicht aus und ist am 26. 3. kurz nach unserer Ankunft in Gr. B. sanft eingeschlafen. Ich habe mir manchmal Vorwürfe gemacht, dass wir aus Stolp, das kampflos aufgegeben wurde, noch geflüchtet sind, aber es sollte wohl alles so sein! Trude haben wir vor Danzig verloren, sie war im März in Herzberg u. ist am 8. 4. nach Leubsdorf b. Chemnitz zu Marta hingefahren. Seit der Zeit haben die Herzberger keine Post mehr erhalten.

Von Mehlsack sind wir damals nach Braunsberg gefahren, dort erlebten wir heftige Bomben + Bordwaffenabwürfe der Russen auf die mit Flüchtlingen, Trecks + Militär vollgestopfte Stadt. Die Flüchtlinge sollten die Stadt räumen + zu Fuss übers Haff nach Danzig wandern. Wir machten uns nun auch auf, Mutter + Wölfi wurden mit 1 Bauernwagen mitgenommen + Trude + ich gingen zu Fuss hinterher. Jede Nacht schliefen wir nun woanders meist auf der Erde auf Stroh, manchmal auch im Wagen draussen, 1 Nacht sogar im Walde auf der Nehrung.

Bis Linde in Pommern sind wir mit dem Treck gefahren, dann weiter mit dem Zug bis Stolp, wo wir alle 3 uns erst erholen mussten. Mutter war schon sehr schwach, dann ging es wieder mit einem Güterzug 8 Tage bis Gotenhafen, unterwegs wieder zu Fuss, da wir mit 7 Zügen auf der Strecke mitten in 1 Panzergefecht geraten waren. In Gotenhafen war das Flüchtlingselend in den Lagern unbeschreiblich, + wir gingen so schnell wie möglich auf ein Schiff, das 11 Tage bis Warnemünde fuhr. Als wir in W. ankamen, hatten wir 5 Tote an Bord + unzählige Kranke. Mutter sah an ihrem Geburtstag so elend aus, dass keiner glauben wollte, dass sie 64 wurde, sie sah aus wie 84 Jahre.

> In Warnemünde wollten wir gern bleiben, die Ärztin stellte uns aber keine Bescheinigung aus, sie riet uns, in den Flüchtlingszug zu steigen, der nur in die Nähe aufs Land fahren sollte. Wir fuhren aber wieder 4 Tage ohne Verpflegung bis Gr. B. Ich war im Zug auch schwerkrank + lag in Gr. B. 14 Tage ganz fest zu Bett an Ruhr u. Mittelohrentzung (sic), allmählich habe ich mich erholt.
> Wie wenig an Sachen wir mitbekommen haben, kannst Du Dir denken. Wölfi hielt sich am besten, er hat sich schnell erholt. In Herzberg ist das Haus voll, Tante Helene[29] aus Memel mit Schwiegertochter + Kind, 2 Schwestern v. Onkel[30] aus Pommern, + augenblicklich auch Fredi Bitroff[31], der aus der Gefangenschaft entlassen ist.
> Ich fahre in den nächsten Tagen wieder nach Grossburgwedel zurück u. komme Dich dann von da aus besuchen, ich möchte nur erst die Wäsche, die ich mir geholt habe, hinbringen. Schade, dass wir nicht mehr nach Herzberg geschickt haben.
>
> Nun viele Grüsse von allen Verwandten
> Deine Schwester Hilde + Wölfi.
>
> Von Dir ist auch ein Anzug hier, Unterhosen + Socken, Deinen Pelz habe ich in Gr. B., sonst sind Deine Sachen ja in Pommern + Meseritz geblieben."[32]

In Großburgwedel wurden meine Mutter und ich einquartiert. Das Haus stand am Rande des Dorfes, war ein modernes Wohnhaus mit voll ausgebautem Obergeschoss. In ihm wohnten – abgesehen von uns – die Besitzerin (deren Mann Soldat war) mit zwei Familienangehörigen sowie zwei freundliche, aus Hannover evakuierte und ausgebombte Damen. Das Verhältnis zueinander war anfangs gut, und so hörte ich in den ersten Wochen noch den „Volksempfänger" der Besitzer. Neben Nachrichten wurde immer wieder preußisch-deutsche Marschmusik gesendet, außerdem gab es Berichte und Warnungen zur Luftlage. „Feindliche Bomberverbände im Anflug auf den Raum Hannover-Braunschweig…" – diese häufige Meldung kannte ich schon aus Rhein, und nun saßen wir da mittendrin, nur 20 km von Hannover entfernt. „Es ist ein Trauerspiel, es ist ein Trauerspiel", kommentierte unsere Wirtsfrau.

Einmal hörten wir bei Sonnenschein leises Grummeln, und die Ortsansässigen zeigten in Richtung Südwest, wo sich am Horizont der Himmel gräulich verfärbte – Hannover wurde bombardiert. An einem anderen, fast wolkenlosen

---

29 Schwester meines Großvaters Otto Lemke.
30 Fritz Lowien, aus Stettin stammend, verheiratet mit Martha (+), Schwester Otto Lemkes.
31 Ehemann von Erika Bitroff, geb. Lemke, der Tochter von Karl, Bruder Otto Lemkes.
32 Hildegard Rudzio an Herbert Lemke, 10.8.1945.

Tag überflogen uns Massen von anglo-amerikanischen Flugzeugen, in starrer Formation fast den ganzen Himmel bedeckend, nicht sehr hoch, da sie keine Luftabwehr mehr zu befürchten hatten. Ihr tiefes, lautes Dröhnen ließ die Luft vibrieren. Man fühlte sich auf der Erde wie eine Maus auf dem Tablett, ohne Möglichkeit, sich zu verkriechen. Außerdem hatten wir von ihren Tieffliegern gehört. Es war eine gewaltige Demonstration der Übermacht.

Auf Großburgwedels Hauptstraße sah ich in jenen Tagen noch deutschen Rückzug. Es waren allerdings nur vereinzelte Militärautos, die rasch den Ort durchquerten. Das mag nicht alles gewesen sein, vielleicht zog nachts etwas mehr durch. Im Dorf selbst, nur eine Straßenecke von uns entfernt, lagen – von Verwundeten in einem Krankenhaus abgesehen – als einzige deutsche Soldaten etwa 15 ältere, magenkranke „Landesschützen", ausgerüstet nur mit einfachen Handfeuerwaffen. Am Abend des 9. April stand ich mit anderen Kindern vor ihrem Quartier, als einer von ihnen auf einem Fahrrad zurückkam. Er war als Kundschafter hinausgefahren und berichtete, die Amerikaner seien mit Panzern und Fahrzeugen in 2 oder 3 km Entfernung „am Schweizerhaus" (einem Lokal außerhalb) und würden dort übernachten. Die Landesschützen begannen daraufhin ihre persönlichen Sachen zu packen, für die sich verkrümelnden Kinder gab es ein bisschen Schokolade. Angesichts des nahenden Feindes in Gestalt der Amerikaner empfand ich weder Furcht noch freudige Erwartung.

Am nächsten frühen Vormittag zog es mich wieder dorthin. Um die Straßenecke biegend sah ich in einiger Entfernung vor mir die Gruppe der Landesschützen mit erhobenen Händen, hin zu einer für mich nicht einsehbaren Straße stehend. Dann schoben sich von dort ganz langsam ein paar Gewehre oder Maschinenpistolen in mein Gesichtsfeld, gehalten von Männern mit fremdartigen Helmen auf dem Kopf, dann auch ein Panzer und dahinter weitere Fahrzeuge – die Amerikaner! Sie tasteten die Landesschützen ab, führten sie stoßend weg und zerschlugen auf einem Haufen die deutschen Karabiner. Auch die Unterkünfte der Landesschützen wurden durchsucht. Alle Wege und Straßen füllten sich mit Panzern sowie anderen Fahrzeugen mit ihren weißen Sternen. Sie hielten, amerikanische Soldaten sahen heraus. Währenddessen waren deutsche Zivilisten, meist Jüngere, in den offen stehenden Unterkünften der Landesschützen und schleppten oder warfen Sachen heraus. Es wurde geplündert. Auch ich ging hinein. Es ist ja herrenloses Gut, war mein Gedanke. Viel war aber nicht zu holen. In der Menge herumliegender schmutziger Unterwäsche wollte ich nicht wühlen, ebensowenig kümmerten mich die einfachen Stühle und Betten. Nur ein paar Tassen, Teller, Gabel und Löffel für zwei Personen nahm ich mit, wie sie uns fehlten.

Weder dort noch vor dem Haus, in dem wir wohnten, gab es zwischen deutschen Kindern und den Amerikanern Kontaktversuche. Ich beobachtete zwar ab und zu unauffällig aus den Augenwinkeln die auf ihren Fahrzeugen lagernden oder aus Panzertürmen herausschauenden Amerikaner. Nur bei einigen, besonders interessanten Schwarzen schien es, als ob sie uns offen ansähen. Ob am gleichen oder am nächsten Tage, weiß ich nicht: Jedenfalls gab es einmal viel Unruhe und Bewegung bei den Amerikanern, ich hörte, ein deutscher Soldat, schon gefangen, sei ihnen gerade entflohen. Ein andermal hörte man plötzlich in der Luft einen ungewöhlich schnellen Flugkörper, wie ein Schatten vorbeijagend und Lärm hinter sich herziehend – die Amerikaner schossen vergeblich wie wild in die Luft. Es war ein deutscher Düsenjäger gewesen.

Für die Nacht mussten wir, ebenso wie die anderen Bewohner, das Haus verlassen und uns in einem Anbau auf Heu einrichten. Ähnlich war es wohl allgemein, die Truppe wollte in den Häusern schlafen. Auch suchten sie nach frischem Essen, nach Eiern, und ein paar Hühner mussten dran glauben. Mich beeindruckte, dass die Amerikaner eigentlich alles in Konservenbüchsen etc. mit sich transportierten. Solch eine Ausstattung hatte ich noch nie gesehen. Bevor wir im Heuschober allein gelassen und für die Nacht eingesperrt wurden, mussten wir aber die Ansprache eines Amerikaners anhören. Er sprach Deutsch, stellte sich als Jude vor – interessiert suchte ich bei ihm nach jüdischem Aussehen, ohne etwas Besonderes zu finden. Er sprach von der Schuld der Deutschen, aber unkonzentriert nahm ich nichts auf.

Die Masse der Amerikaner zog dann weiter. Nach einiger Zeit, vielleicht zwei Wochen später, lösten Briten die Amerikaner ab. Es klingelte, und als wir die Haustür öffneten, blickten wir auf Maschinenpistolen oder Gewehre, auf uns gerichtet, in der Hand englischer Soldaten. Schon beim ersten Blick, aber auch in der Folgezeit erschienen mir die Briten relativ klein, im Unterschied zu den großen, gut genährten Amerikanern, aber auch zu den Deutschen. Sie durchsuchten das Haus. Später sah ich Briten auf dem Platz vor der ehemaligen Unterkunft der Landesschützen beim Exerzieren. Adrett gekleidet, in blitzsauberer Uniform, mit weißen Gamaschen und blank geputzten Schuhen übten sie mit ihren Gewehren exakte Haltungen und Marschschritte, auch mit Kehrtwendungen – beobachtet von einem Offizier mit Stöckchen. Das empfand ich, der in den letzten Jahren deutsche Soldaten nur in leger getragener Uniform und fernab solcher Exerzitien erlebt hatte, erstaunlich, ja fast lächerlich. Aber die Exaktheit des britischen Drills zeugte auch von ungebrochener, mich verblüffender traditionsgebundener Ordnung.

Von unseren Verwandten erreichten am ehesten diejenigen ohne Verluste an Leben den Westen, deren Wohnorte von den Sowjets früh erobert wurden und denen der Fluchtbeginn gelang. Die älteste Schwester meiner Mutter, Marta Lauter (Photo S. 27), die mit ihren vier Kindern in Gerdauen rund 60 km östlich von Königsberg wohnte (ihr Mann Oswald war eingezogen), wurde am 19. Januar telefonisch von einer Kollegenfrau alarmiert, die Russen kämen. Lauters gelang es am Folgetag, zusammen mit dieser Frau von einem Sägewerksdirektor auf einem LKW-Anhänger samt drei Koffern, Betten und Hausmädchen mitgenommen zu werden. Man fuhr, angesichts der Lage, statt nach

Königsberg direkt über Elbing bis Stolp, wo die Mitgenommenen abgesetzt wurden. Gemeinsam mit einer Frau aus Sachsen fuhren sie dann über Köslin bis Riesa, von wo aus Lauters mit der Bahn über Dresden etwa am 10. Februar Leubsdorf bei Chemnitz erreichten. Dort kamen sie notdürftig unter und gerieten unter russische Herrschaft. Im Spätherbst 1945 zogen Lauters in die Nähe von Nordhausen, wo Vetter Peter eine einklassige Volksschule besuchte. Er spürte den kommunistischen Druck, der den Schülern nur die Wahl zwischen „anpassen oder abhauen" ließ. Erst Ende November konnte dann die Familie in einem Zug mit heimkehrenden Evakuierten aus dem Ruhrgebiet mitreisen. Netteberge bei Dortmund, der Bauernhof der dort lebenden Schwester von Oswald Lauter wurde zum Endpunkt ihrer Odyssee[33].

Die Familie Hetz, damals Mutter und Töchter Irmgard (Photo S. 129) und Ute in Allenstein wohnend (Vater an Kriegsfolgen verstorben, Sohn Wolfgang beim Reichsarbeitsdienst) ist am 21. Januar 1945, als die Sowjets in die Stadt eindrangen, gemeinsam mit einer befreundeten Familie und deren zahlreichen Kindern überstürzt geflüchtet – zunächst mit einem Bus, dem aber nach 14 km das Benzin ausging, dann etwa drei Tage mit einem Militärlastwagen bis Heiligenbeil. Von dort fuhr man in einem Lazarettzug mit Verwundeten bis Königsberg. Auf dem Hauptbahnhof traf Martha Hetz einen Bundesbruder ihres Mannes, der als DRK-Leiter tätig war. Er nahm ihr in einer Auseinandersetzung eine Pistole ab, die sie für den äußersten Fall mit sich führte. Im ostpreußischen Kessel blieb ihnen nur die Flucht über See. Beide Familien wurden in ein kleines Schiff eingeladen, mit dem sie Stolpmünde in Pommern erreichten. Zu Lande schlug man sich dann nach Schivelbein/Pommern durch und erreichte schließlich Nordhausen. Dort geriet man unter amerikanische Besatzung. Als diese das Gebiet räumte, konnten die beiden Familien gemeinsam mit Displaced Persons, die für den Westen optierten, Anfang April nach Göttingen, gelangen. Für diese Entscheidung hatte – so bei Irmgard Hetz – auch Furcht vor russischen Vergewaltigungen eine Rolle gespielt[34].

Besonders bitter traf es unsere Rastenburger Verwandten, die Großtante Elise Weigel mit ihrem Mann Paul (Photos S. 9 und 20), ihre geschiedene Tochter Traute Kirchgessner und deren 14-jährigen Sohn Hansi, die ich alle kannte. Ebenso plötzlich wie in Rhein brach die Katastrophe über sie herein, und wie viele andere schafften sie es nicht, rechtzeitig aus Rastenburg zu entkommen. Kaum hatten wir Rhein verlassen, fiel auch die Heimatstadt meines Vaters. Häuserbrände, Vergewaltigungen und Beraubungen prägten die ersten Tage danach. Jüngere Frauen wie Traute Kirchgessner mussten täglich zum Arbeitseinsatz. Von diesem ist sie Mitte Februar nicht mehr zurückgekehrt – für immer, abtransportiert wie etwa 300 000 andere deutsche Frauen in die So-

---

33 Befragung Peter Lauter, 21. 11. 2000 (Köln).
34 Befragung Irmgard Hetz, 5. 3. 2005 (Hannover).

wjetunion. Dort, im arktischen Russland bei Workuta, ist sie an den Strapazen der Arbeit und unzureichender Ernährung verstorben – so der Bericht einer im Juni 1945 zurückgekehrten Kranken. Ein Jahr später bestätigte das Rote Kreuz ihren Tod[35]. Die übrige Rastenburger Familie wurde im September nach der Potsdamer Konferenz von den Polen ausgewiesen, erreichte nach mehrtägiger Fahrt in Güterwaggons Berlin, wo man nicht bleiben konnte. Durch Umstände voneinander getrennt, sind Elise Weigel und ihr Mann Paul im Oktober nahe der sächsisch-thüringischen Grenze gestorben, anscheinend „regelrecht verhungert". Nur ihr Enkel, mein Halbvetter Hansi konnte dank falscher Altersangabe in die Britische Zone gelangen, wo er bald in Varel/Niedersachsen Anschluss an meine dorthin verschlagene Königsberger Großmutter und deren Schwester Ida fand (Photo S. 117)[36].

In Königsberg hatten mehrere Verwandte von uns gelebt. Ihrer aller Schicksal war mit dem Königsbergs verbunden. Während dort noch Mitte Januar 1945 Normalität herrschte, änderte sich dies schlagartig, als der russische Durchbruch von Nordosten her die Stadt bedrohte – ein Run auf die Züge nach Westen setzte ein, am 24. und 25. Januar kehrten Züge zurück, denen die Sowjets den Weg über Elbing (und damit nach Westen) abgeschnitten hatten. Gleichzeitig „fluteten Trecks der Fliehenden aus dem offenen Land in dichten Massen durch die Straßen". „Panikstimmung" breitete sich aus. Zehntausende suchten auf Schiffen zum Hafen Pillau zu entkommen. Züge dorthin fuhren nicht mehr, sodass Ströme von Fliehenden über vereiste Straßen zu Fuß Pillau oder einen Zug im Samland zu erreichen suchten, während das deutsche Militär eine neue Front bildete[37]. So ist auch Lotte Jungklaaß mit ihren Töchtern (Photo S. 20) aufgebrochen (die beiden Söhne dienten in der Wehrmacht). Nach einem vergeblichen Anlauf am 29. Januar gingen sie am Folgetag zu Fuß am Landgraben entlang, an Methgeten vorbei Richtung Seerappen. Obwohl vorübergehend getrennt, sind sie in letzter Stunde aus Königsberg herausgekommen und erreichten das mit Flüchtlingen überfüllte Pillau, den Vorhafen Königsbergs. Dank der Hilfe eines Offiziers konnten sie auf einem Minenräumboot mitfahren, mit dem sie Swinemünde erreichten. Mutter und Töchter kamen dann per Bahn bis Nordhausen und zogen am 13.–15. Februar nach Thüste im Kreis Hameln-Weserbergland, wo eine Schwägerin von Lotte lebte. Thüste war daher der „Anlaufspunkt" für die Jungklaaßen im Westen.[38]

---

35 Ebenso wurde eine Rastenburger Klassenkameradin und Freundin meiner Mutter, die ich auch kannte, Tuta Marquardt (Photo S. 50), in die Sowjetunion verschleppt, kehrte aber zurück. Wir trafen uns später bei Oldenburg.
36 Befragung Hans-Joachim Kirchgessner, 8.10.2007 (Oldenburg); Telefonat Dagmar Regener.
37 Jürgen Thorwald, Es begann an der Weichsel, Stuttgart 1950, S. 181 ff.
38 Befragung Walheide Jungklaaß, 16.2.2005 (Hannover).

Königsberg ist noch in der Nacht zum 31. Januar 1945 durch die Sowjets von seiner Landverbindung nach Pillau abgeschnitten worden. Es gelang aber noch einmal, die Stadt durch Gegenangriffe ab dem 19. Februar aus ihrer Einkesselung zu befreien und den Fluchtweg nach Pillau zu öffnen. Schreckenerregend war, was man – vor allem in Methgeten bei Königsberg – im befreiten Gebiet fand: „Leichen völlig ausgeplünderter Greise, Frauen und Kinder", „Leichname von Frauen jeden Alters mit aufgeschlitzten Kleidern" und im Walde versteckt überlebende Mädchen, deren „Hände und Beine schwarz von Erfrierungen" waren[39]. Dank dieser Öffnung Königsbergs sind meine Königsberger Großmutter und ihre Schwester Ida Bretschneider (Photo S. 117) aus der Stadt herausgekommen und von Pillau über See ins westliche Deutschland gelangt; ähnlich mein Onkel Herbert (Photo S. 50) als Soldat.

Das in Königsberg wohnende Ehepaar Hans (Photo S. 27) und Klara Dziedo hingegen war im Sommer 1944 zu einer ihrer Töchter in Pommern gereist, um ihr bei und nach der Geburt eines Kindes beizustehen. In der Annahme, wieder nach Königsberg zurückzukehren, hatten sie nur das für den Aufenthalt Nötige mit sich. Sie wurden in Königsberg ausgebombt, entkamen aus Pommern, verloren aber alle Habe – selbst Andenken blieben zurück[40].

Außerdem lebte noch im Vorort Juditten ein entfernterer Onkel, der Apotheker Franz Schnoeberg (Photo S. 32) mit seiner Frau. Sie sind in Königsberg in die Hände der Sowjets gefallen. Man kann sie zu den – nach russischen Angaben – bei der Kapitulation Königsbergs Anfang April 1945 dort noch vorhandenen 110 000 deutschen Zivilisten zählen, von denen bis 1948 nur 35 000 überlebten. Über ihr Schicksal wissen wir mehr, da eine jüngere Verwandte dort überlebte und später ins Vier-Zonen-Deutschland deportiert wurde. Sie hat in einem Brief an meine Mutter jenes Ende geschildert:

„Unterreichenbach, d. 25.1.50

Liebes Hildchen,

(…) Unser armer Onkel Franz, wie unsagbar elend ist der zu Grunde gegangen. Nie werde ich den Anblick vergessen als ich ihn aufsuchte. Sein Haus war *ganz leer,* nur einige Polenjungens trieben sich da herum. Im Nachbarhaus fragte ich nach und da fand ich ihn. Ein nicht wiederzuerkennendes elendes Geschöpf lag in einem vor Schmutz starrenden Bett (nur das Inlett), vor Läusen konnte er keinen Augenblick ruhig liegen. Er schlief, und als ich seinen Namen rief wachte er auf und sah mich ganz verstört an. Er sagte: „Luise – wie siehst Du aus?" Er glaubte nicht daß er mich in Wirklichkeit sieht. Als ich ihm

---

39 Thorwald, Es begann, S. 193 f.
40 Information Uwe Gerdes.

gut zuredete sagte er: „Du siehst ja aus wie früher, alle Menschen sehen doch anders aus!" Ich erzählte ihm daß ich auf der Straße arbeite und von der Frühjahrssonne braun gebrannt bin.
Dann wurde er gesprächiger und erzählte von seiner Frau. Als sie aus ihrem Hause vertrieben wurden gingen sie zur Stadt in der Annahme und Hoffnung, vom starken Beschuß getroffen zu werden. Sie gingen bis zum Sackheim und kein Bombensplitter traf sie. Auf einem Trümmerhaufen muß Johanna wohl Gift genommen haben. Franz wurde der Pelz unterwegs ausgezogen und somit auch sein Gift entwendet, auch seine Anzugsjacke (...). Franz kam dann zu mir in der Hoffnung mich in meiner Wohnung zu finden. Meine Wohnung war ausgebrannt und wir weggetrieben, schlimmer als Vieh, mit Knüppeln.
(...) Später bekam ich keine Arbeit in der Stadt und fuhr mit einem Lastauto zur Ernte aufs Land. Nach 5 Wochen kam ich mit viel Läusen heim, elend zum umfallen. Mein Herz wollte nicht mehr. Dann ging die Arbeit beim Bautrupp wieder los, ich brach mir den Arm, und nun hatte ich Zeit Franz zu suchen. In Turnersruh bei Juditten erfuhr ich, wie elend er verhungert ist. Ich sprach den dortigen Bürgermeister. Der erzählte mir daß Onkel wie ein bettelnder Junge auf der Straße umhergeirrt ist. Sein Grab konnte mir auch nicht gezeigt werden da hoher Schnee lag. Ob ich Dir das alles schon geschrieben habe, weiß ich nicht. Man kann das Elend nicht in Worte kleiden. –
Noch eins, als Onkel mein Haus ausgebrannt fand, ging er wieder nach Juditten. Es war *sehr kalt*. Dann ging Franz ins Wasser um seinem Leid ein Ende zu machen. Als er wieder zu sich kam hatten die Wellen vom Pregel ihn wieder ans Land geworfen, und so mit den nassen Kleidern ist er 3 Tage und Nächte umhergeirrt. Nach 3 Tagen war dann Herr Schattke wieder in seinem Haus und nahm Franz auf. Mir wollte das Herz brechen als er mir das alles erzählte.
Ich konnte ihm nicht helfen, hatte ja noch eine Tante von Lieschen bei mir. Sie arbeitete nicht, war zu elend da ihr Mann unterwegs im Bunker gestorben war. Wir waren 5 Personen in einem kleinen Raum und ich bekam nur 200 gr. nasses Brot wenn ich arbeitete. Wer nicht arbeitete bekam nichts. In Juditten bekamen die Alten über 50 Jahre auch ohne Arbeit 200 gr. Franz erzählte auch die Russenküchen haben für die Bevölkerung Suppe oder Kascha gegeben. In der Stadt bekamen wir das nicht. Es war ja auch nur im Anfang so lange die Vorräte in Kbg. da waren. (...)

Alles Gute und liebe Grüße
Deine Luise Schnoeberg (...)"[41]

---

41 Elise Schnoeberg an Hildegard Rudzio, 25.1.1950.

Solcher „Befreiung" waren wir entkommen. Aber die Gnade der Ungewissheit und letzte Hoffnungen auf Rückkehr endeten mit der Potsdamer Siegerkonferenz vom Juli/August 1945. Als meine Mutter in Großburgwedel auf offener Straße hörte, wir dürften nie mehr in die Heimat zurückkehren, brach sie in Weinen aus. Ich blieb starr, war nicht überrascht. Aber mir war bewusst, was wir verloren hatten. Alles, was ich an Welt vor der Flucht gesehen hatte, selbst der mir vertraute Sprachklang war zum Untergang verurteilt. Ebenso hatten wir allen Besitz verloren, in Generationen erworben und Grundlage für unsere Lebensmöglichkeiten. Vom Leben, schien mir, hatte ich nichts mehr zu erwarten.

Kapitel III
Unten: Heranwachsen in der Nachkriegszeit (1945–55)

1 Nach der Katastrophe: Das Ringen ums Überleben

Nach dem Zusammenbruch herrschte im Sommer 1945 erschöpfte Apathie. Die Konsequenzen des Kriegsausganges schienen wie verschleiert, gnädige Wärme einiger Sommermonate überdeckte die Zukunft.

Auch der Hunger setzte uns noch nicht so hart zu. Es gab Vorratslager im Lande, die ihn zunächst in Grenzen hielten. Ein Lager in der Nähe, in dem auch anderes zu holen war, wurde geplündert. Allgemein herrschte Unsicherheit. Die von den Briten eingestellten deutschen Polizisten durften keine Waffen tragen, sie hatten gegenüber marodierenden „DPs" (= Displaced Persons), ehemaligen Zwangs- und freiwilligen Arbeitern, Kriegsgefangenen und sonstwie ins Land Verschlagenen (vor allem aus Osteuropa) kaum eine Chance. Ganz in unserer Nähe, am Anfang der Straße zum Bahnhof erlebte ich eine Szene, welche die Situation verdeutlichte: Bei hellichtem Tage, unter den Augen anderer Menschen, suchte ein „DP" einer deutschen Frau ihr Fahrrad wegzureißen, an dem sie sich festklammerte. Zahlreiche Deutsche, in wenigen Metern Entfernung, schrien laut protestierend. Aber der Räuber hatte irgend etwas in der Hand. Niemand wagte sich ihm zu nähern. Schließlich war er erfolgreich und fuhr auf dem Rad davon.

Die Überlebenden der Flucht suchten die Ihren wieder zu finden, Schicksale zu klären und ausgelagerte Habe an sich zu bringen. Während viele sich über Suchstellen des Roten Kreuzes wiederfanden, meldete sich meine Mutter zu allererst bei Lowiens in Herzberg, der einzigen Familienadresse der Lemkes im Westen. So hörten wir vom Schicksal anderer Verwandten. Über Vergewaltigungen blieb ein Schleier des Schweigens. Nur eine Tante, die die Eroberung Berlins miterlebt hatte, erwähnte Jahrzehnte später, sie erlitten zu haben.

Als erste Züge verkehrten, machten wir uns Anfang August 1945 nach Herzberg auf. Wie man damals so reiste: Auf dem Hauptbahnhof Hannover, wo man über das endlose Trümmerfeld der inneren Stadt blickte, galt es, sich beim Sturm auf den überfüllten Zug irgendwie hineinzudrücken, ohne einander zu verlieren. Draußen auf den durchgehenden Trittbrettern des langsam fahrenden Zuges hingen viele Männer, bald geschwärzt vom Ruß der qualmenden Lokomotive. Nicht wenige trugen Kleidungsstücke der Wehrmacht, zwar umgefärbt, aber erkennbar an Stoff und Schnitt. Fast jeder Reisende schleppte mehr oder minder schäbige Gepäckstücke mit sich. So gelangten wir zum unzerstörten Herzberg mit seinen Fachwerkhäusern, idyllisch am Südwestrand des Harzes gelegen. Dort wohnten „Onkel" Fritz Lowien (einst Samter/Posen)[1] und seine Tochter Traute als Mieter im Oberstock einer Villa am Jüssee. Allerdings war „das Haus voll": Außer ihnen lebten dort damals fünf geflüchtete und ein aus der Kriegsgefangenschaft entlassener Verwandter, „Fredi" Bitroff[2]. Man aß in einem erkerförmigen Vorbau, von dem aus große Fenster einen weiten Blick eröffneten: auf den See und Straßen mit Häusern – ein Dreiviertel-Panorama. Als ich historische Bücher interessiert ansah, schenkte mir der alte Onkel eines der Schulbücher nach meiner Wahl. Nach einigem Überlegen nahm ich das älteste, eine „Weltgeschichte" aus dem Jahre 1876. Es war das erste Buch, das ich nach dem Kriege besaß. Bei dessen Anblick denke ich dankbar an diesen Onkel, dem ich zuvor nie begegnet war und dessen Söhne im Kriege gefallen waren. Nach einigen Tagen kehrten wir mit der ausgelagerten Habe nach Großburgwedel zurück.

Danach, im September 1945, reisten wir für einen Tag nach Schwarmstedt in der Lüneburger Heide, um den Bruder meiner Mutter, Herbert Lemke, zu besuchen. Er befand sich dort in einem britischen Gefangenenlazarett. Es bestand aus Baracken in der Heide. Nur am Eingang standen englische Posten, man durfte ohne große Kontrollen hinein. Drinnen bewegten sich gehfähige Gefangene frei zwischen den Baracken, und wir lagerten wie andere im Freien, um unter uns zu sein und noch etwas von der schwachen Septembersonne zu erhaschen. Allgemein herrschte eine ruhige, gelöste, vielleicht erschöpfte Stimmung. Mein Onkel hatte mit seinen Nieren zu tun, aber es schien nicht besonders ernst. So waren wir zufrieden. Er war – neben meiner Mutter – der erste Mensch aus dem alten Leben, den ich wiedersah. Eine düstere Erinnerung ist, dass plötzlich zwei, drei Krankenwagen heranfuhren, aus denen bis zum Skelett abgemagerte, apathische Gestalten von Helfern und Rotkreuz-Schwestern auf Bahren ausgeladen wurden – gerade aus russischer Kriegsgefangenschaft Überstellte, wie es hieß. Sie schienen kaum noch am Leben.

---

1   Die Frau des Onkels, eine Schwester Otto Lemkes, Martha, war 1938 verstorben.
2   Hildegard Rudzio an Herbert Lemke, 10.8.1945.

Etwas später ging meine Mutter in die Sowjetische Zone, zur Familie Stopp in Geyer bei Chemnitz[3]. Sie holte dort ausgelagerte Sachen. Die Sowjetzone war damals noch nicht hermetisch abgeriegelt, man konnte über die „grüne Grenze", wenn auch der Grenzübertritt verboten war. Meine Mutter wurde – zusammen mit anderen – beim Überqueren der Zonengrenze von den Russen geschnappt. Sie musste eine Nacht in einem Keller verbringen, wurde dann aber laufen gelassen. Im Ergebnis kam so manches, was in Herzberg und Geyer ausgelagert war, wieder in unsere Hände. Es waren Betten und Bezüge, ein paar silberne Bestecke (auch mein Esslöffel mit eingraviertem „Wolfgang"), zwei Photo-Alben, ihr Photoapparat, ein paar Kleidungsstücke (darunter ein Pelz meines Vaters) und etwas Schmuck – so eine goldene Westentaschenuhr meines Großvaters Max Rudzio. Betten und Kleidungsstücke halfen, die kommenden Winter zu überstehen.

Was nach jenem Zwischenzustand dann kam, vom Winter 1945/46 an, wurde ein quälendes Ringen ums Überleben. Es nahm uns ganz in Anspruch. Die offiziellen Lebensmittelzuteilungen in der Britischen Besatzungszone reichten mit ihren ca. 1000 Kalorien pro Tag nicht aus[4], um mittelfristig am Leben zu bleiben. Zudem blieben die tatsächlichen Lebensmittelzuteilungen immer wieder hinter diesen Zielzahlen zurück. Stilles Sterben hat daher jene Jahre begleitet. Kleinstkinder überlebten großenteils nicht, viele alte Menschen starben. Der Gedanke ans Essen beherrschte das Bewusstsein. Wer überleben wollte, musste an zusätzliche Nahrung kommen. Die Nachkriegsgesellschaft zerfiel unter diesem Aspekt in verschiedene Schichten. Ganz oben standen die „Selbstversorger", die Bauern, denen nicht nur mehr zustand, sondern die auch seit der Besetzung einer weniger rigiden Ablieferungskontrolle unterworfen schienen. An zweiter Stelle folgten Leute mit Garten und Kleintierhaltung, außerdem alle diejenigen, die etwas zum Tauschen auf dem „schwarzen Markt" bzw. beim Bauern anzubieten hatten. Zu all diesen gehörten wir nicht.

Dennoch haben auch wir nicht nur von Lebensmittelkarten gelebt. Vorübergehend, etwa drei Monate in 1945, arbeitete meine Mutter als Küchenhilfe in einem englischen Militärkasino in Großburgwedel. Die Briten dort verhielten sich korrekt und auch nett. Als sie einmal mitbekamen, wie meine Mutter auf einem Klavier spielte, baten sie sie, hin und wieder auch zu ihrer Unterhaltung zu spielen. Dort konnte sie essen, sodass für mich mehr übrig blieb.

---

3   Stopps besaßen dort eine Strumpffabrik. Rosel Stopp (geb. 1894) und meine Mutter, die sich bei einer Kur kennengelernt hatten, verband eine auch später brieflich bewahrte Freundschaft.

4   Nur 1 045 kcal täglich sahen die Zuteilungskarten im Raum um Hannover ab Sommer 1946 vor. Martina Krug, Das Flüchtlingsproblem im Raum Hannover, in: Dies./Karin Munhenke, Flüchtlinge im Raum Hannover und in der Stadt Hameln 1945–1952, Hildesheim 1988, S. 1 ff., hier 29.

Nach Hause nehmen durfte sie allerdings nichts, nur wenige Male brachte sie ein paar Scheiben weißes Brot mit, das sich von unserem so eindrucksvoll abhob, allerdings kaum sättigte. Das Brot der Deutschen bestand zunehmend aus Maismehl und bröckelte unter den Händen. Ich gierte inzwischen nach allem Essbaren und quälte meine Mutter mit der ständig wiederkehrenden Frage: „Hunger, ich habe Hunger, hast Du was zu essen?" Trotz ihrer Sinnlosigkeit konnte ich solche Fragen nicht unterdrücken.

Die Schulkinder im Dorf mussten Kartoffelkäfer sammeln. Der schwarzgelb gestreifte Käfer fraß Kartoffelblätter weg und damit die Ernte. In langen Ketten durchmusterten wir die Felder, manchmal matt und durstig. Da man dafür nichts bekam, war unser Eifer gering. Zu Mithilfe bei der Landarbeit hingegen, wofür man mit Naturalien entlohnt wurde, drängten sich mehr als genug Leute. Meine Mutter hat es da nur zum „Rübenverziehen" geschafft, d. h. Unkraut zwischen Zuckerrüben zu jäten. Dafür erhielten wir Zuckerrüben, die dann gemeinsam mit denen einer befreundeten Flüchtlingsfamilie durch mehrtägiges Kochen in einem Waschküchenkessel langsam zu Sirup verwandelt wurden. Dieser diente jahrelang als wichtiger Brotbelag. Obwohl eigentlich gut schmeckend, bekam man ihn langsam über und schon beim Sirupkochen wurde mir sein Geruch widerlich. Hin und wieder gingen wir auch „stoppeln", d. h. nachernten auf schon abgeernteten Kartoffel- und Roggenfeldern. Aber gewöhnlich waren schon andere da gewesen, und unser Ergebnis war dürftig oder Null.

Im Sommer 1946 erhielten wir einen Feldgarten. Von „Grabelandzuteilungen an Flüchtlinge" in mehreren Gemeinden berichtet eine Untersuchung zur Lage der Flüchtlinge im Raum um Hannover[5]. Der Boden, den man uns zuteilte, lag weit außerhalb der Dorfes und war von Quäcke durchwachsen, die man Fipsel um Fipsel mit Händen die Erde durchwühlend erst einmal herausholen musste, damit anderes eine Chance bekam. Mohrrüben, Bohnen, Erbsen und etwas Kartoffeln wuchsen heran – natürlich ziemlich wenig auf sandigem Boden und ohne Dünger, auch ohne Möglichkeiten zum gießen. Ich lernte den Anbau der verschiedenen Gemüse kennen und staunte, wie der mir bis dahin unbekannte Mais hochschoss.

Vieles andere galt als jagdfreies Gebiet. In den Sommern, selbst später nach der Währungsreform, zog ich nach der Schule bzw. in Ferien zusammen mit anderen Flüchtlingsjungen hinaus, um auf Feldern oder an den Apfelbäumen einer Chaussee den Hunger zu stillen. Wir rafften Essbares zusammen, um es dann irgendwo in der Feldmark zu verdrücken. Sicherlich – das war nur Mundraub. Aber wenn möglich, hätten wir Essen auch in größerer Menge nach Hause geschafft. Daran hinderten uns Wachen der Bauern, die zur Ernte-

---

5 Krug, Das Flüchtlingsproblem, S. 29.

zeit an den Dorfeingängen standen. Misstrauisch von ihnen beäugt, passierten wir sie mit unseren, vom rohen Gemüse oder Äpfeln aufgeblähten Bäuchen. Die Wachen, meist junge Männer, suchten auch die Felder zu schützen. Obwohl wir, eine Gruppe von vier, fünf Jungen zwischen zehn und vierzehn Jahren, vorsichtig heranschlichen, überraschten sie uns einmal. Sie jagten uns mit Knüppeln und Geschrei, begleitet von Hundegebell. Wie die Hasen hetzten wir atemlos auseinander, jeder für sich durchs Getreide – und kamen mit dem Schrecken davon. Rücksichtslos erfolgte die Plünderung von Chaussee-Äpfeln, die mit Ästen oder Steinen auch halbreif heruntergeholt wurden; mancher Ast ging zu Bruch. Während solches „Organisieren" mit den vierziger Jahren endete, erhielt sich anderes bis Mitte der fünfziger Jahre: Dass ich jedes Jahr gemeinsam mit anderen aus den Wäldern einen Weihnachtsbaum heranholte – ohne zu zahlen. Das war mein Weihnachtsgeschenk.

Ergänzend gab es die Schulspeisung in Hannover. Bewaffnet mit Löffel und einer am Tornister baumelnden leeren Konservendose kam man zur Schule, wo es in der großen Pause Brei gab. Das war Griesbrei, Maisbrei oder ähnliches, als Höhepunkt einmal die Woche auch puddingähnlicher Schokoladenbrei. Nicht alles schmeckte großartig, aber ohne dieses Zusatzessen wären die langen Fahrten nach Hannover kaum zu überstehen gewesen. Vor der Währungsreform, als wir noch Reichsmark hatten, konnte man außerdem in Hannover Markenfreies kaufen – vor allem knallrot, grün oder blau gefärbte „Aroma-" oder „Heißgetränke". Sie hatten zwar keinen Nährwert, bedeuteten aber Flüssigkeit und in der kälteren Jahreszeit Erwärmung. Am Tag vor der Währungsreform hatte ich genügend Reichsmark mitbekommen, um mich in einer überfüllten Eisdiele mit Wassereis vollzuschlagen. Den Höhepunkt erreichte das Hungern im Winter 1946/47, nach 1948 besserte sich die Ernährungslage langsam, wenn auch die Nahrung einseitig blieb.

Dazu kam das Frieren. Mit wenig, auch unpassender Kleidung und schlecht ernährt fror man rasch. Die endlosen Straßenbahnfahrten nach Hannover und das Warten auf die „Elektrische" setzten mir zu. Unser Zimmer (bis 1950) war nur mit einem primitiven „Kanonenofen" zu beheizen; er bildete die einzige Kochgelegenheit. Seine Wärme ging großenteils in den Schornstein. Der Ausweg, ein oder zwei Rohrwindungen einzubauen, um die Hitze länger im Zimmer zu halten, erforderte passende Rohrstücke. Auch war das Feuer dann schwer anzuzünden, und zuweilen zog der Rauch nicht ab, sondern breitete sich im Zimmer aus. Manchmal war es zum Verzweifeln.

Und womit heizen? Kohlen gab es nicht. Man konnte mit Torfstechen an etwas Torf kommen. Meine Mutter ist denn auch auf einem Pferdewagen mit einer Kolonne in ein entferntes Moor mitgefahren. Aber bald klappte sie unter der schweren Arbeit zusammen. Was uns rettete, war die Freundschaft mit einer ostpreußischen Bauernfamilie, den Mosels. Sie waren mit mehreren Fuhrwerken bis Großburgwedel getreckt und hatten noch Pferde und Wagen. Mit ihnen fuhr man in Wälder der Umgebung, um Holz zu holen. Wir waren viel zusammen und kochten gemeinsam Sirup. So kamen auch wir zu Fuhren Holz. Natürlich musste man dabei mitarbeiten, wie das auch für andere galt, die bei Mosels wegen solcher Fuhren (gegen Geld oder Naturalien) vorsprachen. Es ging um Äste und Knüppelholz, überwiegend von Kiefern, wie sie auf den sandigen Böden am Rande der Lüneburger Heide wuchsen.

Damit war das Heizproblem noch nicht gelöst. Man musste das Holz noch zerkleinern und trocknen. In den ersten Jahren habe ich unser Holz gehackt, auch viel gesägt, während meine Mutter aus den Scheiten „Vimen" zum Trocknen baute und die Quälerei mit dem mühseligen Feueranmachen am Halse hatte. Ich lernte, mit Axt, Beil und Säge umzugehen. Als – wohl 1948 – mein Onkel Herbert zu uns zog, hat er diese Arbeiten übernommen.

Quälend war zudem das Wohnen auf engstem Raum. Fünf Jahre, 1945–50, lebten wir zu zweit bzw. zu dritt in einem Zimmer von 16–18 qm Größe. An einer Schmalseite, vor dem Fenster, stand ein kleiner Tisch, vor ihm ein Stuhl. Links und rechts an den Längsseiten standen zwei Betten (auf einer Seite bald doppelstöckig), zwischen denen zwei Personen aneinander kaum vorbeikommen konnten. Dann folgte am Fußende des einen Bettes ein Schrank, an dem des anderen der Kanonenofen, der zugleich als Herd diente. In dessen Nähe hingen an der Wand Regalbretter. In der Mitte der abschließenden Schmalseite befand sich die Tür zum Flur. Außerdem gab es am Kopfende des einen Bettes eine stets abgeschlossene Tür, die zur „guten Stube" der Hauseigentümer führte, gegenüber an dem des anderen Bettes eine andere verschlossene Tür, die zu ihrem Badezimmer führte. Unsere Toilette befand sich draußen als Holzhäuschen-Plumpsklo – umständlich im Garten zu erreichen. Das Klo draußen stank im Sommer und war schneidend kalt im Winter. Schmutz konnte man dort im Dunkeln nicht erkennen.

Das Leben auf engstem Raum bedeutete, bei jeder Bewegung aufeinander Rücksicht nehmen zu müssen. Ob man sich umzog oder an etwas wollte, hinaus- oder hineinkam – stets war jemand im Wege. Wollte einer an den Schrank, konnte kein anderer vorbei. Unvermeidlich musste man auf dem Bett lungern. Gemeinsam Essen war nur möglich, indem zwei auf ihren Betten schräg hin zum kleinen Tisch hin saßen. Auf dem gleichen Tisch musste Essen vorbereitet, aber auch geschrieben werden. Wollte man sich waschen, so war dies nur stehend mit einer Schüssel auf einem Hocker möglich. Sich unter diesen Umständen sauber zu halten, erforderte Willenskraft. Mein Reinlichkeitsniveau ist in jenen Jahren sicherlich gesunken. Durchgeschwitzte Kleidung, für die es nichts zum Auswecheln gab, und juckende Haut begleiteten die Jahre. Viele Habseligkeiten, Kleidung und Koffer, mussten unter den Betten verstaut werden – an sie heranzukommen erforderte umständliche Aktivitäten.

Bei diesem engen Aufeinanderleben fiel man sich gegenseitig auf die Nerven. Das spitzte sich zu, als meine Mutter mit der Schilddrüse zu tun hatte. Im

Unten: Heranwachsen in der Nachkriegszeit (1945–55)

Zerstörtes Hannover Anfang 1945, © HAZ-Hauschild-Archiv, Historisches Museum Hannover

allgemeinen suchten wir einander auszuweichen. Ich war ohnehin infolge der langen Fahrten zur Schule großenteils nicht da, und für die Schularbeiten verließen meine Mutter und mein Onkel möglichst das Zimmer – sei es, um etwas zu erledigen oder jemanden zu besuchen. Das war dann die Zeit, die ich allein sein konnte, allerdings diszipliniert nutzen musste.

Auch die Kleidung war ein Problem. Ihm ging man zuleibe, indem Uniformstoff der Wehrmacht verwertet wurde. Sie durfte man, wenn umgefärbt in blau-braune Schmuddelfarbe, benutzen, und so erhielt ich Hosen aus jenem Stoff. Aber dieser war nur für mittlere Temperaturen geeignet. Auch erzeugte mein Herauswachsen immer wieder Mangel an Passsendem. So musste ich meist in Klamotten herumlaufen, die mir schlecht saßen. Nicht zuletzt litt ich unter unpassenden Schuhen. Sie behinderten beim Gehen und Laufen. Hoffnungsvoll fuhren wir daher 1950 zu einem Lagerhaus in Hannover, wo wir erstmals die Möglichkeit erhielten, gespendete Kleider und Schuhe zu erhalten. Es war Kleidung aus Schweden, aber trotz längerem Suchen fand sich kein passender Schuh oder anderes für mich. Dennoch empfand ich Dankbarkeit.

Insgesamt schwächten in jenen Jahren Hunger und Kälte. Der Mangel an Fett und einseitige Nahrung wirkten sich aus. Viele wurden anfällig. Auch ich blieb hin und wieder mit Grippe oder Erkältung im Bett, dehnte dann das

Fernbleiben von der Schule zuweilen ein bisschen aus, wenn Unangenehmes in der Schule drohte. Als ich mit etwa dreizehn, vierzehn Jahren in die Höhe schoss, wurde mein Kreislauf labil – kurze Schwindelmomente bei plötzlichen Anstrengungen und Sterne vor Augen beim Treppensteigen kamen häufiger vor, einmal auch eine plötzliche Ohnmacht während des Schulunterrichts.

In Wintern kam es zu Mittelohrentzündungen, die mich mehr und mehr mitnahmen. Wirksame Medikamente gab es nicht. Ein freundlicher Arzt in Großburgwedel, den wir vor der Währungsreform aufsuchten, bemühte sich, meiner verzweifelnden Mutter Hoffnung einzuflößen: Auch die Besatzungszeit nach 1806, so aussichtslos alles schien, sei doch nach einigen Jahren vorüber gegangen. Wie damals, werde auch das heutige Elend einmal vorbei sein. Einer meiner Lehrer vom Gymnasium drängte meine Mutter, wegen der Mittelohrentzündungen etwas zu unternehmen. Wir besuchten einen Facharzt in Hannover, der uns vor allem Verhaltensmaßregeln ans Herz legte und auf die damalige Sitte schimpfte, dass Jungen meist nur kurze Hosen trugen. Auch müsse ich schützende Mützen tragen. Der unsinnige Abhärtungswahn aus dem Dritten Reich führe zu gesundheitlichen Schädigungen. Erst in den späteren Schuljahren hörten die Mittelohrentzündungen auf. Zurück blieb, dass ich seit Jugendjahren auf dem linken Ohr miserabel höre; glücklicherweise aber auf dem anderen so gut, dass ich ohne Hörprobleme durchs Leben kam.

Einmal schwoll mein rechtes Bein an, das Knie wurde riesendick und ließ sich nicht mehr beugen. Zugleich fühlte ich mich schwach und lag. Einen Arzt hatten wir nicht. Ich tastete die geschwollenen Bereiche ab, die gefühllos wirkten. Schließlich stach ich mit einer Nähnadel in die dickste Stelle am Knie. Weiße, klumpige Flüssigkeit quoll, und ich drückte sie so weit wie möglich heraus. Das half rasch. Nur eine Narbe am Knie erinnert an jene Selbsthilfeaktion, die mir wohl Schlimmeres erspart hat. Etwas später begannen Zähne zu verfallen. Bei Ende der Schulzeit und kurz danach wurden mehrere Plomben fällig, ein Eckzahn ging verloren. Die Meinen waren so weitsichtig, dass sie trotz Geldmangels für Goldplomben sorgten. Über vierzig Jahre lang ging dann, mit einer Ausnahme, kein Zahn verloren.

2 Leben in der Dorfgesellschaft: Einheimische und Flüchtlinge

In Großburgwedel lebten wir in einer Dorfgesellschaft, die von der Nachkriegssituation geprägt war. Der Ort im Kreis Burgdorf hatte vor 1945 etwa 1500 Einwohner gehabt und lag in ebenem Gelände nordöstlich von Hannover. Er bestand aus niedersächsischen Bauernhäusern im Fachwerkstil, einigen sonstigen Fachwerk- sowie Ziegelsteinbauten, teils verputzt. Am Rande des

Dorfes befanden sich auch modernere Einfamilienhäuser. Die größeren Straßen waren mit blaugrauen würfelförmigen Basaltsteinen gepflastert, vielfach auch mit Bäumen bepflanzt. Rinnsteine trennten weithin Straßen und erdene Bürgersteige. Am Rande herrschten ungepflasterte Wege vor. Die Landstraßen waren gut befestigt und von Baumreihen eingehegt. Bei zwei von ihnen handelte es sich um Laubbäume, eine war mit Apfelbäumen und eine (zumindest an ihrem Anfang) mit Akazien umsäumt. Ich kannte aus Ostpreußen zwar Chausseeen mit Laubbäumen, aber keine mit Obstbäumen, und Akazien waren mir ganz neu. Das mildere Klima des Westens machte es möglich.

Im Zentrum Großburgwedels befanden sich einige Geschäfte, Friseur, zwei Gastwirtschaften (darunter „Goltermann"), ein Postamt und ein Gemeindehaus; außerdem Sparkasse und Volksschule. Am Rande zu Kleinburgwedel hin verbarg sich hinter Mauern der Komplex des Kreiskrankenhauses, ein wenig außerhalb stand die Pestalozzi-Stiftung für Kinder. Im Zentrum, zu dem ein baumbestandener dreieckiger Platz gehörte, stand eine ältere Kirche mit hochragendem Turm, dessen weithin sichtbare schlanke Spitze ein patinagrünes Dach trug. Ihre Mauern bestanden aus klobigen eisenhaltigen Natursteinen. Eisen findet sich im Boden, der Nachbarort trägt bezeichnenderweise den Namen „Isernhagen", und der in der Nähe unserer Unterkunft vorbeifließende Bach „Wedel" schimmerte rostbraun. Neben der Kirche stand das „Superintendentenhaus", ein größeres Gebäude, das als Gemeinde- und Wohnhaus der Familie des Superintendenten diente. Dort im Zentrum endete damals die Straßenbahnlinie „17", die Großburgwedel mit dem 19 km entfernten Hannover verband. Alles in allem: Ein ansehnliches, großes Dorf, primär landwirtschaftlich und von örtlichen Geschäften geprägt, jedoch aufgelockert durch überörtliche Einrichtungen und die Straßenbahnverbindung zur Großstadt. Die Erreichbarkeit Hannovers gab der künftigen Entwicklung des Dorfes die Richtung vor. Dies galt auch für mein Leben.

In diesen unzerstörten Ort drängten gegen Kriegsende 1800 Flüchtlinge und Evakuierte[6]. Diese kamen nicht nur meist von weit her, sondern entstammten auch andersartigen Milieus. So sahen sich die eingesessenen Burgwedeler, überwiegend in einer Dorfgesellschaft verwurzelt, nun einer Masse von Hinzugekommenen vielfach großstädtischer Herkunft gegenüber – vor allem Stettinern aus unserem Flüchtlingszug und Evakuierten aus Hannover. Die Neuen, über die Hälfte der nunmehrigen Einwohner, waren noch vor der Besetzung in die Häuser und Wohnungen der Einheimischen eingewiesen worden. Jeder Einheimische lebte nun in drangvoller Enge mit Fremden zusammen. Solange der Krieg andauerte, nahm man das hin. Auflehnung dagegen oder Schikanen

---

6   Bereits im Juni 1945 hatte der Landkreis Burgdorf einen Bevölkerungszuwachs um 82% gegenüber Mai 1939 erreicht. Krug, Das Flüchtlingsproblem, S. 38 und 11.

gegen die vom Krieg betroffeneren „Volksgenossen" kamen unter der schweren Hand des NS-Regimes kaum vor.

Anders wurde dies, als die Potsdamer Konferenz klarmachte, daß dieser Zustand auf unabsehbare Zeit andauern würde. Spürbar war ein Klimawechsel. Eine Kluft zwischen Einheimischen und Flüchtlingen trat hervor. Wichtig war der Umstand, dass die Eingesessenen einander kannten und daher eher untereinander verkehrten. Zudem verwies die Armseligkeit vieler Flüchtlinge diese in den Augen vieler in die unterste soziale Stufe. Bis in die fünfziger Jahre hinein fanden die Flüchtlinge fast durchweg keine Arbeit, jedenfalls kannte ich kaum eine Ausnahme. Außerhalb solcher Konfliktlinien stand eine Nachkriegsbekannte meiner Mutter, eine junge Norwegerin, Else Bastiansen aus Stavanger. Sie hatte einen deutschen Soldaten geheiratet, er war gefallen, sie mit ihrem kleinen Kind unsicher in Deutschland, ob sie in ihre Heimat zurückkehren könnte. Dies ist dann aber bald geschehen.

Wir erlebten die Gespaltenheit der Dorfgesellschaft hautnah. Zum einen verschlechterte sich das Verhältnis zu unseren Wirtsleuten, als der Hauseigentümer aus englischer Kriegsgefangenschaft zurückgekehrt war. Die Reibungsfläche war unsere Anwesenheit. Das Außenklo für uns sollte Grenzen ziehen – nicht unverständlich und auch nicht so belastend, wenn es nicht von abweisendem Verhalten begleitet gewesen wäre. Als mein Onkel zu Besuch kam und schließlich (wohl 1948) die Zuzugsgenehmigung zu uns erhielt, müssen Nerven gerissen sein. Eines Morgens fanden wir uns hinter Stacheldraht wieder, den der Hausbesitzer vor unserem Fenster gezogen hatte. Soweit es die Beweislage zuließ, klagten wir. Die Justiz brauchte ihre Zeit, die ich im Gefühl der Vogelfreiheit durchlebte. Am Ende bekamen wir in allen Verfahren recht, der Stacheldraht verschwand. Eines Tages erschienen auch zwei, drei Parteienvertreter, sahen sich in unserem Zimmer um, blickten düster schweigend um sich, um wieder zu verschwinden. Ich nahm, wegen der Enge auf meinem Bett hockend, die Männer halb über mir wahr. Etwa ein Jahr später erhielten wir aber die erlösende Nachricht, ab März 1950 zum Superintendenten eingewiesen zu sein. Solche Spannungen zwischen Flüchtlingen und Wohnungseigentümern waren nicht einmalig, wenn auch nicht allgemein.

Die Gespaltenheit der dörflichen Gesellschaft zeigte sich zum anderen darin, dass sich die Lebensverhältnisse von Einheimischen und Flüchtlingen eklatant voneinander unterschieden. Auch verkehrten beide Gruppen fast nur unter ihresgleichen. Unsere engsten Bekannten waren die Mosels aus dem Interburgischen. Herbert Mosel war ein größerer Landwirt mit 400 Morgen Land in Waldfrieden bei Insterburg gewesen. 1945 bis Großburgwedel getreckt, besaß er anfänglich noch mehrere Pferdewagen samt Pferden, hatte auch vieles an Betten und Kleidung. Einige Kleidungsstücke, insbesondere Reitstiefel und ein oben flacher Hut mit grünlichem Rundband, die er gerne an Sonntagen trug, erinnerten an bessere Zeiten. Nun lebte er im Erdgeschoss eines zweigeschossigen Fachwerkhauses, mit Frau, Sohn Manfred und zwei Töchtern. Sie wohnten in einer Wohnküche mit älterem Feuerherd, einer dunkel-muffigen „Kammer" und einem kleinen Zimmer. Die Mosels hatten ostpreußischen Tonfall an sich, und ich, der in Rhein gerade die breite Sprache des ländlichen Ostpreußen angenommen hatte, behielt dank diesem Umgang Züge davon bei. „Dir Kret (oder: „Dir Lorbaß") werd ich helfen!" schimpfte man gelegentlich gegenüber Kindern; aber es klang nie furchterregend.

Manfred Mosel (geb. 1937) war lange mein engster Freund. Bei ihm konnte man auf dem kleinen Hof hinter dem Hause ein bisschen Ball spielen. Gelegentlich trafen wir uns mit anderen Jungen oder brachen zu Raubzügen in der Feldmark auf. Daneben schleppte Manfred Hefte vom Dachboden herbei, die aus dem Ersten Weltkrieg stammten. Sie ähnelten Illustrierten und schilderten die Ereignisse auf den „Kriegsschauplätzen". Ausgehungert nach Lesbarem und vorgewärmt durch meine Ludendorff-Lektüre stürzte ich mich auf sie. Zudem verliehen die Spitzhelme, die älteren Drucklettern und manche Werbeanzeige im Jugendstil dem Ganzen historisches Patina. Auch Manfred interessierte sich, und wir unterhielten uns über Krieg. Nach und nach aber verschwanden die Illustrierten, wohl wegen ihrer Nutzung als Toilettenpapier oder zum Feueranzünden.

Daneben verkehrten wir auch mit anderen Flüchtlingen. Da waren der ältere Herr Antowitz mit seiner Frau (Photo S. 115), ein Angestellter aus Züllichau in Ostbrandenburg. Sie waren die ersten unserer Bekannten, die einen Radioapparat anschafften. Gemeinsam hörte man Unterhaltungsmusik. Er schien am wenigsten von unserem Schicksal bedrückt. Vielleicht erklärte sich das aus seiner forschen Frohnatur, die er schon bei seiner Vorstellung mit zackigem „Anton Antowitz" erkennen ließ. Aber das kann auch getäuscht haben.

Dann waren da die Digutschs aus Ostpreußen mit ihrer Tochter. „Der Digutsch", mit strahlenden Augen und kräftig-kerniger Stimme war eine unvergeßliche Gestalt. Kontakt, allerdings eher sporadischer, bestand auch mit Hempels, der Familie eines Studienrats aus Westpreußen, mit seiner lebhaften Frau und ihrem ältesten, mit mir gleichaltrigen Sohn Wolfgang. Außerdem wohnte im Nachbarhaus neben uns eine jüngere Kriegerwitwe, Ilse Berg, mit ihrem noch kleinen Sohn Christoph (Photo S. 115), die aus dem Hannoverschen stammte. Sie war von Beruf Gemeindehelferin, eine belesene Frau, mit einem Schrank voll Büchern. Wir verkehrten mit ihr, sie lieh uns Bücher aus. Der eingessenen Dorfgesellschaft konnte man auch sie nicht zurechnen.

Bis in die frühen fünfziger Jahre lebte unsere Umgebung in Arbeitslosigkeit. Das wöchentliche „Stempeln" des Arbeitsbuches war ein wichtiger Vorgang, die Unterstützung damals sehr gering. So machte der eine dies, der andere jenes mit seiner Zeit. Es wurden Beeren in den Wäldern gesammelt, Mosel transportierte Brennholz heran, mancher hielt Kaninchen. Allerdings, von Jahr zu Jahr schmolz Mosels Pferde-Kapital dahin. Regelmäßig mussten Pferde zur öffentlichen Prüfung vorgeführt werden, um die klapprigsten Gäule zur Zwangsschlachtung auszusondern. Da seine Pferde bei Bauern untergestellt und gefüttert werden mussten, ohne dass er ein Fleckchen Land besaß, gehörten seine Tiere zu den aussortierten. Es war bedrückend, die Selektion auf dem Dorfplatz mitzuerleben, und man spürte den Druck, der auf ihm lastete. Bald besaß er nur noch ein Gespann, das er eine Weile halten konnte.

Meine Mutter arbeitete einige Monate in der Gärtnerei des Krankenhauses, bekam aber in ungeeigneter Kleidung Erkältungen und gab auf. Sie fühlte sich zunehmend krank, wurde nervös und immer reizbarer. Schließlich stellte man bei ihr eine Überfunktion der Schilddrüse fest, und sie wurde operiert. Mein Onkel Herbert (Photo S. 115) begann ausrangierte Büromöbel zu renovieren, daneben Kommoden und Schränke. Außerdem kümmerte er sich um Heizungsmaterial. Er, früher kaufmännisch tätig, übte nun geschickt Handarbeiten aus.

Im übrigen lebten Flüchtlinge und Einheimische mit Interessengegensätzen und manchen Animositäten nebeneinander. Man verglich sich auch. Dies schloss zwar ein, dass meine Mutter bemerkte, die Niedersachsen hätten „gute Rasse", seien größer und blonder als der Durchschnitt der Ostdeutschen. Andererseits sprachen städtische Flüchtlinge schon mal von dörflicher Inzucht, die unter den Burgwedelern manch Schwachsinnigen hervorgebracht habe. Oder ein Flüchtlingsbauer wie Mosel mokierte sich, die Bauern hier seien doch meist „kleine Krauter" mit wenig Land, hätten kaum Pferde und besäßen keine modernen Landmaschinen. Da habe man selbst doch moderner gewirtschaftet und nicht mit dem Vieh unter einem Dach gelebt – so seine Abqualifizierung des niedersächsischen Bauernhauses. Solche Sprüche halfen gewiss, Selbstachtung der in Armut Gestürzten zu bewahren. Aber mir wurde doch, gerade durch ein Statistik-Heft der Landsmannschaft Ostpreußen, ganz deutlich, dass es auch in Ostpreußen kleinere Bauern gegeben hatte, ebenso magere Sandböden und dass klimatisch bedingte kürzere Wachstumsperioden die Ernten dort knapper ausfallen ließen – ganz abgesehen davon, dass die Verbraucher weit entfernt saßen. Manch Vergleich führte in die Irre.

Was umgekehrt auf der anderen Seite über „die Flüchtlinge" geredet wurde, erfuhren wir nicht. Dass deren abgerissene Erscheinung bei ihrer Ankunft und ebenso das Klauen von uns Jungen zu negativen Charakterisierungen beitrugen, kann man annehmen. In der wissenschaftlichen Literatur ist die Rede bis hin von ihrer „Stigmatisierung" durch die Einheimischen[7]. Später hörte ich von Äußerungen, „wenn die etwas besessen hätten, wären sie nicht hierher gekommen", ordnete so etwas aber Unwissenden zu.

---

7   Krug, S. 48 f.

Die Besatzungsherrschaft erschwerte allerdings, über unsere Katastrophe aufzuklären und Flüchtlingsinteressen zu vertreten. Zwar durfte man reden, aber Kritik an Besatzungsmächten war verboten, die Thematisierung der Verbrechen in Ostdeutschland daher ein öffentliches Tabu. Verständnislose Äußerungen wie die zuletzt zitierte erklärten sich teilweise aus der unterdrückten Informationsfreiheit. Auch die Vertretung von tagtäglichen Vertriebeneninteressen be- und verhinderten die Besatzungsmächte. Schon die ersten von den Briten ab Sommer 1945 eingesetzten „Beiräte" für die örtlichen Verwaltungen sollten nach britischer Ansicht zwar verschiedene Berufsgruppen, Katholiken, Ortsteile, auch Vorschläge von organisierten Interessengruppen und parteipolitische Richtungen berücksichtigen – von Flüchtlingen oder Vertriebenen war aber nicht die Rede. Das Auswahlverfahren hat so, auch in Großburgwedel, Flüchtlinge weitgehendst ausgeschlossen[8].

Ganz deutlich wurde die dahinter stehende Absicht, als die Sieger Wahlen erlaubten. Denn sie ließen keine Partei der Vertriebenen zu und damit keine eigenständige Vertretung ihrer Anliegen. Wir waren ausgeschlossen und blieben es über Jahre. So empfanden es viele Flüchtlinge, und sobald ich meine Umgebung bewusst wahrnahm, teilte ich diese Sicht. Sicherlich – der Ausschluss war nicht total. Flüchtlinge durften wählen (bei Kommunalwahlen allerdings nur, sofern sie 18, später 12 Monate ortsansässig gewesen waren) und bei den zugelassenen Parteien kandidieren. Entsprechend fielen die Kommunalwahlen vom Herbst 1946 aus, sodass im Gemeinderat Flüchtlinge so gut wie gar keine Rolle spielten. Doch suchten sie dann, ähnlich wie anderswo, bisher nicht am Orte vertretene Parteien als Vehikel ihrer Interessen zu kapern. Das war in Burgwedel vor allem die neu gegründete CDU. Tatsächlich konnten sie auf der Liste der CDU Kandidaten placieren und 1948 durchbringen. In ganz Niedersachsen waren Flüchtlinge noch am ehesten unter den Kreistagsabgeordneten der FDP und der CDU zu finden. Im Ergebnis blieb die Wahlbeteiligung der Flüchtlinge zurück, waren von den 710 im Jahre 1948 gewählten Gemeinderäten und Bürgermeistern des Landkreises Burgdorf nur 185 Flüchtlinge – weit weniger, als es ihrem Bevölkerungsanteil entsprach. Sie blieben „unterrepräsentiert". So wuchs ich als Jugendlicher in eine Distanz zu den politischen Verhältnissen hinein.

Allein die 1948 eingeführten Flüchtlingsräte, für die Vertreter von den Flüchtlingen in den einzelnen Gemeinden zu wählen waren, konnten eine legitime, allerdings machtlose Vertretung darstellen – in Burgwedel erschienen sie mir wie ein Gegenkönigtum zum DP-Bürgermeister. Als das Besatzungsverbot wenigstens gegen Verbandsbildungen der Vertriebenen fiel, organisierte sich 1949/50 die „Gemeinschaft der Ostvertriebenen" (GdO), ein Vorläufer des heu-

---

8 Wolfgang Rudzio, Die Neuordnung des Kommunalwesens in der Britischen Zone, Stuttgart 1968, S. 40 f. und 56 f.

tigen Bundes der Vertriebenen, auch im Kreis Burgdorf[9]. Ihn zu stärken, Mitgliederbeiträge für ihn zu sammeln, bemühte sich auch mein Onkel, und ebenso dachte unser Bekanntenkreis.

Um diese Zeit besuchten wir eine Versammlung der nun erlaubten „Landsmannschaft Ostpreußen", die im „Fasanenkrug" am Rande Hannovers stattfand. Sie war überfüllt, und es war ein stärkendes Gefühl, unter gleich gesinnten Landsleuten zu sein. Wir hörten den Sprecher der Landsmannschaft, Dr. Ottomar Schreiber. Nicht nur sein – durch Kopfform und Haar geprägtes – Löwenhaupt und seine von Intellekt geformte Redeweise beeindruckten mich. Es war vor allem die Selbständigkeit, mit der er unabhängig von Parteien ganz von der Lage der vertriebenen Ostpreußen her argumentierte. Erst viel später ist mir klar geworden, dass er die Fähigkeit zu autonomer Politik als deutscher Sprecher im litauisch besetzten Memelland der Zwischenkriegszeit erworben hatte. Solch ein Volksgruppensprecher der Deutschen war im Posenschen auch der spätere BHE-Vorsitzende Kraft gewesen, und die Stärke der Sudetendeutschen beruhte auf analogen Erfahrungen.

Auch eine Vertriebenenkundgebung in der Stadthalle Hannover besuchten wir damals. Sie muss kurz vor oder nach der ersten Bundestagswahl 1949 stattgefunden haben und war von bitterer Kritik an den Parteien getragen. Zwar gab es dort einzelne Vertriebenenpolitiker, etwa Linus Kather bei der CDU. Aber sie schienen ohne hinreichenden Einfluss. Entsprechend distanziert war die Stimmung, und an einen dauerhaften Erfolg der marktwirtschaftlichen Politik glaubte in Erinnerung an die Weimarer Republik anscheinend kaum jemand.

Aber welche Ziele waren erreichbar? Je mehr ich heranwuchs, desto mehr stellte sich mir die Frage, ob wir jemals unsere Heimat wiedersehen könnten. Die kommunistische Macht schien vielmehr weiter zu wachsen, und die von mir intensiv verfolgte Niederlage Tschiang-Kai-Checks im chinesischen Bürgerkrieg bestätigte diese Sicht. Eine Verteidigungslinie an den großen Flüssen Chinas nach der anderen wurde von den Kommunisten durchbrochen. Vor allem in Gesprächen entwickelte sich meine Meinung kritischer und, wie ich meinte, rationaler. Viele hielten, lange und kaum zu erschüttern, an der Überzeugung fest: „Wir kommen wieder nach Hause!" Selbst auf Weissagungen eines damals bekannten Hellsehers wie auf solche der Mönche von Athos stützte sich manch Rückkehrglaube. Konkret gaben auch die Konflikte des Kalten Krieges Anlass zu aufkeimenden Hoffnungen. Als 1948/49 während der Berliner Blockade die britischen Flugzeuge der Luftbrücke Tag und Nacht am Rande Burgwedels vorbeibrummten, war die Spannung für jeden greifbar. Verschwand ein Bomber langsam am Horizont, hörte man nach wenigen

---

9 Krug, S. 11, 53, 63–67.

Minuten schon das zunächst leise Motorengeräusch des nächsten. Konnte das ohne Krieg enden? Im Juni 1950 überraschte mich Herr Mosel mit dem Ruf: „Wölfi, der Dritte Weltkrieg hat begonnen!" – und sein Ton klang nicht nach Schrecken, sondern eher belebt, erregt, von Hoffnung auf Veränderung getragen. Es handelte sich um den Angriff des kommunistischen Nordkoreas auf Südkorea. Gewiss – nach den Spannungen und Bündnisbildungen zuvor, nach den Erfahrungen der Vergangenheit konnte dies als Auftakt einer Entwicklung erscheinen, die in einen neuen großen Krieg ausmünden würde. Mir aber schien klar, dass mit dem beiderseitigen Besitz der Atombombe dies unwahrscheinlich sei und gegen alle Rationalität verstieße. So widersprach ich denn auch sogleich der These vom Weltkrieg. Die Tür des großen Krieges, die sich den Polen vor 1914 öffnen konnte, um ihre Selbständigkeit wieder zu erlangen, blieb uns verschlossen.

Hoffnungen auf Heimkehr bewegten, sicherlich mit unterschiedlicher Gewissheit, fast alle Flüchtlinge. Man brauchte einen Funken Hoffnung. Auch mir schien die Alternative nur Elend für den Rest des Lebens. In Träumen lebte ich nicht selten wieder an vertrauten Plätzen des Spielens in Königsberg und Rhein, sah den Strand der Ostsee, war „zu Hause". Bis in Tagträume verfolgten mich Vorstellungen, wir befänden uns gewissermaßen nur „im falschen Film". Selbst in Spielen mit mir allein spielten Korrekturen der Wirklichkeit eine Rolle, das Ende des Zweiten Weltkrieges malte ich mir ohne einseitige Sieger aus. Aber bewusst wagte ich nicht, das Herz an eine Hoffnung zu binden, die der Verstand als aussichtslos enthüllte.

Ab 1950 gab es aber Anzeichen einer Besserung. Ein paar Reisen verhalfen zu körperlicher, auch seelischer Erholung. Als hochgeschossener, dürrer 15-Jähriger mit Kreislaufschwächen wurde ich im Sommer 1950 mit einer Gruppe kleinerer Kinder zur Erholung in ein evangelisches Kinderheim in Bad Sachsa am Harz geschickt, zweimal konnte ich in Sommerferien meine Tante Marta Lauter besuchen, einmal 1952 Boths in Frankfurt am Main.

Die älteste Schwester meiner Mutter, Marta (Photo S. 27), wohnte bei Dortmund mit ihren vier Kindern – meinen Vettern und Cousinen – als Flüchtling auf einem Bauernhof bei ihrer Schwägerin, „Tante Mia". Die Wochen dort genoss ich, vor allem das sommerliche Leben auf dem großen, allein gelegenen Hof auf einer leichten Anhöhe mit einem Karree von Wirtschaftsgebäuden und dem gesondert stehenden Wohnhaus mit Ziergarten. Sehenswert waren die Felder und Wiesen im welligen Land, unterbrochen von Hecken und kleinen Baumgruppen. Die von Bäumen gesäumte Allee zum Hof fand ich beeindruckend. Zusammen mit meinem zwei Jahre jüngeren Vetter Siegfried Lauter hütete ich ab und zu Kühe auf einer nicht eingezäunten Weide – nicht einfach, wenn die Tiere bei Regengüssen unruhig Schutz suchten. Dabei war unser eigentliches Problem ein unberechenbarer Bulle. Mit ihm musste man vorsichtig umgehen. Wir suchten nahen Schutz eines Baumes, wenn wir ihn mit der Peitsche scheuchten. Beim Heimtreiben ließen wir ihn allein hinter der Herde und uns hertrotten. Wie gefährlich er war, wurde deutlich, als ich eines Tages sah, wie er ein Tor zerschlug und aus dem geschlossenen Stall ausbrach.

Es gab auch Besserungen unserer Lage in Großburgwedel. Ein großer Fortschritt war es, als wir im März 1950 in zwei Zimmer des Superintendentenhauses eingewiesen wurden. Das bedeutete mehr Wohnfläche. Mein Onkel und ich schliefen nun in einem großen, freundlichen Wohnraum mit zwei Fenstern, während meine Mutter im anderen Raum übernachtete. Im letzteren, zugleich Durchgang, stand auch ein alter Feuerherd. Wir hatten nun Schränke, konnten uns allein in einem Raum waschen. Wasser und eine Toilette mit Spülung befanden sich im Flur und wurde nur noch von einer Flüchtlingsfamilie aus Stettin benutzt. Der Weg nach draußen, der Ekel mit dem Plumpsklo hatte ein Ende, die Freundlichkeit der Superintendentenfamilie ermöglichte freies Atmen. Hinter dem Haus befand sich ein großer, schön gelegener Nutzgarten, in dem auch wir ein paar Beete erhielten.

Den Konfirmandenunterricht durchlebte ich mit Skepsis. Zu sehr schien er mir auf Auswendiglernen, die Gebote auf besitzende Bauern ausgerichtet („Du sollst nicht begehren deines Nächsten Haus" bzw. „deines Nächsten Weib, Knecht, Magd, Rind, Esel noch alles, was dein Nächster hat"[10]). Auch stieß ich mich an Namensschildern für Ortshonoratioren an manchen Kirchenbänken. Mehr noch: War das, was da gelehrt wurde, beweisbar oder glaubhaft? Immerhin, Superintendent Weber, ein die „Ordnung" betonender, aber kluger Mann, machte mir den Unterschied zwischen „Glauben" und „Wissen" deutlich, vor allem dass zum ersteren ein Glaubenssprung nötig sei. Die Gottesdienste mit dem vielen Singen und dem Blick auf die Figur des Gekreuzigten aber bedrückten mich, gemahnten an die Kürze menschlichen Lebens..

Doch nach der Konfirmation kam die Evangelische Jugend. Da traf man andere Jugendliche und es gab Ausflüge und einmal ein Zeltlager. Zuweilen wurde diskutiert, und wenn die Erinnerung anderer nicht trügt, muss ich da schon als Vielredner aufgetreten sein. Mir war bewusst, dass ich auf diese Weise einem „*Einsiedler*"-Dasein „*in einem prügelfreudigen Dorf*" entging[11]. Vor allem: Bald fanden sich einige Jungen zusammen, die sich mehr und mehr auf das Tischtennis-Spielen im Gemeindesaal kaprizierten – bis auf Wolfgang Hempel alle etwas älter als ich und, wie wir gewahr wurden, alles Flüchtlingsjungen (Horst Redmann, Horst Lalk, Hans-Ulrich Grade, Rainer Villwock). Auch ich spielte begeistert und mit einigem Geschick Tischtennis. Als der Superintendent gegen diese Umfunktionierung seines Gemeindesaals einschritt, traten wir dem Burgwedeler Sport- oder Fußballklub bei, um unter dessen Fit-

---

10 So 9. und 10. Gebot in moderner evangelischer Fassung. Württembergische Bibelanstalt, Die Bibel, Stuttgart 1968, 2. Buch Mose, Kap. 20, 17.
11 Wolfgang Rudzio in einem Deutsch-Aufsatz vom 28. 8. 1952.

Bei meiner Konfirmation in Großburgwedel 1950 (Von links: Hildegard Rudzio, Herbert Lemke, Frau Antowitz, Christoph Berg, Wolfgang Rudzio, Gertrud Lemke, Anton Antowitz). © Wolfgang Rudzio, Autor.

tichen in den beiden Gasthäusern des Dorfes sowie bei Spielen gegen Nachbardörfer unserer Sucht zu frönen. Richtiges Tennis konnte ich mir nur einmal in Hannover ansehen, als dort Ivan Drobny spielte.

Mein zweites Vergnügen war Skatspielen, dem wir uns an Wochenenden hingaben Meine dritte Freude war Schachspielen, nachdem ich 1950 ein Spiel geschenkt bekam. Bald spielte ich so, dass ich die Mitspieler aus meinem Umkreis schlagen konnte und es dann an geneigten Gegnern mangelte.

Bei einer Geburtstagsfeier bei Hans-Ulrich Grade in einem Nachbardorf machte ich als Siebzehnjähriger die erste Erfahrung mit Alkohol. Bei jener Gelegenheit trank ich verschiedene Alkoholika, ohne viel Wirkungen zu spüren. Aber, als ich aufstand und an frische Luft wollte, wirbelte es im Kopf. Und letzte Erinnerung: Kotzen aus einem Fenster hinaus. Dann ein Filmriss, nach dem ich mich in fremdem Bett vorfand – dazwischen nichts, bis heute. Der Alkohol zog mich danach nicht an, erst später trank ich gelegentlich ein Bier.

Eine positive Wendung bedeutete zudem ein Fahrrad, das mir 1949 mein Onkel und meine Mutter schenkten. Es zu fahren, tat nicht nur körperlich gut. An sonnigen Tagen zu radeln, bedeutete vor allem, in die Natur hinauszukommen, das grüne Dach der Bäume zu genießen, Abstand zu gewinnen. Ich empfand den Trost der Natur, „solacium naturae", wie in der lateinischen Antike genannt. Gegen Ende meiner Burgwedeler Zeit verbanden mich auch Radfahrten mit der einzigen, etwas älteren Freundin, die ich damals kennenlernte.

Die Währungsreform vom Juni 1948, medial gefeiert, als ob sich dann alle Wünsche erfüllt hätten, haben wir so nicht erlebt. Denn nun fehlte es an Geld, und unter Flüchtlingen auf dem Lande grassierte deprimierende Arbeitslosigkeit. Nach dem Soforthilfegesetz erhielt meine Mutter von 1949 an 90 DM monatlich Unterhaltshilfe (ab 1954 auf 100 DM erhöht), für mich etwa 20 DM. 1952–57 bezog sie dazu eine Entschädigungsrente von 15,20 DM monatlich. Das war, auch nach damaligen Verhältnissen, dürftig. Der Zuschlag für mich wurde ab 1954 ganz gestrichen, da ich 19 Jahre alt geworden war – die Meinen fütterten mich im letzten Schuljahr durch. An Hausratshilfe erhielten wir bis 1952 insgesamt 350 DM. Meine Mutter bat daher 1953 das Ausgleichsamt um weitere Hilfe, da sie nur über zwei eiserne „nicht mehr reparaturfähige Bettgestelle", einen kleinen, nicht ausreichenden Ofen verfüge; ihr fehle auch ein Küchenschrank und Bekleidung für sich und ihren Sohn, der 1,80 m groß sei[12]. Wenig anders die Lage meines Onkels. Fleisch und Obst blieben daher bei uns knapp.

Nur schrittweise verbesserte sich unsere Lage. Meine ursprünglich sportliche Mutter, einst gute Schwimmerin, litt an vegetativer Dystonie des Herzens, wie man es nannte. Als Fluchtfolge wurde eine 50 %ige Erwerbsminderung anerkannt, und zweimal erlitt sie Anfang der fünfziger Jahre Herzattacken – einmal glaubte ich sie akut im Sterben. Das drückte die Stimmung. Offenbar hat sie ihre Aufgabe im Haushalt für mich und ihren Bruder gesehen. Ob ihre frühe NSDAP-Mitgliedschaft sie abhielt, Chancen als Frau mit Abitur zu nutzen, etwa als Lehrerin, weiß ich nicht. Dass sie später in Hannover eine Bibliotheksarbeit nicht annahm, hing aber damit wohl nicht zusammen.

Schließlich schien ein großer Sprung zu gelingen: Mein Onkel, lange Jahre arbeitslos, fand 1953 erstmals Arbeit in Hannover. Mit einer Angestelltentätigkeit bei einer landwirtschaftlichen Genossenschaftsorganisation konnte er dabei partiell an eigene Berufserfahrungen anknüpfen. Das bedeutete ein Aufspringen auf den fahrenden Zug des westdeutschen Wirtschaftswunders. Allerdings hatte er nun als Pendler lange Straßenbahnfahrten ins entfernte Hannover zu bewältigen. Still und bescheiden schickte er sich in die Aufgabe. Hoher Blutdruck und langsam sich verstärkende Schwerhörigkeit engten aber seinen Spielraum ein.

---

12 Anträge an bzw. Bescheide der zuständigen Ausgleichsämter Burgdorf und Hannover.

Geht es aufwärts? Helene Meylaender, Wolfgang Rudzio und Ida Bretschneider, Großburgwedel ca. 1953.
© Wolfgang Rudzio, Autor.

Getroffen vom Schicksal waren alle meine Verwandten, wenn auch verschieden, und unterschiedlich reagierten sie hierauf. Ältere sahen keine Möglichkeit eines Wiederaufstieges mehr, andere verharrten in Nachkriegsdepression oder Ablehnung ihrer sozialen Deklassierung, manche ergriffen sich bietende Chancen. Von den Jüngeren suchten viele ihre Zukunft in Hochschulausbildung, sei es gezielt oder stolpernd von Schritt zu Schritt. Selbst wer als Flüchtling das große Los zog, Arbeit in Frankfurt fand, musste Räumungsklagen von Vermietern fürchten und konnte während der Probezeit die Stelle verlieren. Allgemein entwickelten sich nach der Währungsreform die Lebensverhältnisse auseinander, sodass 1951 die „armseligen Gestalten" der Besucher eines Flüchtlingstreffens damals im „eleganten Straßenbild Frankfurts" auffielen[13].

---

13 Anni Kressner/Frankfurt an Hildegard Rudzio, 15.6.1951.

3 Die andere Welt: Gymnasium in Hannover

Das Leben in Burgwedel war nur mein halbes Leben. Denn Schule und Fahrten nach Hannover nahmen so in Anspruch, dass nur an Wochenenden und während der Schulferien Zeit fürs Leben im Dorfe blieb.

Nach acht Monaten ohne Schule hatte im Herbst 1945 die Volksschule in Burgwedel wieder eröffnet. Sie besuchte ich bis Ostern 1946, so dass ich meine Schulkenntnisse wieder auffrischen konnte. Dann kam mit der Oberschule eine wichtige Weichenstellung. Da es auf dem Lande keine Gymnasien gab, blieb allein Hannover. Als Auswärtiger erhielt man nur die Möglichkeit, die Zulassungsprüfung bei einem der weniger begehrten humanistischen Gymnasien zu machen. Diese bestand ich an zwei oder drei Tagen in Form schriftlicher Arbeiten am alteingeführten, seit 1267 bestehenden „Ratsgymnasium". Die Schule hat so unterschiedliche Schüler wie Alfred Hugenberg und Rudolf Augstein, daneben einen NS-Gauleiter hervorgebracht[14]. Im Krieg war sie ausgebombt und residierte nun mit ihren ca. 300 Schülern zu Gast bei anderen Schulen – zunächst in Hannover-Linden, dann bei der Tellkampf-Schule am Altenbekener Damm, schließlich bei der Wilhelm Raabe-Schule nahe dem Neuen Rathaus. Die Doppelbelegungen von Gebäuden wurden ermöglicht, indem Schichtunterricht erteilt wurde, d. h. die eine Hälfte der Woche vormittags, die andere nachmittags. Erst am Ende meiner Schulzeit zogen wir in ein eigenes neues Flachdachgebäude nahe dem Waterloo-Platz.

Dies bedeutete für mich lange Abwesenheiten von Großburgwedel. Die Straßenbahn „17" verkehrte überwiegend nur in anderthalbstündigem Rhythmus und brauchte eine Stunde Fahrtzeit bis ins Zentrum Hannovers. Dort hieß es umsteigen und zu Fuß das jeweilige Schulgebäude erreichen. In den ersten Jahren war das Glas der Straßenbahnfenster weitgehend durch Sperrholzplatten ersetzt, und stets bestand das Problem, einen Sitzplatz zu ergattern. Aber auch sitzend erinnere ich mich an bleierne Müdigkeit und mühsame Versuche, eine möglichst wenig quälende Körperhaltung auf den harten Holzbänken zu finden. Das Ruckeln der Wagen und Quietschen der Räder verfolgte einen beim Dösen – mehr als einzelne Schlafsekunden gab es nicht. Endlos wirkte die Fahrt, zumal ich als Schüler ganz allein unterwegs war – aus meinem Jahrgang machte diese Tagesfahrt nur der schon erwähnte Wolfgang Hempel, doch zu anderen Zeiten und zu anderem Gymnasium. Täglich war ich dreieinhalb Stunden unterwegs. Das hieß, kurz nach sechs oder um zwölf loszufahren, um gegen halb drei oder bei Dunkelheit zurückzukehren. In den ersten Jahren gab es weniger Unterricht, aber Stromausfälle oder anderes, was die Bahn auf der Strecke stehen ließ. Dann hieß es entscheiden: Gehen oder Warten?

---

14 Albert Marx, Geschichte des Ratsgymnasiums Hannover, Hannover 1992, passim.

Durch den Wechsel der Schulgebäude lernte ich Hannover relativ gut kennen. Ostern 1946 sah ich sein Zentrum in Ruinen, lernte, wie man sich in manchen Straßen bei Wind besser auf einer bestimmten Straßenseite bewegte, um nicht von herabstürzenden Trümmern erschlagen zu werden. Erstaunlich war, dass einzelne Großbauten inmitten von zerstörten Häusern so gut wie unbeschädigt die Bombardierungen überstanden hatten: so das Anzeiger-Hochhaus, das neue Rathaus und die Stadtbibliothek. Schritt um Schritt sah ich dann die Stadt wieder erstehen, zunächst durch ebenerdige Buden in zentralen Straßen, dann aber aufwachsend und lebendiger durch zunehmenden Verkehr. Hannover wurde zur Großstadt, an deren Beispiel ich die Zerstörungen des Krieges kennen lernte und den Wiederaufbau miterlebte.

Der Schulbesuch dort bildete mein zweites, von Burgwedel gänzlich getrenntes Leben. Keinem Menschen begegnete ich an beiden Orten. Befreiend fand ich, dass die Scheidewand zwischen Einheimischen und Flüchtlingen in Hannover nicht existierte. Aber diese Aufspaltung meines Lebens bedeutete auch, dass ich nur wenig in Großburgwedel anwesend war und entsprechend gering meine dortigen Kontakte blieben. Verbindungen zur Dorfjugend schrumpften auf die erwähnte Gruppe von Tischtennis- und Skatspielern zusammen. Ohne Tanzkurs und Geld war auch der Weg auf Dorffeste versperrt.

Die Begegnung mit der Antike ermöglichte aber, Abstand vom eigenen Leben und der Gegenwart zu gewinnen. Sie entwickelte sich aber nur langsam. Denn anfänglich hatten wir nur etwa drei Stunden täglich Unterricht, mit Englisch als einziger Fremdsprache, nur für sie mit Schulbüchern. Erst zwei Jahre später folgte Latein, danach Griechisch. „Latein ist fürs Volk" und „Die Griechen haben schon alles Wesentliche gedacht" waren zwei Sprüche, die unserem ersten Direktor Dr. Friedrich Wißmann nachgesagt wurden – er war als ehemaliges DDP-Mitglied 1934 als Direktor in Hildesheim abgesetzt und 1945 zum Leiter des Ratsgymnasiums ernannt worden. Ihrem hohen Anspruch entsprach die Schule mit unterschiedlichen Lehrern und schwächerem Unterricht in den Naturwissenschaften. Für sie fehlte es auch an Geräten und Büchern.

Die meisten unserer Lehrer waren als Reserveoffiziere aus dem Krieg zurückgekehrt, einige hatten erst danach studiert. Eine Rolle hat das nicht gespielt – weder gab es militärische Zackigkeit noch Erzählungen aus dem Kriege. Lediglich der Sportlehrer mochte mit seinem Auftreten anders gesehen werden. Fünf meiner Lehrer führten einen Doktortitel, der aber, ebenso wie der Beamtenrang, im Umgang mit ihnen nicht zu nennen war. Man hatte jeden mit „Herr Soundso" anzusprechen, nur den Direktor mit „Herr Direktor". Ob dies schon ältere Praxis war, blieb mir unbekannt.

Recht unterschiedlich waren die Lehrer, von mir weder mit emphatischer Begeisterung noch in leidender Empörung erlebt. Sicherlich, da gab es einen Englischlehrer, der mich anfänglich wegen meines ostpreußischen Akzents aufzog – aber später hatte ich zu ihm ein neutral-sachliches Verhältnis. Ähnlich ein älterer Deutsch- und Religionslehrer, Dr. Hans Bartels, der mich bei Beginn der Oberstufe von der bisherigen „2" vorübergehend bis auf eine „4" im Fach abrutschen ließ und von dessen Konservatismus mich viel trennte – auch hier blieb es trotz seiner Kritik an meinem „flachen Rationalismus" bei einem korrekten Verhältnis. Dass er wegen Belastungen aus dem Dritten Reich als Oberstudiendirektor degradiert worden war und Geschichte nicht mehr unterrichten durfte, spielte keine Rolle. Natürlich gab es Lehrer, die mich stärker ansprachen. Dazu gehörte der spätere Direktor Kurt Honholz, der uns als Lateinlehrer Autoren und Figuren der Antike durch Gegenwartsbezüge nahebrachte – unvergessen, wie er bei der „Verschwörung des Catilina" diesen mit der KPD, Caesar mit der SPD, Cicero mit der CDU und Cato mit der konservativen DP identifizierte. Ein Verhältnis wechselseitiger Sympathie, die nicht zuletzt auf der Liebe zum Fach aufbaute, verband mich mit einem älteren Geschichtslehrer, Professor Dr. Johannes Grashoff.

Im ganzen aber entflammte mich – abgesehen von Geschichte – kein Schulfach. Mehr pflichtgemäß habe ich die Schule absolviert. In mancher Hinsicht wirkten auch Fluchterfahrung und materielle Not sperrend. Den Nutzen von Englisch sah ich nicht, da ich gewiss war, nie in ein englischsprachiges Land zu kommen oder es sonst brauchen zu können. Mathematik wurde gelehrt, ohne ihre Anwendungsmöglichkeiten deutlich zu machen – dabei durchaus gut durch Oswald Keil. Fast alles schien l'art pour l'art – selbst bei Erdkunde oder Biologie blieben mir Nutzenaspekte und allgemeine Erkenntnisse im Dunkeln. Eine Ausnahme war die Frage, mit der uns ein älterer Lehrer, Dr. Wilhelm Rathert, überraschte: Ob wir meinten, dass Erde und Natur vom Menschen im wesentlichen unverändert bewohnt oder vom Menschen umgeformt werde? Seine – mich überraschende – These: Sie werde vom Menschen verändert. Biologie löste sich in Einzelheiten auf, beispielhaft mit der Frage des ersten Biologielehrers: „Wo wachsen die Annemonen? In der Aalenriede!" Die „Eilenriede" ist der Stadtwald Hannovers. Zusammenhanglos und kaum unterrichtet schien Chemie, die Physik auf Radiobastelei beschränkt, die der Lehrer abseits der Klasse mit unserem Physik-Ass Haebel betrieb

Die Schule wirkte selektiv. Von den über 20 Sextanern, mit denen ich 1946 begann, haben nur wenige 1955 das Abitur gemeinsam mit mir bestanden: Dieter Baacke, Ernst-Ulrich Haebel, Hans-Joachim Quantz, Martin Reißmann und Friedrich Trüe (Photo S. 121), vielleicht auch noch ein Vergessener. Manch anderer zog fort, ein Schulkamerad wanderte aus, nicht wenige verschwanden infolge der schulischen Aussiebung. In der Oberstufe wurden wir daher mit der Parallelklasse, der „b", zusammengelegt. Meine Kontakte zu den „Neuen" konzentrierten sich insbesondere auf Wilhelm Mühlenberg, infolge des Krieges Halbwaise wie ich. Er war der einzige Klassenkamerad, den ich in Hannover einmal zu Hause besucht und dessen Mutter kennengelernt habe.

Unten: Heranwachsen in der Nachkriegszeit (1945–55)

Schulausflug in den Süntel, ca. 1951 (Von links: 2. Lehrer Kirchhefer (Griechisch), 3. Oelpke, 4. Martin Reißmann 7. (hinten) Dieter Baacke, 8. Friedrich Trüe, 9. Joachim Quantz, 10. Wolfgang Rudzio, 11. Kopka). © Wolfgang Rudzio, Autor.

Meine Stellung in der Klasse war durch einige Rahmenbedingungen mitbestimmt. Dies war einmal der Umstand, dass ich als „Fahrschüler" von außerhalb Hannovers kam. Das hatte zur Folge, dass Kontakte zu meinen Mitschülern außerhalb der Schulstunden kaum möglich waren, ebenso gemeinsame Theaterbesuche und Schulfeste. Nur ausnahmsweise bin ich in der späteren Zeit mal mit der Klasse im hannoverschen Opernhaus gewesen – so zu Lortzings „Freischütz" und zu einer Mozart-Oper. Auch fielen abwählbare Schulfächer angesichts der langen Fahrzeiten eher dem Rotstift zum Opfer, so Englisch und Französisch.

Zum zweiten war ich der „Klassenarme", derjenige mit dem finanziell schwächsten familiären Hintergrund. Das isolierte zwar nicht, aber ich spürte doch, wie mit dem wirtschaftlichen Aufstieg ab 1950 die materiellen Lebensumstände auseinander drifteten. Um Schulgelderlass und Zuschüsse zum Fahrgeld zu erhalten, musste ich zunächst überdurchschnittliche Leistungen erbringen. So war ich bemüht, auch ehrgeizig, gut abzuschneiden. Dies gelang, um 1950 gehörte ich zu den besten Schülern. Obwohl die Notengebung im Ratsgymnasium als scharf galt, enthielt mein Zeugnis vom 31. März 1950 die

Note „gut" in den Hauptfächern Deutsch, Englisch, Latein sowie in fünf Nebenfächern. Ich erinnere mich an einen der seltenen, gefürchteten Prüfungsbesuche unseres Direktors in Latein, als ich zur mündlichen Übersetzung aufgerufen wurde – als einziger neben einigen unsicheren Versetzungskandidaten und daher in dem Gefühl, es könnte um die Wurst gehen. Ohne die erwähnten Vergünstigungen hätte ich wohl abgehen müssen. Ohnehin neigte meine Mutter dazu, mich eine Lehre als Tischler machen zu lassen. Aber Lehrstellen fanden sich nicht. In den späteren Jahren rutschte ich mit meinen Leistungen langsam ins gute Mittelfeld. Infolge weicherer Regelungen waren herausragende Leistungen nicht mehr erforderlich.

Anders als Englisch, das ich nach fünf Jahren abwählte, bedeuteten die Sprachen einschließlich des Deutschen nicht nur einen Zugang zu Vokabular und Grammatik, sondern auch eine Erweiterung des Bildungshorizonts. Mehr historisch-politisch bildend waren meist die von uns gelesenen lateinischen Autoren, so Caesar (Bellum Gallicum), Livius (Römische Geschichte), Vergil (Äneis), Sallust (Verschwörung des Catilina), Tacitus (Germania) und Cicero, während bei den gelesenen Griechen philosophische und ethische Fragen eine größere Rolle spielten – jedenfalls bei Platon und ein oder zwei Dramatikern, weniger bei Homer und Xenopohon.

Im Deutschen lasen wir Klassiker wie Lessing (Minna von Barnhelm), Goethe (Egmont, Dichtung und Wahrheit, Goetz von Berlichingen, Faust) und Schiller (Kabale und Liebe, Wilhelm Tell, Wallenstein), in zweiter Linie Heinrich von Kleist (Michael Kohlhaas), Conrad Ferdinand Meyer (Jürg Jenatsch), Theodor Storm (Der Schimmelreiter), unter den Zeitgenössischen Werner Bergengruen (Der Großtyrann und das Gericht) und Jochen Klepper (Der Vater). Im ganzen war Schiller eindeutig mein Favorit. Er entsprach meinem Rationalismus und meiner historisch-politischen Orientierung mehr als das Allgemein-Menschliche und die sprachliche „Glätte" (wie ich wohl damals abwertend gesagt hätte) Goethes. Rückblickend erscheint mir die Literaturauswahl der Moderne, ohne Thomas Mann, Bertolt Brecht und Theodor Fontane, als unvollkommen. Nur wenige Gedichte bewegten mich – nicht die gängigen, nicht die sprachgewaltigsten, die wir kennenlernten, sondern die meiner eigenen Lebensstimmung nahe kamen: Goethes „Prometheus", der meiner bis ins Religiöse reichenden Stimmung des Trotzes gegen das herrschende Bestehende Ausdruck verlieh; C. F. Meyers „Füße im Feuer", wo ich in der verfolgten und zum Schweigen verurteilten (und später vertriebenen) hugenottischen Minderheit Aspekte von eigenem Schicksal wiederzuerkennen meinte; Fontanes „Archibald Douglas" mit seiner die Geduld aufkündigenden Zeile „Ich hab es getragen sieben Jahr und ich kann es nicht tragen mehr…"

Aus der Armut ergab sich das Handicap, dass es mir außerhalb der Schule an Information und Bildungsstoff mangelte. Das wirkte sich zunehmend auch auf meine schulischen Leistungen und meine Entwicklung aus. Mein Stil blieb, wie meine Mutter feststellte, zurück. Wir besaßen zunächst kein Buch, bis etwa 1950 auch kein Radio, und eine Zeitung überstieg unsere finanziellen Möglichkeiten. Die hannoversche Stadtbibliothek erwies sich lange als unzugänglich, da für eine Lesekarte ein eigenes Einkommen oder ein Bürge mit pfändbarem Einkommen erforderlich war. Wie also an Lesenswertes und Interessantes kommen? Vor diesem Hintergrund schrieb ich 1952 in einem Schulaufsatz „Was bedeuten mir Bücher?" so, dass mein Deutschlehrer Bartels in seinem Kommentar nur eines kritisierte: „Sie können doch niemals darauf verzichten, eine Auswahl Ihrer Lektüre zu treffen? (Zeitmangel)"[15]. Einen Mangel an Büchern hat er sich offenbar nicht vorstellen können.

Ganz zu Anfang fand ich in Großburgwedel noch Landserheftchen, von denen ich einige, so über „Deutsch-Südwest", durchlas. Dann gab es die illustrierten Hefte aus dem 1. Weltkrieg, ebenso ein Lehrbuch „Erdkunde Europas", das Manfred Mosel mir überließ. In Hannover erwischte ich vor der Währungsreform zuweilen eine Zeitung, die der französischen Besatzungsmacht, in der die Artikel in Französisch und Deutsch gegenübergestellt waren – daher eher zu ergattern. Politik verfolgte ich anhand der Aushänge der „Hannoverschen Presse" in der Georgstraße. Literatur hingegen waren zwei zeitungsförmig gedruckte Rowohlt-Bücher, die ich kaufen konnte: „Wind, Sand und Sterne" Saint-Exupérys und „Die Flußpiraten des Mississippi" Gerstärkers.

In Burgwedel erwies sich Ilse Berg aus dem Nachbarhaus, befreundet mit meiner Mutter, als Glücksfall. Sie besaß und lieh uns Bücher, von denen zwar nur wenige für mich in Frage kamen, mich aber nachhaltig beeindruckten. Da war eine romanhaft dargestellte Geschichte des großen Aufstandes der Prussen gegen den Deutschen Orden – mein Herz schlug für erstere, die sich gegen die überlegenen Eindringlinge wehrten. Ähnlich ein großes, mit Bildern versehenes Buch, das das Leben der Buren um 1880 und ihre Kämpfe gegen Zulus und eindringende Briten beschrieb. Auch Felix Dahns Klassiker „Kampf um Rom" habe ich von Frau Berg ausgeliehen und mehrfach gelesen. Außerdem schenkte mir meine Mutter nach 1950 ein Steuben-Buch, das in der Zeit des Siebenjährigen Krieges in Nordamerika die Auseinandersetzungen zwischen Indianern (insbesondere den Shawanos), Amerikanern, Engländern und Franzosen beschrieb, romanhaft verdichtete Geschichte. Gegen Ende der Schulzeit verschlang ich Margaret Mitchells „Vom Winde verweht", in dem wir im Schicksal der Südstaatler Aspekte des eigenen wieder erkannten. Der Prusse Herkus Monte, der Bure Pieter Maritz, der „letzte Römer" Cethegus, der Shawano Tecumseh und die Südstaatlerin Scarlett O'Hara – das waren meine Helden. Ein jüngerer Deutschlehrer, Könning, dessen Interpretationen zu den Höhepunkten meines Deutschunterrichts gehörten, hat meine Seelenlage erkannt. Als er

---

15 Wolfgang Rudzio, Was bedeuten mir Bücher? Deutsch-Aufsatz vom 7.8.1952.

uns einen Aufsatz über eine Figur aus der Ilias nach eigener Wahl schreiben ließ und ich (wohl als einziger) Hektor, den Helden der Trojaner, gewählt hatte, sagte er bei der Rückgabe, meine Wahl des Verlierers habe er erwartet. Ich fühlte mich getroffen, und rückblickend sehe ich darin das Gemeinsame meiner literarischen Identifikationsfiguren. Sie alle vertraten eine verlorene Sache, waren „loser", wie man heute verächtlich sagen würde. Nicht nur in meinen Spielen, sondern auch im Lesen entfernter Schicksale suchte ich unsere Katastrophe zu verarbeiten. Dabei mag meine Fixierung auf historische Realitäten zwar historisch-politisches Verständnis, doch zugleich ein Vorbeilaufen an fiktionaler und sprachlich geschliffener Literatur gefördert haben.

Auch ein weiterer Ansatzpunkt für meine geistige Bildung jener Jahre, das Amerika-Haus im Zentrum Hannovers gegenüber dem Café Kröpke, hat meinen Horizont erweitert. In der späteren Schulzeit nutzte ich die angenehmen Räume seiner Bibliothek, um Wartezeiten auf die Straßenbahn zu überbrücken. Dort schnüffelte ich in den Regalen und las bis über eine Stunde. Mein Interesse galt nicht der schöngeistigen Literatur, zumal ich Autorennamen nicht kannte und dem schwierigeren Lesen literarischer Texte auswich. Stattdessen griff ich nach Geschichtlichem. Angeregt durch „Vom Winde verweht", trieb es mich zu Büchern über den amerikanischen Sezessionskrieg. Umfangreicher war meine Lektüre zum Ersten und Zweiten Weltkrieg. Dabei dominierten die Darstellungen Winston Churchills, auch zur Zwischenkriegszeit. Dazu kamen Dwight D. Eisenhowers „Crusade in Europe" und Liddle Harts Analysen über militärische Taktik. Auch wenn ich mich noch an Ludendorffs Buch über den Ersten Weltkrieg erinnerte, wurden somit diese angelsächsischen Darstellungen die ersten, aus deren Blickwinkel ich die beiden schicksalhaften Kriege näher kennen lernte. Die Argumentationen Churchills zum Vorteil der Verteidiger 1914–18, zum Vorgehen einer Seemacht von der Peripherie her oder zur Rolle Deutschlands erschienen mir interessant, nicht weniger Harts Ausführungen zu Panzerdivisionen und Auftragstaktik.

Die Nürnberger Prozessprotokolle, ebenfalls im Amerikahaus gelesen, wenngleich angesichts ihres Umfangs nur auszugsweise, verschafften mir erstmals Kenntnis der Vorwürfe, sachlich wie in ihrer juristischen Begründung (Kriegsverbrechen nach traditionellem Recht, Verbrechen gegen die Menschlichkeit, Angriffskrieg), welche die Sieger gegen die deutschen Führung erhoben hatten. Ich hielt die Beweise ungeachtet erkennbarer Einschränkungen der Verteidigung für stichhaltig, wenn auch manche Anklage auf der Grundlage des ominösen Begriffs der „conspiracy" für überdehnt. Im Kern interessierte mich die Schuldfrage weniger. Dass Sieger, die da zu Gericht saßen, selbst ähnliche Verbrechen begangen hatten, war für mich offensichtlich und nahm dem Prozess den moralischen Anspruch. Er lieferte insofern nur ein „Spotlight", das die übrige Bühne im tiefen Dunkel ließ. Wahrheit ist keine Wahrheit, wenn Teile der Bühne unbeleuchtet bleiben – dies hatte ich aus einem Buch übernommen, das mir Magdalene Schlemminger, die Freundin meiner Mutter, zur Konfirmation geschenkt hatte[16]. Die Protokolle, die ich mit langjähriger Verzögerung las, führten aber zu mehr Kenntnis deutscher Verbrechen, insbesondere über KZ-Lager, und von den Argumenten der Sieger.

Allein auf Geschichte und Verarbeitung des Erlebten beschränkt ist meine Bildung jener Jahre jedoch nicht gewesen. Es gab Seitenerker, die andersgeartete Blicke auf die Welt eröffneten. So fielen mir zwei ökologische Sachbücher in die Hände. In dem einen wurde ausgemalt, dass Katastrophen die Menschheit in ihrer Rolle als dominierende Lebewesen der Erde ablösen könnten und sie durch die unempfindlicheren und sozial gut organisierten Ameisen ersetzt würden. Das andere war ein Buch des populärwissenschaftlichen Autors Anton Zischka, der angesichts der anwachsenden Menschheit eine ökologisch günstige Ernährung nach ostasiatischem Muster – weniger Fleisch, mehr Soja – propagierte. Bereits solche Themen wurden behandelt und sprachen an.

Einen weiteren nachwirkenden Ausblick eröffnete mir der Kunstunterricht in der Schule. Er führte mich ins Landesmuseum/Hannover, d. h. erstmals in eine Gemäldegalerie. Gemälde gefielen mir, jedenfalls der Impressionismus und abstrahierende moderne Malerei, und bis heute besuche ich Gemäldegalerien. Für starke Farben entwickelte sich eine Vorliebe – war das Faible für Gauguin ein Ausbrechen aus der norddeutsch-grauen Alltagswelt? Der Unterricht brachte mir noch einen weiteren Fortschritt: Erstmals hatte ich ein Referat zu halten. Das Thema, ein Maler „meiner Wahl", lief zwar auf einen mir unattraktiven Maler hinaus, über den allein mir ein Buch erreichbar war: El Greco, den griechisch-spanischen Maler des 17. Jahrhunderts[17].

Außerdem gab es das Kino, selbst in einem Dorf wie Großburgwedel. In jenen zehn Jahren bis 1955 sah ich dort etwa zehn Filme. Sie ließen sich in drei Typen einteilen: Schmachtig-einfache Heimatfilme, historisch eingefärbte, meist tragische Liebesfilme etwa mit Ruth Leuverick oder Maria Schell, schließlich gegenwartsbezogene Problemfilme. Gar nicht sprach mich der erste Typus an, unterhaltend fand ich den zweiten, während mich der dritte erschütterte. Zu der letzteren gehörten aber nur zwei Filme: „Draußen vor der Tür", das Heimkehrerdrama nach Wolfgang Borchert, und ein Film, der in einer Familiengeschichte die Brüche der jüngsten deutschen Geschichte behandelte. Daneben sah ich nach der Schule in Hannover, in einem kleinen Kino im Anzeiger-Hochhaus, einige weitere Filme. Es handelte sich um französische,

---

16 Sein Autor war der Franzose Maurice Bardèche, der mit diesem Bild die Säuberung von 1944/45 kritisierte. Er, der mir als Vichy-nahe erschien, wird als intellektueller Faschist gesehen.

17 Erst bei einer Studienreise im Jahre 2006 sind mir in Toledo Originalbilder El Grecos vor Augen gekommen.

die im bürgerlich-bäuerlichen Milieu der Provinz spielten. Sie gefielen mir, sie schienen gut gemacht und enthielten viel Milieuschilderung.

Im ganzen: Was ich – abgesehen von den antiken Autoren und deutschen Klassikern – an Bildung in jenen Jahren aufnahm, war begrenzt und großenteils von zufälligem Zugang bestimmt. Große moderne Literatur und musische Entfaltung fehlten dabei leider, Naturwissenschaften blieben unvermeidlich unterbelichtet.

In den letzten Schuljahren machte ich immer weniger Schularbeiten. „Du tust ja gar nichts mehr", monierte meine Mutter. Grammatikkenntnisse verfielen, obwohl das Übersetzen immer noch ging. So rutschte ich langsam auf ein gutes, aber mittleres Niveau ab. Das Abitur lief ganz undramatisch. Aufgeregt war ich lediglich ein Jahr zuvor gewesen, bei der Abiturklausur in Mathematik ein „gut" vermasselnd (Mathematik endete mit Klasse 12). Beim Abschluss aber spielten die Nerven mit. Mir passte es zudem, dass für den Deutsch-Aufsatz als ein Alternativthema eine Auseinandersetzung mit den Grundwerten Freiheit, Gleichheit, Brüderlichkeit angeboten wurde. Ins Mündliche kam ich in meinem Paradefach Geschichte, in dem es gut lief. Zwei oder drei Klassenkameraden aber fielen durch. Mit einer Schwammschlacht im Klassenzimmer, die uns den Vorwurf der „Unreife" einbrachte, endete dann die 9-jährige Zeit am Ratsgymnasium. Mit dem Reifezeugnis vom 28.2.1955 war ich nicht ganz 20 Jahre alt, noch leicht unter dem Durchschnitt der Klasse.

Bevor auf die Berufsentscheidung einzugehen ist, hier noch ein Blick auf meine damaligen politischen Vorstellungen. Meine Sympathien galten zunächst der Vertriebenenbewegung und nach seiner Gründung Ende 1950 dem „Block der Heimatvertriebenen und Entrechteten". Nach dem Ende des Besatzungsregimes, damit allerdings erst nach der ersten Bundestagswahl, war seine Gründung endlich möglich geworden, Demokratie erreicht. So half ich bei einer Wahl, für ihn Plakate zu kleben. Diese Orientierung wurde von der Familie unterstützt, nicht zuletzt durch Buchgeschenke, die durch das Ende des Lizenzzwangs möglich wurden: Ich erhielt zu Weihnachten „zur Erinnerung an unser Königsberg mit seiner herrlichen Umgebung" von meiner Mutter ein Buch der ostpreußischen Heimatdichterin Agnes Miegel, bei anderer Gelegenheit Jürgen Thorwalds „Es begann an der Weichsel", in dem die Katastrophe des deutschen Ostens informativ und bewegend dargestellt war. Letzteres ist ein Longseller, der nach 2000 neu aufgelegt wurde. Dazu kam eine Geschichte Ostpreußens von Bruno Schumacher. Wie sehr mich letztere beschäftigte, zeigte sich in zwei handschriftlichen Ausarbeitungen zum Deutschordensstaat (1950, 31 Seiten) und zur ostpreußischen Geschichte bis 1283 (nach 1950).

Aber dann verschoben sich meine Orientierungen. Ich nahm die Frontstellungen im Dorfe und um den Lastenausgleich zunehmend als Teilaspekte des allgemeineren sozialen Konflikts wahr, und das beginnende Wirtschaftswunder schien mit einer ungenierten Förderung der ungeschoren durch den Krieg gekommenen „Sachwertebesitzer" verbunden. Immer mehr Autos rauschten vorbei, wenn man in Hannover auf die Straßenbahn wartete, irritiert sah ich Bonner Politiker im Cut – als ob es keinen Krieg gegeben hätte! Die oppositionelle SPD des amputierten Westpreußen Kurt Schumacher schien mir näher als die „bürgerliche" CDU des Rheinländers Adenauer. Dazu kam die damalige Auseinandersetzung um die deutsche Wiederbewaffnung, die auch in meiner Klasse politisierend wirkte und mich jahrelang bewegte. Ich lehnte sie ab, nicht prinzipiell, aber solange nicht Verhandlungen über eine Wiedervereinigung mit den Russen geführt und gescheitert wären. Die SPD zusammen mit dem BHE – das war 1953 meine Traumkombination für eine Regierungsbildung. In den Vordergrund rückten dabei Linksneigungen.

Langfristig prägend in jenen Nachkriegsjahren war die Erfahrung des sozialen Untenseins. Sie führte dazu, dass Chancengleichheit zum Kernpunkt meines gesellschaftlichen Denkens wurde und meine politische Linksorientierung begründete. Mit einiger Sympathie las ich am Ende der Schulzeit zuweilen das Wochenblatt „Die Andere Zeitung" des geschassten „Vorwärts"-Redakteurs Dr. Gerhard Gleißberg, der die SPD-Politik von links her aufs Korn nahm. Auch Radiosendungen aus der Tschechoslowakei hörte ich, doch waren mir die kommunistischen Verbrechen zu bewusst, als dass die Sirenengesänge aus Prag verfangen konnten. Eine Spannung zwischen linken Sozialvorstellungen und Verurteilung der Vertreibung durchzog mein Denken.

Wie aber sah es mit mir selbst aus? Erinnerungen und einige Photos zeigen mich als früh hochgeschossenen, hageren Jugendlichen, etwa im 15.–17. Lebensjahr mit Kreislaufschwäche, die sich erst während des Studiums auswuchs. Das Haar, zuvor eher blond, dunkelte im Laufe jener Jahre. In ärmlichen Verhältnissen lebend blickte ich ohne Erwartungen in die Zukunft. Ein pessimistischer, kritischer Zug dominierte.

Mit dem Abitur stellte sich die Frage: Was nun, was werden, was studieren? Die Einstellungen, mit denen ich sie anging, waren schon in einem Deutsch-Aufsatz von 1952 hervorgetreten. Bereits die noch vorliegende Gliederung ist aufschlussreich:

„*A. Kinderträume sind eben nur Träume.*
B. Meine heutigen Gedanken zur Berufswahl.
  I. Die Entscheidung ist bei vielen Möglichkeiten schwer.
  II. Der Beruf braucht nicht das Ideal zu sein.
  III. Meine anscheinend einzige Möglichkeit ist: Volksschullehrer.
C. Wir sind nicht Herren unseres Schicksals."[18]

---

18 Wolfgang Rudzio, Meine Gedanken über Berufwahl. Schulaufsatz vom 30.10.1952, teilweise erhalten.

Als Kinderträume handelte ich den Gedanken an den „Baumeister" ab. Die Schwierigkeit der Wahl schien mir in der Vielzahl und Lebenslänglichkeit der Berufe zu liegen. Schon die Überschriften zeigen deutlich mein gedrücktes Anspruchsniveau, das Bewusstsein eingeschränkter Möglichkeiten und eine eher fatalistische Lebenssicht. Meine Mutter warnte: „Warte nur, jetzt ist es noch einfach, aber bald beginnt der Ernst des Lebens!" Immerhin: Das Abitur war, angesichts fehlender Alternative, bestanden. Es entsprach einer anderen, der Fluchterfahrung geschuldeten Lebensweisheit meiner Mutter: „Alles kann man verlieren, nur Ausbildung und Kenntnisse nicht". Aber – humanistische Bildung führte in keinen bestimmten Beruf. Wie es in Studium und Beruf aussehen würde, dazu konnte mir im Burgwedeler Umfeld niemand etwas sagen. Eine grobe Orientierung gab wieder die Fluchterfahrung meiner Mutter: „Wer selbständig war, hat alles verloren, die Beamten werden wieder eingestellt bzw. erhalten Pension. Ich kann nur sagen: Werde Beamter, nur da bist Du sicher!" Und welcher Beamtenberuf war mir bekannt und ohne teures Vollstudium zu erreichen? Das war der Volksschullehrer.

Wie erschien ich anderen? Meine Klassenkameraden haben mir in der Abiturzeitung zwei Erwähnungen gewidmet. Zum einen hieß es da:

„Herr Abiturient Rudzio:
Nach Burgwed'l kommt herauf, gewiss dort findet ihr
Die schönsten Mädchen und das beste Bier,
und H ä n d e l von der ersten Sorte."

Bei diesem Zitat aus Goethes Faust lässt die Sperrung des Wortes „Händel" erkennen, worauf die Autoren abzielten: offenbar Streitsucht. Nach meiner eigenen Erinnerung gab es sie, wenngleich keine persönliche, sondern Lust an Auseinandersetzung.

Die zweite Erwähnung, deutlich länger, spricht von einem „hervorragenden Prof. der Statistik, Dr. Hannes Rudsch-Pöbel", der

„die Spannungskurve des Verhältnisses von Russland zu den USA und umgekehrt verfolgt. Wie wir hören, soll es ihm jetzt gelungen sein, Aufschluss darüber zu gewinnen, wie oft sich der russische Bauer im Unterschied zum amerikanischen Geschäftsmann monatlich schneuzt..."[19].

„Pöbel", das deutete auf Grobheit – einnehmend, besonders höflich wirkte ich wohl nicht. Andererseits spielte diese Erwähnung darauf an, dass ich damals

---

19 „Das Blatt des Wohlwollens" (Abiturzeitung), Hannover 1955, S. 3 und 1, im ersten Zitat nach: Wolfgang von Goethe, Faust I, in: Goethes Werke, Bd. 4, Berlin/Weimar 1988, S. 183.

Unten: Heranwachsen in der Nachkriegszeit (1945–55)

Besucher hinter dem Burgwedeler Superintendentenhaus anläßlich meines Abiturs 1955 (von links: Wolfgang Rudzio, Magdalene Schlemminger, Irmgard und Walter Wosnitza).
© Wolfgang Rudzio, Autor.

tatsächlich das Faible hatte, durch Zahlen zur Stahl-, Kohle- und Erdölproduktion die wirtschaftliche Stärke von Staaten zu erfassen. Das waren aufschlussreiche Daten, um Kräfteverhältnisse im Kalten Krieg zu analysieren. Eine Neigung zum Quantifizieren, eine Suche nach Daten zum Verständnis der Welt trat damit hervor – ebenso wie in einem Fragebogen zur Intelligenzmessung, den ich anhand psychologischer Literatur aus dem Amerika-Haus gegen Ende der Schulzeit entwickelte und an meiner Burgwedeler Umgebung testete.

Es rundete das Bild ab, dass Herr Mosel meinte, ich müsse Professor werden, und Magdalene Schlemminger (vgl. oben S. 44–48) hatte solche Perspektiven schon bei meiner Einsegnung aufmunternd aufblitzen lassen: „Lerne tüchtig weiter, damit Du einmal Professor wirst, der auch so gute Bücher schreibt wie dieses hier, das ich Dir schenke."[20]

Ich selbst wollte Diplom-Volkswirt werden. Ein Studium schien inzwischen möglich, da es nach dem LAG Stipendien gab. Doch meine Mutter schleppte

---

20 Magdalene Schlemminger an Wolfgang Rudzio, 2.4.1950.

mich zur Studienberatung aufs Arbeitsamt. Da hörte man von meiner Liebe zur Geschichte und meinte, der Junge hat doch alte Sprachen gelernt, und die sind jetzt, nach ihrer Zurückdrängung im Dritten Reich, wieder im Kommen. Latein sollte er – zusammen mit Geschichte – studieren. Das passe zusammen und führe in die Studienratslaufbahn. Es leuchtete meiner Mutter ein, und unsicher stimmte schließlich auch ich zu. Das schon mit dem humanistischen Gymnasium Angelegte, Sichere und Wohlbekannte hatte sich durchgesetzt. Große Erwartungen oder Hoffnungen verbanden sich mit dieser Perspektive nicht.

Kapitel IV
Linker Student
im Abseits (1955–61)

1 Göttingen: Klärender Vorlauf

In Göttingen befand sich damals, neben Hamburg, die uns nächste Universität. Dort nahm ein großer Teil meiner Klassenkameraden ihr Studium auf, wohnten auch einige Verwandte von uns. So sprach alles für diese Stadt.

Göttingen erwies sich als unzerstörte Mittelstadt mit vielen Fachwerkhäusern und weit verstreuten Universitätsgebäuden. Die Universitätsangehörigen, vor allem die Studierenden, prägten das Stadtbild. Gelegen zwischen dem Leinetal samt Fluss und ansteigenden, waldigen Anhöhen, gekrönt vom Gauß-Turm, besaß Göttingen auch eine landschaftlich reizvolle Umgebung. Die Zimmersuche endete für das SS 1955 damit, dass ich zusammen mit einem fremden Jura-Studenten in einen großen, lichten Raum in einer Villa der ruhigen Planckstraße oberhalb des Theaters einzog, für 30 DM je Kopf und Monat. Mein Zimmergenosse brachte Radio und Grammophon mit, auf dem er gern die „fürchterlichen Jazz-Platten" abspielte, wie der Vermieter bald klagte. Ungemütlich war's nicht, aber kaum ein Ort des Lernens. Im Winter 1955/56 wohnte ich bei einer Beamtenwitwe hinterm Bahnhof, gemeinsam mit meinem Burgwedeler Freund Wolfgang Hempel. Die Wirtin sparte Heizung, sodass ich lesend auch im Bett lag. Sie, gewöhnt an Naturwissenschaftler mit langer Abwesenheit, deklarierte mich als „faulsten aller Herren", die sie je gehabt habe.

Angesichts des Mensa-Essens konnte man den Appetit verlieren. Ein Klassenkamerad kehrte daher zum Essen bei einer Verbindung ein, während andere wie ich ein Abonnement beim „Speisehaus Schmidt" eingingen, wo man für das Mittagessen 1,15 DM zahlte. Auch sonst war es *„ein ständiges Rechnen und Knausern",* wie ich nach Hause schrieb[1]. Wichtig war daher, etwas unter-

---

1 Wolfgang an Hildegard Rudzio und Herbert Lemke, 13. 6. und 21. 6. 1955.

stützt zu werden. In meinen Briefen spiegelt sich das wider, nicht nur Wäschewechsel per Paket wurden erwähnt, sondern dankbar auch Freßpäckchen von zu Hause, von meiner Tante Tuta und von Boths aus Frankfurt. „*Wirtschaftspolitik der offenen Hand*", so nannte man das damals in studentischen Kreisen. Zudem traf ich in Göttingen auf meinen älteren Halbvetter Friedrich-Karl Jungklaaß, der sich dort nur noch sporadisch aufhielt, mir aber sein Fahrrad auslieh – sehr nützlich, da Wohnen, Mittagessen und Lehrveranstaltungen jeweils voneinander entfernt stattfanden. Seine Schwester Sieglinde befand sich im Medizin-Examen. Zum Stützpunkt für mich wurde daher die Familie Hetz in der Calsowstraße. Die Möglichkeit, dort sonntags duschen zu können, war ein Gewinn, nicht weniger Gespräche mit der lebhaft-herzlichen Mutter und ihren Kindern, soweit sich diese noch am Ort aufhielten. Die beiden Töchter befanden sich in Köln bzw. England, Sohn Wolfgang, der damals sein Mathematikstudium abschloss und mit einigem Pessimismus seiner Stellensuche entgegensah, verstärkte mit ätzender Kritik an der Wiederbewaffnung meine damalige Stimmungslage. An einem Novembersonntag 1955 nahm er, zusammen mit seiner Freundin auch mich bei einem Auto-Ausflug zur Burgruine „Plesse" und zum mittelalterlichen Gutsdorf Nörten-Hardenberg mit, die sich in „*nebligem Götterdämmerungswetter*" darboten – eine der seltenen Gelegenheiten, die Umgebung kennen zu lernen.

Beim Mittagessen traf ich Klassenkameraden, von denen man ja sonst infolge der unterschiedlichen Studienrichtungen getrennt war. Besonders mit Ernst-Ulrich Haebel und Wilhelm Mühlenberg, so ein damaliger Brief,

> „*versteh ich mich sehr gut, ab und zu spinnen wir rum, ‚Mühle' vom ‚wahren Menschentum', Haebel von der ‚Gewaltlosigkeit' und ich vom ‚gleichen Lebensrecht aller Menschen'. Außerdem schwelgen wir ab und zu in Triumph-, Haß-, Tobsuchts-, Weltuntergangsstimmungen; von Weende aus, einem Dorfe, wo die beiden wohnen, haben wir einmal einen sehr schönen Bergspaziergang gemacht.*"

Jugendliche Stimmungen und Weltsichten drückten sich da aus. Als auflockernden Abschluss der Arbeitswoche leisteten wir uns die Spätvorstellung von Wildwest-Filmen im Kino „Krone", die man mit ironischen Zwischenrufen und lautem Lästern garnieren konnte. Daneben sorgten wir uns, durch das Studium zuwenig körperliche Bewegung zu haben. Haebel und Mühlenberg propagierten Turnübungen, während ich zu Hause anfragte, ob man für mich Holz zum Hacken und Sägen habe?[2] Wie sich die Zeiten änderten!

Eine Unterbrechung bildete Anfang Februar 1956 auch ein Busausflug samt Wanderung mit einem „Cosmopolitan-Club" nach Torfhaus (Zonengrenze) im

---

2   Wolfgang an Hildegard Rudzio und Herbert Lemke, 5.12.1955.

Harz: „*...die Harzwälder tiefverschneit, ein strahlend blauer Himmel, zartgrüne Tannen und bunte Holzhäuser, am Abend lila Farbtönungen am Himmel, das alles nahm unsere Augen gefangen*" – sowohl die der deutschen wie ausländischen Studierenden, insbesondere derer vom indischen Subkontinent. Erstmals hatte ich Gelegenheit, entgegen allen Erwartungen mein Schulenglisch einsetzen zu können³. Näher lernte ich einen Studenten der Atomphysik aus Bengalen, Fazley Bary Malik, kennen, der uns dann für ein paar Tage in Großburgwedel, „im Dorf", besuchte. Er hatte bei uns zwar imposante Großstädte gesehen, sah aber rückständige Verhältnisse auf dem Lande⁴.

Das Studium selbst begann mit einem politischen Paukenschlag. Als nämlich bei der Bildung der bürgerlichen Landesregierung Hellwege im Mai 1955 mit Leonhard Schlüter (FDP) ein früheres Mitglied der „Deutschen Reichspartei" zum Kultusminister ernannt wurde, protestierte die Universität Göttingen. Sie trat in Streik. Zugleich kam der „Spiegel" mit einer kritischen Titelstory über Schlüter heraus. Erinnerungen an die liberalen „Göttinger Sieben" von 1837 wurden beschworen. Nur wenige Tage brauchte es, um den Rücktritt des Ministers herbeizuführen. Als Erstsemester verfolgte ich den Vorgang zustimmend, überrascht vom Gewicht der Universität.

Zuvor aber, als ich zwischen Abitur und Studienbeginn nach einem Geldverdienst gesucht hatte, war ich durch die Arbeitsvermittlung an einen mehrtägigen Job als Flugblattverteiler beim Landtagswahlkampf geraten, und zwar beim „Bund der Deutschen". Für ihn trat damals Joseph Wirth auf, ehemals Zentrums-Reichskanzler der Weimarer Republik, dem ich einmal begegnete. Allzu schnell entschieden trat ich dem Bund bei, motiviert von dessen außenpolitischen Positionen. Als Gustav Heinemann (Gesamtdeutsche Volkspartei) vor einer kommunistischen Finanzierung des BdD warnte, folgte ich dieser mir glaubwürdig erscheinenden Stimme und erklärte – nach etwa drei Wochen Mitgliedschaft – im Juni 1955 schon wieder meinen Austritt⁵.

Mehr als ein Beobachter der Politik war ich dann zunächst nicht. Den Aufmarsch zum 17. Juni 1955 auf dem Göttinger Marktplatz beurteilte ich kritisch, was Fahnen und „*gut geübten Gleichschritt*" der meisten Jugendgruppen betraf, fand aber die Reden akzeptabel⁶. Was überörtliche Politik anlangte, beschloss ich im Dezember 1955 zwar, den bisher eifrig konsumierten „Spiegel" nicht mehr zu kaufen, sei doch der Herausgeber in die FDP eingetreten. Jenen

---

3 Wolfgang an Hildegard Rudzio und Herbert Lemke, 5. 2. 1956.
4 Wolfgang an Hildegard Rudzio und Herbert Lemke, 15. 5. 1956. Malik promovierte 1958 in Göttingen und wurde Professor für Physik, zuletzt an der Southern Illinois University/USA, und verstarb 2014 in Istanbul. www.Fazley Bary Malik (Aufruf 11. 7. 2015).
5 Wolfgang an Hildegard Rudzio und Herbert Lemke, 13. und 21. 6. 1955.
6 Wolfgang an Hildegard Rudzio und Herbert Lemke, 21. 6. 1955.

Käuferstreik habe ich aber nicht lange durchgehalten. Interessiert hörte ich, zusammen mit Klassenkameraden, im Rahmen einer öffentlichen Diskussion den Chefredakteur der mir ja schon bekannten „Anderen Zeitung", Gerhard Gleißberg[7], während es andererseits zu lockerem Kontakt meines ostpreußischen Klassenkameraden Haebel und mir mit Mitgliedern einer Studentengruppe „Ostland" kam. Aus beidem ergab sich jedoch nichts Weiteres.

Von zu Hause kamen gute Nachrichten. Gegen Ende 1955 wurde mein Onkel endlich als kaufmännischer Angestellter bei der Hauptgenossenschaft in Hannover fest eingestellt. Er hatte Fuß gefasst. Die Sonne des Wirtschaftswunders schien nun auch uns zu erreichen. Das bedeutete zugleich, dass man nach Hannover umziehen musste, konnte doch das tägliche Pendeln von Burgwedel keine dauerhafte Lösung sein. Tatsächlich kam es etwa im Mai 1956 zum Umzug in eine Drei-Zimmer-Wohnung mit Küche und Badezimmer, im zweiten Stock eines neugebauten Miethauses an der belebten Hildesheimer Straße (Nr. 44). Ein kleines Zimmer wurde für mich vorgesehen.

Ich selbst kündigte jeweils für die Semesterferien mein Studentenzimmer und kehrte nach Großburgwedel bzw. nach Hannover zurück. Dies war notwendig, um in den Ferien, für die ich (bis zur Studienmitte) kein Stipendium erhielt, Arbeit aufzunehmen. So arbeitete ich im Spätsommer 1955 sechs Wochen nachts bei einer Druckerei in Hannover-List, für 1,25 DM die Stunde, wo ich mit einer Maschine tausende Ansichtskarten auf Hochglanz brachte. Ich spürte, wie die Nachtarbeit einen langsam zerrüttete. In späteren Ferien folgte dem eine sechswöchige Tätigkeit bei der Betriebspoststelle der Radiofabrik „Telefunken" in Hannover. Dort war Post zu sortieren und in regelmäßigen Rundgängen zu den innerbetrieblichen Kostenstellen auszutragen. Dabei ging man durch den ganzen Betrieb und bekam mit, welche Ressentiments zwischen Beschäftigten in Büros und in Werkhallen bestanden.

Für Ferienreisen blieben weder Zeit noch Geld. Mein Leben war nun zwischen Großburgwedel bzw. Hannover einerseits sowie Göttingen andererseits zerrissener denn je zuvor, nirgendwo war ich richtig verankert. Auch stürzte viel Neues auf mich ein. Die Zeit kam mir *„sehr lang vor"*, seit ich Burgwedel verlassen hatte – *„kaum bin ich noch der gleiche wie damals"*, schien mir.[8]

Wie jeder Studienanfänger, so musste ich mich an der Universität erst einmal zurechtfinden. Als Student für das „Höhere Lehramt" hatte man neben den Unterrichtsfächern Geschichte und Latein auch Pädagogik, Philosophie und Politik zu studieren, die sogenannten „PPP"-Fächer als allgemeines Bildungsrüstzeug für künftige Studienräte. Es waren viele Fronten, die man im Auge behalten musste.

---

7   Wolfgang an Hildegard Rudzio und Herbert Lemke, 15. 6. 1956.
8   Wolfgang an Hildegard Rudzio, 5. 12. 1955

Rasch avancierte Latein zur zentralen Entscheidungsfrage. In diesem Fach belegte ich im ersten Semester nur eine Veranstaltung über Sallust und ein grammatisches Repetitorium. Die Veranstaltungen erschienen mir als ziellose Beschäftigung mit dieser und jener Einzelheit. Sollte das mein dürres Brot des Leben werden? Gegen Ende des Semesters hatte ich mich durchgerungen: Latein musste fallen! Neuere Sprachen als Alternative entfielen, da als Fahrschüler abgewählt. Deutsch schien mir, zusammen mit Geschichte, wenig aussichtsreich, außerdem eine politisch risikobelastete Kombination. Mathematik hingegen war leicht zu unterrichten, ermöglichte eine Existenz auch außerhalb der Schule, wenn politischer Gegenwind herrschen sollte. Die politischen Systembrüche in Deutschland standen mir warnend vor Augen! So wählte ich dieses Fach. Ärgerlich war, dass es nur einmal im Jahr, im SS, begonnen werden konnte – ein weiterer Zeitverlust. Würde mein Stipendium dann reichen? Wie auch immer – ich entschied mich für die schizoide Kombination von Geschichte und Mathematik.

Vielleich spielte mit, dass mich der naturwissenschaftliche genius loci Göttingens animierte, damals verkörpert durch den Nobelpreisträger Werner Heisenberg – bahnbrechend in der Atomphysik und nach einer mathematischen „Weltformel" suchend. Mich bewegten philosophisch-physikalische Grenzfragen, wie sie angesichts der Verwischung des Unterschieds zwischen Materie und Energie/Wellen, zwischen beobachtendem Subjekt und dadurch beeinflusstem Objekt sowie angesichts der Kausalität relativierenden Indeterminiertheit im subatomaren Bereich nahe lagen. Schriften Pascual Jordans, der von dem letzten Punkt her die Freiheit des menschlichen Denkens zu erklären suchte, machten Eindruck auf mich. Mein Weltbild wurde komplexer.

Klärend wirkten die Göttinger Semester auch hinsichtlich der drei PPP-Fächer. Eine kleine Veranstaltung „Deutsche Politik" machte keinen Eindruck auf mich, unbekannt blieb mir die noch kaum etablierte Politikwissenschaft. Zwei Pädagogik-Veranstaltungen entsetzten mich angesichts ihrer fehlenden argumentativer und empirischen Fundierung. Pädagogik, so schien mir, ermangelte der Wissenschaftlichkeit. Mit ihr wollte ich mich nicht abgeben. Etwas besser sah es bei der Philosophie aus. Da besuchte ich drei Veranstaltungen zweier Dozenten über Erfahrungsphilosophie und Erkenntnistheorie – nicht umwerfend, aber klärend. Einer 1956 gekauften „Einführung in die Philosophie" des Göttinger Philosophie-Cracks Hartmann ist dann aber nichts mehr gefolgt.

So wurde zunächst Geschichte zum dominierenden Gegenstand des Studiums. Obwohl nicht am Mittelalter interessiert, beeindruckte mich ein Mediävist. Unvergessen ist, welche Aufgabe uns hundert Anfängern im ersten Proseminar Professor Percy Ernst Schramm[9] bis zur nächsten Woche stellte:

---

9 Schramm, aus Hamburger Kaufmannsfamilie stammend, 1914–18 Soldat im Ersten Weltkrieg, verheiratet mit einer von Thadden, 1929–70 Professor für mittelalterli-

Prof. Percy Ernst Schramm 1894–1970. Quelle: Nachlass Otto Steinert, Museum Folkwang/Essen

„Stellen Sie fest, an welchen Wochentagen die illegitimen Söhne Karls des Großen geboren wurden!" Natürlich wurde uns gesagt, wo und wie Daten und Wochentage zu finden waren und wir wichtige Hilfsmittel zu nutzen lernten. Bei Schramm hörte ich auch eine Vorlesung zum frühen Mittelalter. Glatzköpfig, doch vital wirkend, konnte er – einem Magier gleich – das Gemüt seiner Zuhörer gefangen nehmen, insbesondere bei Lieblingsthemen wie der Hagia Sophia und ihrer Symbolik. Zugleich war Percy Schramm, der im Führerhauptquartier das Kriegstagebuch der Wehrmacht zu führen gehabt hatte, ein liberaler und gegenwartsbezogener Mann, dessen kleine Sozialgeschichte ich ebenfalls hörte. Ihr Akzent lag auf der sozialen Mobilität, wobei diese auch unter modernen Verhältnissen nur schrittweisen Aufstiege über mehrere Generationen zulasse. Vom Tellerwäscher zum Millionär – das sei ganz unwahrscheinlich. Für mein Gesellschaftsverständnis war diese differenzierende Sicht interessant, sie ließ eigene Möglichkeiten wie Grenzen erkennen.

Ähnlich verblüffte mich im zweiten Proseminar der bekannte Mediävist Hermann Heimpel mit der Frage, wen wir für die „größten Deutschen" hielten. Dabei ging es um Kriterien der Auswahl, die Heimpel damals für ein Sammelwerk zu treffen hatte. Sein Ergebnis habe ich erst Jahrzehnte später gesehen, ebenso wie den Fries aus dem 19. Jahrhundert, der die „großen Deutschen" am Treppenaufgang der Neuen Nationalgalerie in Berlin zeigt.

---

che Geschichte an der Uni Göttingen, unterbrochen 1939–48 durch Wehrdienst und Lehrverbot. 1943–45 führte Schramm das Kriegstagebuch des Oberkommandos der Wehrmacht, NSDAP-Mitglied ab 1937/39. Wissenschaftlich ist Schramm durch Untersuchungen von Herrschaftszeichen und -ritualen hervorgetreten.

Auch andere Göttinger Historiker waren beachtlich. So hörte ich Alfred Heuss über „Geschichte der römischen Kaiserzeit", über die er auch eine (von mir gelesene) Darstellung publiziert hat. Seine Vorlesungstechnik mochte zuweilen irritieren, wenn er stockte und stumm auf einen Punkt, scheinbar einen einzelnen Zuhörer, stierte – aber seine Worte saßen dann treffend und druckreif, und das ganze war systematisch aufgebaut. Wieder anders die Neuzeitler, die ich in Göttingen hörte, darunter der Zeitgeschichtler Richard Nürnberger, der jeweils mit zunehmendem Tempo, schließlich in schnellem, präzisen Stakkato über Lenin, Versailles und die Außenpolitik der Weimarer Zeit sprach – nie zuvor war mir die Dramatik der Entwicklung *vor* Hitler so ins Bewusstsein gedrungen. Häufig schweißüberströmt, mit durchnässtem Hemd beendete Nürnberger die Sitzungen[10].

Sosehr mich vieles beeindruckte, blieb ich doch unbefriedigt. Mir fehlten „Querschnitte", um Fragen zu beantworten wie: *„Wieweit beeinflußt die Wirtschaft die Politik? Was ist politische Macht? (...) Inwieweit gibt es einen ‚Fortschritt'?"*[11] Auch der Besuch einer Vorlesung über das „Interesse an der Geschichte" schloss diese Lücke nicht. Rückblickend ist deutlich, dass meinen Erwartungen eher der Politikwissenschaft entsprochen hätten.

Was den Fleiß der Studierenden betraf, gab es *„einfach unglaubliche Unterschiede: während die einen so gut wie nichts tun und massenhaft Vorlesungen schwänzen, sind die anderen wahre Arbeitsbienen. Besonders ein Teil der Studentinnen ist grauenerregend fleißig"*[12]. Ob die Sicht des Anfängers da alles zutreffend erfasste, bleibe dahingestellt. Und wer mir da als „Arbeitsbiene" ins Auge fiel, ob es die sich im ersten Proseminar hervortuende Dorothee Vorbeck war (die mir später wieder begegnen sollte), bin ich nicht sicher. Ich jedenfalls stürzte mich mit wachsendem Eifer auf historische Literatur und genoss es, zwischen den Bücherwänden des Historischen Seminars am Nikolausberger Weg zu schmökern. Andere Studienanfänger schienen sich nie in diese stillen Räume zu verirren. Mutierte ich zu einer „Arbeitsbiene"?

Dahinter stand Interesse, aber auch der Druck der zwei „Fleißprüfungen", die ich zu jedem Semester bestehen musste, um das LAG-Stipendium weiter zu beziehen. Diese Notwendigkeit bestimmte den Gang meines Studiums: Entscheidend war durchzukommen, und man musste immer auf eine konkrete Lehrveranstaltung hin lernen. Weitgespannte oder auf das Abschlussexamen orientierte Studien verboten sich. Positiv war, dass man sich konzentrieren musste und Professoren früh aus der Nähe erlebte. Diese mündlichen Prüfungen legte ich im ersten Semester bei Schramm und Heuss ab, im zweiten bei Heimpel und Nürnberger. Sie waren höchst unterschiedlich angelegt. Während

---

10   Lehrveranstaltungen nach Studienbuch Wolfgang Rudzio.
11   Wolfgang an Hildegard Rudzio und Herbert Lemke, 5.12.1955.
12   Wolfgang an Hildegard Rudzio und Herbert Lemke, 21.6.1955.

die bei Heimpel kurz und schematisch organisiert war, kam es bei Nürnberger zu einem mehr als einstündigem angeregten Gespräch zu zweit. Ich war sicher und es stärkte mein Selbstbewusstsein, dabei eine gute Figur gemacht zu haben. Die Zeitgeschichte erwies sich als primäres Interessengebiet.

2 Bescheidenes Studentendasein in Frankfurt

Dass gerade Frankfurt a. M. das Ziel eines Ortswechsels wurde, hatte ganz studienferne Gründe. Es war die größere Stadt, die Metropole, die mich anzog. Für Frankfurt sprach auch, dass dort die Großfamilie Both mit vier Töchtern und zwei Söhnen wohnte, die ich 1952 bei einem Besuch kennengelernt hatte.

Als ich im April 1956 in Frankfurt erschien, wurde ich von Boths, die in der nordwestlich vom Stadtzentrum gelegenen Römerstadt wohnten, herzlich und hilfreich empfangen. Es bürgerte sich ein, dass ich während der Semester sonntags Mittag bei der Familie aß, die Rede war vom *„siebenten Kind"*. Erst ab Anfang 1959, nach meinem Umzug in die Nähe der Universität, wurden meine Besuche seltener. Ich genoss nicht nur das Essen, nährte *„mich wie Müllers Hühnchen"*[13], sondern auch die Gespräche – sowohl mit Familienmitgliedern als auch mit Freunden der Kinder, die das offene Haus bevölkerten. Die Sonntagnachmittage erlösten aus der Einsamkeit der Studentenbude. Häufige Besucher waren die Freunde zweier Both-Töchter: ein älterer CSU-orientierter Medizinstudent und ein kommunistisch orientierter Bildhauer. Wir drei (alle später Schwiegersöhne der Eltern Both) ließen uns gegensätzlich über Gott und die Welt aus, vor allem über Politik, während die Gastgeberin, Eva Both, uns mit guten Happen das Maul zu stopfen suchte. Nicht selten zogen wir in eine Kinovorstellung im nahe gelegenen Heddernheim oder Praunheim. Auch Apfelwein-Kneipen lernte ich dort kennen und den Apfelwein, desgleichen „Rippchen mit Kraut" schätzen.

Das erleichterte, *„niedergeschlagene Stimmungen"* zurückzudrängen, die mich beim *„Alleinwohnen"* und wegen Mathematik-Studiendrucks überfielen[14]. Andere Anlaufstellen in Frankfurt blieben marginal. Da waren Kressners, Bekannte meiner Mutter, die ich 1956 besuchte. Dr. Kressner war Historiker mit philosophischen Neigungen, der mich sogleich in ausführliche Gespräche verwickelte. Später gab ich ihrer Tochter, wie auch zwei anderen Schülern, Mathematik-Nachhilfe[15]. Zeigte sich da schon die Nützlichkeit des Faches? Auch

---

13 Wolfgang an Hildegard Rudzio und Herbert Lemke, 23.11.1956.
14 Wolfgang an Hildegard Rudzio und Herbert Lemke, 14.7.1956.
15 Wolfgang an Hildegard Rudzio und Herbert Lemke, 19.5.1956 und 10.1.1959.

eine entfernt verwandte Familie, Scharmers, besuchte ich einmal[16]. Nebenher bemühte ich mich ein Manko abzubauen, indem ich 1956/57 einige Tanzstunden nahm. Spät kam ich, aber es reichte bald, um bei Schwoofs und ein bisschen Enge zu bestehen.

Nicht einfach war es, zu niedriger Miete in Frankfurt eine Unterkunft zu finden. So musste man zufrieden sein, zehn Hausnummern von Boths entfernt wenigstens eine unheizbare Mansarde für 20 DM mieten zu können. Notdürftig möblierte ich sie, wenigstens mit elektrischem Heizer, während Funktionen eines Schrankes durch Koffer, Karton und Bügel erfüllt wurden. Toilette und Wasser waren nur umständlich zu erreichen. Zur Universität brauchte man per Fahrrad eine gute halbe Stunde, per Bus und Straßenbahn deutlich länger[17]. Alles in allem: ein primitives Domizil, im Winter rasch kalt, weitab von anderen Studenten. Andererseits lebte ich in ruhiger Umgebung, am Stadtrand, wo in der Ferne die bläulichen Berge des Taunus herüber schimmerten.

Das war meine Frankfurter Klause, bis ich zum 1. März 1959 in das „Studentenhaus" an der Jügelstraße umzog, ein Studentenheim gegenüber dem Hauptgebäude der Universität. Dort wohnte man im Doppelzimmer mit einem weiteren Studenten an einem endlosen Flur mit einer Küche sowie Toiletten gemeinsam für ca. 40 Bewohner. Die Insassen wechselten, relativ viele Ausländer lebten dort. Zunächst wohnte ich mit einem korporierten Studenten zusammen, dann mit einem französischen Studenten, Jean Chanut aus Lyon, der in seiner würdigen Gesetztheit so gar nicht deutschen Vorstellungen von einem Franzosen entsprach. Eine Zeitlang war ein älterer türkischer Student mit zerfurchtem Gesicht, Ekrem Özcelik, Bauernsohn aus Anatolien, mein Zimmergenosse. Das Zusammenleben war problemlos, man lernte Menschen kennen – Chanut erzählte von der abweichenden Mentalität der Lyonesen, Özcelik von den Ressentiments zwischen urban-wohlhabenden und bäuerlich-traditionalistischen Türken sowie von den „eigentlich" zur Türkei gehörenden Turkvölkern im Osten[18].

Treffpunkt mit anderen Heimbewohnern war die stets belebte Küche, wo ich primitive Kochversuche unternahm – Spitzenreiter war das Spiegelei mit Beilage. Gegen das Essen in der Frankfurter Mensa, obwohl besser als Göttingen, rebellierte auf Dauer so mancher Studentenmagen. Daneben gab es Angebote im Studentenhaus: Zeitungen zum Mitnehmen, ebenso öffentliche Veranstaltungen. So lernte ich verschiedene Studierende kennen – neben ande-

---

16 Wolfgang Rudzio an Herbert Lemke, 24.1.1958.
17 Wolfgang an Hildegard Rudzio und Herbert Lemke, 7., 8. und 19.5.1956; Wolfgang Rudzio an Herbert Lemke, 24.1.1958.
18 Später, zu Beginn der siebziger Jahre, kam Özcelik mit meiner Unterstützung zu einer Lehrerstelle, die er mit seinem Deutsch und Türkisch sowie staatswissenschaftlicher Vorbildung ausfüllte.

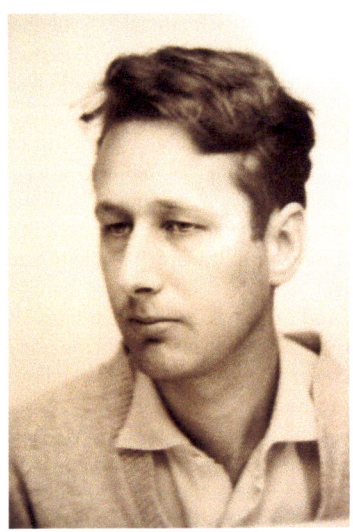

Wolfgang Rudzio als Student 1959.
© Wolfgang Rudzio, Autor.

ren Giselherr Schmidt vom RCDS (einen guten politischen Sparringspartner), den gemäßigt linken Lehramtsstudenten Karl Bergmann (mit dem mich eine lange „Siez"-Freundschaft verband), oder den Exil-Spanier Carles Ossorio-Capella[19]. Im Studentenhaus wohnten nur wenige Studentinnen, dementsprechend besonders wahrgenommen. Ein Beispiel war die „Gürkan", Beispiel einer westlich-urbanen Türkin[20]. Während des Sommersemesters 1959 machte eine englische Studentin im Heim Furore mit ihren Deklamationen und flirtenden Untertönen. Gegen Semesterende wandte sie sich mir zu, kam danach kurz durch Hannover, ich besuchte sie dann zwei Wochen bei ihren Eltern in London. Dort sah ich viel von der Stadt, beobachtete den Wahlkampf im Zeichen MacMillans mitsamt Hausbesuchen der Parteien und Aushängen in Wohnungsfenstern wie „Vote Labour!". Interessant war so manche Rede, die an „Speaker's Corner" im Hydepark gehalten gehalten wurde. Im Ohr blieb mir die Formulierung, „even the bloody Germans" hätten doch die Todesstrafe abgeschafft. Bei einem Tagesausflug per Auto sah ich Stonehenge, Wind-

---

19 Kalendernotizen, Mai 1959.
20 Ülkü Gürkan-Schneider studierte bei Adorno und Schmid, trat dem SDS bei und arbeitete als Beraterin für türkische Arbeiter bei der Arbeiterwohlfahrt bzw. ab 1982 bei der IG Metall in Frankfurt a. M. Imran Ayata, Große türkische Schwester, in: FAZ, 7.7.2007, S. Z 3

sor Castle, die Kathedralen von Salisbury und Winchester. Es war mein erster, ein animierender Auslandsaufenthalt.[21]

Eines bot das Leben im Frankfurter Studentenhaus nicht: Ruhe zum studieren, sich zu konzentrieren, um sich in Mathematik zu vertiefen. Während der Semesterferien fuhr ich daher weiterhin gern nach Hannover. Der Briefwechsel mit meiner Mutter zeigt, dass die Kontakte nie abrissen. Im übrigen blieben eigenes Zimmer, der Komfort des Badezimmers und das häusliche Essen attraktiv. Nach Arbeiten, um Geld zu verdienen (in Frankfurt hatte ich nur einmal einen Kurzjob auf dem Hauptfriedhof), kamen drei Schulpraktika in Hannover, die im Rahmen des Lehramtsstudiums abzuleisten waren: vier Wochen im Ratsgymnasium (1958), die gleiche Zeit an einer Volksschule (1960) und eine Woche in einer Mittelschule.

Der ideale Arbeitsplatz war aber auch Hannover nicht. Mein Zimmer, hin zur Hildesheimerstraße, war laut. Jedes Auto, jede Straßenbahn hallte schon beim Näherkommen an den gegenüberliegenden Häusern hoch, erreichte einen Lärmhöhepunkt und verhallte schließlich. Das zerrüttete Gehirn und Nerven. Erst am späten Abend ließ der Verkehr nach. Daher gewöhnte ich mir an, „harte" Lernphasen in die Nacht hinein zu legen. Im übrigen kannte ich, abgesehen von Verwandten, kaum jemanden in Hannover. Vereinzelte Treffen mit meinem ehemaligen Klassenkameraden Mühlenberg füllten die Lücke nicht.

Deprimierend entwickelte sich die Situation zu Hause. Schon im Herbst 1956, nur ein halbes Jahr nach seiner Festanstellung, ging es meinem Onkel gesundheitlich nicht gut, und im folgenden Sommer hielt er sich wegen seiner Nieren zur Kur in Bad Wildungen auf. Dann traf ihn im Januar 1958, mit Anfang Fünfzig, ein schwerer Schlaganfall. Mir war er in den gemeinsamen Jahren „*wie ein Vater geworden*", und nach den wenigen Jahren des Wiederaufstiegs waren mit diesem Schicksalsschlag „*viele Hoffnungen ...gebrochen*"[22]. Wiederhergestellt wurde er nie mehr. Im Juni des gleichen Jahres musste er sich einer Nierenoperation unterziehen und Monate im Krankenhaus verbringen. 1959 folgten dem eine lange Zeit im Versorgungskrankenhaus Bad Pyrmont, im September 1960 und 1961 Kuraufenthalte in Bad Homburg. Während des letzten Aufenthalts erlitt er einen Herzanfall. Ich schrieb ihm jeweils und besuchte ihn in Bad Pyrmont und Homburg[23]. Nach seiner Rückkehr starb er zu Hause am 15.12.1961 an einem zweiten Schlaganfall – nach Genuss eines „guten" Bohnenkaffees. Er hatte ein Alter von nur 55 Jahren erreicht. Sein Tod bedeutete für meine Mutter künftiges Alleinleben.

---

21 Wolfgang an Hildegard Rudzio und Herbert Lemke, 8.10.1959.
22 Wolfgang Rudzio an Herbert Lemke und Hildegard Rudzio, 20.1.1958.
23 Diverse Postkarten von 1957 bis 1960; Herbert Lemke an Hildegard Rudzio, 7., 17., 21., 25. und 27.9.1961.

Zwar hielt sich meine Mutter, obwohl sie weiter mit dem Herzen zu tun hatte und ihre Schwiegertante Ida besorgt an sie schrieb, sich „mehr zu schonen, in Deinem Alter dürftest Du noch nicht so viel Beschwerden haben"[24]. Sie las viel, reiste während jener Jahre nach Bad Salzuflen zu ihrer Freundin Magdalene Schlemminger, die als alleinstehende Studienrätin gern Kontakt hielt. An Klassentreffen nahm sie teil, einen Strandurlaub auf Amrum verbrachte sie mit ihrer einstigen Klavierlehrerin. Generell hielt sie Kontakt mit Verwandten. Ihre Schwester Marta Lauter, inzwischen in Köln wohnend, zerrieb sich in Sorge um ihre vier Kinder und in vergeblichen Hoffnungen auf eine Rückkehr ihres in Pommern vermissten Mannes, meines Onkels Oswald. Vettern und Cousinen Lauter gingen einen ähnlichen Weg wie ich: Alle durchliefen das Gymnasium, um dann zu studieren – stets unter dem Druck der Sparsamkeit.

Bedrückende Briefe kamen von meiner Großmutter Meylaender und ihrer Schwester Ida Bretschneider, die unter ärmlichen Verhältnissen in Altersheimen auf dem flachen Lande lebten – schließlich bei Ahlhorn, zuvor bei Delmenhorst, dort dreieinhalb Kilometer entfernt von der nächsten Bushaltestelle: „…wenn wir doch nur in der Stadt wohnen könnten, aber leider, leider."[25] In den frühen Fünfzigern waren sie einmal in Burgwedel, später auch in Hannover zu Besuch bei uns gewesen, dann besuchte meine Mutter sie. Ich bin nur ein- oder zweimal mitgefahren – dafür gab es angesichts meiner Lebensverhältnisse Gründe, hätte aber häufiger geschehen sollen. Ende 1959 konnte meine Großmutter nicht mehr allein gehen, war „oft sehr verzagt". Im Herbst beherrschte „Grauen vor dem Winter" die Stimmung der Schwestern[26]. Am 23. Januar 1961 starb sie im Alter von 81 Jahren. Ihre ältere Schwester Ida, letzte der Kinder Eduard Ahls, blieb allein zurück. Vertraute, mir nahe Menschen verschwanden aus dem Leben.

Umso mehr flüchtete ich mich in andere Welten – schönere oder interessantere. In jene Zeit fielen Kinobesuche in Frankfurt. Ich genoss Hollywood-Filme und Schauspieler, von denen mir Gregory Peck Eindruck machte – eine Figur, der ich selbst nicht entsprach. Dem eigenen Lebensgefühl näher waren Filme der französischen Neuen Welle wie „Außer Atem", auch deren individuellere Schauspieler wie Jean-Claude Brialy, Simone Signoret oder Caterine Deneuve.

Wichtiger war Literatur. Trotz Zeitmangel leistete ich mir zuweilen Leseeskapaden. Mein Zugang blieb zufällig, wurde aber breiter. Es waren Bücher meiner Mutter, die im Rahmen ihrer Möglichkeiten ihren literarischen Interessen folgte, Bücher der Familie Both, die über eine Büchergilde ihren Be-

---

24 Ida Bretschneider an Hildegard Rudzio, 15.11.1959.
25 Helene Meylaender an Hildegard Rudzio, 23.11.1956.
26 Ida Bretschneider an Hildegard Rudzio, 15.11.1959.

stand aufstockte; dazu einige mir geschenkte Bücher. Jenseits der Tagesware, die spurlos durch den Kopf läuft und vergessen ist, waren es gängige Bestseller, über die sich mir das damalige literarische Leben vermittelte – so Ivo Andric mit seinem bosnischen „Die Brücke über die Drina", Pearl S. Bucks „Die Frauen des Hauses Wu" aus dem alten China, Graham Greenes „Am Abgrund des Lebens", Trygve Gulbranssens Heimatroman „Und ewig singen die Wälder" und Norman Mailers amerikanischer Militärroman „Die Nackten und die Toten". Nachholend las ich, vom Inhalt trotz konstruiertem Satzbau beeindruckt, Thomas Manns „Buddenbrooks".

Stark berührte mich die russische Romanliteratur des 19. Jahrhunderts. Weniger waren es Fedor Dostojewskis bekanntere Romane als vielmehr sein psychologisch eindrucksvoller „Der Spieler". Dazu kamen Nikolai Gogols die Verhältnisse enthüllender „Revisor" und Leo Tolstojs epischer Roman „Krieg und Frieden". Ins Mark traf Ivan Gontscharews „Oblomow", dessen Neigungen zu bleierner Untätigkeit man bei sich selbst wiederfand – war ich ein Oblomow, nur in anderen Lebensverhältnissen? Die Psychologie des Menschen, insbesondere des passiven, und die Trägheit eigentlich überholter Verhältnisse schien mir in dieser Literatur großartig beleuchtet, desgleichen irrende Konsequenzen politischer Radikalität. Manches wirkte *„makaber"* wie die Wirklichkeit, um meinen damaligen Lieblingsausdruck zu verwenden.

Eine andere Linie bildete französische Literatur im Umfeld des Existenzialismus. Für die Voraussetzungslosigkeit dieser philosophischen Strömung war ich empfänglich. Den Sinn des Lebens gibt es nicht als vorgegeben, man muss ihn für sich setzen – dies leuchtete ein, bestand vor dem Richterstuhl der kritischen Rationalität meiner Jugend. Zentral war hier Jean Paul Sartre mit seinen Dramen. Sofern man nicht in der Geworfenheit und Sinnlosigkeit des Daseins verharrte, droht aber politische Sinngebung, gerade auch linke Weltverbesserung, in ethische Widersprüche zu führen, wie sie Sartre thematisierte. Das existenzialistische Lebensgefühl fand sich wieder in Francoise Sagans „Bonjour Tristesse" und in Chansons von Juliette Greco.

Schließlich spielte Literatur mit politischem Bezug ein Rolle, überwiegend sozial und links orientierte. Meine Lieblingsschriftsteller waren da Hans Fallada („Bauern, Bonzen, Bomben", „Wer einmal aus dem Blechnapf frißt") und Archibald J. Cronin („Die Sterne blicken herab", „Die Zitadelle"), die beide das Leben der kleinen Leute schilderten sowie Bemühungen, es zu ändern. Daneben spielten Verarbeitungen kriegserfüllter Zeitgeschichte eine Rolle, so Theodor Pliviers „Stalingrad", Erich Maria Remarques „Im Westen nichts Neues", daneben Edwin Erich Dwingers „Zwischen Weiß und Rot" aus der Zeit des russischen Bürgerkrieges. Den größten Eindruck in diesem Genre aber machte Ernest Hemingways „Wem die Stunde schlägt", das mich hinriss: gut formuliert und aufgebaut, dramatisch und politisch über simple Schwarz-Weiß-Malerei hinausgehend.

Auf Ostpreußen bezog sich nur noch wenig: Ernst Wiecherts „Das einfache Leben" und „Die Majorin", schließlich Agnes Miegels „Die Fahrt der sieben Ordensbrüder" – alles in mir fernen Verhältnissen spielend. Somit begleitete mich zwar keine umfangreiche, aber durchaus vielfältige Literatur in den Studienjahren. Sie unterhielt und bot emotionale Orientierungen.

3 Intensives Studium – am Ende finanzielles Stranden?

Ausgefüllt wurde mein Frankfurter Dasein vom Studium. Gerade in den ersten vier bis fünf Semestern, die strikt durchorganisiert waren, brach die Mathematik über mich wie über etwa 80 andere Anfänger herein und ließ kaum Zeit für anderes. Jeweils zwei 4-stündige Vorlesungen, ergänzt durch zwei 2-stündige Übungen absolvierten wir ab Sommersemester 1956 in Analytischer Geometrie I und II, Differential- und Integralrechnung I und II, Funktionentheorie I und II, Gewöhnliche Differentialgleichungen, Theoretische Mechanik und Differentialgleichungen (fast alles bei Prof. Moufang). Diese bildeten den Kern. Dazu kam später noch eine zweisemestrige Vorlesung über Topologie. Leicht erschüttert berichtete ich nach Hause:

> „Entschuldigt bitte, daß ich nicht eher geschrieben habe, aber hier gibt es mächtig zu tun. In Mathematik bekommen wir jede Woche zwei Arbeiten aufgedonnert, für die ich je 10 Stunden, also pro Woche 20 Stunden zu arbeiten habe, wenn nicht mehr...Trotzdem es gewiß nicht leicht ist, fühle ich mich doch ganz wohl und bei der guten Zusammenarbeit unter uns Studenten kommt auch durch Kollektivarbeit etwas raus. Einzeln wäre man aufgeschmissen. Allerdings ein Bekannter von mir will Mathe schon an den Nagel hängen."[27]

Tatsächlich wurden studentische Arbeitsgruppen für die wöchentlichen Aufgaben auch von Seiten des Lehrkörpers empfohlen. So fand ich mich zunächst mit einigen Studierenden aus Aschaffenburg, dann in einer Vierergruppe zusammen. Letztere traf sich regelmäßig ein oder zweimal die Woche zu mehrstündigen Sitzungen bei einem Teilnehmer, Heinz Kalheber, in der Nähe des Frankfurter Zoos. Ungleich trugen wir zu den Lösungen bei. Einer von uns war eines der seltenen Mathematik-Asse, den anderen voraus und geneigt, Arbeiten auch allein zu schreiben; einer war schwächer und profitierte einseitig von den übrigen, während der ausgeglichen-freundliche Kalheber (auch Lehramts-

---

27 Wolfgang an Hildegard Rudzio und Herbert Lemke, 15.6.1956.

student) und ich die Mitte bildeten. Immerhin konstatierte ich im Wintersemester 1956/57 – auf mich bezogen –, *"es läuft besser als im letzten Semester"*[28]. Von meinen acht Übungsscheinen wurden 5 als „mit gutem Erfolg", 2 „mit Erfolg" bewertet, einer ist verloren gegangen. Außerdem gab es einen unbenoteten Geodäsie-Schein für praktische Erdvermessung.

Die dominierende Figur für unseren Mathe-Jahrgang war die Professorin Ruth Moufang[29]: mit pechschwarzem, festgebundenem Haar, nach meiner damaligen Darstellung *„dick und braun, ungefähr Ende vierzig. Sie spricht ständig im DZ-Tempo, wie eine Schnellfeuerkanone"*, dabei auch mal mit hessischen Einsprengseln wie *„bräuchte"* oder Verkürzungen wie *„Ach, nehmen Sie doch die Sonne weg"* (wenn sie einen Vorhang wünschte)[30]. Konzentriert, keiner Konkretisierung ausweichend hob sie sich von manchem ihrer Kollegen ab. Nur ein, zwei Mal kam es vor, daßs sie den Faden verlor. Dann geriet sie aus dem Tritt, öffnete eine mitgeführte Handtasche, aus der zu unserer Überraschung Merkzettelchen herausquollen. Nervös nestelte sie unter diesen herum, bis sie den richtigen fand und mit seiner Hilfe die Vorlesung fortsetzte. Solche Ausfälle, viel zu selten, um ihre Autorität zu erschüttern, sicherten ihr menschliche Züge.

In der zweiten Studienhälfte konnte man eigene Schwerpunkte wählen, und statt der Übungen ging es dann darum, in Seminaren Vorträge zu halten. Nun wurde Professor Reinhold Baer mein wichtigster Lehrer, ein aus den USA zurückgekehrter jüdischer Emigrant[31]. Er galt als wissenschaftliches Ass. Locker-elegant, aber seinen Gedanken nachgehend trug er vor und machte es nicht leicht, ihm zu folgen. Bezeichnend mein Bericht, wie er auf einen kleinen Fußsoldaten der Mathematik wirkte:

„Baer sprudelt zur Zeit wieder von Witz und Pointen – wir hören bei ihm Körpertheorie, ein Gebiet, das ich im WS durchgeackert habe. Infolge dieser Vorbereitung kann ich gut folgen und die Feinheiten und Pointen seiner Vorlesung begreifen, während man sonst regelmäßig seinen Vorlesungen nicht folgen kann."[32]

---

28 Wolfgang an Hildegard Rudzio und Herbert Lemke, 23.11.1956.
29 Ruth Moufang (1905–77), 1936 habilitiert für Mathematik, doch als Frau lange keine Professur erhaltend. Ab 1937 bei der Firma Krupp arbeitend, ab 1947 an der Uni Frankfurt lehrend, ab 1951 als erste beamtete Professorin für Mathematik in Deutschland.
30 DZ = Durchgangszug, d.h. Schnellzug. Wolfgang Rudzio an Herbert Lemke, 24.1. 1958.
31 Reinhold Baer (1902–79), 1926–29 Wissenschaftlicher Assistent, 1929 verheiratet, 1933 emigriert. 1935–37 in Princeton tätig, ab 1938 Professor für Mathematik an der State University of Illinois/Urbana, ab 1956 an der Universität Frankfurt. Sein wissenschaftlicher Schwerpunkt war Gruppentheorie innerhalb der Algebra.
32 Wolfgang an Hildegard Rudzio und Herbert Lemke, 10.5.1960.

Bei ihm habe ich Vorlesungen zu Gruppen-, Zahlentheorie und zu Geometrischer Algebra gehört. Nicht zufällig zählten zu den mathematischen Lehrbüchern, die ich anschaffte, neben der mehrbändigen Mathematik-Einführung von Mangoldt-Knopp Titel wie Andreas Speisers „Die Theorie der Gruppen von endlicher Ordnung", die beiden „Algebra"-Bände van der Waerdens und die Zahlentheorie Iwan Winogradows. Ich besuchte Baers Seminare und referierte dort über „Fastringe", die „Charaktertheorie endlicher Gruppen" und über topologische Gruppen. Zuvor hatte ich bei einem Dozenten über das Wahrscheinlichkeitsintegral referiert. Fragen und Diskussionsbeiträge kamen in den Seminaren allein vom Professor und einem eingearbeiteten Assistenten – alle anderen Anwesenden verhielten sich passiv zuhörend. Beim letzten Referat bei Baer hatte ich ein Thema gemeinsam mit einem Studenten, Pauliks, zu behandeln. Eine Stelle in unserem Stoff blieb uns unklar, und Pauliks, der sie vorzutragen hatte, beschloss, Baers Wachsamkeit einzuschläfern. Bei sommerlicher Wärme sprach er noch ruhig-gleichmäßiger, als es seinem Naturell ohnehin entsprach, und Baer ließ das lange über sich ergehen. Dann aber, an anderer Stelle als dem kritischen Punkt, fuhr er auf: „Das ist ja zum Einschlafen, tragen Sie doch etwas lebendiger vor!" Der Vortragende wurde kurz etwas lebhafter, um bald wieder in seine Monotonie zurückzufallen. War das Manöver auch ruchbar, so hatte es doch genutzt.

Alle meine Mathematik-Vorträge wurden mit „gut" bewertet, sodass ich ab Mitte 1960 reif für die Zielgerade, für den Einstieg ins gefürchtete Mathematik-Examen wurde. Jedes Semester konnte man die ausgehängte Examensstatistik lesen, wonach regelmäßig 40 Prozent der Mathe-Prüflinge durchgefallen waren. Dementsprechend länger dauerte auch die Studienzeit der Mathematiker. Dazu kam, dass mich Begeisterung für das Fach nicht recht erfassen wollte – ungeachtet dessen, dass mir die Raffinesse mancher Vorgehensweisen imponierte. Mein Verhältnis zum Gegenstand blieb kühl. Lag es daran, dass mir das Hauptanwendungsgebiet der von Moufang gelehrten Mathematik, die Physik, infolge Schule und Studienwahl fern blieb? Andererseits wirkte die Algebra Baers wie ein geistreiches, aber weltfernes Glasperlenspiel. Dabei hatte ich durchaus Verständnis für Mathematik als logischem Spiel, das als geistiger Bau Eigenwert habe und für das sich im Nachhinein teilweise Anwendungsmöglichkeiten eröffnen mochten. Aber das missing link zur Soziologie und Politik, nämlich Statistik einschließlich Wahrscheinlichkeitstheorie, fehlte damals oder entging mir leider im Frankfurter Mathematik-Angebot.

Geschichte, für die ich ja einen starken Vorlauf aus Göttingen mitbrachte, konnte demgegenüber zunächst zurückstehen. Außerdem kam das Mittelalter wegen geringem Interesses knapp weg. Die Antike, mir eigentlich näher, wurde von dem damaligen Frankfurter Althistoriker allerdings in der Art eines eng an Texten entlang hangelnden Philologen vertreten. In einem Seminar schwitzte ein katholischer Geistlicher neben mir Blut und Wasser, als er zum Übersetzen lateinischer Sätze aufgerufen wurde. Ich half ihm mit meinen Lateinkenntnissen – aber da hätte man in Göttingen gleich bei Latein bleiben können!

So wurde der Frankfurter Vertreter der Neuzeit, Professor Otto Vossler, für längere Zeit mein historisches Halteseil[33]. Zwar fand ich ihn „*schwunglos*"[34]. Er wirkte müde und blass, hielt bei Leistungsprüfungen die Augen manchmal geschlossen, fast als ob er schliefe, um – sie dann langsam öffnend – eine Frage zu formulieren. Drei Jahre lang, vom Sommer 1956 bis zum Winter 1958/59, besuchte ich (mit einer Ausnahme) jedes Semester mindestens eine Lehrveranstaltung bei ihm, dabei nacheinander seine Vorlesungen zur Reformationszeit, zu Gegenreformation und Glaubenskriegen, zum Absolutismus sowie zu Revolution und Befreiung. Deutlich wurde mir dabei, in welchem Maße unsere Geschichte mit der Westeuropas verwoben war. Auch gelang es Vossler als Hegelianer, zentrale geistige Entwicklungen herauszuarbeiten. Den Stoff bimste ich mir dann mit Hilfe wissenschaftlicher Literatur für Leistungsprüfungen ein. Erst am Ende dieser Periode, als der Druck der Mathematik nachließ, bemühte ich mich um ein Referat in seinem Seminar über die Opposition gegen Bismarck. Doch schon bei Semesterbeginn waren alle Themen vergeben. Immerhin ging Vossler darauf ein, dass ich ihm ein bisher nicht vorgesehenes Thema vorschlug: „*Die polnische Opposition gegen Bismarck*". Darin stellte ich anhand magerer Literatur, mehr auf der Basis der Reichstags- und der Preußischen Landtagsprotokolle die Struktur und Politik der damals noch vom Adel geführten polnischen Partei in Deutschland dar. Ebenfalls kamen darin die Probleme der erst später wissenschaftlich breiter untersuchten deutschen Polenpolitik zur Sprache. Die Nachbesprechung der (im Seminar nicht vorgetragenen) Arbeit ließ Interesse bei Vossler erkennen. Er schien zufrieden.

Die Lücke in der Kette der Vosslerschen Vorlesungen betraf im Sommer 1958 die Restaurationszeit. Diese Vorlesung hielt an seiner Stelle ein neu nach Frankfurt gekommener Professor für Zeitgeschichte, Paul Kluke, zuvor Generalsekretär des legendären Münchner Instituts für Zeitgeschichte. Ich besuchte seine Vorlesung und das begleitende Seminar, in dessen Rahmen ich mein erstes historisches Referat übernahm, und zwar über Ludwig von der Marwitz und die preußischen Konservativen. Darin stellte ich die Vorstellungen von Marwitz als interessenbedingte Ideologie dar, hier adliger Grundbesitzer. Kluke, der nach seiner Dissertation das 3. Reich in Opposition (u. a. wegen sei-

---

33 Otto Vossler (1902–87), einem zweisprachigen Elternhaus entstammend, promovierte bei Oncken und habilitierte sich 1929 mit einer Arbeit über Guiseppe Mazzini, sein Schwerpunkt war die Entwicklung des Nationalgedankens. Ab 1930 Professor an der Uni Leipzig, ab 1938 als ordentlicher Professor, ab 1946 an der Universität Frankfurt.
34 Wolfgang an Hildegard Rudzio und Herbert Lemke, 7.5.1956.

ner jüdischen Frau) und im Archiv überlebt hatte[35], reagierte empfindlich auf meinen marxistischen Zugriff; auch wies meine Nachweistechnik Mängel auf. So war ich zufrieden, noch mit „im ganzen gut" benotet zu werden.

Ungeachtet dieses schwierigen Anfangs blieb ich wegen der Zeitgeschichte an Klukes Seite. Er wurde ab Sommer 1959 mein einziger historischer Lehrer. Ich hörte seine Vorlesungen über Deutschland unter dem Nationalsozialismus und über die Weimarer Republik. Das waren damals noch nicht so zerschriebene Themenfelder wie heute, war doch zum Beispiel Karl Dietrich Brachers „Die Auflösung der Weimarer Republik" gerade erst erschienen, hingegen noch nicht das Sammelwerk über die „Machtergreifung". So konnte man von Vorlesungen eines Zeitgeschichtlers sehr profitieren. Ebenso besuchte ich mehrere Seminare Klukes und referierte im Winter 1960/61 über „Die österreichische Sozialdemokratie und das Nationalitätenproblem bis 1914". Es handelte sich um eine fundierte, ausführliche Arbeit von 43 Seiten, in der nüchtern und abwägend sowohl die Entwicklung des Nationalitätenkonflikts im Zusammenhang mit der Sozialdemokratie als auch anhand der Schriften von Karl Renner und Otto Bauer deren konzeptionelle Vorstellungen dargestellt wurden. Da die spätere einschlägige Literatur noch nicht existierte, stützte ich mich überwiegend auf Originaltexte. Kluke fand die Arbeit „sehr gut" – sie war mein Durchbruch bei ihm. Sein eigenes Probleminteresse trat bald darauf in einem Buch zum Selbstbestimmungsrecht hervor, das er auch als Motiv des deutschen Widerstandes gegen Hitler und in der Gegenwart als verletztes Recht des deutschen Volkes interpretierte[36]. Dieser Sicht konnte ich nur zustimmen.

In Seminardiskussionen spürte ich zunehmend Oberwasser. Meine historische Belesenheit erwies sich als relativ groß. Einmal ist es allerdings zu einem Konflikt mit Kluke gekommen – und zwar um den österreichischen Kanzler Dollfuß, den er primär als Hitler-Gegner, kaum aber als autoritären Diktator gewertet wissen wollte. Mein Widerspruch trug mir sein zweiwöchiges Anschweigen ein. Es verunsicherte, ging aber vorbei, und ich fühlte mich reif fürs Examen in Geschichte.

Es blieben noch die sogenannten PPP-Fächer Philosophie, Pädagogik und Politikwissenschaft. Meine früheren Begegnungen mit der Pädagogik in Göttingen veranlassten mich, dieses Fach links liegen zu lassen. Stattdessen bot der

---

35 Paul Kluke (1908–90), Landwirtssohn aus der Altmark, promovierte 1931 bei dem im Dritten Reich zwangsemeritierten Hermann Oncken über englische Heerespolitik vor 1914. 1932–35 arbeitete Kluke bei der Kommission zur Erforschung der Zeit nach 1918. 1950 mit einer Arbeit über die rheinische Autonomiebewegung 1918/19 habilitiert, war er 1952–59 Generalsekretär des Instituts für Zeitgeschichte/München, 1958–74 Professor an der Uni Frankfurt, 1976–77 Direktor des Deutschen Historischen Instituts/London. Leider fand sich kein Photo von ihm.
36 Paul Kluke, Selbstbestimmung, Göttingen 1963, S. 153 f.

Pädagogik-Professor Heinrich Weinstock auch philosophisch-politikwissenschaftliche Veranstaltungen an, mit deren Hilfe ich ein wenig in die politische Ideengeschichte einstieg. Es handelte sich um Lektürekurse über Karl Marx (1956/57), Friedrich Nietzsche (1957) und zum Problem der Macht (1957/58). Marx wie Nietzsche (etwa mit seiner Genealogie der Moral) hatten mich schon vorher interessiert, und so genoss ich deren Lektüre und Diskussion. Daran schloss sich von Winter 1957/58 bis Winter 1959/60 der Besuch des Vorlesungszyklus von Professor Carlo Schmid an: Der deutsche Staat der Gegenwart, Außenpolitik, Politische Ideengeschichte, Die politische Partei sowie Machiavelli. Der berühmte Schmid, damals einer der bekanntesten und beliebtesten sozialdemokratischen Politiker, blieb mir jedoch unerreichbar. Bei seinen Vorlesungen fand man sich als eine unter hunderten grauen Mäusen wieder. Nur in ein, zwei Seminaren, die in seinem Institut in einer Villa am nahen Kettenhofweg stattfanden, konnte ich ihn und seine stets schweigsamen Assistenten (Wilhelm Hennis, Manfred Friedrich und Werner Soergel) aus der Nähe beobachten. Stets mussten wir etwas über die Zeit warten, bis der große Meister (schon körperlich ein Turm) samt Gefolge erschien. Hatte der bekannte Politiker noch anderes zu erledigen? Er ließ dann vortragen, um danach anhand von ein paar inzwischen notierten Stichworten zu einem gekonnten Korreferat auszuholen. Dies pflegte zeitlich bis zum Ende der Sitzung zu dauern. Schmid blickte dann in die Runde, fragte: „Hat jemand noch eine Frage?", um sich aber im gleichen Moment zu erheben und die Sitzung zu schließen. Ansätze zu Diskussionen gab es nur in Ausnahmefällen. Rechtzeitig ein Referatsthema zu ergattern gelang mir nie.

Daher betrieb ich politikwissenschaftliche Studien auch bei anderen Dozenten. Im Winter 1959/60 hörte ich bei dem deutsch-amerikanischen Gastdozenten Dr. Gerald Braunthal[37] eine Vorlesung über vergleichende Verfassungslehre, was den Schmidschen Zyklus gut ergänzte. Bei dem bescheidenen, überlegend formulierenden Braunthal, der später ein Buch über die SPD in der Bundesrepublik veröffentlichen sollte, machte ich dazu eine Leistungsprüfung. Im Semester darauf bot die Gastdozentin Dr. Eleonore Sterling[38] ein Seminar über Antisemitismus an, in dem ich ein Referat über Antisemitismus in Österreich-Ungarn hielt. Es erweiterte meine Kenntnisse und wurde von ihr mit „sehr gut" bewertet. In den Abschlusssemestern landete ich noch bei einem wissenschaftlich nicht so anspruchsvollen Volkshochschuldozenten, Otto

---

37 Gerald Braunthal, geb. 1923 in Gera, emigriert in die USA, promoviert 1953 an der Columbia-University/New York, später Professor für Politikwissenschaft in Massachusetts.
38 Eleonore Sterling, geb. Oppenheimer (1925–68), 1938 geflüchtet in die USA, promoviert in New York und Frankfurt über frühen Antisemitismus in Deutschland, Politikwissenschaftlerin.

Monsheimer, bei dem ich zweimal mündlich zu Themen der politischen Bildung vortrug. Ihm verdankte ich, doch noch mit Fragen der politischen Didaktik in Berührung zu kommen. Obwohl es damals nur eine Professur für Politikwissenschaft am Orte gab, war somit doch ein halbwegs komplettes Politikstudium herausgekommen, dessen Kern der Schmid'sche Vorlesungszyklus bildete.

Im Rückblick fällt auf, dass alle meine vier fachwissenschaftlichen Referate osteuropäische Themen (wenn man die Ostgrenze der damaligen Bundesrepublik als Scheidelinie nimmt) und drei von ihnen ethnische Fragen (polnische Minderheit, Nationalitäten in der k.u.k.-Monarchie, Antisemitismus) betroffen hatten. War das lediglich Zufall oder wirkte hier, wo ich Themen wählen konnte, meine ostpreußische Herkunft bzw. das Vertriebenenschicksal nach? Jedenfalls lässt sich daran ablesen, dass ich auch damals, ungeachtet meiner Linksorientierung, ethnisch-nationalen Problemen einiges Interesse entgegenbrachte. An meinen Universitätslehrern fällt auf, wie massiv ihr Leben durch die NS-Diktatur beeinflusst worden war.

Im ganzen schien ich Anfang 1961 reif fürs Examen. Doch inzwischen war die finanzielle Puste ausgegangen: Mit Ende des Sommersemesters 1960 lief mein Lastenausgleichsstipendium aus. Das Göttinger Jahr, in dem noch nicht das Mathematik-Studium dabei war, fehlte mir nun. Berücksichtigt man, dass ein Mathematik-Studium üblicherweise etwas länger dauerte, war es wohl vor allem jener Fachwechsel am Anfang, was mir nun zum Verhängnis zu werden drohte. Ich sah keinen anderen Weg, als zunächst durch Arbeit Geld zu verdienen, das Studieren auf Sparflamme zu setzen und dann weiter zu sehen. Ein Stranden zeichnete sich ab.

4 Aktivitäten im SDS, bei den Jusos und der IG Metall

Daneben hatte sich bei mir ein neuer Einstieg in die Politik vollzogen. Er erfolgte spontan und plötzlich. Es war ein Tag Ende Oktober/Anfang November 1956, als ich unter hundert Studierenden in einer Mathematik-Vorlesung saß. Da kam es draußen auf der Straße, die man durch die Fenster überblickte, zu Unruhe, Menschengruppen bewegten sich, Rufe waren zu hören. Als das anhielt, war ich neugierig genug, um – wie einzelne andere – die Vorlesung zu verlassen und nach draußen zu gehen. Wie sich herausstellte, suchte sich ein Demonstrationszug gegen den britisch-französisch-israelischen Angriff auf Ägypten zu formieren, gebildet aus einem Kern nahöstlicher Studenten und zahlreicheren deutschen Studierenden. Ich schloss mich an. Als sich der Zug in Bewegung setzte, wurde er jedoch durch eine Polizeikette am Weitermarschieren gehindert. Wir, die Demonstranten, suchten daraufhin durch das Hauptgebäude der Universität woanders auszubrechen. Aber auch dort stand Polizei und verhinderte mit Knüppeleinsatz eine Demonstration. Es gab Rangeleien, einzelne Studenten wurden gegriffen und abgeführt, einen konnte ich – im wörtlichen Sinne – dem Polizeizugriff entziehen. Die Polizei hatte die Universität eingekreist. Als die Dämmerung einfiel, kam die Parole auf: „Besetzen wir die Universität, um die festgenommenen Studenten frei zu bekommen!" Eine merkwürdige Vorstellung, fand ich. Tatsächlich sammelten sich in der Universität Studenten, aus denen sich ein Komitee bildete, das sich um die Festgenommenen kümmern sollte. Auch ich gehörte dazu. Allerdings wurde bald bekannt, dass die Festgenommenen von der Polizei freigelassen wurden. Das Gremium trat denn auch nur ein paar Tage später zusammen, um gegebenenfalls beschuldigten Studierenden beizustehen.

Studentenvollversammlungen, auch im Zusammenhang mit dem Ungarn-Aufstand, jagten dann im November einander. Ich lernte in dem Demo-Komitee und im aufgeregten politischen Klima der Universität eine Reihe Studierender kennen, so *„einen Überkatholiken, der ständig von der katholischen Sozialllehre rumschwärmt, dann einen Ägypter, einen Übernationalisten, dem jetzt ein Disziplinarverfahren vom Rektor her droht, weil er bei einem Schweigemarsch für Ungarn die ägyptische Fahne mitgetragen hat"*[39]. Nassers Antikolonialismus, auch die Verstaatlichung des Suezkanals schienen mir gerechtfertigt. Überrascht bekam ich allerdings mit, wie ägyptische Studenten auch Hitler in ihre antikoloniale, antibritische und antiisraelische Front einordneten – was mir die Augen dafür öffnete, wie man bei anderem historischen Hintergrund die Welt anders wahrnehmen konnte. Einen positiven Eindruck machte mir im Komitee ein etwas älterer Vertreter des „Sozialistischen Studentenbundes" (SDS), der linken, SPD-nahen Studentengruppe, Otto Silbernagel. Er beurteilte als Jura-Student nicht nur unsere Möglichkeiten klarer, sondern stellte sich als Jude auch kritisch gegen den israelischen Angriff. Dies machte ihn und seine Gruppe für mich glaubwürdig. Generell stellte sich damals die Frage, wer sowohl die „Suezkanal-Aktion" gegen Ägypten als auch die sowjetische Intervention in Ungarn ablehnte. Beides schien mir beim SDS der Fall, wo ich auch Übereinstimmungen mit meinem Ziel der sozialen Chancengleichheit erwarten konnte. So trat ich Ende 1956 in den SDS ein.

Bevor ich in ihm heimisch geworden war, bot sich Mitte Februar 1957 die Gelegenheit für zwei Mitglieder, nach Leipzig als Gast der dortigen Universität zu fahren. Ich nahm, zusammen mit einem anderen Mitglied, das Angebot an. Mein Motiv war Neugier, jene andere Welt zu beschnuppern[40]. Sympathien hegte ich für Dissidenten wie den damals gerade inhaftierten Dr. Wolfgang Ha-

---

39 Wolfgang an Hildegard Rudzio und Herbert Lemke, 23.11.1956.
40 Wolfgang an Hildegard Rudzio und Herbert Lemke, 26.2.1957.

rich, über den der „Spiegel" berichtete. Die einwöchige Reise selbst war interessant. Schon bei der ersten Begegnung mit Sowjetsoldaten auf dem Magdeburger Bahnhof wurde mir eine abgründige Kluft zwischen den einfachen Soldaten und den Offizieren deutlich: die einen armselig wirkende Käppi-Muschiks, die anderen in schulterverstärkten, mit dicken Sternen besetzten Mänteln und gekrönt durch steif-unförmige Tellermützen – wo blieb da der Sozialismus? Gespräche mit einem Assistenten der Geschichte an der Universität Leipzig ließen erkennen, wie sehr man sich dort mit der Frage abmühte, ob die deutsche Revolution von 1918/19 denn nun als proletarische, bürgerliche oder andersartige einzuordnen sei – die Bewertung war im Rahmen marxistischer Schematik natürlich hochbrisant. Eine Begegnung mit dem Prorektor der Universität enthüllte, dass die eigentliche Macht in der Uni bei ihm, im Schatten des Rektors, konzentriert war.

Der Besuch einer Marxismus-Leninismus-Veranstaltung, obligatorisch für alle Studierenden in der DDR, hinterließ den Eindruck einer schematischen Unterweisung, die auf nur wenig Interesse stieß. Uns gegenüber hoben die SEDler das damals aus der Taufe gehobene Vorzeige-Modell der „Arbeiter- und Bauernfakultät" hervor – auf der einen Seite Chancengleichheit fördernd, schienen mir andererseits Fragen nach den Chancen „bürgerlicher" Kinder und nach der Gewährleistung wissenschaftlicher Niveaus unbeantwortet. Die Stadt, vom Krieg anscheinend wenig getroffen, zeigte an den Häuserfronten heruntergekommene Fassaden und ausgebleichte Farben, war aber lebendig und – infolge der Messe – wohl auch an westliche Besucher gewöhnt. Das Kabarett „Die Distel" wirkte bei unserem Besuch spitz und spritzig, wagte wohl auch Seilakte am Rande des Zulässigen – oder legitimierte es gerade dadurch die DDR? Ein Abstecher nach Dresden erlaubte über weite eingeebnete Flächen der zerbombten Innenstadt den Blick auf den Zwinger und auf die Elbe. Idyllisch wirkte elbaufwärts Schloss Pillnitz. Alles in allem: Interessante Tage, aber keine korrigierenden Eindrücke.

Es folgte eine Phase, in der Diskussionen innerhalb des SDS die Hauptrolle spielten. Ich spürte, dass es im Frankfurter SDS, damals der größten und führenden Gruppe im SDS, unterschiedliche Tendenzen gab. Man konnte auch zwei Gruppen unterscheiden: Studierende der Soziologie und alle Übrigen, wobei unter letzteren zunächst Hessen mit familiären SPD-Bindungen eine Rolle spielten. Die Soziologen, das waren damals eher Studierende mit einem akademischem Hintergrund in Familie oder Umfeld – wer sonst wusste schon, dass es das Fach Soziologie gab und wer wagte es, seine Zukunft mit diesem zu verbinden? Anders als die übrigen SDSler lebten die SDS-Soziologen auch bei ihrem Studium in Kommunikation miteinander. Hinzu kam ein Zweites: Wer nach Frankfurt ging und das Fach in der Philosophischen Fakultät studierte (das traf für die SDSler zu), lernte eine spezifische Soziologie, die „Frankfurter Schule", in ihrer Selbstbezeichnung die „Kritische Theorie", kennen, wie sie sich vor allem mit den Namen Max Horkheimer und Theodor Adorno verband. Die Theorie – kein geschlossenes Lehrgebäude und sich durchaus weiter entwickelnd – enthielt drei politisch brisante Elemente:

- eine kulturkritische Sicht, wonach die Menschen der „spätkapitalistischen" Gesellschaften einer schwer zu durchbrechenden, kapitalismusadäquaten Prägung ihres Bewusstseins durch sozio-kulturelle Traditionen, Sozialisation und Medien („Manipulation") unterlägen;
- eine nicht-institutionelle Sicht gesellschaftlicher Veränderungsmöglichkeiten, die den Akzent nicht auf parteipolitisch-parlamentarisches Handeln, sondern auf außerparlamentarische Aktion und Aufklärung setzte;
- eine Betonung des Gesamtzusammenhangs einer Gesellschaft, welche die Relevanz empirischer und damit Einzelforschung infrage stellte.

Diese Thesen förderten Homogenität unter den SDS-Soziologen und wappneten sie für Auseinandersetzungen. Sie bildeten daher den Kern des Frankfurter SDS. Die genannten Gemeinsamkeiten schlossen Individualität nicht aus. Da gab es auf Öffentlichkeit und Medien Setzende, auf moderne Forschung Fixierte, sich ins Adornitische Verlierende, daneben solche, die Gegenredner rasch mit psychoanalytischen Kategorien angingen oder als „Wirrköpfe" abqualifizierten, Theoriegläubige wie für Erfahrung Offene.

Die übrigen SDS-Mitglieder hingegen lebten als vereinzelte Versprengte in ihrem jeweiligen Studium. Soweit es sich um Mitglieder mit familiärem SPD-Hintergrund handelte, sind diese meist bald nach meinem Eintritt ins Examen gestiegen. Die späteren, mir bekannten Nichtsoziologen im SDS unterschieden sich politisch kaum von den Soziologen. Einzelne Juristen gab es, darunter den älteren, im SDS an Einfluss gewinnenden Jürgen Seifert, auch ein paar Mediziner. Auffallend: Der ältere Günter Kallauch war der einzige Ökonomiestudent im Frankfurter SDS, hatte nach dem Kriege in der Sowjetzone eine langjährige Haft wegen „Sozialdemokratismus" abgesessen, vertrat aber die Parole „Lest die Klassiker!" (gemeint waren die marxistischen). Ein Mitglied, Thomas von der Vring, studierte Geschichte, Soziologie und Ökonomie, um unmittelbar eine Promotion über die deutsche Druckergewerkschaft anzusteuern. Mit seiner Fachkombination hatte er Studienberührungen in mehrere Richtungen. Und er war der einzige SDSler, mit dem ich eine gemeinsame Schnittstelle besaß: Geschichte, hauptsächlich die der Arbeiterbewegung.

Die SDS-Mitgliederversammlungen waren lebendig, auch Ort von Meinungsstreit. Parteikommunistische Orientierungen spielten keine Rolle. Das eine Mitglied, dem mit der Enthüllungsrede Chrustschows über Stalin eine Welt zusammenbrach, die er dann auch nie mehr ganz zu ordnen vermochte, war ein Einzelfall. Gegen radikale Positionen gab es während meiner SDS-Anfänge von seiten älterer, nichtsoziologischer Mitglieder Widerspruch. Das galt für die Frage, wieviel Sozialisierungen man anstreben müsse (begrenzte oder umfassende), vor allem aber für Thesen, wie sie einer der Soziologen vertrat (ohne damit für diese repräsentativ zu sein), der meinte, es müsse „viel Blut" fließen, damit die Bahn für den Sozialismus wirklich frei werde. Gegen diese Thesen wandte sich einer der älteren Nichtsoziologen, F. Tworek – und mir wurde bewusst, innerhalb des SDS eher einer gemäßigten Richtung anzugehören. Gestützt wurde dies durch Sympathien für Symbolfiguren wie den Labour-Premier Clement Atlee und den indischen Premier Nehru, in dem sich Antikolonialismus, Gewaltfreiheit und Sozialismus zu bündeln schienen. Nach außen, bei Gesprächen mit einzelnen RCDSlern, fand ich mich aber weiterhin „links" wieder. Die Diskussionen mit ihnen machten mir deutlich, dass mein Verhältnis zu „Markt" und Wirtschaftsordnung noch zu durchdenken war.

Als es mein Studium zuließ, übernahm ich den Vorsitz des Frankfurter SDS für das Wintersemester 1958/59. Mehr als bisher üblich sollte nach meiner Meinung die Gruppe auch nach außen wirken, d. h. durch öffentliche Veranstaltungen die Studentenschaft ansprechen. Tatsächlich fiel deren Besuch unterschiedlich aus, aber Reinfälle hatten wir nie:

- Die weitaus größte Besucherzahl zog eine Veranstaltung zum 25. Jahr der nationalsozialistischen Machtergreifung an. Bei ihr führten wir den KZ-Film von Alain Resnais einerseits und den Originalfilm zur Parade bei Hitlers 50. Geburtstag 1939 andererseits vor – gewissermaßen die beiden Seiten der Medaille. Etwas zu abstrakt geraten schien mir nur der begleitende Vortrag eines SDS-Soziologen.
- Geringer war die Beteiligung an einer Algerien-Veranstaltung mit Vertretern der algerischen Befreiungsfront (FLN), in der angesichts des Algerienkrieges auch Brisanz steckte. Mein Stellvertreter, ein Kursteilnehmer an der gewerkschaftlichen „Akademie der Arbeit", Fred Zander aus Köln, hatte über Hans-Jürgen Wischnewski[41] den Kontakt zur FLN hergestellt.

Wegen beider Veranstaltungen wurde ich zum Universitätsrektor zitiert, der mir Vorhaltungen machte – wegen eines zerbrochenen Hakenkreuzes, das wir auf die Plakate zur Machtergreifungsveranstaltung gemalt hatten (juristisches Glatteis!), und wegen einer gezeigten algerischen Fahne, was die freundschaftlichen Beziehungen zu Frankreich verletze.

- Auf innerdeutsche Gegenwartspolitik bezogen sich Veranstaltungen mit zwei Hamburger SPD-Bundestagsabgeordneten, darunter Helmut Schmidt,

---

41 Wischnewski stammte aus Ostpreußen, kam aus der IG Metall, wurde später Bundesminister. Wegen seiner Kontakte in den arabischen Raum trug er den Spitznamen „Ben Wisch".

und eine mit Propst Grüber zu innerdeutschem Verhältnis und Wiedervereinigungsperspektiven[42].

Mit Helmut Schmidt, der mehrere Stunden vor der Veranstaltung nach Frankfurt kam, überbrückte ich die Zeit mit Unterhaltungen in einem nahen Café. Selbst da präsentierte er sich schneidig und männlichkeitsbetont. Er, damals als scharfzüngiger Debattenredner im Bundestag („Schmidt-Schnauze") bekannt, zog unter den Eingeladenen die meisten Besucher an. Allerdings – in einer hinteren Ecke des Auditoriums hockte ein führender SDSler, um gegen Schluss sein Verdikt zu formulieren, das bewege sich ja alles nur an der Oberfläche. Mir war damit klar, wie ein Teil des SDS die Veranstaltungsaktivitäten sah. Ganz falsch war der Einwand nicht einmal, ging es bei ihnen ja nicht um die großen Themen der Kritischen Theorie. Aber sollte eine politische Gruppe nicht auch aktuelle Fragen aufgreifen?

In jenem Semester fand Anfang Januar 1959 ein Anti-Atomkongress in der Freien Universität Berlin statt, an dem 18 Frankfurter Studierende (primär SDS-Mitglieder) teilnahmen, darunter ich. Vor allem wegen einer Resolution erregte der Kongress heftige Kritik in der Presse und wurde in die kommunistische Ecke gerückt. Dass da Einflüsse aus der DDR mitspielten, traf zwar zu. Aber die Masse der Teilnehmer sah sich anders, stimmte mit 308 zu 10 Stimmen für die Freilassung des inhaftierten Leipziger Studentenpfarrers Schmutzler. Ich selbst, mit meinen Aktivitäten auf Frankfurt beschränkt, spielte auf dem Kongress keine Rolle. Hätte ich eine anstreben sollen? Stattdessen sah ich mir, nach dem Kongress, Berlin-West wie Ost an. Neben einer Stadtbesichtigung per Bus waren Höhepunkte eine hervorragende Aufführung von Brechts „Der gute Mensch von Sezuan" im Theater am Schiffbauerdamm und ein Abend bei dem westberliner Studentenkabarett „Die Schaben"[43]. Zurückgekehrt nach Frankfurt sah sich der SDS mit Kommunismus-Verdächtigungen der Frankfurter Studentenzeitung konfrontiert. Mein Versuch, dagegen eine einstweilige Verfügung zu erwirken, scheiterte. Sofern sich Medien über eine nicht eindeutig abgegrenzte Menge auslassen, ist gegen sie nichts zu machen[44].

In der Folgezeit spitzten sich die Differenzen zwischen SPD und SDS zu, da die SPD sich zu Godesberger Ufern hinbewegte, während eine SDS-Strömung außerhalb Frankfurts, geschart um den Bundesvorsitzenden Oswald Hüller und die „konkret"-Gruppe mit Klaus Rainer Röhl und Ulrike Meinhof, sich der DDR-Propaganda annäherte. Wie man heute weiß, erhielt die Gruppe finanzielle Unterstützung aus der DDR. Obwohl die Mehrheit des SDS-Bundesvorstandes um Jürgen Seifert und Günter Kallauch (mir beide aus Frankfurt

---

42 Kalendernotizen Januar-Februar 1959
43 Wolfgang an Hildegard Rudzio und Herbert Lemke, 10.1.1959.
44 FR, 24.1.1959.

vertraut) im Juni 1959 Hüller und den SDS-Pressereferenten faktisch absetzte[45], spaltete sich 1960 vom SDS ein neuer, „parteifrommer" Studentenverband ab: der „Sozialdemokratische Hochschulbund" (SHB). In Frankfurt beschränkte sich die Abspaltung zwar auf ganze drei von 115 Mitgliedern, während gleichzeitig 13 Neue aufgenommen wurden. Dort war man zunächst *„ziemlich zuversichtlich, die Spalter zurückdrängen zu können".* Aber manch kleinere SDS-Gruppe löste sich auf. Sollte der SDS bis Jahresende fortbestehen, hielt ich es noch Ende Juni 1960 für *„möglich, daß es unter Zuspruch der SPD zu einer Wiedervereinigung* (der beiden Verbände, W. R.) *kommt."*[46] Doch dunkle Wolken hingen über dem SDS.

Inzwischen hatten sich mir weitere Ebenen politischer Betätigung eröffnet. Eine ergab sich aus meinem SPD-Beitritt vom 1. Juli 1957. Er lag damals noch als Konsequenz der SDS-Mitgliedschaft nahe, auch führte die Partei damals zum letzten Mal einen Bundestagswahlkampf mit Forderungen nach begrenzten Sozialisierungen in der Industrie. Zunächst hatte ich Kontakte nur mit einem jüngeren, sympathischen Parteisekretär Voigt, zuständig für die Jungsozialisten Hessen-Süd. Anfang 1959 trat ich als Einlader zu einer historisch orientierten Veranstaltung des SPD-Ortsvereins Frankfurt-Heddernheim auf. Seit dem Umzug zur Jügelstraße besuchte ich regelmäßig die Mitgliederversammlungen meines Ortsvereins Frankfurt-Westend. Lesen der „Frankfurter Rundschau", gelegentliche Besuche des Kabaretts „Die Maininger" (später „Die Schmiere") und des „Club Voltaire" wirkten ergänzend. Ich tauchte in das städtische Linksmilieu Frankfurts ein, begann aus dem nur studentischen Milieu herauszuwachsen.

Dabei zu einem Aktionsfeld entwickelten sich für mich 1958–61 die Jungsozialisten. Nicht allein, dass ich deren Frankfurter Mitgliederversammlungen besuchte. Vielmehr veröffentlichte ich im südhessischen Mitteilungsblatt der Jungsozialisten Artikel zur Geschichte der Sozialdemokratie und trat als Referent bei Schulungen der Jungsozialisten Hessen-Süd auf: so u. a. in Offenbach und am Vogelsberg, 1960 im Juni in Frankfurt zur Wahlgeschichte, im Oktober in Hanau zum Verhältnis zu den Streitkräften, 1961 im Januar in Gießen zur Sozialistischen Internationale, im Juni in Butzbach, im August zur Außenpolitik in Frankfurt. Meine Artikel im Juso-Mitteilungsblatt betrafen meist die Schulungsthemen und zeigen, wie ich damals einer kritisch-linken Sicht der SPD-Geschichte anhing (s. Tabelle S. 157).

Ich wirkte dabei an einem Schulungsprogramm mit, dessen Einzelveranstaltungen meist einen bzw. zwei halbe Tage dauerten und 1959/60 (Programmatik) sowie 1960/61 (Parteigeschichte) insgesamt 332 bzw. 322 Teilnehmer erfassten. Eine gewisse Bedeutung kam ihm angesichts der damaligen Godes-

---

45 Richard Heigl, Oppositionspolitik, Hamburg 2008, S. 138 ff.
46 Wolfgang an Hildegard Rudzio und Herbert Lemke, 10. 5. und 25. 6. 1960.

Politische Schriften Wolfgang Rudzio 1957–61

	Publikation	Ausgabe	Seiten
Der 20. Juli 1932	Mitteilungsblatt der Jungsozialisten in der SPD Hessen-Süd	unbek.	4–6
Hitler und das Grosskapital		1959/2-3	2–5
Antisemitismus – Sozialismus d. D.		1960/8-9	13–17
Sozialdemokratie und Wehrmacht		1960/12	14–21
Entwicklung nach links?		1961/1	5–7
Sozialdemokratie und Internationale		1961/4	40–43
Der 4. August 1914 (3 Teile, hier 3.)		1961/6	18–22
Das Ende der SPD – 1933	Neue Kritik (SDS)	1961/Juli	34–38
Politische Bildung – aber wie?	Das Semester (gewerkschaftlich/Mannheim)	SS 1961	12–14
Der manipulierte Bürger		WS 61	8–11
Der Kampf um die soziale Demokratie in der Weimarer Republik	Schulungsheft der IG Metall	1961	1–77
Material zur Geschichte der deutschen Metallarbeiterbewegung (Text)	Interner Text, IG Metall	1961	1–116 (1–68)
Spartakus (Text)	Tonbildschau IGM	1961	1–13
Konzentration und Vergesellschaftung (Ghostwriter: Dr. Fritz Opel)	Gewerkschaftliche Monatshefte	1961/2	72–75

a) 1–6 unter dem Kürzel „GO" veröffentlicht.

berger SPD-Programmdiskussion zu, der hier eine kritischere Sicht auf Programme und Geschichte der SPD entgegengestellt wurde. Häufigster Referent dabei war 1960/61 Fritz Vilmar, den ich als ethisch-christlichen Sozialisten bei der IG Metall kennen lernte, gefolgt von mir, der als werdender Historiker zum Zuge kam, während andere jeweils nur über ein Thema sprachen[47]. So auch Heinz Brandt, der gemeinsam mit mir im Juni 1961 in Butzbach referierte, damals Redakteur der IG Metall-Mitgliederzeitung. Er, der einst als Kommunist 1934-45 in KZ-Lagern des Dritten Reiches gelitten hatte und 1958 seine SED-Funktionen aufgebend in den Westen geflüchtet war, wurde eine Woche nach

---

47 Bericht Rudi Rohlmann, Aus der Arbeit der Jungsozialisten (Hessen-Süd, 1959–61), S. 1–4.

unserer Tagung in die DDR verschleppt und dort bis 1964 in Haft gehalten[48] – ein körperlich geschwächter und kritischer Märtyrer. Insgesamt traten mit diesen Referenten die Vernetzungen der südhessischen Jungsozialisten mit den DGB-Gewerkschaften (vor allem der IG Metall) und dem SDS hervor. Ich als jüngster Vortragender entwickelte meine Vortragsfähigkeit, verbesserte meine Kenntnis sozialdemokratischer Geschichte und lernte nicht nur führende südhessische Juso-Funktionäre wie Erich Nitzling oder Heinz Brakemeier kennen, sondern auch durchschnittliche Teilnehmer von außerhalb Frankfurts.

Ein zweites neues Betätigungsfeld wurde die Industriegewerkschaft Metall. Deren damalige Führung um den Vorsitzenden Otto Brenner verhielt sich gegenüber den Godesberger Tendenzen kritisch. Man hielt Kontakt mit linken Strömungen. Neben Dr. Werner Thönnessen[49], dem Leiter der IG Metall-Pressestelle, wurde vor allem Hans Matthöfer, ehemals selbst SDSler, als Leiter der Abteilung Bildung zu einer Anlaufstelle des SDS. Matthöfer, der am 1. Oktober 1960 diese Stelle antrat[50], hat den damaligen SDS-Bundesvorsitzenden kennen gelernt und als Praktikanten eingestellt (Photo S. 160)[51]. Meiner Erinnerung nach war es schwierig, einen weiteren geeigneten SDSler zu finden. Jedenfalls bot man mir die Stelle an. Da mein LAG-Stipendium ausgelaufen war, ließ sich ohnehin das Studium nicht abschließen, und politisches Interesse bewog mich, das Angebot anzunehmen.

So arbeitete ich vom 1.10.1960 bis zum 31.5.1961 in der Abteilung Bildung beim Hauptvorstand der IG Metall in Frankfurt, wurde auch Mitglied der IG Metall. Dort lernte ich das Leben als Büroangestellter in einer größeren Organisation kennen, d.h. gewöhnte mich rasch an ordentliche Kleidung, genoss das regelmäßige, mir gut tuende Kantinenessen und lernte mit Tonbändern und Schreibkräften umzugehen. Das Leben in einem Bürohochhaus mit ständig laufenden Paternostern und einer gegliederten Organisation war eine neue Erfahrung. In der Hauptverwaltung der IG Metall ließen sich unterscheiden:

---

48 Kalendernotizen 1961; Wolfgang Rudzio, Die Erosion der Abgrenzung, Opladen 1988, S. 304.
49 Werner Thönnessen, geb. 1925, hatte u.a. in Frankurt Soziologie studiert und über Frauenemanzipation in der Politik der SPD promoviert.
50 Hans Matthöfer (1925–2009), Arbeitersohn, Diplom-Volkswirt, 1953–57 tätig beim Vorstand der IG Metall, 1957–61 bei der „Organization for European Economic Cooperation", 1961–72 Leiter der Abteilung Bildungswesen beim Vorstand der IG Metall, 1961–87 MdB, 1974–82 Bundesminster für Forschung, dann der Finanzen, schließlich für das Postwesen, 1973–84 PV-Mitglied der SPD. Vgl. Wolfgang Rudzio (Mitarbeit: Jiahn-Tsyr Yu), Hans Matthöfer, in: Udo Kempf/Hans-Georg Merz (Hg.), Kanzler und Minister 1949–1998, Wiesbaden 2001, S. 470–74.
51 Hans Matthöfer, Aus dem Kohlenpott in den Bundestag, Kronberg 2006, S. 474 f., 489.

Die Führungsebene bildeten die hauptamtlichen Vorstandsmitglieder: Sie hatten gewerkschaftliche Aktivitäten hinter sich und kamen durchweg aus der Arbeiter- bzw. betrieblichen Angestelltenschaft. An der Spitze stand der legendäre Otto Brenner, den ich zwar gesehen, aber nie gesprochen habe. Sein Stellvertreter war Alois Wöhrle, zuständig u. a. für das Bildungswesen. Für ihn schrieb ich einen Artikel, dem aber vor der Veröffentlichung linke Zähne gezogen wurden. Es fiel auf, dass mehrere Vorstandsmitglieder eine Vergangenheit links der SPD hatten. Wirkte da nach, dass der Deutsche Metallarbeiterverband seit 1919 eine von USPD-Mitgliedern dominierte Führung besessen hatte? Zu diesen gehörte Hans Brümmer, nach 1945 einer der IG Metall-Vorsitzenden, den ich in gemütlicher Kantinenrunde erlebte.

Darunter stand eine Schicht leitender Mitarbeiter, unter ihnen Akademiker, die die für sie erreichbare höchste Sprosse erreicht hatten. Ihnen fehlte es an Arbeiteradel – damals Voraussetzung für Vorstandsposten. Manchem haftete der Ruf an, Einflüsterer von Vorstandsmitgliedern zu sein. Zu solchen grauen Eminenzen zählte der Presseleiter Dr. Werner Thönnessen, ein eloquent-engagierter Linker, ferner Dr. Fritz Opel, ein linker Historiker des Metallarbeiterverbandes 1914–24. Dazu kam als „Kronjurist" der IG Metall Olaf Radke, linker SPD-Landtagsabgeordneter, beredt und häufig wie unter Druck auf einen einredend[52]. Auch mein Vorgesetzter, der Leiter der Abteilung Bildung Hans Matthöfer, zählte zu dieser Gruppe – mit dem Unterschied, dass er aus dem Arbeitermilieu stammte.

Die dritte Ebene bildeten Sachbearbeiter mit unterschiedlichen Qualifikationen, meist wohl gewerkschaftlich aktiv gewesen. Die Abteilung Bildung, wie ich sie vorfand, umfasste in der Frankfurter Zentrale nur Matthöfer und einen solchen Mitarbeiter.

Als vierte Schicht kann man Sekretärinnen und Schreibkräfte bezeichnen, jüngere und ältere Frauen – manche anscheinend auch ohne besondere Bindung zur IG Metall. Heidi Mecklenburg, die junge Schwägerin Matthöfers, war als engagierte Jungsozialistin und Gewerkschafterin wohl ein eher ungewöhnlicher Fall in dieser Gruppe.

Auswärtige Besucher und freie Mitarbeiter (wie der erwähnte Fritz Vilmar[53]) lassen sich natürlich nicht einordnen. Ein Mitarbeiter aber sei erwähnt: ein ehemaliger Spanienkämpfer auf der republikanischen Seite, „Siggi" Neumann, der – krank und ausgepowert wirkend, aber geistig präsent – mich bei einem

---

52 Olaf Radke (1922–72), seit 1948 bei der IG Metall tätig, MdL 1950–72 (außer 1956–58).
53 Fritz Vilmar, geb. 1929 Insterburg, nach Soziologiestudium 1959–70 Referent in der IG Metall-Bildungsarbeit, 1975 Prof. für Politikwissenschaft an der FU Berlin, 1951–2003 SPD-Mitglied.

Hans Matthöfer auf dem SPD-Parteitag 1976 (Quelle: Bundesarchiv B 145 Bild-F048639-00331/Wegmann, Ludwig/CC-BY-SA 3.0).

langen, angeregten Gespräch in der Kantine, in dem wir auch meine laufende Uni-Arbeit über die österreichische Sozialdemokratie und das Nationalitätenproblem berührten, auf die Nationalitätenschrift Stalins aufmerksam machte (nicht, um mich auf dessen Schiene zu bringen). Er hatte, seit 1954 Mitarbeiter beim Vorstand der IG Metall, den Auftrag, eine Geschichte der deutschen Metallarbeiterbewegung zu schreiben. Sein Tod im November 1960, nach unserem Treffen, schnitt dies ab[54]. Es scheint aber, als ob dieses Ziel von der IG Metall weiter verfolgt wurde, jedenfalls wurde ich dann mit Materialsammlungen zur Geschichte des Deutschen Metallarbeiter-Verbandes beauftragt.

Mein Vorgesetzter, Hans Matthöfer, imponierte mir nicht nur als Self made-man, sondern auch mit seiner disziplinierten Arbeitseffizienz. Seine Nutzung der Zeit ging soweit, dass er selbst bei Spaziergängen Kopfhörer trug, um fremde Sprachlaute (Spanisch!) hörend zu lernen; ebenso, als wir einmal bei ihm zu Hause auf Liegestühlen, eingehüllt in Decken, lagen, um im Gespräch die

---

54 Siegmund („Siggi") Neumann, 1907 Tarnow/Galizien–27.11.1960 Frankfurt. Arbeiter-Abitur in Berlin, 1926 KPD, Studium an der Deutschen Hochschule für Politik, 1933 Emigration nach Paris, 1934 KPO, 1937 Teilnehmer am Spanischen Bürgerkrieg, verwundet, Emigration nach Schweden, 1946 Rückkehr nach Deutschland, SPD, 1947–54 Referent beim PV der SPD, Autor von „Ist die Sowjetunion ein sozialistischer Staat?" (1946). bundesstiftung-aufarbeitung.de und www.fes.de (Abrufe 6.8.2015).

Strahlen der ersten Frühjahrssonne zu erhaschen. Auch seine Entschiedenheit hat mich beeinflusst. Als ich auf die schwierige Stellung einer neuen Linken zwischen oder jenseits von Sozialdemokratie und Kommunismus zu sprechen kam, meinte er trocken: Er habe sich für die SPD entschieden, man müsse sich für eine der großen Kräfte entscheiden und in deren Rahmen wirken. Da blieb kein Suchen nach besserem Dritten oder sonstwas. Dies bestärkte meinen eigenen Realismus. Natürlich enthält auch eine solche Option die Möglichkeit des Scheiterns, und trotz einzelner Erfolge gestand Matthöfer am Ende, aus seinen Vorstellungen sei trotz seines Bemühens „leider noch nicht viel geworden". Auch für eine betriebsnahe Tarifpolitik habe er letztlich „ohne jeden Erfolg" geworben[55]. Aber welcher Politiker kann ehrlicherweise nur stolze Bilanzen ziehen?

Meine Tätigkeit bei der IG Metall bestand im wesentlichen aus Lesen und Schreiben. Es begann mit einem „Drehbuch" für eine Tonbildschau, die auf dem US-Spielfilm zum antiken Spartakusaufstand beruhte. Relevanter waren zwei von mir verfasste historische Texte. Der erste stellte das Ringen um sozialistische Gestaltungen in der Weimarer Republik 1918–29 dar, eine links gestimmte, knappe Darstellung. Der zweite Text sollte als Vorarbeit für eine Geschichte der Metallgewerkschaften dienen. In ihm waren die „Metallarbeiter-Zeitung" ab 1892, ferner Jahr- und Handbücher des Metallarbeiterverbandes und Geschäftsberichte der IG Metall bis 1959. Gewerkschaftliche Strukturen und Probleme wurden sichtbar, Entwicklungen deutlich (s. Tabelle S. 156). Das qualifizierte mich, Oktober/November 1961 auf Lehrgängen an der IG Metall-Schule in Schliersee/Oberbayern zu referieren. Die Möglichkeit zeichnete sich ab, bei der Bildungsabteilung der IG Metall dauerhaft Anker zu werfen. Ich verwarf diesen Gedanken jedoch. Sofern sich die Chance bieten würde, wollte ich jedenfalls zunächst das Examen machen – um nicht auf Gedeih und Verderb von politischen Entwicklungen abhängig zu werden.

Wie stand es mit meiner theoretischen Entwicklung während jener Jahre? Meine damalige Begegnung mit den sozialistischen „Klassikern" war zunächst auf Marx' Geschichtsauffassung konzentriert. Eine wichtige Rolle spielte dabei der frühe Marx, wie er damals en vogue war. Mir blieben aber Zweifel:

- So erwartete ich nicht, dass eine Überflussgesellschaft möglich würde, die Voraussetzung für die Koinzidenz der Interessen und das Ende aller bisherigen Geschichte. Würde die Idylle möglich, „heute dies, morgen jenes zu tun, morgens zu jagen, nachmittags zu fischen, abends Viehzucht zu treiben, nach dem Essen zu kritisieren, wie ich gerade Lust habe"?[56]

---

55 Matthöfer, Aus dem Kohlenpott, S. 529, 513.
56 Karl Marx, Deutsche Ideologie, in: Franz Borkenau (Hg.), Marx, Frankfurt a. M. 1956, S. 57.

- Ferner blieb das Problem der russischen Revolution, mündend in totalitärer Diktatur – Fragwürdigkeiten, die schon bei Marx/Engels auftauchten, sich weder beim Lesen von Lenins Werken noch von Leo Trotzki verflüchtigten, schon gar nicht durch dessen Kraftspruch „Die Mehrheit wird nicht gezählt, sondern erobert"[57].

Auch wenn ich Marx und Engels schätzte – als „Marxisten" hätte ich mich seinerzeit nicht bezeichnet. Zudem hatte ich den ökonomischen Kern des Marx' schen Werks, das „Kapital", noch nicht gelesen.

Wieweit war ich von der „Kritischen Theorie" beeinflusst? Direkt gar nicht, da ich unter dem Druck meines Studiums keine soziologische Lehrveranstaltung besuchte und damals auch keine Publikation der einschlägigen Größen gelesen hatte. Mittelbar hingegen gab es sicher Einflüsse. So besprach ich 1961/62 das Buch des amerikanischen Soziologen Packard „Der manipulierte Bürger" 1961/62 zustimmend, in dem moderne Werbetechniken angeprangert wurden – ganz im Sinne der Manipulationsthese der Kritischen Theorie. Ähnlich mein Beitrag „Das Ende der SPD – 1933" in der „Neuen Kritik" des SDS (1961), wo ich dem Historiker Erich Matthias folgte, der seine Kritik an der SPD als „Kautskyanismus" zusammenfasste:

- Sie habe auf eine gesetzmäßige Entwicklung gebaut,
- einen „Organisationspatriotismus" (Primat von Einheit und Existenz der Organisation) vertreten,
- sich primär um Sozialpolitik und Wahlrecht gekümmert und damit de facto „politische Passivität" begründet[58].

Diese Sicht durchzog auch das Buch Joseph Buttingers zum Scheitern der austromarxistischen Sozialdemokratie Österreichs 1934[59]. Buttinger begrüßten wir 1961 beim Frankfurter SDS. Man könnte sagen, ich neigte zu einer an der Parteigeschichte entwickelten Historiker-Variante der Kritischen Theorie.

Bedeutsam für die dann plötzlich vor mir stehende Entscheidung wurde dies alles aber nicht. Nachdem sich im Sommer 1961 die Differenzen zwischen SDS und SHB verschärft hatten, wurde die SPD-Haltung gegenüber dem SDS bedrohlich. Der SDS hielt Anfang Oktober 1961 seine Bundesdelegiertenkonferenz ab, der am nächsten Tage die Gründung einer SDS-Förderergesellschaft folgte – was von seiten der SPD als erste Stufe einer Parteigründung gewertet wurde. Noch im Oktober erklärte der Parteivorstand für unvereinbar,

---

57 Leo Trotzki, Geschichte der russischen Revolution, Frankfurt a. M. 1960, S. 631.
58 Erich Matthias, Kautsky und der Kautskyanismus, in: Iring Fetscher (Hg.), Marxismusstudien, 2. Folge, Tübingen 1957, S. 150 ff., insbes. S. 163, 178, 195, 185.
59 Joseph Buttinger, Am Beispiel Österreichs, Köln 1953.

gleichzeitig Mitglied von SDS und SPD zu sein. Alle betroffenen SPD-Mitglieder in Hessen mussten sich erklären, ob sie den SDS verließen. Leicht war diese Entscheidung nicht. Ich habe mich für den Austritt aus dem SDS entschieden, ebenso wie 14 weitere, meist ältere Frankfurter SDS-Mitglieder (u. a. die mir bekannten Peter Adena, Otto Silbernagel, Dietrich Sperling, Werner Sörgel, Gerd Brandt, Alfred Schmidt)[60]. Meine Gründe waren eher praktisch oder taktisch:

- Wenn der SDS-Bundesvorstand eine Politik des „Weiter wie bisher" propagiere und Helga Einsele[61] auf Fragen nach Möglichkeiten für künftige politische Arbeit meinte, „Wo ein Wille ist, da ist auch ein Weg!", so reiche dies nicht als politische Perspektive.
- Ich selbst ginge ins Examen und müsse den SDS ohnehin verlassen.
- Bekannte in der IG Metall plädierten für „Entrismus", d. h. Verbleiben in der SPD, und ich wolle mir Aktivitäten bei Jungsozialisten und IG Metall offen halten[62].

Soweit die seinerzeit geäußerten Begründungen. Außerdem gab es noch eine trennende Erinnerung an meinem einzigen Auftritt auf einer SDS-Bundesdelegiertenkonferenz (1961 oder früher). Als dort die Anerkennung der Oder/Neiße-Linie propagiert wurde, hatte ich mich in einem Redebeitrag dagegen gewandt und fand mich gänzlich isoliert. Allein Professor Flechtheim kam zu mir und drückte Verständnis aus. Das war unvergessen. Im übrigen arbeitete in meinem Kopf noch Matthöfers kühle These, man müsse sich zu einem der großen politischen Haufen schlagen. Im Ergebnis trennten sich Wege. Weiter wie bisher ging es nicht.

---

60 Vgl. Willy Albrecht, Der Sozialistische Deutsche Studentenbund (SDS), Bonn 1994, S. 424 f.
61 Dr. Einsele, Gefängnisdirektorin in Frankfurt, war neben Prof. Wolfgang Abendroth die bekannteste Führungperson in der SDS-Förderergesellschaft.
62 Kalendernotizen Oktober-Dezember 1961.

Kapitel V
Zwischen linkem Engagement und bürgerlichen Lebenszielen (1961–73)

1 Vom Studenten zum promovierten Historiker – ohne Uni-Zukunft?

Zu jener Zeit, 1960/61, als Geldmangel den Weg zum Examen abschnitt, bisherige politische Wege an ihr Ende kamen, die Gefahr sich abzeichnete, bisher Gelerntes wieder zu vergessen, trat eine Wende ein.

Zum einen konnte ich im April 1961 in das neu erbaute Walter Kolb-Studentenheim am Frankfurter Beethovenplatz umziehen. Mit einem eigenen, kleinen Raum für mich allein verbesserten sich die Bedingungen fürs Leben und Lernen wesentlich. Zweitens trat eine finanzielle Wende ein. Ich erhielt, 16 Jahre nach dem Krieg, Mitte August 1961 die Hauptentschädigung ausgezahlt. Das waren etwa 35 000 DM – wenig im Vergleich zum Verlorenen, andererseits soviel Geld wie noch nie in meiner Hand. Sollte man damit eine kleine Wohnung in Frankfurt kaufen? Gewiss hätte sie an Wert zugenommen. Stattdessen entschied ich, angesichts meiner prekären Lage das Geld auf der hohen Kante zu belassen und erst einmal den Studienabschluss zu finanzieren. Die Erfahrung, wie der SDS verstoßen wurde und wie es älteren „Politischen" im Leben ergangen war, bestärkten mich darin, auf keinen Fall ohne abgeschlossenes Studium ins Erwerbsleben zu gehen. Erstmals ließ sich nun über den Monat hinaus planen.

Schon Ende 1960 hatte ich mit zwei „*meiner alten Mathe-Kollegen*" verabredet, für die Examensvorbereitung „*eine systematische Wiederholung der Mathematik*" zu beginnen[1]. Daraus war zwar zunächst infolge der Arbeit bei der IG Metall nicht viel geworden, aber nach meinem dortigen Ausscheiden traf ich

---

1   Wolfgang Rudzio an Hildegard Rudzio und Herbert Lemke, 14.11.1960.

mich im Juni 1961 mit Heinz Kalheber, um von ihm beschaffte Mathe-Klausuraufgaben der vorangegangenen Jahre gemeinsam durchzuarbeiten.

Zuerst aber, als die Hauptentschädigung einging, vergingen keine zehn Tage, bis ich zu einer Urlaubsreise aufbrach. Es galt, Kraft für die Endrunde zu tanken. Jugoslawiens Adriaküste schien südlich, nicht zu weit und preisgünstig. Ich fuhr allein mit der Bahn quer durch Bosnien bis Split, sah die zerklüftete, romantische und mit vielen kleinen Tunneln durchquerte Landschaft vorübergleiten. Per Schiff ging es nach Bol/Insel Brac, wo ich einen Monat bei einem Weinbauern in einem einfachen, aber sauberen Zimmer wohnte. Zum ersten Mal seit der Kindheit sah ich wieder das Meer, nun die tiefblaue Adria unter der Sonne des Südens! Felsen und Pinien an den Stränden waren anders als an der Ostsee, aber rasch fand sich ein Lieblingsplatz, eine weit ins Meer herausragende, von Pinien bestandene Landzunge: das „Zlatni Rat" mit hellem, kleinkörnig-glattpoliertem Steinstrand. Da schien man unter jugoslawischen Sommerfrischlern ganz allein. Bald aber fielen mir drei junge Wienerinnen auf, umgarnt von zwei etwas älteren, ein bisschen Deutsch parlierenden Ortscasanovas. Ich lernte die Gruppe kennen, und als die Österreicherinnen vor mir abreisten, hatte ich ein, zwei Telefonnummern. Von den beiden Kroaten konnte man serbo-kroatische Vokabeln lernen und sich vor dem „Moskipass", dem Hai, vorzusehen. *„Abseits der Welt"*, ohne Zeitungen, nach vier bis fünf Stunden am Strand dann im kühlen Zimmer mathematische Zahlentheorie lesend[2] und abends mit Rotwein den Tag beschließend, verlebte ich noch ruhige Tage. Während ihrer brachte ich mir das Schwimmen bei – ein Manko weniger! Ein Abstecher nach Wien auf der Rückreise blieb erfolglos, niemand war anzutreffen. Dafür lernte ich den I. Bezirk Wiens kennen, besichtigte die Hofburg samt mittelalterlicher deutscher Königskrone und sah mich um, wie es mit Arbeitsmöglichkeiten für eine Examensarbeit stünde[3].

Jene Reisen nach Bol und Wien rückten Möglichkeiten vor Augen, die mir das Leben lebenswerter als bisher erscheinen ließen. Das Examen wurde nun zu einem Ziel, nicht mehr aus Pflicht und Notwendigkeit, sondern wegen des Lebens, das danach lockte. Im Winter 1961/62 habe ich im Frankfurter Kolb-Heim, bei Palaver und „Amselfelder" Rotwein, unvermittelt in vollem Ernst erklärt, ich hätte drei Ziele, die ich erreichen wolle: 1. Examen machen, 2. heiraten, 3. Professor werden. Das, was da aus mir heraussprudelte, war ein bürgerliches Lebensprogramm – Politik kam darin nicht vor. Ich sah nun Lebensperspektiven und wollte etwas aus mir machen. Nach damaligen Zukunftsträumen, geäußert bei Boths, stellte ich mir vor, als Professor in sommerlichen Semesterferien per Auto mit Frau, Kindern und einer Kiste voll

---

2 Wolfgang Rudzio an Herbert Lemke, 6. und 16. 9. 1961; Wolfgang an Hildegard Rudzio, 13. 9. 1961.
3 Wolfgang an Hildegard Rudzio, 1. 10. 1961; Kalendernotizen 1961.

Büchern ans Mittelmeer zu reisen, um dort monatelang in einem Hause ein Leben zu führen, ausgefüllt von Liebe, Wissenschaft, Sonne und Meer. Zum Semester sollte es dann wieder zurück gehen. Was mir vorschwebte, war eine Kombination von Beruf und Aussteigerdasein.

Zunächst ging es dem Studienabschluss entgegen. Zuerst scheiterte zwar die Anmeldung zur Prüfung im Januar 1962, durchliefen doch in fast sechs langen Stunden 41 Prüfungskandidaten die Anmeldeprozedur, während ich als Nummer 45 mein Heil erneut versuchen musste[4]. Aber dann klappte es. Auf mein Angebot, in Wien zu arbeiten, erhielt ich als Thema von Kluke „Das Ständestaatsprogramm von Bundeskanzler Dollfuß", von Carlo Schmids Senior-Assistenten Dr. Manfred Friedrich den Koalitionsausschuss der Großen Koalition in Österreich.

Mit diesen Aufgaben reiste ich Anfang Februar nach Wien. Meine Unterkunft, anfangs in der Erdbergstraße, befand sich dann in der Lackierergasse bei einer verwitweten „Frau Hofrat". In beiden Fällen handelte es sich um einfache kalte Zimmer. An Annehmlichkeit fehlte es angesichts begrenzt funktionierender Klos, und Wasser war nur *„auf dem öffentlichen Hausflur zu holen"*. Draußen herrschte kaltes Winterwetter, noch im März schien *„wieder der asiatische Schnee-Wind über Wien hereingebrochen"*. Auch wenn ich – trotz ausgebleichter Hausanstriche – *„die Fassade dieser Stadt immer wieder eindrucksvoll"* fand, reduzierte das die Lebensqualität, zumal sich selbst die Cafés meist als *„gar nicht soo besonders"* entpuppten[5]. Gegen den *„Steppenwind"* half, sich zur Nacht in eine Schafwolldecke einzuwickeln. Wer aus Frankfurt kam, empfand die Kälte doppelt. Aber es gab auch eine andere Seite. Obwohl meine Freundin wie ich von Arbeit eingedeckt waren, besuchten wir Kabarett und Kellertheater, führte sie mich ins Café Havelka und ebenso ins Café Landmann nahe dem Bundeskanzleramt, wo so mancher Politiker Österreichs verkehrt hatte[6]. Auch unternahmen wir eine Winterwanderung im Wiener Wald und ich erahnte die Schönheit der Umgebung. Die Nonchalance der Wiener wie das Flair Wiens beschwingten ostpreußische Schwerblütigkeit.

Unter der Woche arbeitete ich intensiv, las viel und machte Notizen. Meine Arbeitsplätze, eindrucksvolle Gebäude der Jahrhundertwende am Wiener Ring, wechselten: das Historische Institut der Universität, die Nationalbibliothek, das Archiv der Sozialistischen Partei Österreichs, die Bibliotheken des Nationalrats sowie der Handels- und der Arbeiterkammer.

Schritt um Schritt traten die Vorstellungen Dollfuß' und ihre Probleme hervor. Mit dem Lesen der Enzykliken „Rerum novarum" und „Quadragesimo anno" rückte erstmals die katholische Sozialllehre in meinen Gesichtskreis.

---

4 Wolfgang an Hildegard Rudzio, 22. 1. 1962.
5 Wolfgang an Hildegard Rudzio, 6. 3. 1962.
6 Wolfgang an Hildegard Rudzio, 17. 3. und 16. 2. 1962.

Ebenso lichtete sich der Nebel um den Koalitionsausschuss, die eigentliche Regierung Österreichs. Nach diesen Vorarbeiten ging ich am Ende des Aufenthalts zu Interviews mit politischen Akteuren über. Das war nicht ganz einfach, denn ein Empfehlungsschreiben Carlo Schmids öffnete zwar den Zugang zum österreichischen Gewerkschaftspräsidenten Franz Olah, der sich aber, gerade im Streit aus dem Koalitionsausschuss ausgetreten, nicht äußern wollte. Doch vermittelte er ein Interview mit dem Vizekanzler und SPÖ-Parteivorsitzenden Bruno Pittermann. Vor ihm, dem „Roten", warnte inständigst meine „Hofrätin", die den Boten des Kanzleramtes in Empfang genommen hatte – die Bürgerkriegsfronten in Österreich wirkten nach. Außerdem gelang es mir, den Ex-Bundeskanzler Julius Raab (ÖVP), den FPÖ-Bundesgeschäftsführer Hans-Richard Bogner, den späteren Bundespräsidenten Dr. Heinz Fischer (Sekretär des SPÖ-Nationalratsklubs), die SPÖ-Nationalräte Karl Czernetz und Alfred Migsch (ehemals Bundesminister) sowie den Chef des Bundespressereferats der ÖVP, Karl Pisa, zu interviewen. Über die Informationen hinaus war es interessant, Politiker im Gespräch zu erleben, Bundeskanzleramt, Parlament und Parteihauptquartiere von innen zu sehen. Österreichs politischer Prozess und seine jüngere Geschichte wurden mir vertrauter als die politische Bühne Bonns. Hinter der Fassade des institutionellen Systems trat ein informales Regierungssystem hervor, eine Sicht, die ich später auf Deutschland übertragen und bis ins Alter verfolgt habe.

Ab Anfang April hielt ich mich dann einen Monat in Hannover auf. Dort, bei meiner Mutter, entstand im Ein-Finger-Such-System die politikwissenschaftliche, in Frankfurt die historische Examensarbeit über Dollfuß (72 bzw. 96 S. Maschinenschrift). Das war mühsam, denn Schreibfehler ließen sich nicht sauber beseitigen. Es bedeutete, so manche Seite noch mal anzufangen. Der Rest des Jahres verging mit Examensvorbereitungen, vor allem für Mathematik. Dann aber stolperte ich. Anfang Dezember 1962 machte mir Professor Baer klar, dass man fürs Mündliche ein aktuelles Forschungsgebiet der Mathematik benötige. Die bittere Folge: ein später nachzuholender Prüfungsteil. Deprimiert blieb ich erstmals über Weihnachten im Heim, nur zwei „ewige" Studenten um mich, von zu Hause mit einem Weihnachtspaket getröstet[7].

Nach diesem Tiefpunkt gings ins Examen, im Januar 1963 in die Mathematik- und die Geschichtsklausur. Beide müssen gut gelaufen sein. In Geschichte ging es um den römischen Kaiser Diokletian, der – wie Karl V. – mein Interesse auf sich gezogen hatte, weil er ohne äußeren Zwang auf die Macht verzichtete. Mitte Februar folgten die mündlichen Prüfungen in Geschichte und Politikwissenschaft. Beide wurden mit „sehr gut" bewertet. Bei Geschichte machte mir der Prüfungsamtsvorsitzende Kompliment für ungewöhnlich

---

7 Wolfgang an Hildegard Rudzio und Gertrud Lemke, 25.12.1962.

flüssiges Sprechen. Carlo Schmid empfand mich in der Prüfung „kritisch und ironisch" – so einer seiner Assistenten[8].

Ärgerlich blieb, dass der nächstmögliche Termin fürs Mündliche in Mathematik erst ein halbes Jahr später lag. Immerhin fand sich ein noch in Entwicklung befindliches Mathematikgebiet: die Theorie der strategischen Spiele. Es handelt sich um die Analyse von „Spielen", bei denen die Spieler unterschiedliche Interessen verfolgen – von Skat oder Schach bis zu Oligopolen am Markt oder Konflikten zwischen Atommächten. Das Ziel ist, die optimalen Verhaltensstrategien für Akteure zu finden. Die erste grundlegende Veröffentlichung auf diesem Feld, die 1944 erschienene „Theory of Games and Economic Behavior" von John von Neumann und Oskar Morgenstern, ging auf Schumpeters Anwendung ökonomischer Prämissen auf die Politik zurück. Angesichts meiner schizoiden Fächerkombination bestand ihr Reiz darin, dass sie ein „missing link" zwischen Geschichte/Politikwissenschaft und Mathematik bildete. Es stellte sich die Frage, ob mit ihr politische Konflikte und Machtverteilungen systematisch analysierbar würden und damit Politikwissenschaft eine solidere Grundlage bekäme[9]. Ich fing Feuer, und als endlich die mündliche Mathematik-Prüfung bei Baer über die Bühne ging, verlief sie problemlos. Im Gesamtergebnis war das Staatsexamen mit „sehr gut" bestanden.

Dieser erfreuliche Abschluss wurde von der Frage nach meiner Zukunft überlappt. Inzwischen hatte Kluke mich mit der Frage überrascht, ob ich denn Wissenschaftlicher Assistent oder Bundestagsabgeordneter werden wolle? So alternativ hatte ich die Dinge noch nicht gesehen. Im Kern hat er aber wohl recht gehabt – man muss sich für das eine oder für das andere entscheiden. Die unterschiedlichen Denkweisen der beiden Bereiche lassen anderes kaum zu. Zwei meiner Freunde und Ko-Doktoranden bei Kluke sind in die Politik gegangen: Karsten Voigt, später langjähriger SPD-Bundestagsabgeordneter, der sein Dissertationsvorhaben sausen ließ, und Thomas von der Vring, der sich habilitierte und Uni-Präsident in Bremen wurde, dann aber als Europa-Abgeordneter der SPD das Berufsleben primär in der Politik verbracht hat.

Klukes eigentliches Angebot kam im August 1963, als er mir eine von der VW-Stiftung finanzierte Arbeit über die Gemeinden in der Britischen Zone vorschlug. Mit ihr könnte ich promovieren. Das Angebot nahm ich an und konnte ab 1. Januar 1964 beginnen. Ich erhielt abgabenfreie 800,– DM monatlich, was einem Durchschnittsverdienst nahekam; außerdem übernahm die Stiftung Reisekosten und Druck. Die Gemeinden – das war zwar nicht gerade das Thema meines Herzens. Ich hätte mir eher eine Dissertation über den

---

8 Wolfgang an Hildegard Rudzio, 16.2.1963.
9 Vgl. Wolfgang Rudzio, Eine Verwissenschaftlichung der Politikwissenschaft? In: Adolf Arndt u. a. (Hg.), Konkretionen politischer Theorie und Praxis, Stuttgart 1972, S. 105–23.

USPD-Vorsitzenden Hugo Haase oder ähnliches ausgesucht. Aber – sollte das LAG-Geld nicht für die Doktorarbeit drauf gehen, musste ich das VW-Stipendium nehmen. Es bedeutete immerhin, sich ein neues Themenfeld zu erschließen. Zudem würde ich im Rahmen eines Projekts zur Nachkriegsgeschichte arbeiten, was hieß, historisches Neuland betreten. Danach winkte eine Assistentenstelle bei Kluke. Der Weg zur Professur schien sich zu öffnen.

Die Dissertation hatte daher hohe Priorität. Sie führte mich über ein Jahr in zahlreiche Städte, in ein permanentes Reisedasein. Zur Arbeitsaufnahme suchte ich Anfang Januar 1964 das Institut für Zeitgeschichte in München auf und lernte als Betreuer des Nachkriegsprojekts Dr. Thilo Vogelsang kennen, einen gesetzten, ruhigen Historiker, der über die Reichswehr der Weimarer Zeit publiziert, 1963 aber ein Taschenbuch über den ersten Ministerpräsidenten Niedersachsens, Hinrich Wilhelm Kopf, veröffentlicht und damit die Grenze von 1945 überschritten hatte. Er orientierte mich über die Quellenlage: Unterlagen seien noch nicht in die Archive gelangt seien, Zugriff auf britisches Aktenmaterial nicht möglich. Man könne mir nur einen Zugang zum Deutschen Städtetag eröffnen, im übrigen müsse ich selbst weiter sehen. Ganz einfach war die Lage somit nicht, doch „*berauscht von München*" – einem „*deutschen Wien*"[10] – kehrte ich zurück, um mich in die Arbeit zu stürzen:

Erste Monate in Frankfurt waren dem Lesen der Literatur über Kommunalverfassungen und die Britische Zone gewidmet. Gegenstand der Arbeit sollte die britische Reform der Kommunalverfassung 1946 sein, ihre Ziele, ihre Implementation und die deutschen Reaktionen.

Dem folgte im April/Mai 1964 die Aktendurchsicht beim Städtetag in Köln. Dort lernte ich einige der leitenden Herren kennen, die für bestimmte Sachgebiete zuständig waren – selbst einen Müllentsorgungsdezernenten gab es schon damals. Da ich in den Anfängen steckte, war viel zu notieren. Es gab noch keine Kopiermöglichkeiten, sodass viel Zeit mit Abschreiben auf Karteikarten draufging. Marta Lauter, Schwester meiner Mutter, die ich besuchte, berichtete, ich sähe „gut aus, war das letzte Mal schon ganz braun aufgebrannt", und „die Arbeit gefällt ihm auch"[11].

Im Juni reiste ich nach Düsseldorf, um Materialien im Hauptstaatsarchiv NRW, beim Landtag und Deutschen Städtebund durchzusehen. Im Juli forschte ich in Bonn bei Deutschem Landkreistag, Deutschem Gemeindetag und in Parteigeschäftsstellen. Dort ging es auch um das Bundesinnenministerium, wo Unterlagen über britische Kommunalisierungsbemühungen für die Polizei lagen. Unergiebig erwiesen sich die Parteien: Die SPD-„Baracke" mauerte voller Misstrauen, die CDU ließ mich in ihren Beständen frei, aber fruchtlos stöbern. Gegen Ende suchte ich Matthöfer auf und konnte eine Bundestagssitzung be-

---

10 Wolfgang an Hildegard Rudzio, 8.1.1964.
11 Marta Lauter an Hildegard Rudzio, 14.5.1964.

obachten. Über mich wurde berichtet, „voller Begeisterung bei seiner Arbeit" zu sein[12].

Auch Niedersachsen und Schleswig-Holstein hatten zur Britischen Zone gehört. Daher ging ich im August/September und 10 Tage im Spätherbst 1964 nach Hannover, um Materialien bei den kommunalen Spitzenverbänden Niedersachsens und beim Landtag durchzusehen. Dort wohnte ich bei meiner Mutter, traf meinen Klassenkameraden Mühlenberg und von der Vring, inzwischen Wissenschaftlicher Assistent von Oertzens. Dazwischen, im September/Oktober, lag ein Aufenthalt von sieben Wochen in Kiel, wo Landtag, Spitzenverbände und Innenministerium abzugrasen waren. Während die Untersuchungen zunehmend flüssiger liefen, lud das Wetter an den Wochenenden dazu ein, mit dem Fördeschiff nach Laboe hinauszufahren. Man konnte dann am Marineehrenmal Laboe vorbei die Steilküste entlang wandern, sich sonnen und bis in den Oktober hinein baden. Die vertraute Ostsee, zwanzig Jahre nicht gesehen, zeigte sich von ihrer besten Seite.

Im Folgejahr besuchte ich noch die Innenministerien in Hannover und Düsseldorf, eventuellen Fallstudien dienten Kurztrips nach Wuppertal, Verden und Bad Segeberg. Für die britische Seite blieben – neben Literatur – nur schriftliche Befragungen ehemaliger Besatzungsoffiziere und ein Briefwechsel mit Professor Robson von der London School of Economics and Political Science. Robson, der die britische Reform angestoßen, die weitere Entwicklung aber nicht verfolgt hatte, war „gratified to learn that the municipal reforms which were introduced into the British Zone in 1945–46 have been accepted by the more important Länder in West Germany."[13]

Es ging dann an die Niederschrift, und zu diesem Zweck wurde ich wieder in Frankfurt sesshaft. Da mein Zimmer wegen Lärm und Enge ungeeignet war, tippte ich in einem öffentlichen, aber tagsüber nicht genutzten Raum eines Evangelischen Studentenheimes im Westend, wo Karsten Voigt als Tutor fungierte. In dieser Phase verstärkten sich auch wieder die Kontakte zu Kluke, zu seinem Seminar, seinem Assistenten Dr. Hellmut Seier und den Mitdoktoranden[14]. Als solche lebten in Frankfurt Karsten Voigt, Wilfried Wagner, Lothar Kettenacker und Alfred Weinrich[15]. „Schlangenzüchter" – diesen Ruf hatte sich Kluke wegen linker Schüler eingefangen. Dabei waren es wohl die damalige Zeitstimmung, die deren Anteil erklärten.

---

12 Marta Lauter an Hildegard Rudzio, 8.7.1964.
13 William A. Robson (1945 Minister für Zivilluftfahrt) an Wolfgang Rudzio, 7.2.1966.
14 Kalendernotizen 1964–65.
15 Voigt wurde SPD-Bundestagsabgeordneter, Wagner Professor an der Universität Bremen, Kettenacker Direktor des Deutschen Historischen Instituts in London, der bereits promovierte von der Vring wurde SPD-Europa-Abgeordneter.

Tagungen hielten das VW-Nachkriegsprojekt zusammen. Eine fand Februar 1965 in Erlangen statt. Leichte Reibereien gab es um den Vortrag von Wolf-Dieter Narr (später Professor für Politikwissenschaft). Darüberhinaus referierten außer mir noch der Amerikaner Dr. C. F. Latour und Alfred Weinrich. Für mich schien es *„ziemlich erfolgreich verlaufen zu sein"*:

> *„Anwesend waren einige Berühmtheiten der zeitgeschichtlichen Branche wie die Professoren Bracher, Mommsen, Deuerlein, Krausnick, Kluke, ferner mein Vorgesetzter Vogelsang, zwei Vertreter des Bundesarchivs, zwei der Friedrich-Ebert-Stiftung, vier Referenten (darunter ich) und ein Haufen Erlanger Doktoranden etc."*[16]

Dem folgte eine Tagung des Instituts im Februar 1966, auf der über den Fortgang meiner Dissertation zu berichten war. Einen anderen Charakter hatte eine Tagung der Niedersächsischen Landeszentrale für Politische Bildung zur deutschen Nachkriegsgeschichte, die Juni 1967 in Cuxhaven stattfand. Mein Thema war „Besatzungsmacht und Besiegte" in der Britischen Zone. Mit VW-Käfer früh angereist, schlug ich wegen meiner Redevorbereitung eine Einladung Vogelsangs aus, einen Wagen-Ausflug ins Watt zu unternehmen. Das war einer der Fälle, da ich persönliche Kontakte wohl zu wenig pflegte.

Inzwischen hatte mich ein Schlag getroffen, der meine Zukunftsperspektive zunichte machte. Am 7. Juli 1965 eröffnete mir Kluke, er bekomme entgegen seinen Erwartungen nicht die Assistentenstelle, die er mir zugedacht hatte. Für nur eine vorhandene Stelle habe er jemand mit Frau und Kind, mir könne er daher nur eine Hilfsassistenz anbieten. Ich schluckte, tischte aber nicht meine inzwischen analoge familiäre Lage auf und sah die Aussicht auf eine akademische Historikerlaufbahn geschwunden. Dennoch, die Promotion wollte ich zu Ende bringen, um dann weiter zu sehen.

Als es Ende 1965 um die Verlängerung des VW-Stipendiums ging, hätten mir drei zusätzliche Monate genügt. Man war aber großzügiger, sodass Zeit für die Suche nach einer Anschlusstätigkeit blieb. So lieferte ich die Dissertation im Mai 1966 ab, während sich der Termin für die mündliche Doktorprüfung um ein Jahr verzögerte. Prüfer waren die Professoren Kluke (Geschichte), Carlo Schmid (Politikwissenschaft) und Kraft (Alte Geschichte). Kraft war ein neu nach Frankfurt gewechselter Althistoriker, dessen Seminare ich 1965/66 zu schätzen lernte. Ich promovierte mit „sehr gut" (magna cum laude), sodass von daher einer Universitätslaufbahn nichts entgegengestanden hätte. Ein engagierter, schwungvoller Anlauf hatte – trotz Verzögerungen – zum Ziele geführt. Aber die erhofften Früchte des Erfolgs waren zuvor verdorrt. Von der

---

16 Wolfgang an Hildegard Rudzio, 5. 2. 1965.

Perspektive eines Wissenschaftler-Lebens mit der Geschichte meinte ich Abschied nehmen zu müssen.

Das bedeutete auch, dass viel Wissen entwertet war. Noch nach dem Staatsexamen hatte ich viel gelesen – neue Literatur zur Weimarer Republik, zur nationalsozialistischen Ära, aber auch zum Ausbruch des Ersten Weltkrieges und Kriegszielen. Biographien über Karl V. und Bismarck kamen dazu. Daneben hatte osteuropäische, insbesondere russische Geschichte Gewicht. Dem ideengeschichtlichen Feld konnte man Fetschers „Marxismus", Leonhards „Sowjetideologie heute" und Utechins „Geschichte der politischen Ideen in Russland" zuordnen. Das meiste war freier Lesestoff, der gesorgt hatte, dass sich mein historischer Horizont nicht auf die Nachkriegsgeschichte verengte.

2 Natalja – der holprige Weg zum Glück

Das persönliche Leben hatte in jenen Jahren unter Prüfungen, Orts- und Wohnungswechseln gelitten. So gab es nach dem Staatsexamen Aufräum- und Reparaturbedarf. Die Verbindung mit meiner Mutter war zwar nie abgerissen. Nach den Prüfungen besuchte ich sie, die mich um fünf Pfund Gewicht aufpäppelte. Der Gedanke, dass sie *„in Hannover allein sitzt, fällt mir doch aufs Herz."*[17] Es beruhigte, dass sie nach dem Tode meines Onkels zwar ein ruhiges Leben führte, ohne doch zu vereinsamen. Zeitweilig schienen Besuche bei ihr sich *„die Klinke nur so gereicht zu haben"*[18].

Aber zur weiteren Familie hatten die Kontakte gelitten. Daher besuchte ich nun Cousine Ingrid Lauter, die als frisch gebackene Lehrerin im feucht-kalten Feudingen bei Siegen lebte. Auch traf ich in Hannover, Ahlhorn, Köln und Düsseldorf meinen Vetter Peter und Cousine Gisela Lauter, die Halbcousinen Irmgard Wosnitza (samt Mann), Ute Hetz und Walheide Jungklaaß, außerdem Großtante Ida Bretschneider und die Tanten Marta Lauter und Martha Hetz.[19]. Es war gut, sich wiederzusehen. Etwas klapperte auch meine Gesundheit. Untersuchungen deuteten auf eine *„undefinierbare Leber-Blinddarmgeschichte"*[20]. Man operierte mich am Blinddarm. Aber der Schmerz kehrte wieder, wenn auch mit jahrelangen Abständen.

Ungeachtet dessen ließ es sich im Kolb-Heim gut leben. Mit je sechs Einzelzimmern pro Flur mit gemeinsamer Küche, Toilette und Dusche, trug das

---

17 Wolfgang an Hildegard Rudzio, 21.10.1963.
18 Wolfgang an Hildegard Rudzio, 5.2.1965 und 1964 (o. D.).
19 Wolfgang an Hildegard Rudzio, 17.2., 15.9., 24.9. und 25.10.1964; Kalendernotizen 1964.
20 Wolfgang an Hildegard Rudzio, 2.4.1963.

Heim mit etwa 60 Bewohnern einen überschaubaren Charakter, der durch vorherrschende Linksorientierungen und beträchtlichen Ausländeranteil seiner Bewohner geprägt war. Unterhaltungen in der Küche, kleine Parties und Versammlungen im Kellerraum, Spaziergänge in den Grüneburgpark, Kinobesuche im Stadtzentrum, Einkehren im linken „Club Voltaire", Essen im „Schmutzigen Löffel" (wie wir ein Lokal an der Bockenheimer Warte tauften), Besuche im Uni-Café (wo ich auch mal Bier zum Obstkuchen bestellte) – so traf und unterhielt man sich.

Eine Zeitlang spielten wir geradezu süchtig Schach, *„so etwa jeden zweiten Tag"*[21], manchmal bis in die Nacht. Ein chinesischer Student suchte durch endloses Nachdenken seine Gegenspieler zu überwinden und schwor auf Glutamat, um das Gehirn in Höchstform zu bringen. Engagiert war Thomas von der Vring dabei, dem Pfeifenqualm das Gehirn anregte. Auch ich entdeckte, dass Pfeiferauchen positiv wirkte, gab aber bald das Rauchen auf. Ich schnitt beim Schach gut ab, fand allerdings in einem amerikanischen Studenten meinen Meister. Dieser, fettleibig, doch mit dem Gehirn eines Computers, war beim Vorauskalkulieren von Zügen uns allen überlegen.

Nur am Rande spielte Politik eine Rolle. Ein, zwei mal wurde ich wegen meines SDS-Austritts angemacht. Das Umfeld, in dem ich verkehrte, war vielfältig. Unter den Ausländern im Heim ragte der afrikanische Soziologiestudent und leicht aufbrausende Häuptlingssohn Diallo[22] hervor, Sprecher der afrikanischen Studenten, als diese mit unserer Unterstützung 1961 gegen die Ermordung des kongolesischen Ministerpräsidenten Lumumba protestierten. Jene „verbotene Demonstration"[23] war meine zweite Begegnung mit der Frankfurter Polizeipraxis. Andere Heimbewohner fielen weniger auf, so ein ruhiger, sympathischer Angolese und ein Indonesier chinesischer Herkunft, beide Medizinstudenten. Dann waren da zwei etwas ältere Exil-Spanier, beide desillusioniert und realistisch über Spanien denkend.

Die knallrote Fahne hissten zwei Freunde, ohne dass man das ganz Ernst nehmen konnte. Dies galt für einen Jüngeren, der sich in auftürmenden Wortkaskaden *„an brennenden Städten und blutrot erleuchtetem Himmel"* am Tage der Revolution berauschte. Zum anderen ein chinesischer Freund, der mich – vor dem Hintergrund der maoistischen Kulturrevolution – als „Levisionist Ludzio" abzukanzeln pflegte. Generell war *„er fürchterlich am Schimpfen über die verräterischen weißen sogenannten Marxisten, Revisionisten, Kapitulanten, wohllebenden, Bier trinkenden und keine Revolution machenden Leute."*[24] In ruhiger Stunde aber gestand er, die chinesischen Bauern suchten

---

21 Wolfgang an Hildegard Rudzio, 13.4.1963.
22 Promoviert an der Freien Universität Berlin 1979, Professor in Conakry/Guinea.
23 FR, 23.2.1961.
24 Wolfgang an Hildegard Rudzio, 26.3.1964.

egoistisch ihren Reis vor staatlichen Zugriff zu verstecken, auch er selbst sei „vom Kapitalismus verdorben". All das belustigte mich eher. Die Bezeichnung „Revisionist" konnte man durchaus akzeptieren. Auch in der Sicht anderer, so der jüngsten Both-Tochter, war ich ohnehin „kein Kommunist..., sondern eher ein Marxist (oder ist das auch falsch?)"[25].

Langsam zerfiel mein Kolbheim-Milieu. Viele Bekannte zogen aus, und zum 1. Mai 1964 musste ich das Heim räumen; zuvor war das Schachspielen *„bei mir auch vorbei"*[26]. Wegen meiner – dissertationsbedingt – langen Ortsabwesenheiten nahm ich mir ein billiges, primitives Zimmer in der Voltastraße, neben einer lärmenden Coca Cola-Auslieferung – eine Absteige, kein Ort geselligen Lebens. Die Frankfurter Kontakte rissen ab oder dünnten sich aus.

Eine Beziehung aber lief anders. Sie betraf Waltraut, die jüngste der Töchter des Hauses Both (Photo S. 177). Eigentlich sprach da viel gegen eine engere Bindung. Wir kannten einander schon lange quasi familiär. Bereits unsere Mütter hatten in Rhein auf Sicht einander gegenüber am See gewohnt und sich gekannt. Bezeichnend war, dass sie mich „Brüderchen" titulierte – so auch in brieflicher Anrede, oder modern „Dear big brother"[27]. Der Reiz des Fremden, des plötzlichen Kennenlernens fehlte. Als sie zu einer wohlgeformten Jugendlichen heranwuchs, die mir in die Augen stach, fürchtete ich, durch einen Annäherungsversuch aus der Rolle des Quasi-Verwandten zu fallen Ein zweites Hindernis stellte der Altersunterschied von über acht Jahren dar. Mit der Anrede „Lieber Greis" in manchem Brief spielte sie darauf an, meine Redewendung vom „alten Mann" übertrumpfend[28].

So trafen wir uns, tranken „Amselfelder" und palaverten im Kolbheim. Hin und wieder gingen wir ins Kino, besuchten die „Schmiere" oder ein Café. Gelegentlich schenkten wir einander Taschenbücher. Während der Examensphase bekam ich Bölls gesammeltes Schweigen, ein andermal Ionescus „Nashörner" – sie war literarisch up to date. Glücklicherweise trat sie Werbungen anderer Verehrer nicht näher. Entscheidend und einmalig an unserer Beziehung war, dass wir uns seit 1962 Briefe schrieben, ausführlich über unsere Lebensumstände und -gefühle. Zunächst vorsichtig-doppeldeutig, dann kühner flirteten wir dabei. So riss unser Kontakt trotz der langen Trennungen nicht ab. Immer bewusster wurde mir: Sie war nicht nur attraktiv, sondern mir auch seelisch verwandt: Ohne überzogene Lebenserwartungen, skeptisch, ohne pralles Selbstbewusstsein, intellektuell-spitzzüngig. Mit ihr würde ich leben wollen – eindeutig eher als mit jeder anderen, die ich kennen gelernt hatte.

---

25 Waltraut Both an Wolfgang Rudzio, 20. 2. 1962.
26 Wolfgang an Hildegard Rudzio, 26. 3. 1964.
27 Waltraut Both an Wolfgang Rudzio, 10. 2. und 13. 3. 1962.
28 Waltraut Both an Wolfgang Rudzio ‚15. 9. und 1. 10. 1964.

Ab Mitte 1964 verdichtete sich unsere Beziehung. Wir trafen uns häufiger, selbst in meiner primitiven Behausung in der Voltastraße. Zum Jahreswechsel war ich wieder unterwegs. Nach der Rückkehr im Januar fand ich eine zugespitzte Situation vor: Unser Zusammensein hatte zu einer Schwangerschaft geführt. Aus war es mit unverbindlichem Verhältnis – für mich kein Problem, denn eine Heirat mit ihr und ein Kind waren das Beste, was mir passieren konnte. Aber für „Natalja" (so ihr russischen Romanen entlehnter Kosename)[29] stellte sich das mit ihren 21 Lebensjahren anders dar: Während das Abitur an den Nerven zerrte, brach ihr die erträumte Aussicht auf ein freies Studentenleben zusammen. Selbst wenn sie sich rasch für das Kind entschied, verschreckte die Aussicht auf Bindungen (oder Ketten?) einer Ehe.

Im Februar fiel ihre Entscheidung zugunsten einer Heirat. Die sollte allerdings im Geheimen stattfinden. So geschah es. Wir heirateten am grauen Morgen des 29. März 1965 im Frankfurter Römer, begleitet nur von zwei verschwiegenen Trauzeugen, wir beide ohne Eheringe. Ein düsteres Omen? Am Abend gab es eine kleine Feier in der Wohnung ihrer Schwester Astrid, getarnt als mein 30. Geburtstag, der auf den gleichen Tag fiel. Bei selbst gemachter Pizza und Wein versammelten sich dazu noch einige ahnungslose Freunde von mir: Hartmut Vogt, Karsten Voigt und Inge Hornischer. „Makaber", um meine Lieblingsvokabel jener Zeit zu benutzen, war die Feier, bei der ein Gast am Ende gar die Braut anzubaggern suchte.

In Liebesfilmen entsteht Spannung durch Irrungen und Wirrungen, bis sich die Liebenden gefunden haben und schließlich als Paar vor dem Traualtar ihr „Ja" hauchen. Dann, unter Klängen einer Hochzeitsmelodie fällt die Klappe. Suggeriert wird, das Glück ist erreicht. Ganz anders bei uns, da dann erst sich Schwierigkeiten auftürmten, die unserer Verbindung kaum Zukunft verhießen.

Zunächst erzeugte die klammheimliche Hochzeit familiäre Scherben. Das Geheimnis war gleich geplatzt. Mir blieb nur, soviel als möglich zu erklären und um Entschuldigung zu bitten. Bei Boths hatte es „natürlich Aufregungen" gegeben. Als ich am 1. April dort erschien, eröffnete mir meine durch sechs Kinder vielgeprüfte, stets liebevolle Schwiegermutter Eva Both (geb. 1909), dass sie es schon „wußte und Fritz (meinem Schwiegervater[30]) nicht zu sagen wagte – ihm geht es gesundheitlich zur Zeit nicht gut"[31]. Ich besuchte Boths dann häufiger und konnte trotz des Heirats-faux pas das Gefühl haben, als Schwiegersohn willkommen zu sein. Damit wurde ich Teil des Both-Familienverbandes, bestehend aus den Eltern, einer Großmutter, meiner Frau und ihren fünf älteren Geschwistern (Sabine, Gisela, Eberhard, Hasso und Astrid). Meine

---

29 Wolfgang an Waltraut Rudzio, 28.2.1966.
30 Friedrich Both geb. 1907, Dipl-Kfm.
31 Wolfgang an Hildegard Rudzio, 1.4.1965.

Zwischen linkem Engagement und bürgerlichen Lebenszielen (1961–73)

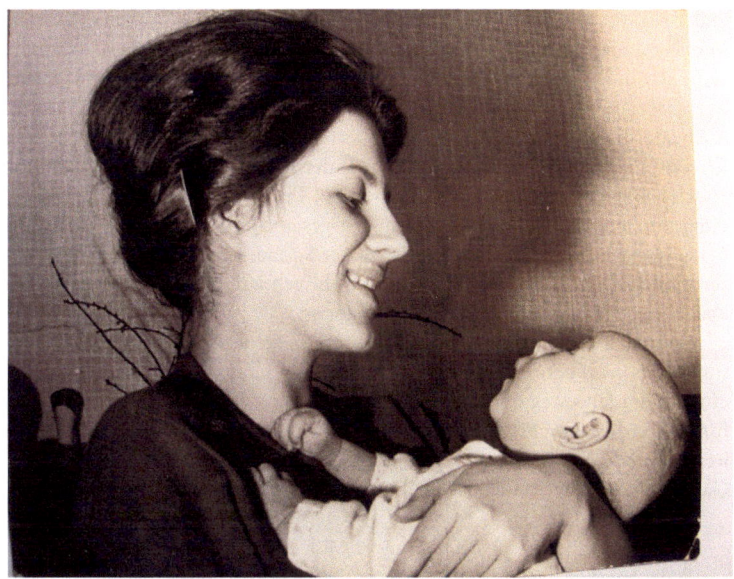

Waltraut und unser Ehestifter Kolja Rudzio 1965. © Wolfgang Rudzio, Autor.

Mutter jedoch wies zunächst einen „Versöhnungsbesuch" zurück. „Armer, geplagter Greis,…jetzt bist Du auch noch meinetwegen vom mütterlichen Herd verstoßen worden. Du scheinst wirklich zu einem Spießrutenlauf verurteilt zu sein", bedauerte meine junge Frau[32] – oder spöttelte sie? Erst im Juli konnte ich meine Mutter besuchen, abgekühlt schien unser Verhältnis, besserte sich aber. Zu Weihnachten 1965 besuchte sie uns in Frankfurt. Die Dinge renkten sich ein.

Mehr belastete die Unzufriedenheit meiner Frau mit ihrer Lage und mit mir, wenn auch durchmischt mit freundlicheren Signalen. Das Wechselbad zerrte an den Nerven – besser ein Ende mit Schrecken als ein Schrecken ohne Ende?

Die äußeren Umstände verschärften die Lage. Vor allem: Ohne eigene Wohnung lebten wir über ein Jahr getrennt, sie mit Kind bei ihren Eltern. Nur in Abständen sahen wir uns, ein, zweimal konnten wir in der Wohnung meiner Schwägerin Astrid ein paar Tage zu Zweit leben. Auf dem freien Markt eine Wohnung zu ergattern, schien im boomenden Frankfurt kaum erschwinglich, eine Sozialwohnung aber bedeutete warten, vorsprechen, weiter warten. Zwei-

---

[32] Waltraut an Wolfgang Rudzio, 10.4.1965.

tens drückte die Dissertation, ich musste ins Schreiben kommen. Vielleicht wäre ein anderer nicht den Juni über allein nach Jugoslawien gereist, während seine schwangere Frau als Aushilfe bei der Deutschen Bank in Frankfurt arbeitete. Niemand dort glaubte ihr ohne Ehering, dass sie verheiratet sei. War es Auswilderung durchs Studentenleben, was mein Verhalten erklärt? Sicherlich, ich nahm einen Karteikasten mit, um auf der Insel Losinj an der Dissertation zu schreiben und mich nebenher zu erholen. Tatsächlich arbeitete ich dort, bei einem italienischen Fischer wohnend, insgesamt 60 Stunden, schmorte aber bei gutem Wetter auf einer Felsplatte in der Sonne, schwamm viel und verbesserte mich darin erheblich. Erholt und wohl gebräunt kehrte ich zurück. Kräche folgten, wenn auch der Kontakt nie abriss.

Erst nach der Geburt unseres Sohnes besserte sich unser Verhältnis. Wir trafen uns häufiger, gingen mal ins Kino oder klönten mit Freunden. Zum einjährigen Jahrestag der Heirat hoffte ich, das nächste Ehejahr werde besser für sie werden, im übrigen vielleicht *„leichter in dem Bewußtsein, daß man ja, wenn man will, immer abspringen kann (was keine Aufforderung sein soll)"*[33]. Ganz ähnlich taxierte auch sie die Ehe auf Probe, resümierend:

> „Lassen wir in unserer Erinnerung 12 Monate vorüberziehen, so müssen wir leider zugeben, daß nur fünf davon erträglich waren. Unsere einzige Hoffnung ist, da es die letzten waren, daß kein Rückfall kommt...Ich würde auf jeden Fall vorschlagen, wir versuchens nochmal ein Jahr. In Wirklichkeit waren wir ja noch gar nicht verheiratet. Vielleicht liegt der schönste Teil noch vor uns und wenn nicht, werde ich Dich schon mit Hilfe meines Sohnes ertragen, so wie Du mit Deinem mich überstehen wirst."[34]

Das klang nach diplomatischen Formulierungen, welche die Tür nicht zuschlagen sollten. Zu den bessernden Umständen, die aus der Krise halfen, gehörte als erster unser Sohn, geliebt von uns beiden, zugleich unser Ehestifter.

Ein zweiter hilfreicher Umstand wurde unsere Auto-Mobilisierung. Wenige Tage nach der Hochzeit hatte ich den Führerschein gemacht. Damit war ein weiteres Manko meiner Jugend behoben. Allerdings erst März 1966, als die Dissertation über den Berg war, erwarb ich einen gebrauchten VW-Käfer. Mit ihm wurde das Getrenntwohnen erträglicher. Auch starteten wir im Mai 1966 zu ersten Auto-Ausflügen in den Taunus[35]. Sie wurden dann fast zur wöchentlichen Regel. Unser Käfer, dessen Kurven beim Autowaschen ich hingebungsvoll nachging, ermöglichte uns freie Fahrt, zumal wenn meine Schwiegermutter unser Jungchen übernahm. So fuhren wir im März 1967 zu zweit

---

33 Wolfgang an Waltraut Rudzio, 27.3.1966.
34 Waltraut an Wolfgang Rudzio, 28.3.1966.
35 Kalendernotizen 1964–66.

nach Berlin, um Schwager Hasso mit seiner Frauke und Sohn Alexander zu besuchen. Nebenher sahen wir West-Berlin und besichtigten Schloss Charlottenburg. Ärger gab's nur bei der Rückreise am DDR-Kontrollpunkt Dreilinden. Mürrisch-zugeknöpfte Volkspolizisten stießen sich an meinen Büchern, die ich aus Hannover nach Frankfurt hatte transportieren wollen. Nach vier Stunden Warten kassierten sie erklärungslos fast alle – *„völlig sinnlos"*, da selbst ein eher „antifaschistisches" Buch über den Nürnberger Prozess *„beschlagnahmt"* wurde[36] – um den Bücherschrank eines SED-Bonzen aufzufüllen?

Ein weiterer Fortschritt war die erste gemeinsame Wohnung ab September 1966. Sie befand sich in ruhiger Lage in der Anne-Frank-Str. 29 und umfasste drei Zimmer, Küche und Bad. Wir gewöhnten uns aneinander, konnten lockerer mit den gemeinsamen Abenden umgehen. Im Oktober 1968 verbesserten wir uns, indem wir in eine Dienstwohnung in der Ernst-Kahn-Str. 2 einzogen. Sie war moderner und nahe der Hadrianstraße, wo drei Familien des Both-Clans wohnten. Wir rückten näher an den Kral der Großfamilie. Zur Vorderseite lockte das neue Nordwestzentrum, nach hinten, zum Süden hin, eine Wiese mit kleinem Kinderspielplatz zwischen den Blocks. Als wir mit Flurnachbarn die Wohnung tauschten und eine größere mit vier Zimmern sowie jeweils zwei Toiletten, Balkons und Fluren eroberten, uns Couchgarnitur, Worpsweder Stilmöbel, Fernseher, Küchengeräte (auch Spülmaschine) zulegten, meine Frau noch ihren Schreibtisch einbrachte – da fühlten wir uns rundherum zufrieden. Was Wohnen betraf, waren wir saturiert.

Abschließend stabilisierte sich unsere Ehe mit der ersten gemeinsamen Sommerreise nach Jugoslawien (August/September 1967). Die Alpenüberquerung bedeutete eine Tagesfahrt – Autobahnen fehlten noch. In Novalja/Insel Pag stieß unser Jungchen im Restaurant regelmäßig ein Glas Rotwein um – doch unverändert freundlich ersetzte der Kellner das Tischtuch. Dem Essen verweigerte sich „mali Pascha" (kleiner Herr), um sich allein von Keksen und Weitrauben zu ernähren. Aber zufrieden spielte er am Strand. Im Dorf zog seine Mutter in Hosen missbilligende Blicke klöppelnder Frauen auf sich, deren schwarze Kleidung unseren Kleinen erschreckten. Katholischer Geist dominierte da. Die Insel erwies sich als felsig, das Wetter durchwachsen.

So kurvten wir weiter auf der langen, malerischen Küstenstraße, um den südlichsten Küstenort, Ulcinj, zu erreichen. Dort lockte ein bis an die Grenze reichender dunkler Sandstrand. Ihn fuhren wir weit hinaus. Einmal fraßen sich dort die Auforäder im Sand fest, der Käfer war nicht flott zu kriegen. Da tauchten Strandarbeiter auf, die uns mit ihren Spaten bereitwillig heraus halfen – „Albani", nicht Serben, wie sie betonten, erfreut, als Dank von uns hochgeschätzte DM zu bekommen. Das später von Erdbeben getroffene Ulcinj mit

---

36 Wolfgang an Hildegard Rudzio, 21.3.1967.

Waltraut Rudzio in Jugoslawien, 1968.
© Wolfgang Rudzio, Autor.

seinen Minaretten vermittelte den Eindruck, im Orient zu sein. Als es auch dort regnete, ritt man auf Eselchen, von durchsichtigen Plastiksäcken umhüllt, mancher mit Fez bzw. Pluderhose gekleidet. Wir überlebten im Bungalow-Hotel, labten uns an Weißbrot, Ziegenkäse und Rotwein, nebenher den „Spiegel" lesend. Jugoslawien wirkte bunt, die Menschen freundlich, die Landschaft anders, aber schön – von Kommunismus wenig zu spüren. Das Wetter war nicht das tollste gewesen. Aber wir hatten viel gesehen und erlebt. Unserer Stimmung war gut, und plötzlich meinte Waltraut, wir sollten uns ein zweites Kind zulegen. Der Abstand zu Kolja würde nun richtig sein. Unsere Krise war überwunden, die Entscheidung für ein gemeinsame Leben nun überlegt und frei gefallen. Mitte des nächsten Jahres kam das Wunschkind, unsere Tochter Ilka, zur Welt – unsere Ehe war konsolidiert.

In der folgenden Frankfurter Zeit bildeten dann meist im September Jugoslawien-Urlaube Höhepunkte des Jahres, mit viel Sonne, Meer und Erlebnissen. Sie wirkten wie ein Drogenstoß, der das Glück in einer strahlenden Welt vermittelte und uns zusammenband. Im September 1968 nahm meine Schwiegermutter unser dreimonatiges Töchterchen in ihre Obhut. So konnten wir zu Dritt nach Orebic an der Adriaküste fahren. Logierend im Hotel „Orsan" am Fuße des Berges Sveti Ilija, besuchten wir das nahe malerische Korcula. Zum Baden und Sonnen ging's auf eine Insel, nach dem Mittag fielen wir zur Siesta in die Betten. Eines Nachts allerdings schreckten wir auf – ein tiefes, rollendes Geräusch, begleitet vom Wackeln des Zimmers – ein Erdbeben! Schäden hinterließ es nicht, aber bleibende Erinnerung. Im übrigen lebten wir *„von aller Welt abgeschnitten"*[37]. Erst auf der Rückreise bei Salzburg holte uns die Wirklichkeit wieder ein: Sowjetische Panzer hatten gerade die nahe Tschechoslowakei besetzt, um allen Dubcek-Träumen ein Ende zu bereiten. Das Jahr, bisher im Zeichen der Studentenunruhen, erhielt einen weiteren Stempel.

Im August/September 1969 übernahm meine Schwiegermutter beide Kinder, sodass wir zu zweit nach Dalmatien aufbrachen – eine nachgeholte Hochzeitsreise? Neugier reizte uns, und so fuhren wir über Zagreb zunächst die zerfahrene Rollbahn auf Belgrad zu, um dann ins Innere Bosniens abzudrehen. Nach Übernachtung in Banja Luka (später durch Erdbeben zerstört) kurvten wir auf engen, gewundenen Straßen am Rande Serajewos an der Neretva entlang nach Mostar und an die Küste. Im Urlaubsziel Jelsa/Hvar fanden wir Unterkunft in einem Bungalow-Hotel. Wieder wurde es ein Urlaub ohne Events, aber mit viel Sonne, Meer, Haut und Rotwein.

1970 reisten wir erstmals zu viert. Mit Rücksicht auf die Kleinen zog es uns zum Hotel „San Marino" auf der nördlicheren Insel Rab, wo es Sandstrand gab. Allerdings bevölkerten ihn viele Touristen. Und es gab noch ein Problem. Andere Gäste schafften es, ihre Kleinkinder früh in Schlaf zu bringen, während wir noch einen langen Gang an vielen Gästezimmern vorbei zum Abendessen gingen. Gerade dabei krakeelte unsere liebe Kleine regelmäßig, empört blickten Touristen aus halbgeöffneten Türen, vergeblich blieben tuschelnde Beruhigungen bei ihr. So hob ich sie auf den Arm, um schneller voranzukommen, und hielt ihr den Mund zu. Da schaltete sich überraschend eine neue Obrigkeit ein, unser 5-jähriger Sohn, und zwar mit der rhetorischen Frage: „Meinst Du, das ist ein Erziehungsmittel?!" Schon bei diesem Begriff blieb uns der Mund offen. Auf meinen Einwand, ich täte das ja auch nicht gern, hakte er unerbittlich nach: „Wenn Du das nicht gut findest und ich nicht, warum tust Du es dann?" Leise schlichen wir mit unseren Kinderchen in unser Zimmer – Zeitgeist und Kindergartenbildung hatten uns zur Schnecke gemacht. Kurz darauf zogen wir in ein Privatquartier im nächsten Dorf, Supetarska Draga, um. Dort konnte man draußen auf einer von Oleander und Bäumen bestandenen Terrasse mit Blick übers Meer essen. Die Sprachbarriere trennte, dennoch verstanden wir uns gut mit Milan Kurelic, unserem freundlichen Wirt.

---

37 Wolfgang an Hildegard Rudzio, 9.9.1968.

So fuhren wir 1971 wieder zu Milan. Die Wochen vergingen zwischen Marinostrand, Supetarska-Bucht und Ausflügen ins malerische Städtchen Rab. Wir lernten die Kurelics besser kennen, den bedächtigen Milan (der „Problema, Problema" sah), seine mit Kochen beschäftigte Frau, seine Mutter (die „Baba") und die Kinder. Eberhard, Bruder meiner Frau, ebenfalls zu Besuch, verguckte sich in eine junge Verwandte der Kurelics und heiratete sie – die erste Internationalisierung des Both-Clans. Nebenher bekamen wir, die abends gelegentlich noch zu einem serbischen Gastwirt pilgerten, um am rauchenden Grill guten Tintenfisch zu essen, Missbilligungen zu hören, dass wir ausgerechnet „zum Serben" gingen. Animositäten zwischen Kroaten und Serben waren spürbar.

Der letzte in jener Kette von Jugoslawien-Urlauben führte uns 1972 nochmals nach Supetarska Draga, im Juli/August mit den Kindern (und 10 Tage im September ohne sie). Milan hatte inzwischen weitere Appartments, mehr deutsche Gäste waren da, zum Teil mit Booten. Darunter waren unangenehme Leute. Die Idylle schien dahin. Ob wir wieder dorthin fahren sollten, beantwortete sich dann von selbst, denn während jenes Urlaubs erfuhren wir, ich erhielt eine Stelle in Oldenburg. Von dort würde es zu weit werden. Auch drückte die Hitze sehr, und das würde stets in Sommerferien drohen.

Unser Leben in Frankfurt wurde durch die Kinder geprägt. In ihren ersten Monaten weckten sie uns nachts. Übersensibilisiert hörte „Püppi" (meine Frau) auch Kinderlaute, wenn es keine gab. Abends mussten die Kleinen in Schlaf gebracht werden, zuvor körperlich ermüdet, dann ihr Geist durch Geschichtchen erfüllt, die ihre Mutter phantasievoll erfand. War ich noch unterwegs, saß sie allein zu Haus. So schafften wir uns einen Fernseher an. Die Umstände trieben zum Lebensstil der Durchschnittsfamilie. Der Fernseher wurde auch Miterzieher. Mit großen Augen hockten die Kinder vor Sendungen wie denen der „Augsburger Puppenkiste" („König Kallewirsch", „Lukas und der Lokomotivführer"), schließlich der Muppet-Schau (mit der unvergesslichen Piggy) und der „Sesamstraße" („...wer nicht fragt, bleibt dumm...").

Aufgehoben im Kral der Großfamilie fanden unsere Kinder auch Freunde in der Nachbarschaft. Das ergab sich schon beim Spielen auf der Wiese und im Sandkasten hinterm Haus. Mit dem Kindergarten begann auch der Einstieg ins öffentliche Erziehungswesen. Mit drei Jahren erhielt Kolja einen Halbtagsplatz in einem katholischen Kindergarten in der Nähe. Das empfanden wir als Glücksfall, waren die Plätze doch rar. Waltraut, obwohl protestantisch, avancierte zur Elternsprecherin. Zudem war der Kindergarten modern, selbst Vorschulübungen mit Form-, Puzzle- und Memory-Spielen gab es.

Auf diese Weise wurden für Waltraut Stunden frei, um mit dem Studium zu beginnen. Ihr alter Traum, die Soziologie, führte sie in Veranstaltungen des großen Theodor W. Adorno. Aber dessen Schwerverständlichkeit machte ihr keinen Eindruck. Es muss auch andere kritische Geister gegeben haben, lief doch ein Kommilitonenwitz um, Adornos Ruhm beruhe darauf, dass die Soziologen ihn für einen guten Musikwissenschaftler, die Musiker hingegen für einen guten Soziologen hielten[38]. Jedenfalls wurde auch da mit Wasser gekocht. Waltraut hat sich dann auch anderswo umgesehen. Generell fiel auf, wie sich das korrekt gekleidete Auditorium der Juristen und Volkswirte vom Habitus der Soziologen unterschied. Mehr als Hineinschnuppern schien aber nicht möglich. Sie rang sich zum kürzeren Sekundarstufe I-Lehrerstudium in Mathematik und Sozialkunde durch. Die Fächer lagen ihr, das erstere schien gesucht, das zweite – gerade etabliert – gute Einstellungschancen zu eröffnen.

Als 1971 unser Sohn knapp das Mindestalter für die Einschulung erreichte, vergrößerte sich ihr Zeitfenster fürs Studium. Er kam in die Schule, nachmittags in einen Hort, seine Schwester in den katholischen Kindergarten. Ilka lebte dort problemlos, spielte ebenso gerne allein wie mit anderen. Kolja hingegen marschierte zwar singend zum Hort, aber das war wohl ein Singen im dunklen Wald. Denn eine Psychologin diagnostizierte Überforderung und Zuwendungsmangel. Seine Mutter erschrak, nahm ihn aus allem heraus und schaltete ihr Studium ab. Stattdessen widmete sie sich ganz den Kindern, und das Jungchen „genoß die Zeit". Ein Werk stärkte sein Selbstbewusstsein. Er, der den stets lobenden Reden seiner Mutter über seine Malereien nicht über den Weg traute – „Du findest alles gut, was ich mache...", sagte er mal –, malte sorgfältig ein großes Bild auf mehreren zusammengehörigen Blättern: das Schiff der Kinderheldin „Pippi Langstrumpf" mit vielen Einzelheiten. Mehrtägiges Arbeiten an seiner Vision war zum erfolgreichen Abschluss gekommen. Er habe gedacht, „ich kann es nicht, hab's geschafft", triumphierte er zu Recht. Auch seinem kleineren, zierlich-schmalen, aber klaren Schwesterchen bekam jene Zeit gut. Unsere Reihenfolge: erst Kinder, dann Wohnung, Ausbildung und endlich berufliche Etablierung war sicherlich falsch. Und noch Vorfahrt für das Wohl der Kinder – obwohl doch stets die Emanzipation der Frau Priorität haben sollte! In diesem Sinne lebten wir gegen den Geist der Zeit.

Erst 1972/73, mit der erneuten Einschulung unseres Sohnes (nun ohne Hort), konnte die Mutter erneut loslegen. Insgesamt absolvierte sie noch in Frankfurt zwei Semester Lehramtsstudium, dabei akademische Lehre kritisch beurteilend. Ein Höhepunkt war ein „Gruppenreferat", wie nach 1968 Mode im Fach Politikwissenschaft. Verbreitet galt dabei das Prinzip der „Eisenbahn": Einer macht die Arbeit, zieht als Lokomotive, alle übrigen (die „Anhänger") kassieren nur ihre Scheine. In ihrer Gruppe lief's etwas anders: Nachdem sie beim mündlichen Vortrag fast allein gelassen worden war, lieferte dann zur schriftlichen Ausarbeitung eine Teilnehmerin überraschend einen längeren Text. Ehrpusselig, wie Waltraut ist, produzierte sie noch einen eigenen Text, darauf hinweisend, die anderen Teile stammten nicht von ihr. Aber das half nichts, als

---

38 Im übrigen stieß sie sich an Adornos Verhalten gegenüber Frauen. Vgl. Elisabeth Noelle-Neumann, Die Erinnerungen, München 2006, S. 195.

offenbar wurde, dass der Text jener tüchtigen Kommilitonin abgeschrieben war – alle bekamen eine heruntergesetzte Note, sie als mündliche Hauptsprecherin natürlich unter Hauptverdacht. Man setzte eben das Eisenbahnprinzip voraus, und Gruppe ist Gruppe, muss als Kollektiv behandelt werden... Ein merkwürdiger „Sozialismus" brach sich da Bahn.

3 Nicht mitgerissen: Als Assistent im Sturm der Studentenbewegung

Am 7. Juli 1965, als mir mein Doktorvater eröffnet hatte, dass er keine Assistentenstelle für mich habe, waren meine Hoffnungen auf eine Historikerlaufbahn an der Universität zerbrochen. Als sich im Frühjahr 1966 die Fertigstellung der Dissertation abzeichnete, erwähnte ich daher in Gesprächen, eine passende Stelle zu suchen. Die Hungerstrecke eines Studienreferendariats schien angesichts meiner familiären Situation nur ein letzter Ausweg. Es eröffneten sich drei andere Alternativen:

- Erstens eine Dozentur an einer Volkshochschule anzustreben, etwa mit Hilfe Monsheimers, oder eine Stelle bei der Ebert-Stiftung. In der Erwachsenenbildung konnte man leben, aber versprach sie wissenschaftlicher Entfaltung?
- Zweitens kam eine Historikertätigkeit außerhalb der Universität in Frage. Kluke bot mir eine Archivleiterposition bei der Metallgesellschaft in Frankfurt an, also den Einstieg in Firmengeschichte. Interessant wäre eine BAT IIa-Stelle zur deutschen Nachkriegsgeschichte im Institut für Zeitgeschichte gewesen, die mir Vogelsang aus München antrug. Die Wirtschaft lag mir zu fern, während die Münchner Chance vom September zu spät kam.
- Tatsächlich hatten mir bereits die Carlo Schmid-Assistenten Dr. Manfred Friedrich und Dr. Werner Sörgel (den ich vom SDS her kannte) Anfang Juni eine Assistentenstelle angeboten, die nach eigenem Gespräch mit Schmid (Photo S. 187) vereinbart wurde. Der Haken war, dass „Carlo" vor Vollendung des 70. Lebensjahres stand und bald ausscheiden würde. Es war somit eine Stelle auf Abbruch, die eher Zeit zur Stellensuche als einen Einstieg in eine universitäre Laufbahn verschaffen mochte.

Diese schwankende Planke, auf die ich ab 1. November 1966 überstieg, bedeutete Abschied von Geschichte. Verbrannte nun, was ich bisher gelernt hatte? Es war eine riskante Entscheidung für einen 31-Jährigen mit Frau und Kind – ob eine richtige, musste die Zukunft zeigen.

Bei meinem Eintritt ins Institut für Politische Wissenschaft schieden Friedrich und Sörgel aus. Ersterer übernahm eine PH-Professur, letzterer ging in die Umfrageforschung. Von den Assistenten blieb nur der Soziologe Dr. Otwin Massing (Photo S. 187) übrig, während die beiden frei werdenden Stellen von einer bisherigen Hilfsassistentin, Ingeborg Maus (Photo S. 187), und mir besetzt wurden. Daneben existierte ein zweites, neues politikwissenschaftliches Institut des Marxismus-Spezialisten Iring Fetscher.

Die Situation in unserem Institut war dadurch geprägt, dass Schmid (Photo S. 187) ein über die Grenzen der seiner Partei beliebter SPD-Politiker von bürgerlichem Habitus und wuchtiger, unübersehbarer Gestalt war, bundesweit bekannt vor allem als einer der Väter des Grundgesetzes, als trinkfester, die Sowjets um Chrustschow beeindruckender Mitunterhändler der Kriegsgefangenenentlassung 1955 („Gospodin Groß-Germanien"). Auf Bonner Bühne war er als Vizepräsident des Bundestages bzw. ab Dezember 1966 als Bundesratsminister präsent. Was ihn an seiner Frankfurter Professur festhielt, war nicht finanzieller Gewinn (als Minister bezog er kein Professorengehalt), sondern die Erfüllung eines im Dritten Reich verhinderten Lebenstraums des habilitierten Staatsrechtlers[39].

So reiste Schmid im Semester jeweils am Freitag aus Bonn an, um zunächst seine Hauptvorlesung und am frühen Abend sein Seminar abzuhalten. Am Sonnabendvormittag fanden noch eine Kurzvorlesung (etwa über Macchiavelli) und Prüfungen statt. Dann verließ er Frankfurt wieder. Die Hauptvorlesung mit Hunderten von Hörern füllte den größten Hörsaal der Universität, Referatsthemen bei ihm waren sehr begehrt. Zu den Vorlesungen ließ sich Carlo von seinem Assistentengefolge begleiten. In der Vorlesungspause saßen wir dann in lockerem Gespräch mit ihm zusammen. Dabei habe ich einmal das Problem der an den Bruttoverdiensten orientierten Renten angesprochen, das doch angesichts der steigender Steuer- und Sozialabgabenanteile den Nettoabstand zwischen Arbeitseinkommen und Renten immer mehr einebne. Seine Antwort: Keine Partei könne das Problem offen ansprechen, ohne sich den Protest der politischen Konkurrenten und die Quittung der Wähler einzufangen – so bleibe es leider unbearbeitet. Im Seminar saß man als Assistent schweigend dabei, ebenso wie unsere Vorgänger. Dass es kaum zur Diskussion kam, sprach ich einmal an. Er antwortete, zunächst habe er diese anzustoßen gesucht, aber peinliches Schweigen geerntet, sodass es leider zur nunmehrigen Praxis gekommen sei.

---

39 Karl Schmid, geb. 1896 in Perpignan, hatte einen deutschen Vater und eine französische Mutter, diente im Ersten Weltkrieg als deutscher Soldat und im Zweiten als Angehöriger der deutschen Besatzungsverwaltung in Nordfrankreich, ohne jemals seine Liebe zur französischen Kultur und Sprache zu verhehlen.

Eingespielt war, dass wir Assistenten die Seminarreferenten betreuten. Unsere Sache war es auch, die Institutsbibliothek durch Neuerwerbungen weiterzuführen. Dies geschah, indem ein Buchhändler wöchentlich einschlägige Neuerscheinungen bzw. gewünschte Titel anlieferte, die dann montags von uns begutachtet und ausgewählt wurden. Da der jährliche Buchetat des Instituts etwa 35 000 DM betrug, gab es keine Konflikte. Solche Institutsbibliotheken hatten den Vorteil, dass Fachwissenschaftler sie führten und neben Forschungs- konkrete Lehrinteressen berücksichtigten. Ihr Nachteil bestand in Doubletten und Unübersichtlichkeit.

Ungewöhnlich war wohl auch, dass wir Assistenten für das Thema des nächsten Hauptseminars des Chefs zwei Vorschläge zu machen hatten. Als Neuem wurde mir bedeutet, man müsse Themen vorschlagen, die ohne neue Literatur zu bearbeiten seien. Carlo machte kein Hehl daraus, dass er seit 1945 kein politikwissenschaftliches Buch gelesen hatte. Das stellte bei dem damaligen Stand der deutschen Politikwissenschaft kein so großes Manko dar, wie es später gewesen wäre, und dank seiner Belesenheit gab es keine Schwierigkeiten. Mir wurde deutlich, wie schwer Politik und Wissenschaft miteinander zu vereinbaren sind. Carlo Schmid, ohne jede Parteilaufbahn nach dem Kriege von den Franzosen als Chef der Landesregierung Württemberg-Hohenzollerns eingesetzt und in den Parteivorstand der SPD gewählt, konnte als „Obeneinsteiger" in die Politik gelten – blieb aber historisch bedingter Sonderfall, fast ein Fremdkörper in der parteienstaatlich geprägten Bundesrepublik[40].

Ein Hauch von Abschied wehte über einigen Auftritten außerhalb der Universität. Das galt im Dezember 1966 für die Feier seines 70. Geburtstages in der Bad Godesberger Redoute, zu der auch sein gesamtes Frankfurter Gefolge eingeladen war. Wir wurden nicht nur dem SPD-Vorsitzenden Willy Brandt vorgestellt, sondern konnten auch führende Politiker aus der Nähe beobachten, neben Sozialdemokraten auch Konrad Adenauer, Gerhard Stoltenberg und Rainer Barzel von der CDU. Gegen Ende, als die Reden gehalten und Büfets abgegrast waren, kam ich noch in ein Gespräch mit Bundesminister Hans-Jürgen Wischnewski, dem ich zu meiner Überraschung bekannt war (durch Fred Zander?). Als Teil des Publikums erlebten wir im 1967 in der Paulskirche die Verleihung des Goethepreises an Carlo Schmid. Schließlich habe ich ihn zu meinen Koalitionsausschuss-Forschungen am 31.7.1968 noch einmal in seinem kleinen, aber würdigen Bonner Ministerium interviewt.

Persönlich hatte ich anfänglich ein paar Zuarbeiten für „Carlo" zu leisten. Es ging um Materialien zur Geschichte der deutschen Teilung, daneben um den Frühparlamentarismus vor 1848. Meine eigene Weiterentwicklung war von dem Bemühen geleitet, mir Politikwissenschaft in größerer Breite anzueignen.

---

40 Wilhelm Hennis, War er vielleicht doch ein Sozialist? In: FAZ, 3.12.1996.

Carlo Schmids 70. Geburtstag in Bad Godesberg, 1966. Von links: Carlo Schmid, Willy Brandt, Hilfskraft Schmids, Ingeborg Maus, Frau Brandis, Wolfgang Rudzio (Waltraut verdeckt), rechts Otwin Massing und Frau. © Wolfgang Rudzio, Autor.

So füllte ich Lücken in der politischen Ideengeschichte durch die Lektüre von Hobbes, der Utopisten, Bagehot, Rousseau, Carl Schmitt, Mosca, Loewenstein u. a. Daneben beschäftigte mich die englische Verfassungsentwicklung. Orientierend wirkte auch mein Kollege Massing, der den Schwerpunkt in der politischen Soziologie setzte. So lagen meine Lehrveranstaltungen großenteils in diesem Bereich: über politische Parteien (1967/68, 1970/71, 1971), Verwaltung (1968), Opposition (1968/69) und Wahlsoziologie (1969). Daneben bot ich Themen an, die in Zusammenhang mit früheren Arbeiten standen: Gewerkschaften (1970, 1972/73), Spieltheorie (1971/72), Deutschland 1945–49 (1972) und Kommunalpolitik (1972, 1972/73).

Meine Seminare waren, ähnlich wie die anderer Dozenten, *„gut besucht, d. h. bei gängig-attraktiven Themen wie Opposition, Parteien mit 50–80 Teilnehmern…, bei spezielleren wie zur öffentlichen Verwaltung oder zur Theorie der strategischen Spiele weniger (im letzteren Falle 10–12 Teilnehmer)."*[41] Zu mei-

---

41 Wolfgang Rudzio an PD Dr. Herfried Münkler/Universität Frankfurt, 4.12.1989.

nen Seminarthemen las ich mich, unterstützt durch gute Bibliotheksverhältnisse, in die Literatur ein, vor allem in moderne politiksoziologische Arbeiten, im Falle der Wahlsoziologie in Lipset, Kaase und Liepelt. Dazu kamen 1968 einige Befragungen im Rahmen der Elitenuntersuchung Wildenmanns, zu denen mich Sörgel einlud. Es waren noch einmal Jahre relativ freien Lesens und geistiger Entwicklung.

Jenseits dessen lebten wir aber in unruhig-bewegten Zeiten. An der Frankfurter Universität befand man sich in einem der Zentren des Wirbelsturms, den die 68er Studentenbewegung entfachte. Zunächst bildete im Sommer 1967 die Berliner Demonstration gegen den Schah-Besuch mit der Erschießung des Demonstranten Benno Ohnesorg durch einen Polizisten (wie wir heute wissen: einen Agenten der DDR) den Auftakt, der auch in der Frankfurter Studentenschaft für Unruhe sorgte.

Im Folgesemester, am 20. November 1967, suchte der Frankfurter SDS mit Carlo Schmid einen Minister der Bundesregierung zum Thema Notstandsgesetzgebung vorzuführen. Zur Zielscheibe wurde er wohl auch als Repräsentant der Großen Koalition, die der 68er Bewegung als Ausdruck einer nur noch scheinhaften, „transformierten Demokratie" (Johannes Agnoli) galt. Im SDS hatte eine neue Studentengeneration die frühere abgelöst, mit Vorstellungen, wie sie sich nach der Verstoßung durch die SPD 1961 entwickelt hatten. Von den nun führenden SDSlern in Frankfurt kannte ich persönlich nur Günter Amendt, der mir im Kolb-Heim begegnet war[42]. An jenem Tag war bekannt, dass es zur Störung kommen würde. Carlo Schmid blieb entschlossen, die Vorlesung zu halten. Der Hörsaal war „überfüllt", wie er später berichtete, das Fernsehen hinten mit Scheinwerfern aufgefahren. Carlos Erscheinen wurde von den Zuhörern begrüßt, nur vereinzelt gab es Zischen. Etwa eine Viertelstunde nach Beginn hörte man „hinter dem Katheder, dem Notausgang, Gepolter. Die Tür wurde eingedrückt, an die dreißig Studenten stürzten herein, stellten sich neben und hinter mich und riefen im Takt: „Wir wollen diskutieren; wir wollen diskutieren…" Doch Carlo sprach weiter und Versuche, ihm das Mikrophon wegzugrapschen, gelangen dank seiner Größe und Unerschrockenheit nicht so leicht. Als dies doch geschah, gab mein Assistentenkollege ein Zeichen an mich, der neben dem Steckkontakt postiert war, und ich zog die Schnur heraus, um sie wieder einzustecken, sobald Carlo das Mikrophon wieder in die Hand bekam. Im Tohuwabohu auf der Bühne fiel das nicht auf. Carlo hielt die Vorlesung bis zum Ende, allerdings unverständlich infolge des Lärmens der SDSler. Seine Position blieb, er sei mit jedermann außer-

---

42 Amendt gilt als einer der führenden Aktivisten der Frankfurter Studentenbewegung um 1968. Frolinde Balser, Aus Trümmern zu einem europäischen Zentrum, Sigmaringen 1995, S. 285; Sabine Demm, Die Studentenbewegung von 1968 in Frankfurt a. M., in: Archiv für Frankfurter Geschichte und Kunst 2001, S. 161 ff., hier 180.

Wolfgang Rudzio als Assistent 1967.
© Wolfgang Rudzio, Autor.

halb der Vorlesung über die Notstandsgesetzgebung zu diskutieren bereit, lasse aber nicht die Vorlesung umzufunktionieren, auch nicht per Mehrheitsabstimmung. Als er endete, war der Beifall der Mehrheit für ihn eindeutig[43].

Das Go-in des SDS unter Führung Hans-Jürgen Krahls und K.D. Wolffs schien politisch erfolglos. Für richtig hielt ich auch, dass Carlo weder Polizei noch juristische Klagen wollte. Am ehesten so konnten die Störer um öffentliche Attraktivität gebracht werden. Das Ereignis selbst hatte ja beachtliche öffentliche Aufmerksamkeit. Kurz danach kam es zum Go-in bei Schmids Kollegen Fetscher, dann auch bei Adorno, auf den sich die Apo-Studenten so oft beriefen. Adorno musste schließlich Ende Januar 1969 die Polizei rufen, um das von Studierenden unter Führung von Krahl besetzte Institut für Sozialforschung räumen zu lassen. „Niedergeschlagen" bekam er danach von Carlo Schmid zu hören: „Herr Kollege, die Revolutionen fressen nicht nur ihre Kinder, sie fressen auch ihre Väter, Großväter und Onkel…"[44] Adorno verstarb noch im gleichen Jahr an einem Herzinfarkt.

Das Go-in bei Carlo Schmid wurde für mich zum Anstoß, das Verhältnis von Wissenschaft und Politik, genereller auch anderer gesellschaftlicher Bereiche wie Wirtschaft oder Kultur zu durchdenken. Mein Ergebnis: Wenn auch wechselseitige Beeinflussungen unbestreitbar sind, müssen Abgrenzungen

---

43 Carlo Schmid, Erinnerungen, Bern 1979, S. 812–15.
44 Schmid, Erinnerungen, S. 815.

zwischen den Subsystemen bestehen, um deren unterschiedlichen Funktionen zu genügen. Wissenschaft braucht Autonomie, um effektiv, d.h. auf Wahrheit gerichtet zu sein. Infolgedessen interpretierte ich den Einbruch des Politischen mit seinen Bewertungsmaßstäben und Handlungsformen in andere Bereiche hinein – wie exemplarisch bei dem Go-in die Vorlesung – als Schritt zum Totalitären und zu gesellschaftlicher Ineffizienz.

Eine zweite Welle dramatischer Vorgänge wurde durch das Attentat auf Rudi Dutschke am 11.4.1968 ausgelöst. Bereits am Folgetag, dem Karfreitag, kam es in Frankfurt zu einem Go-in in eine Kirche, das Karsten Voigt und ich beobachteten. Spektakulärer war ein Go-in in eine laufende Vorstellung des Frankfurter Theaters, das ich aus dem Dunkel des Zuschauerraums miterlebte. Ins gleißende Licht der Bühne getaucht, stapften plötzlich von der Seite ein, zwei Dutzend Studenten, bauten sich vorne auf, und ihre Sprecher begannen das verblüffte Publikum über die „repressiven" Verhältnisse aufzuklären. Weitere „Besetzer" drängten von draußen in den Zuschauerraum. Die Theaterbesucher in den engen Reihen schwankten unsicher zwischen anhören und rausgehen, nur einzelne protestierten laut.

Was bundesweit Aufsehen erregte und als „Osterunruhen" firmiert, war der Versuch der Studentenbewegung, in großen Städten die Auslieferung der Springer-Presse zu verhindern. Auch meine Frau und ich gingen – aus Protest gegen die einseitige Öffentlichkeit, ebenso aus Beobachtungsinteresse – am Ostermontag mit im großen Demonstrationszug durch Frankfurt, der an der Societätsdruckerei enden sollte, wo die Bild-Zeitung hergestellt wurde. Als aber lange vorher, bevor die Polizei eingriff, einzelne Demonstranten Steine unter ihre Lederwesten klemmten, andere kurze Laufintervalle zu rhythmischen „Ho, Ho, Ho Chi-Min"-Rufen einlegten, zugleich aus einzelnen Häuserfenstern „Bullen"-Beschimpfungen zu hören waren, andererseits aus einem Auto einige Männer (Straßenbahnschaffner) ausstiegen, die davon sprachen, Studenten zu verprügeln – da spürten wir eine unheilvolle Stimmung. Auch auf mein Anraten hin verließ meine schwangere Frau die Demo, in der ich weiter mitging wie auch eine große Menge anderer nicht gewaltorientiert wirkender jüngerer Leute. Vor der Societätsdruckerei, wo ich eher eine symbolische Blockade erwartet hatte, suchte ein beachtlicher harter Kern tatsächlich die Zeitungsauslieferung durch barrikadenartige Sperren zu verhindern. Er verteidigte diese auch physisch gegen ein Wegräumen durch die Polizei. Während die Dämmerung einfiel, verschärfte sich die Situation, wurde unübersichtlich und durch polizeiliche Knüppeleinsätze geprägt, die sich unterschiedslos sowohl gegen an der Sperrung Beteiligte als auch gegen alle anderen richteten und teilweise in Hetzjagden durch die Nachbarstraßen ausmündeten[45]. Sicher gab es

---

45 Siehe auch entsprechende Zeugenaussagen in: FR, 29.4.1968.

auch Steinwürfe gegen die Polizei. Teilweise mochte sich deren Vorgehen daraus erklären, dass sie damals noch über keine Helme, Schilde oder Schutzwesten verfügte, ihre Durchsetzungsmittel sich auf Wasserwerfer, Knüppel, Pistole beschränkten.

Im Ergebnis setzte sich die Polizei durch, wenn auch nur durch brutal wirkende Attacken. So wurde das Ganze zu einem politischen Desaster, Radikalisierungen gefördert. Rückblickend ist zu Recht festgestellt worden, dass die Osterunruhen 1968 für alle Beteiligten „ein traumatisches Ereignis" darstellten[46]. Den Einbruch der Gewalt in die politische Auseinandersetzung empfand ich als erschreckenden Rückfall – nicht zuletzt die Gewaltbereitschaft des harten Kerns der Studentenbewegung. Andererseits wandte ich mich in der SPD gegen einseitige öffentliche Meinungsmacht mit ihren Folgen für die Glaubwürdigkeit der Demokratie[47].

In der Folgezeit zeigte ein teach-in vor der Universität, das ich anhörte, dass die Bewegung über Kritik hinaus keinerlei alternative Lösung anzubieten hatte. Im Gegenteil, die Form des teach-in mit seiner einseitigen Indoktrinierung bedeutete eher eine Wendung zum Schlechteren. Sein Ablauf und das Mikrofon befanden sich stets in Hand des SDS und seiner Verbündeten, von deren Seite die Redner kamen, während sonstige Fragesteller auf wenige Sätze beschränkt blieben und zuweilen durch Umstehende behindert wurden. Immerhin gelang es ihnen doch, die Frage nach dem alternativen Öffentlichkeitsmodell des SDS aufzuwerfen und die Einseitigkeit des teach-ins zu thematisieren. Längere Antworten der SDSler wirkten enthüllend: Ja, man müsse hier eine einseitige Gegenöffentlichkeit schaffen, nein, ein alternatives Öffentlichkeitskonzept habe man nicht, es werde sich in der Entwicklung herausbilden. Die Frage war: Konnte man, nach Einübung in das teach-in-Modell mit entsprechend etablierten Machtverhältnissen, sich davon wieder lösen? Woher sollte dann ein faires Modell kommen? Darauf, dass die Entwicklung schon alles richten werde, kann man nicht bauen

Immer wieder beschäftigten dann die Universität studentische Aktionen. Ab dem 15. Mai 1968 kam es zu mehrtägigen politisch begründeten „Streiks" mit Blockierungen von Universität und Veranstaltungen. Nach einer Unterbrechung folgte dem auf Beschluss eines teach-ins ab 24. Mai eine zweite Streikwelle. Rektor und Senat sagten alle Veranstaltungen und Prüfungen vom 27.5. bis zum 1.6. ab, auch gab es bei einer Studentenversammlung vor dem Uni-Hauptgebäude am 27.5. „heftige Rededuelle" mit Streikgegnern, während zugleich eine Besetzung des Rektorats beschlossen wurde. Einige Tage eröffnete unter dem Namen „Karl-Marx-Universität" eine „politische Universität" ihre

---

46 Demm, Studentenbewegung 2001, S. 201.
47 Wolfgang Rudzio, Um das Problem der Gewalt, in: Der Sozialdemokrat, Juli 1968, S. 8f.

Tätigkeit, in deren Rahmen einige Assistenten, ein Theologieprofessor sowie die SDS-Größen Krahl und Reiche als Dozenten ihre Hörer aufklärten. Daneben zogen in jenen Tagen „Neugierige, zum Teil mit Kind und Kegel", durch die besetzten Rektoratsräume[48].

Meine Rolle in jenen Tagen war marginal. Am 15. Mai hatte ich bei den Historikern der Universität auf Wunsch beider Seiten Verhandlungen zwischen Lehrpersonal und Fachschaftsvertretung zu leiten. Das war eine heikle Rolle, die ich fair und nüchtern auszuüben suchte. Da allgemein ein modus vivendi miteinander angestrebt wurde, lief es gut. Man verhandelte zivilisiert, der Schwarmgeist hatte das Fach noch nicht erfasst. In diesem Zusammenhang lernte ich den Geschichtsstudenten Hans-Jobst Krautheim kennen – Beginn einer langjährigen Freundschaft[49]. Etwa zwei Wochen später zog ich wie andere Neugierige auch einmal durch die Rektoratsräume. Dabei konnte sich einem das Gefühl aufdrängen, als ob man nach einer Revolution das eroberte Schloss des Königs besichtige – Wirklichkeitstäuschungen, wie sie der Ruf des „Robespierre von Bockenheim", Krahl[50], zum „Besetzen" von Kirche, Theater, Universität oder Rektorat erzeugte. Als der Rektor durch Polizei die Universität von den Besetzern räumen ließ – da brach Krahl mit einem Protestzug zur „Besetzung" des Schauspielhauses auf, um „die politische Universität als Forum des Widerstandes gegen die Notstandsgesetze mit den Mitteln des politischen Theaters fortzusetzen" (wie er später sagte). Dort stießen die bewegten Aufklärer auf rhythmisches „Raus"-Klatschen des Publikums, allein der Regisseur und einige Schauspieler öffneten sich ihnen[51]. Diese Phase der Revolution endete da, wohin sie gehörte: in politisierendem Theater.

Unser Institut wurde von den Umwälzungen nach Antritt des Schmid-Nachfolgers Graf von Krockow im Herbst 1968 erfasst. Krockow, der sich in Saarbrücken als einer der wenigern Linken verstanden hatte, eröffnete seine Lehrtätigkeit mit einem Seminar über Anarchismus. Studentisches Publikum erschien auch in beachtlicher Zahl. Als aber in der Eröffnungssitzung ein von Krockow mitgebrachter Mitarbeiter das Semesterprogramm vorstellte, wurde er, unvertraut mit Frankfurter Usancen, von radikalen Einwürfen zu Formulierungen provoziert, die man ihm als „autoritär" um die Ohren schlug. Getroffen verließ er den Hörsaal. Zu dem Seminar waren, wie sich Krockow erinnert, „Heerscharen von Anarchisten" geströmt, nicht interessiert an alten

---

48 Demm, Studentenbewegung 2001, S. 202–10.
49 1972–73, als er Akademischer Tutor in Politikwissenschaft war, teilte ich mit ihm einen Arbeitsraum. Hans-Jobst Krautheim, geb. 1943, 1975 Promotion in Geschichte, Gymnasiallehrer, schließlich Direktor der Kurt-Schumacher-Schule in Karben.
50 Der Spiegel, zit. nach Manfred Kittel, Marsch durch die Institutionen? München 2011, S. 48.
51 Kittel, Marsch 2011, S. 47 f.

Theoretikern, sondern „wie man in den Metropolen des Kapitalismus die revolutionäre Gewalt entfaltet"[52]. Über unserem Institut prangten über Monate rote Fahnen und in großen Lettern „Rosa-Luxemburg-Institut". Eine neue Institutssatzung sah als oberstes Organ eine Vollversammlung aller Lehrkräfte und Studierenden vor, daneben einen Institutsrat aus 2 Professoren, 2 Assistenten und 4 Studenten. Jene „Vollversammlung" tagte im ersten Semester häufig, dabei zur Zeit der Krockowschen Vorlesung in deren Hörsaal – wenn auch mit rapide sinkender Beteiligung. Eine kleine Minderheit führte dort bei rollenden Bierflaschen abwegige Debatten und fasste im Namen aller Beschlüsse. Krockow tat vieles als Kinderei ab. Aber noch vor Ende seines ersten Frankfurter Semesters entschloss er sich, seine Professur aufzugeben: Die deutsche Universität gehe bachab[53].

Im folgenden Sommersemester 1969 hatte ich in meinem Wahlsoziologie-Seminar einen Dauerkonflikt mit einem studentischen „Arbeitskollektiv" zu bestehen. Diese Gruppe sah es unter Berufung auf Agnolis Parlamentarismus-Kritik als Aufgabe, „Politikwissenschaft als ‚Herrschaftswissenschaft' zu denunzieren". Ein längeres Papier des Kollektivs entsprach der sich ausbreitenden Anti-Leistungsideologie und den Aversionen gegen empirische Sozialwissenschaft, indem es mit 12 pauschal angegebenen Verfassern deren individuelle Beurteilung unmöglich machte und zudem die Auswertung wahlsoziologischer Literatur verweigerte (damit „bewusst den Vorwurf des Dilettantismus auf uns" nehmend)[54]. Dass ein Seminar, belastet durch entsprechende Auseinandersetzungen, nicht weit kommen konnte, war klar. Auch in manch anderer Lehrveranstaltung wurde ein ähnlicher Kleinkrieg ausgefochten, mit unterschiedlichem Ausgang, wobei viel von Standfestigkeit und wissenschaftstheoretischer Kompetenz des jeweiligen Dozenten abhing.

In einer besonds prekären Lage befanden wir uns als Assistenten Carlo Schmids. Sein Abschied von der Universität war überfällig, entsprechend unsicher die Zukunft der von ihm hinterlassenen Assistenten mit ihren befristeten Arbeitsverträgen. Über uns hing das traditionelle Menetekel der „Witwenverbrennung", d.h. Entlassung bei Eintreffen des Nachfolgers. Bereits im Juli 1967 suchte Rudolf Wildenmann, der den Ruf erhalten hatte, unser Institut in Frankfurt auf. Er rechnete mit größeren Mitarbeiterzahlen für seine empirische Wahlforschung und konnte mit uns nicht viel anfangen. Nach Verhandlungen entschied er sich für Mannheim.

Anstatt seiner erschien im Frühjahr 1968 der – schon erwähnte – Graf von Krockow, Professor für Politikwissenschaft in Saarbrücken, zunächst sondie-

---

52 Christian Graf von Krockow, Erinnerungen, Stuttgart 2000, S. 199, 203
53 Wolfgang Rudzio an PD Dr. Herfried Münkler/Universität Frankfurt, 4.12.1989.
54 Kritik des Semesterprogramms und Selbstverständnis des Arbeitskollektivs, in: Papier des Arbeitskollektivs SS 1969, hektographiert, ohne Seitenzahlen.

rend bei uns, der dann im Herbst die Stelle in Frankfurt übernahm. Wir kamen mit ihm gut davon, da unser Senior Massing ein Habilitationsstipendium erhielt und durch Rainer Eisfeld ersetzt wurde, während alle anderen bleiben konnten. Krockow, ein jüngerer Ideengeschichtler (geboren 1927) aus pommerschem Adelsgeschlecht, war ein angenehmer, in Finanz- und Stellenfragen bemerkenswert offenherziger Vorgesetzter. Dank ihm schien sich mein „*Universitätsgastspiel zu verlängern*"[55]. Als er uns aber Anfang 1969 eröffnete, die Universität verlassen zu wollen, suchte ich (auch aus eigenem Interesse[56]) vergeblich, ihn umzustimmen: Die derzeitigen Verhältnisse hätten doch wohl vorübergehenden Charakter. Seine Begründungen spiegeln aber die damalige Situation wider:

- In Frankfurt sei an „eigene, wissenschaftliche Arbeit nicht mehr zu denken. Die Aufregungen, die Berichte wie von Weltuntergängen, die Krisensitzungen jagten einander."
- Zweitens habe sich „eine bösartige Polarisierung" entwickelt, bei der „eine liberale Mittelposition" (wie die seine) zwischen die Fronten gerate.
- Drittens diagnostizierte Krockow in Frankfurt die „Misere einer Massenuniversität"[57].

Allerdings konnte er sich den Absprung ins Ungewisse eher als manch anderer leisten, wobei sein Erfolg als freier Autor seine damalige Entscheidung rechtfertigt. Ihm gelang der schwierige Umstieg vom Wissenschaftler zum bekannten Schriftsteller. Dabei wandten sich seine Bücher zunehmend einem nachdenklich-elegischen Rückblick auf das untergegangene Preußen und seine verlorenen Ostprovinzen zu. So sehr Krockow an Fortschrittlichkeit festhielt, schwärte zugleich die Wunde der Vertreibung.

Nach seinem Ausscheiden im Herbst 1969 blieb die Professur zunächst unbesetzt. Währenddessen wurden die beiden Frankfurter Politik-Institute unter Fetscher fusioniert, und wir kamen enger als bisher mit ihm und seinen Mitarbeitern in Kontakt. Räumlich siedelte ich zu ihnen ins Zentralgebäude der Universität um. Fetscher, politischer Theorie-Forscher, hatte während der 68er Unruhen auf Gastprofessuren im westlichen Ausland überwintert und ging vorsichtig mit der Bewegung um. Seine Assistenten und sonstigen Mitarbeiter ließen unterschiedliches Profil erkennen: Walter Euchner als Ideengeschichtler äußerte sich entsetzt über Erscheinungen der Bewegung, während andere ihr näher zu stehen schienen. Außerdem lernte ich den DDR-Forscher Herrmann Weber als Gastdozenten kennen, ein abgesprungenes SED-Mitglied. Auch Er-

---

55 Wolfgang an Hildegard Rudzio, 25.4.1968.
56 Mein zweijähriger Arbeitsvertrag lief zum 30.6.1969 aus.
57 Krockow, Erinnerungen 2000, S. 213 f.

fahrungen mit einer neu konzipierten Lehrform machten wir im vereinigten Institut: nämlich Anfängern einen inhaltlichen Gesamtüberblick über die Politikwissenschaft durch eine Ringvorlesung zu vermitteln, zu der man jeweils seinen Teil beitrug. Meiner betraf „Parteien und Verbände"[58].

Neue Ungewissheiten kamen dann 1970. Weniger ergaben sie sich aus der Neubesetzung der Krockow-Professur, da der neue Stelleninhaber Ernst Otto Czempiel, spezialisiert auf internationale Beziehungen, zusätzliche Stellen unter dem damals boomenden Label „Friedens- und Konfliktforschung" erhielt. Auf ihnen konnte er außenpolitisch ausgerichtete Mitarbeiter unterbringen (so etwa Manfred Knapp). Czempiel hat dann in seiner Frankfurter Zeit lesenwerte Bücher über den Ost-West-Konflikt geschrieben[59]. So überlebten wir bisherigen Assistenten ungeschoren.

Mehr Unruhe brachte die hessische Hochschulreform vom Mai 1970. Sie hatte Prof. Ludwig von Friedeburg auf den Weg gebracht, bisher tätig am Institut für Sozialforschung, dem Zentrum der Kritischen Theorie, der 1969 zum Kultusminister ernannt wurde. Hessen vorn, sagte man. Unter den Zielsetzungen von Demokratisierung und verstärktem Lehrangebot führte die Reform zur „Gruppenuniversität", in der verschiedene Statusgruppen mit bestimmten Anteilen in den Gremien vertreten wurden. Zum zweiten erweiterte man die Professorenschaft durch eine „Überleitung" bisheriger Assistenten, Privatdozenten u. a. Zusammen bedeutete das das Ende der „Ordinarienuniversität" insofern, als die ordentlichen Professoren nicht mehr als Chefs allein das Sagen hatten und ihre Gruppenrechte mit den „übergeleiteten" Professoren teilen mussten. Das Gesetz blieb hinter Vorstellungen der Studentenbewegung zurück, bedeutete aber einen Schritt in ihre Richtung und wirkte wegweisend.

Kann man Institutionen der Wissenschaft demokratisieren, ohne deren Funktion zu zerstören, wenn per Mehrheit über die Richtigkeit von „$2 \times 2 = 5$" entschieden wird? So wurde gelästert, begreiflicherweise angesichts mancher Thesen. Selbstverständlich nicht, antworteten die Hochschulreformer. Statt des demokratischen Prinzips des „one man, one vote" führte man feste Stimmgewichte für die verschiedenen Gruppen der Uni-Angehörigen ein, somit ein eher ständisches System. Ein Problem aber blieb: Kann man Wissenschaft von Entscheidungen über Stellen, Geldmittel, Personalzuordnungen und Räume trennen, die Gremienmehrheiten obliegen? Können Nichtpromovierte und Studenten in Berufungskommissionen über wissenschaftliche Qualifikationen mitentscheiden? Auch wenn man der alten Universitätsstruktur nicht nachweinte, bedeutete das neue System mit dieser Mischung von Wissenschaft und Mehrheitsentscheid kaum eine glückliche Lösung.

---

58 Hektographierte Ausarbeitung des Instituts von 1971, S. 56–68.
59 So Ernst Otto Czempiel, Machtprobe, München 1989.

Die erste Erfahrung mit der neuen Rechtslage bestand darin, dass sich die Abhängigkeit von einem Professor lockerte, ersetzt durch eine vom Wohlwollen der Gremienmehrheiten. Aktuell ging es für nichthabilitierte Assistenten um ihre Überleitung, ob und auf welche Professorenstellen sie gelangen würden. Das Jahr 1970 war daher von zahlreichen Sitzungen geprägt. Neben Institutsrat und Mitarbeiterbesprechungen spielten Assistententreffen und ein „Rat der Nichthabilitierten" eine Rolle. Unabhängig hiervon hatte sich eine Verbindung zwischen mir und dem über die Mehrheit der Studentensitze im Uni-Konvent verfügenden SHB (vor seiner Hinwendung zur Stamokap-Theorie) angebahnt. Dort spielten Soziologiestudenten der Wirtschafts- und Sozialwissenschaftlichen Fakultät eine zentrale Rolle – so Wolfgang Streeck, Konrad Schacht, Jörg Münstermann und andere. Einige kannten mich vom Studium her, ausschlaggebend waren aber gemeinsame SPD-Orientierung und meine Rolle beim Sturz des Frankfurter Polizeipräsidenten. Letztere verschaffte mir 1970 einiges Renommee. So suchte mich der SHB für die Wahl zum Universitätspräsidenten ins Spiel zu bringen. Bereits als „heimlicher Kandidat" der starken Linken im Uni-Konvent figurierte ich in der „Welt"[60]. Tatsächlich: *„Zur Kandidatur kam es jedoch nicht, da die linke Mittelbaugruppe mich nicht als hinreichend links empfand (aus ihrer Sicht vielleicht richtig)."* In der SPD galt ich eben als links, in der Universität nicht oder nicht hinreichend[61]. Die „wahre" Linke unterlag dann bei der Präsidentenwahl.

Die Überleitung zog sich hin. Auf sie suchten manche Gruppierungen einzuwirken, nicht zuletzt der nun starke „Kommunistische Studentenverband" (KSV), der auf einem vor der Mensa ausgehängten großen Transparent dazu aufrief, mehrere namentlich aufgezählte Assistenten aus der Universität zu entfernen. Auch mein Name prangte da wochenlang unter etwa sieben Geächteten auf der „Proskriptionsliste" (wie damals genannt). Für den KSV bezeichnend war, dass er noch im Februar 1972 die Fachbereichskonferenz der Historiker sprengte und Klausuren nur unter dem Schutz von hunderten Polizisten in der Universität ermöglicht werden mussten[62]. Im Ergebnis wurde ich wie vergleichbare promovierte Assistenten, die ihre Publikationsliste und ein auswärtiges Gutachten vorzulegen hatten, dem Kultusministerium für eine H3-Professur vorgeschlagen. Es winkte eine sichere Stelle, fester Boden anstelle nagender Unsicherheit.

Auch außerhalb der Universität stimmte ich mit der 68er-Bewegung nicht überein. Der sogenannte Marsch auf Bonn, bei dem sie am 11. Mai 1968 Zehntausende im Bonner Hofgarten gegen die Notstandsgesetze mobilisierte, verlief ohne Zwischenfälle. Mein Freund und Doktorandenkollege Karsten Voigt

---

60 Die Welt, 16.12.1970.
61 Wolfgang Rudzio an PD Dr. Herfried Münkler, 4.12.1989.
62 FAZ, 9.2. und 22.2.1972.

und ich waren dort, primär aus Neugier, wie es laufen würde. Die sich abzeichnende Kompromisslösung zur Notstandsregelung verdiente in meinen Augen keinen Protest, wie mich das Schmid-Seminar zum Staatsnotstand gelehrt hatte. Ebensowenig teilte ich die aufgeregte Demokratiekritik an der Großen Koalition, widersprach sie doch meinen koalitionspolitischen Untersuchungen. Ablehnend nahm ich die Solidarisierungen der 68er mit der kommunistischen Seite in Vietnam wahr. Gar nicht zu sprechen von Frankfurter Kaufhausbrandstiftern oder Bombenattentätern gegen das US-Hauptquartier im IG Farben-Hochhaus. Die wuchtigen Detonationen der letzteren hörte ich im nahen beim Spazieren mit unserem Sohn, den ich vorsichtig hinter einen Grüneburgpark Baum schob. Was mir am Herzen lag, soziale Chancengleichheit, wurde von den 68ern nur abstrakt angesprochen, im Bildungsbereich ohne Beachtung des Leistungsprinzips. Die kulturrevolutionären Ambitionen zugunsten anti-autoritärer Erziehung oder Kommunen waren mir fremd. Ich war zu alt, zu differenziert und hatte die falschen Lebenserfahrungen, um da mitzuschwimmen.

Was mein Denken zudem veränderte, war eine Auseinandersetzung mit den Thesen der Studentenbewegung. Diese zog sich bis 1974 hin. Waren es wirklich überzeugende Argumentationen, mit denen Anhänger der Kritischen Theorie Furore machten bzw. manchen Wissenschaftler vor sich hertrieben?

(1) Empirische Wissenschaft wurde abgewertet, indem Adorno deren Ergebnissen nur den Charakter der „Erscheinung" zubilligte, während das „Wesen" einer Gesellschaft der eigentlich relevante Erkenntnisgegenstand sein müsse und die Erscheinung erklären könne. Hieran änderte die absichernde Einschränkung wenig, dass objektives Wesen auch durch subjektive Erscheinungen „affiziert" werde. Wem der Primat zukomme, blieb deutlich[63]. Zudem meinte Habermas, nicht jede wissenschaftliche Aussage müsse falsifizierbar sein[64]. Einer Willkür mit wissenschaftlichem Anspruch schien mir damit Tür und Tor geöffnet. Und was von Koryphäen noch vorsichtig formuliert war, schlug einem aus Studentenmund als Schlaghammer gegen Empirie entgegen, der man Irrelevanz und Ablenkung vom Wesentlichen vorwarf. Das zweite zentrale Argument war die „Totalität" der Gesellschaft, welche es verbiete, einzelne gesellschaftliche Bereiche gesondert zu analysieren. Die Konsequenz: Wissenschaft, in einem Brei vermischt mit Gesellschaft und Politik, wurde als Form „affirmativer" oder „kritischer" politischer Aktion begriffen. Von da aus ließ sich natürlich begründen, weshalb

---

63 Theodor W. Adorno, Soziologie und empirische Forschung, in: Ders. u. a., Der Positivismusstreit in der deutschen Soziologie, 3. A. 1974, S. 81 ff., hier insbes. 99.
64 Jürgen Habermas, Analytische Wissenschaftstheorie und Dialektik, in: Adorno, Positivismusstreit, S. 155 ff., hier 164.

man ein Seminar zum politischen Schlachtfeld en miniature umzufunktionieren hatte.

In der ersten Phase erlebte ich, wie unsicher mancher Wissenschaftler dem gegenüberstand, und auch ich fühlte mich überrascht. So las ich nicht nur wissenschaftstheoretische Publikationen der kritischen Theorie, sondern auch ihrer Gegenspieler wie Karl R. Popper oder Hans Albert[65]. Hilfreich war auch die Kritik in Christof Helbergers „Marxismus als Methode", deren jungem Autor ich damals in der Universität begegnete. Die Argumentationen der letzteren überzeugten zugunsten einer falsifizierbaren und institutionell abgeschirmten Wissenschaft. Sie wappneten gegen irrlichternde Wissenschaftskritik. Gegenüber der Totalitäts-These überzeugte mich die Systemtheorie Niklas Luhmanns, die gute Argumente für die Unterscheidung von Subsystemen mit jeweils besonderen Funktionen lieferte[66].

(2) Eine veränderte Sicht von Gesellschaft und Politik ergab sich für mich aus der Beschäftigung mit der Ökonomie. Schon die Spieltheorie hatte 1963 eine erste Schneise in diese Richtung geschlagen. Nun las ich mich als Assistent in die Neue Politische Ökonomie (ausgehend von Joseph Schumpeter und Anthony Downs) und knapp auch in Grundfragen der Wirtschaftspolitik (insbesondere Herbert Giersch und John Maynard Keynes) ein. Auch wenn ich zum Schluss kam, dass der ökonomische Theorieansatz den politischen Prozess nicht generell erklären könne, wies ich ihm doch mehr Bedeutung zu als damals in der deutschen Politikwissenschaft üblich[67]. Wichtiger noch: Die grundsätzlich effiziente Steuerungslogik des Marktes mit freien Wirtschaftssubjekten wurde mir in großer Klarheit deutlich. Man muss vom menschlichen Eigeninteresse ausgehen, Kollektivinteressen können durch die „invisible hand" Adam Smiths und durch politische Einschränkungen des Marktes verfolgt werden. Die Komplexität von Bedürfnispräferenzen und technologischer Entwicklung übersteigt die Kapazität jedes Politbüros und seiner Planungsbehörde soweit, dass es keine vernünftigen Preise festzusetzen und Investitionsentscheidungen zu treffen vermag[68]. Das Ziel einer sozialistischen Planung starb damals für mich. Aus dem demokratischen Sozialisten wurde ein Sozialdemokrat, der nur begrenzte Bereiche dem Markt entzogen sehen wollte.

(3) Der Marxismus, stets schon aus dem Blickwinkel des Historikers in seiner Aussagekraft bezweifelt, verfiel nun auch dem Verdikt meiner neuen

---

65 U.a. Hans Albert, Plädoyer für kritischen Rationalismus, 3. A. München 1973; Ernst Topitsch (Hg.), Logik der Sozialwissenschaften, 5. A. Köln 1968.
66 Niklas Luhmann, Politische Planung, Opladen 1971.
67 Rudzio, Verwissenschaftlichung, S. 105 ff.
68 So Ota Sik, Argumente für den Dritten Weg, Hamburg 1973.

wissenschaftstheoretischen wie ökonomischen Einsichten. Seine ökonomische Lehre, jetzt anhand von Marx' „Das Kapital" ernüchtert gelesen, ebenso seine politisch-historischen Vorstellungen konnten lediglich als Hypothesengebäude durchgehen, das von der realen Entwicklung widerlegt war, wie Bernsteins Revisionismus[69] und die nachfolgende Geschichte gezeigt hatten. Einen tendenziellen Fall der Profitrate, eine sich gesetzmäßig steigernde Zuspitzung der Krisen, eine Verelendung und einen revolutionären Übergang zum Sozialismus in kapitalistisch entwickelten Ländern – das alles hatte es nicht gegeben. Auch modifizierende Anbauten an das Marx'sche Gedankengebäude wie etwa Rosa Luxemburgs Imperialismustheorie, Rudolf Hilferdings „Finanzkapital" oder Lenins bzw. Maos Vorstellungen, die ich alle las, vermochten die Marx'sche Theorie nicht zu retten. Die Fahne eines „wissenschaftlichen Sozialismus" konnte man nur bei dogmatischer Immunisierung gegen Empirie bzw. bei aufgeweichtem Wissenschaftsverständnis hochhalten. Weder das eine noch das andere war meine Position.

(4) Schließlich schärfte sich in der Auseinandersetzung auch das Demokratieverständnis. Man konnte erkennen, dass die Vorstellungen von der gesellschaftlichen Totalität gegen die Autonomie gesellschaftlicher Teilsysteme und damit gegen Grundlagen liberaler Demokratie standen. Außerdem nahm ich mit Befremden wahr, wie eine von empirischer Kontrolle gelöste Demokratiekritik leichtfüßig zu Abwertungen westlicher Demokratie schritt – exemplarisch bei gefeierten Gurus der Studentenbewegung wie Johannes Agnoli mit seiner These von der ihres Gehalts beraubten, „transformierten" Demokratie[70] oder Herbert Marcuse mit seiner Kritik der „repressiven Toleranz". Enthüllend wirkte die Folgerung des letzteren, Toleranz dürfe „nicht unterschiedslos" auch für „falsche Worte" und Taten gelten; positiv könne „Intoleranz gegenüber Bewegungen von rechts", ja „eine demokratische erzieherische Diktatur" sein – sei doch „das falsche Bewusstsein zum allgemeinen Bewusstsein geworden"[71]. Auch die viel verehrte Rosa Luxemburg, im Original gelesen, strebte keine freiheitliche Demokratie an. Wenn sie verächtlich den „Hühnerstall des bürgerlichen Parlamentarismus" und die „bürgerliche Demokratie" attackierte, stattdessen eine „Diktatur des Proletariats" als „die wahre Demokratie" propagierte, wies das alles auf eine Herrschaft ohne freie Wahl und ohne rechtsstaatliche Schranken hin. Dass sie 1918/19 zu einem Kopf des ersten gewaltsamen

---

69 Vgl. Eduard Bernstein, Die Voraussetzungen des Sozialismus und die Aufgaben der Sozialdemokratie, Stuttgart 1899.
70 Johannes Agnoli/Peter Brückner, Die Transformation der Demokratie, Berlin 1967.
71 Herbert Marcuse, Repressive Toleranz, in: Robert Wolff u. a., Kritik der reinen Toleranz, 4. A. Frankfurt a. M. 1968 (dt. Erstausgabe 1966), S. 91 ff., hier 99, 120, 117, 121.

Umsturzversuchs gegen die Weimarer Demokratie wurde, ist nicht zufällig. Selbst ihre viel zitierte Formulierung von der „Freiheit des anders Denkenden" bezieht sich im Zusammenhang nur auf Andersdenkende innerhalb des sozialistischen Lagers[72]. Im übrigen war illusionär, dass sie auf eine andauernde Aktivität der „Massen" setzte, wie es auch dem in der 68er Bewegung beschworenen Rätemodell zugrunde lag. Rätedemokratie, zehn Jahre zuvor für mich noch von einer gewissen Attraktivität, hatte diese verloren. Was mir nun vorschwebte, war eine Demokratie im Sinne des Grundgesetzes, mit parteienstaatlichen Zügen und fairen Chancen für alle Positionen auf dem Boden der Demokratie.

Im Ergebnis haben die Herausforderungen der 68er Bewegung, ebenso auch wissenschaftliche Arbeiten in jenen Jahren meine Vorstellungen geschärft und verändert. Wenn man so will, bin ich damals ein Stück nach „rechts" gerückt. Umso schwieriger wurde es, die Belastungen auszuhalten, die sich aus dem Zweifrontenkrieg ergaben, bei 68ern als zu „rechts", in SPD und Außenwelt als zu „links" zu gelten.

Publish or perish! Dieses Motto drang mahnend ins Bewusstsein, je mehr sich die Assistentenzeit dann doch über Krisen und politische Wirrnisse hinweg verlängerte. Mein Publikationsoutput schloss teils an bisherige Themen an: mit meiner Dissertation sowie je einem Beitrag in den Vierteljahresheften für Zeitgeschichte bzw. in einem Lexikon. Getrennt davon standen der Beitrag zur ökonomischen Politiktheorie und zwei kleinere Veröffentlichungen zum damals aktuellen Thema Bodenrecht und Wohnungspolitik. Im Kern aber arbeitete ich darauf hin, in einer Studie die Praxis Großer Koalitionen in der parlamentarischen Demokratie und deren Vereinbarkeit miteinander zu analysieren. Als empirische Beispiele dienten die Koalitionsregime in Österreich und Deutschland, als Gegenmodell das britische Regierungssystem. Das Ergebnis, maschinenschriftlich 222 Seiten, reichte ich dem Westdeutschen Verlag ein, erlebte jedoch eine Abfuhr. Der Lektor hielt nichts von der Arbeit und meinte, eine solche Thematik sei derzeit nicht angesagt. Geknickt gab ich das Buchprojekt auf und veröffentlichte stattdessen Teile als Aufsätze in führenden politikwissenschaftlichen Zeitschriften: über Koalitionsausschüsse in der Zeitschrift für Parlamentsfragen, der Politischen Vierteljahresschrift und dem Sozialwissenschaftlichen Jahrbuch für Politik, zwei weitere zum freien Mandat in sonstigen Zeitschriften, während anderes im Papierkorb landete. Vor diesem Hintergrund wurde ich Ende 1972 zum H2-Professor für Politikwissenschaft übergeleitet. Das war nicht das große Los, verschaffte aber erstmals eine gesicherte Position.

---

72 Rosa Luxemburg, Politische Schriften I–III (Hg.: Ossip K. Flechtheim), Frankfurt a. M. 1966/68, I S. 119, 125; II S. 165; III S. 134.

4 SPD-Vorstand: Vom Fall Littmann zum Stamokap-Konflikt

Jene Jahre waren auch Zeiten aktiver Beteiligung in der SPD. In der Frankfurter SPD als einer Speerspitze des „linken" Bezirks Hessen-Süd beurteilten viele die gesellschaftlichen Verhältnisse und politischen Entwicklungen aus linkem Blickwinkel. Mein Ortsverein im Westend, einem von Altbau-Villen durchsetzten Wohngebiet nahe der Universität, wies zudem einen überdurchschnittlichen Anteil Mitglieder mit höherem Bildungsgrad auf, was Grundsatzdiskussionen förderte. In den Mitgliederversammlungen wurde regelmäßig Frust und Kritik abgelassen. In erregter Empörung pflegte sich der ältere Karl Retzlaff (einst KPD-Rotfrontkämpfer) zu äußern, grundsätzlich kritisch, aber mit sympathischer Abgeklärtheit Arthur Mayer, einst USPD-Rätemitglied, mit wohl überlegten Worten mein Doktorandenkollege Karsten Voigt (Photo S. 225), enger mit der städtischen Politik verbunden der Rundfunkredakteur Friedrich-Franz Sackenheim („Frifra"), aus der Sicht einer emanzipierten Westend-Hausfrau Odina Bott. Jüngere waren die Lehrerin Rita Streb-Hesse (später MdL), der Polizeijurist Hartmut Vogt (mir seit SDS-Tagen nahe) und der Juso Bernd Vorläufer. In diesem vielstimmigen, linken Chor lieferte auch ich meine Beiträge. Die einzigen, die anders sangen, waren die Stadtverordnete und Historikerin Dr. Frolinde Balser, die den „rechten" Flügel der Partei repräsentierte, und – seltener anwesend – Dr. Herbert Ehrenberg, 1964–68 beim Hauptvorstand der Gewerkschaft Bau, Steine, Erden tätig. Der eloquente Ehrenberg, in dessen Sprache seine Herkunft aus Ostpreußen durchklang, beeindruckte mich ungeachtet aller Meinungsverschiedenheiten[73]. Ich selbst fungierte zwischen 1965 und 1973 zeitweise als Delegierter zum Unterbezirksparteitag, als Vorstandsmitglied und stellvertretender Ortsvereinsvorsitzender.

Ein zweites Feld stellten die Frankfurter Jungsozialisten dar. Obwohl mich während der Examensphase zurückhaltend, besuchte ich ihre Versammlungen. Ohne eigenes Zutun wurde ich dann auf den Schild gehoben und am 31. Januar 1964 mit 88 zu 23 Stimmen zum Frankfurter Vorsitzenden gewählt. Zwar belebten sich so Kontakte wieder und fanden sich neue Freunde wie Karl-Heinz („Karli") Berkemeier, Olaf von Slatow und Rolf Schwickerath. Andere wie Heidi Mecklenburg (später Frankfurter DGB-Vorsitzende), Dorothee Vorbeck, Karsten D. Voigt oder Wolfgang Streeck kannte ich schon länger. Das wurden im Laufe der Jahre nicht nur politische, sondern auch persönliche Freunde. Aber viel ließ sich bei den Jusos nicht auf die Beine stellen – meine auswärti-

---

73 Nach meinen Positionsveränderungen las ich 1974 sein Buch „Zwischen Marx und Markt" (Frankfurt a. M. 1973) auch mit Zustimmung. Vgl. Wolfgang Rudzio/Maren Reyelt, Herbert Ehrenberg, in: Udo Kempf/Hans-Georg Merz (Hg.), Kanzler und Minister 1949–1998, Wiesbaden 2001, S. 216–19.

gen Forschungsaufenthalte wegen der Doktorarbeit erwiesen sich als massives Hindernis. Während meiner Ortsabwesenheit luden die Jungsozialisten zur Störung einer NPD-Veranstaltung ein, und mein Stellvertreter Michael Schell setzte auch meinen Namen darunter. Auf Anzeigen hin vernahm mich danach die Staatsanwaltschaft als „Beschuldigten". Ohne unmittelbare Kenntnis der Vorgänge und ohne von Störungen überzeugt zu sein, lavierte ich mich da durch. Nach einem Jahr war es mir wegen der Dissertation ganz recht, den Juso-Vorsitz mit Anstand zu Ende zu bringen. Immerhin spielte ich noch mehrere Jahre die Rolle eines „elder statesman" bei den Jungsozialisten, der beim Ausgucken neuer Vorstände und bei inneren Konfliktbewältigungen mitwirkte.

Im übrigen sprach ich hin und wieder vor Parteigliederungen – so 1967 zur Notstandsgesetzgebung in Kelkheim, im SPD-Distrikt Frankfurt-Nordend und 1968 in einem Seminar, ferner zum Thema „Ist die außerparlamentarische Opposition gescheitert?" vor den Jungsozialisten Hoechst sowie zu „Wirkungen einer Wahlrechtsreform" beim Arbeitskreis Wahlrecht der Frankfurter SPD[74]. Im Umfeld der Partei betrafen Vorträge die SPD-Programmentwicklung, Linksradikalismus, Bodenrecht und Notstandsgesetzgebung – so bei der Ebert-Stiftung Bergneustadt und Saarbrücken, der Sozialistischen Bildungsgemeinschaft Essen, der Deutschen Angestelltengewerkschaft, dem Cusanuswerk Schwerte und der Frankfurter ÖTV.

Das Littmann-Drama

I. Die Szenerie der Frankfurter SPD

Mit diesem Hintergrund wählte man mich im Februar 1969 zum Mitglied des Frankfurter SPD-Vorstandes. In der Frankfurter SPD standen sich eine linke Mehrheit um den Vorsitzenden Walter Möller und eine „rechte" Minderheit gegenüber. Doch Juso-Forderungen wegen der Polizeieinsätze waren 1968 am Oberbürgermeister abgeprallt, ebenso die vom SPD-Vorstand gewünschte Kennzeichnung der Polizisten am Polizeipräsidenten. Karsten Voigt scheiterte, anstelle Georg Lebers als Bundestagskandidat aufgestellt zu werden. Bedeutend blieb der Rückhalt des rechten Flügels bei Stadtverordneten, Magistratsgruppe und Parteisekretären.

Auf dem UB-Parteitag 1969 wagte die Rechte die Kraftprobe. Sie hatte gegen Möller den Parteisekretär und Stadtverordneten Gerhard Weck aufgestellt, und ihr Redner Horst Born suchte die Jungsozialisten als Arm der Apo abzumalen. Dagegen traten andere auf, darunter ich:

---

74 Materialien zur Beratung des Themas „Wahlrechtsreform" im Unterbezirk Frankfurt a. M., hektographiert, o. D., S. 7 ff.

> „Jungsozialist Rudzio, der am nächsten Tag in den Vorstand gewählt wurde, zeigte sich entsetzt über das Bornsche ‚Gruselkabinett' und teilte in der entfachten Erregung gleich noch Hiebe für den Oberbürgermeister aus, ‚der es nach wie vor nicht schafft, antidemokratische Tendenzen in der Polizei abzubauen.'"[75]

Das Ergebnis war eine weitere Linksverschiebung: Die rechten Vorstandskandidaten unterlagen. Unter den Beisitzern blieb als „der letzte Mohikaner" der Rechten nur Christel Guillaume übrig, Vorsitzende der ASF und – insgeheim – DDR-Agentin. Demgegenüber gelangten als neue Beisitzer in den Vorstand: Karsten Voigt, Dorothee Vorbeck und ich, alle drei mit Juso-Rückenwind[76].

Als Vorsitzender im Vorstand fungierte Walter Möller (geb. 1919, 1937–45 Soldat, dann Redakteur, 1956 Volkshochschulleiter, 1948–64 Stadtverordneter, dann Verkehrsdezernent in Frankfurt), neben Steffen aus Schleswig-Holstein und von Oertzen in Niedersachsen einer der damals bundesweit bekanntesten SPD-Linken. Er leitete Vorstandssitzungen geschäftsmäßig, vermied Abschweifungen und zielte auf Entscheidungen. Stellvertreter waren Fred Zander/ IG Metall, den ich zehn Jahre zuvor als Kursteilnehmer der Akademie der Arbeit und meinen SDS-Vize schätzen gelernt hatte (242 Stimmen)[77], zum anderen Friedrich Franz Sackenheim, Redakteur beim Hessischen Rundfunk, mir aus dem Ortsverein Westend bekannt (247 St.)[78]. Als Kassierer fungierte der schweigsame Hans Wöll (320 St.). Beisitzer waren:

- Herbert Faller (Photo S. 225) 216 St., 1924–97, Stadtjugendamtsleiter; 1955–81 Funktionen bei den Naturfreunden, Ostermarsch-Aktivitäten.
- Dr. Fritz Opel: 207 St., 1912–73, tätig beim IG Metall-Vorstand; KPD, KPO, 1934–37 politisch inhaftiert, Emigration, Historiker.
- Liesel Winkelsträter: 206 St., geb. 1921, IG Chemie-Bezirkssekretärin; MdL.
- Christian Raabe (Photo S. 225): 199 St., geb. 1934, Rechtsanwalt.
- Josef Lang („Jola"): 191 St., 1902–73, Buchhändler im Bund-Verlag; KPO, SAP, 1934–50 Emigration in die CSR, Frankreich, USA.
- Karsten D. Voigt (Photo S. 225): 190 St., geb. 1941, Doktorand bei Kluke; 1969–72 Juso-Bundesvorsitzender, 1976–98 MdB.

---

75 FNP, 24. 2. 1969
76 FNP, 25. 2. 1969.
77 Geb. 1935, Kfz-Mechaniker, 1961–66 DGB-Funktionen, 1966–69 persönlicher Referent des IG Metall-Vorsitzenden Brenner, 1969–90 MdB, 1972–82 Parlamentarischer Staatssekretär.
78 1926–2011; Kriegsgefangenschaft, Journalist, ab 1958 beim Hessischen Rundfunk, 1971–91 Chefredakteur Hörfunk, 1981–85 Vorstand des DJV, Stv. und ehrenamtlicher Stadtrat.

- Erich Nitzling (Photo S. 225) 178 St., 1934–2014, Kaufmann; 1962–68 Juso-Funktionen, 1964–70 Stv., 1970–87 MdL.
- Karlheinz („Karli") Berkemeier: 172 St., 1934–2006, Journalist; Stv. 1968–97.
- Dorothee Vorbeck: 165 St., geb. 1936, Studienrätin; Juso-Vors. Frankfurt 1969–71, MdL 1970–78, Vorstandsmitglied SPD-Frankfurt 1969–81, Staatssekretärin ab 1984.
- Wolfgang Rudzio: 149 St., geb. 1935, Wiss. Assistent; in Frankfurt SDS-Vors. 1958–59 und Juso-Vors. 1964–65, Professor 1972–2000.
- Christel Guillaume 140 St, 1927–2004, SPD-Parteisekretärin[79].

Wir Neulinge (Voigt, Vorbeck, Rudzio) stellten im Vorstand Jüngere ohne Positionen in Kommunalpolitik oder Gewerkschaften – Beispiele für den Akademikerzustrom in die SPD. Bald waren wir zusammen mit Berkemeier politisch wie privat miteinander verbunden. Nitzling, uns nahe, wie Winkelsträter schieden wegen anderer Positionen bald aus dem Vorstand aus. Engere Kontakte mit Möller schienen neben Lang Kommunalpolitiker wie Hesselbach und Geißler zu haben. Obwohl links, prägten unterschiedliche Lebenssituation und -erfahrungen den neuen Unterbezirksvorstand.

Insgesamt umfaßte die Frankfurter SPD 1970 rund 12 000 Mitglieder, die in 44 Ortsvereine (oder „Distrikte") gegliedert waren. Dort lag der Schwerpunkt des Parteilebens. So fanden 1970 in dreißig ausgezählten Ortsvereinen insgesamt 280 Mitgliederversammlungen statt, d. h. pro Distrikt fast 10 im Jahr. Im Verhältnis ihrer Mitgliederzahlen entsandten die Ortsvereine rund 350 auf ein Jahr gewählte Delegierte zum Unterbezirksparteitag, der jährlich den Unterbezirksvorstand wählte. In den Bundestag entsandte die SPD alle drei, in den Hessischen Landtag alle sechs direkt gewählten Abgeordneten Frankfurts. Ihre Stadtverordnetenfraktion umfasste 42 Mitglieder; im Magistrat war sie durch 6 hauptamtliche und 6 ehrenamtliche Mitglieder vertreten. Beeinflusst wurde das innerparteiliche Klima davon, dass sich in Frankfurt nicht nur die gewerkschaftseigene „Bank für Gemeinwirtschaft" und der hessische DGB, sondern auch die Hauptvorstände von fünf DGB-Gewerkschaften (IG Metall, IG Bau-Steine-Erden, Gewerkschaften der Eisenbahner, Post Lehrer) befanden[80]. Es war also ein großer Organisationsverbund mit vielfältigen Verbindungen, in dessen Vorstand wir da einzogen. Man lernte die begrenzte Steuerungsmöglichkeit gegenüber rechtlich bzw. politisch autonomen Abgeordneten und Gre-

---

79 Stimmenzahlen nach Rundschreiben des Unterbezirks an Ortsvereine, 3.3.1969, in: AsD, SPD-UB Ffm.002.
80 SPD Unterbezirk Frankfurt am Main, Jahresbericht 1970/71; Merkbuch für die Mitglieder der SPD, Unterbezirk Frankfurt am Main 1971/72.

mien kennen. Gerade bei diesem Vorstand spitzte sich das Problem insofern zu, als der rechte Flügel in ihm kaum vertreten war und ihm weder Oberbürgermeister noch Vorsitzender der Stadtverordnetenfraktion angehörten.

Der Vorstand tagte im allgemeinen 14-täglich, meist im Parteihaus Fischerfeldstraße für etwa zwei Stunden. Im Rahmen der internen Zuständigkeiten hatte ich gemeinsam mit jeweils einem anderen Neuen die Jungsozialisten, SHB, Falken und Lehrer zu betreuen. So berichtete ich über einen Konflikt am Gagerngymnasium und wurde beauftragt, einen Antrag zugunsten von Schiedskommissionen für solche Fälle zu formulieren[81]. Eine Aktivität bildete ein Seminar für neue Mitglieder, bei dem Opel über SPD-Geschichte, ich über das Godesberger Programm, Voigt über innerparteiliche Demokratie und ein Ortsvereinsvorsitzender, Breithaupt, über Arbeit in den Distrikten referierten. Das Seminar „verlief sehr interessant und lebhaft."[82]

II. Der Durchbruch

Meine große Stunde kam Anfang 1970, nachdem die Polizeifrage schon länger geschmort hatte, vertagt und schließlich auf einen Parteitag am 29. Januar 1970 verschoben worden war. Zu ihm lag ein Juso-Antrag vor, der die Absetzung des Polizeipräsidenten forderte. Mir gingen die bisher erfolglosen Angriffe gegen die Polizeispitze durch den Kopf. Das dürfe nicht wieder geschehen, wäre blamabel auch für mich. Unvergessen waren meine Erfahrungen mit Littmanns Polizeipraxis. Die Sache nicht mit ein paar Kläffereien im Sande verlaufen lassen! So kramte ich alte Zeitungsartikel vor, formulierte Stichworte für eine Rede.

Auf dem Parteitag am gleichen Tage im Bürgerhaus Nordweststadt traten zunächst Widerstände hervor, den Antrag zu behandeln. Da im Vorstand „keine einheitliche Auffassung" herrschte, schlug er eine Vertagung der Polizeifragen vor. Man müsse zuvor noch die politische Verantwortung Littmanns prüfen[83]. Nach halbstündiger Auseinandersetzung aber

> „erzwangen Delegierte...mit 176 zu 139 Stimmen erstmals die öffentliche Personaldiskussion über Littmann. Der Konvent wurde zum Tribunal. Jungsozialisten und linke Stadtverordnete warfen der Polizeiführung unter Littmann ‚Lernunfähigkeit' wie ‚politisches Versagen' vor."[84]

---

81 UBV-Prot. 3.3. und 11.3.1969, in: AsD, SPD-UB Ffm.002.
82 Jahresbericht Unterbezirk Frankfurt 1969/70, in: AsD, SPD-UB Ffm.001.
83 FR und FNP, 30.1.1970.
84 Der Spiegel, 9.2.1970, S. 73.

Aber die ersten Redner drangen nicht recht durch. In der noch unklaren Situation erhielt ich das Wort. Ich warf

> *"in einer zwanzigminütigen Anklagerede dem seit 18 Jahren amtierenden Polizeichef vor, das teilweise gewaltsame Vorgehen der Polizei gegen zunächst friedliche Demonstranten verschuldet und so mit dazu beigetragen zu haben, daß heute viele junge Leute an einer parlamentarischen Demokratie zweifeln, die die grundrechtlich verbriefte Demonstrationsfreiheit immer wieder von der Polizei einschränken läßt."*[85]

Das war der zentrale Kritikpunkt. Damit er durchschlagend wirkte, zählte ich zunächst etwa zehn Demonstrationsfälle aus dem Zeitraum 1956–69 auf und trug zu jedem eine konkrete Kritik an der Polizeiführung bzw. Littmann vor. Sie richtete sich teils gegen unangemessene Einsätze, teils gegen unzulässig einengende Auflagen. Dann erst kam mein Resümee:

> *"Das grundgesetzlich geschützte Recht zur Demonstration wurde so in unerträglicher Weise eingeengt",* was sich dahingehend auswirkte, *"vielen politisch interessierten Menschen diese parlamentarische Demokratie unglaubwürdig zu machen, ja in den Augen vieler auch den Schritt zu Gewaltaktionen zu legitimieren."*

Es folgte ein Blick auf das zum Teil problematische Betriebsklima innerhalb der Polizei, das von *„autoritärem Druck im innern, fragwürdiger Kameraderie nach außen"* (etwa vor Gericht) geprägt sei. Als Verantwortlichen bezeichnete ich den Polizeipräsidenten. Bei ihm gehe es nicht um strafrechtliche Aspekte, sondern um *„politische Verantwortlichkeit"*. Sicherlich wäre es nicht gerechtfertigt, Littmann wegen eines isolierten Fehlers zu stürzen, doch gehe es um *„eine deprimierende Kette von Fehlverhalten"*. Auch in Zukunft sei keine Änderung zu erwarten. Denn Littmann wirke *„lernunfähig"*: so wenn er 1970 meinte, keinen Beitrag zum Demonstrationshearing des Bundestages leisten zu können, wenn er beim Angebot des Berliner Polizeipräsidentenstuhls seine nebenberuflichen Tätigkeiten nicht auf die Freizeit beschränken wollte. Infolgedessen habe die Frankfurter Polizei *„heute noch keine Gegentaktik gegen gewalttätig verlaufende Demonstrationen"*. Als politischer Beamter könne er, anders als andere Beamte, jederzeit in den einstweiligen Ruhestand versetzt werden, und dies solle nun geschehen[86].

---

85 Süddeutsche Zeitung, 31.1.1970.
86 Die Rede wurde anhand von Stichworten gehalten, der zitierte Text im Februar 1970 verfaßt. Wolfgang Rudzio, Der Fall Littmann – oder die Grenzen der Demokratie, in: Der Sozialdemokrat, März 1970, S. 10 und 20. Letzte Zitierung nach FR, 30.1.1970.

Während ich sprach, breitete sich ungewöhnliche Stille im Saal aus. Ich spürte hohe Aufmerksamkeit. Die Rede wirkte wie ein Durchbruch. Insgesamt fünf Stunden dauerte der Parteitag, auf dem neben zahlreichen anderen Rednern „*vor allem junge Delegierte wie das Unterbezirksvorstandsmitglied Dr. Wolfgang Rudzio, der Bundesvorsitzende der Jungsozialisten, Karsten Voigt, oder der Stadtverordnete Karlheinz Berkemeier den Polizeipräsidenten attackierten*"[87]. Bemerkenswert: Alle drei hier Genannten gehörten zu dem Kreis der vier auch privat mit mir verbundenen Vorstandsmitglieder. Die vierte, die Juso-Vorsitzende Vorbeck, erörterte wenige Tage später „Demokratisierungsfragen" mit der SPD-Polizeibetriebsgruppe[88]. Das lag ganz auf unserer Linie, uns allein auf Littmann zu konzentrieren. Auch ich hatte während des Parteitages kurz mit dem Kriminaldirektor Kalk gesprochen – wir standen keiner geschlossenen Phalanx gegenüber. Littmann selbst, der bei Beginn meiner Rede gegen 21 Uhr den Saal betreten hatte, verteidigte sich auf dem Parteitag, aber was er vortrug, machte wenig Eindruck. Eine Entscheidung fiel noch nicht, um 23.15 Uhr vertagte man sich.

Dennoch – Wichtiges war beschlossen: Mit über zwei Drittel-Mehrheit die Regel, dass sozialdemokratische Magistratskandidaten eine Bestätigung durch den Unterbezirksparteitag benötigten[89]. Die Basis gewann an Einfluss.

III. Krise: Die Absetzungsforderung

Die Littmann-Entscheidung stand für den ordentlichen Wahl-Parteitag Mitte Februar an. Zwei Tage vor ihm kündigte Möller – nach einem „plötzlichen Gesinnungswandel" – an, er werde für den Littmann-Antrag stimmen[90]. Am folgenden Tag übernahm auch der Vorstand den Antrag. Die vorgelegte Tagesordnung aber sah zuerst die Neuwahl des Vorstandes und danach die Littmann-Entscheidung vor. Da meldete sich Michael Schell (mein Juso-Stellvertreter von 1964), viele Delegierte wollten doch vor der Wahl die Einstellung der Vorstandskandidaten hören. Daraufhin kippte der Parteitag mit 142 zu 126 Stimmen die bisherige Planung, Littmann wurde vorweg verhandelt. Es kam zu einer mehrstündigen zweiten Littmann-Debatte. Oberbürgermeister Brundert, Fraktionsvorsitzender Weck und Stadtrat Dr. Hans Kiskalt suchten den Parteitag von einem Beschluss abzuhalten – die Vorwürfe müssten noch untersucht, rechtsstaatliche Verfahren beachtet werden[91]. Mehrere Redner, Möller, Raabe, auch ich, widersprachen und begründeten das Vorgehen

---

87 FAZ, 31.1.1970. Allein gegen diese Drei erhob Littmann dann den Vorwurf der Beleidigung und Verleumdung.
88 Spiegel, 9.2.1970
89 FR, 30.1.1970.
90 So jedenfalls die FAZ, 13.2.1970.
91 FR, FAZ, 16.2.1970.

gegen Littmann. Schließlich wurde der Antrag, die SPD-Magistratsmitglieder sollten die Versetzung Littmanns in den einstweiligen Ruhestand schnellstmöglich in die Wege leiten, mit der klaren Mehrheit von 258 zu 105 Stimmen angenommen. Bei der anschließenden Vorstandsneuwahl blieb es bei den bisherigen Vorstandsmitgliedern. Lediglich anstelle Guillaumes und der beiden vorzeitig Ausgeschiedenen rückten Neue in das Gremium ein: der linke VHS-Leiter Fred Gebhardt[92], der persönliche Referent Friedeburgs, Hartmut Holzapfel, und der Gewerkschaftsfunktionär Armin Clauss. Damit hatte die Linke ihre Position verstärkt. Von den Beisitzern erreichte ich mit 208 Stimmen nun die höchste Stimmenzahl[93].

IV. Retardierende Momente
Aber noch blieb Littmann im Amt. Die Frankfurter Presse machte im Februar/März 1970 Front gegen unsere Absetzungsforderung, sodass es zeitweise schien, der Polizeipräsident werde doch alles überstehen. Bundesweit war der Medientenor ähnlich, wenngleich linksliberale Blätter wie Spiegel und Süddeutsche Zeitung nicht miteinstimmten. In der Sache ging es nun darum, ob die Magistratsmitglieder der SPD den Polizeipräsidenten in den Ruhestand schicken würden. Kiskalt kündigte dazu sein Nein an, Brundert „orakelt noch unschlüssig"[94]. Es waren fünf Punkte, die uns vorgehalten wurden:

1. Falscher Adressat: Moniert wurde, dass der Polizeipräsident als Beamter attackiert werde, obwohl sich ein Misstrauensvotum gegen verantwortliche Politiker, insbesondere den Oberbürgermeister, hätte richten müssen[95]. Den Magistrat anzugreifen, hätte jedoch dessen Gesamtverantwortung überdehnt. Der Oberbürgermeister, erst seit 1964 im Amt, hatte einige der inkriminierten Fälle gar nicht miterlebt, bei späteren zuweilen gedämpfte Kritik hören lassen – seinen Kopf zu fordern erschien überzogen. So blieb nur der Angriff auf Littmann. Hatten Medien doch einst den Kopf Globkes (auch eines politischen Beamten) gefordert und nicht den Adenauers!

2. Das Verfahren: „Die Zeit" sah auf dem Parteitag vom 14.2.1970 einen „Hexenprozeß"[96], während die „Frankfurter Neue Presse" die „Hexenverbren-

---

92 Fred Gebhardt (1928–2000), Studien in Politikwissenschaft/Soziologie; Bezirks- u. UB-Vorstandsfunktionen, 1974–87 MdL, 1998–2000 MdB auf Liste der PDS.
93 Streeck/Streeck, Parteiensystem, S. 121.
94 Der Spiegel, 9.2.1970.
95 So Dolf Sternberger, Stadtregierung und Stadtnebenregierung, in: FAZ, 21.2.1970; FR, 19.2.1970.
96 Die Zeit, 20.2.1970.

nung" weiter ausmalte: „Anklage und Urteil zugleich" hätten stattgefunden, kaum jemand „aus der alten Garde" habe noch zu widersprechen gewagt:

> *Die vielen jungen, kühl argumentierenden Delegierten zischen, sie haben den Stab längst gebrochen. Dr. Rudzio, Universitätsassistent, zählt Littmanns vermeintliche Sünden noch einmal auf. Möller bekräftigt, daß Sühne und Rechtfertigungsfrist für Littmann abgelaufen seien.*"[97]

Das bedeutete, man *„stilisiert den Parteitag zum angemaßten ‚Gericht', seine Entscheidung zum angemaßten ‚Urteil' um"*[98]. Unterhaltend formuliert mochte das sein, der Realität entsprach es nicht: Der Parteitag war frei, auf ihm gab es heftigen Widerspruch, die Entscheidung blieb beim Magistrat.

3. Abberufung ein Rechtsbruch: Die „Frankfurter Rundschau" behauptete, schon die Aufforderung des Parteitages, Littmann in den Ruhestand zu schicken, „ist ein glatter Verstoß gegen das Gesetz, gegen die Hessische Gemeindeordnung." Der zulässige Einfluss einer Partei reiche nur bis zur Aufstellung von Kandidaten. Vorsichtiger die Frankfurter Allgemeine: Ein Verstoß gegen geltendes Recht liege vor, wenn der Magistrat Littmann „willkürlich in den Ruhestand versetzen" sollte[99]. Auch das Zetern von einem „Druck", der erst auf Möller[100], dann auf Brundert und andere ausgeübt werde, suggerierte Unerhörtes oder Unzulässiges, nicht anders der Hinweis auf Nachteile, die drohen könnten: „Wohl dem, der mit Möller und Rudzio stets einer Meinung ist. Was aber mit dem, der etwa im Magistrat eine andere Melodie anstimmt?"[101] Während die „Rundschau" dem Parteitag ein Recht abzusprechen suchte, das jedem Bürger und jeder Zeitung zustand (dabei nicht zwischen Forderung und verbindlicher Anweisung unterscheidend), kam es bei der FAZ auf den Begriff „willkürlich" an, der hier im Rahmen des geltenden Rechts für politische Beamte in gar keiner Weise zutraf. Es waren sachliche, nachprüfbare Vorwürfe, die wir erhoben. Letztlich suchten die Medien jeden Einfluss zu illegalisieren, den ein Parteitag mit Hilfe seines Nominierungsrechts ausüben kann. Tatsächlich blieben die Magistratsmitglieder in ihrer Entscheidung rechtlich frei, konnten ihrem Gewissen nach entscheiden – welches ihnen geringere Wiederwahlchan-

---

97 FNP, 16.2. und 2.2.1970. Die FR vom 14.2.1970 fand die Art des Vorgehens „bestürzend".
98 Rudzio, Der Fall Littmann 1970..
99 FR, 17.2.1970, FAZ, 13.2.1970. Auch die Hessische Allgemeine Zeitung erkannte einen „rechtlich unzulässigen Eingriff in die Gemeindeordnung". Sylvia Streeck/Wolfgang Streeck, Parteiensystem und Status quo, Frankfurt a. M. 1972, S. 127.
100 FAZ, 13.2.1970.
101 FNP, 7.3.1970.

cen wert sein sollte. Genauso sah es auch das Frankfurter Verwaltungsgericht in einem Beschluss vom 20. Februar 1970: Es wäre keine Rechtswidrigkeit, falls der Magistrat auf die „Initiative" eines Parteitages den Polizeipräsidenten in den Ruhestand schicken sollte, sei doch der Magistrat dabei „völlig frei"[102].

4. Ungeprüfte Kritik: Unzutreffend war auch die Vorhaltung, unsere Vorwürfe gegen Littmann seien nicht triftig oder nicht geprüft. So meinte die Neue Presse, wenn auch nur ein Teil der Vorwürfe zuträfe, müsste Littmann doch „längst wegen Verfassungsbruch und Verletzung des Diensteides hinter Schloss und Riegel sitzen", die Frankfurter Allgemeine sah bisher keine „triftigen Gründe" für eine Absetzung Littmanns[103]. Der Einwand lag daneben, da nicht strafrechtliche, sondern politische Vorwürfe gegen den Polizeipräsidenten erhoben worden waren. Was triftige Gründe für die Abberufung eines politischen Beamten betrifft, so reicht dafür ein Vertrauensverlust der politischen Führung, und für einen solchen hatten wir gute Gründe genannt. Der Magistrat war auch nicht gehindert, seinerseits eine Prüfung vorzunehmen[104].

5. Illiberaler Druck: Zwar nicht Rechtsbruch, wohl aber unangemessenes, illiberales Vorgehen ohne Beachtung der Rolle von Stadtparlament und Magistrat als gewählten Vertretungen monierten andere Attacken. Auf dieser Linie argumentierten herbeigezogene Politikwissenschaftler wie Wilhelm Hennis, Dolf Sternberger oder Theodor Eschenburg, in deren Sicht Wahlen primär keine Sachentscheidung, sondern ein „Akt der Anvertrauung" an Personen darstellen, die dann Herrschaft auf Zeit ausüben – bei entsprechend bescheidener Rolle der Parteien[105]. Auch journalistische Angriffe schwenkten unter Stichworten wie mangelnde Liberalität, „imperatives Mandat", „rigorose Disziplinierung" ohne „liberalen Luftzug" auf diese Linie ein[106]. Demgegenüber wies ich darauf hin, dass dieser Sicht eine einseitige Fixierung auf das freie Mandat nach Art. 38 GG zugrunde liege. Tatsächlich müsse man auch Art. 21 GG beachten, der das Mitwirken der Parteien sichert und laut Bundesverfassungsgericht in einem *„Spannungsverhältnis"* zu Art. 38 GG steht. Das freie Mandat wahrt zwar das Entscheidungsrecht des Mandats- oder Amtsträgers, schirmt ihn aber nicht gegen politische Einflüsse ab. Ein Recht auf Wiedernominie-

---

102 Beschluss auf Antrag Dr. Littmanns, zit. nach: Unterbezirksvorstand Frankfurt der SPD (Hg.), Mehr Demokratie wagen, Frankfurt a. M. März 1970, S. 82 ff.
103 FNP, 31.1.1970, FAZ, 10.2.1970.
104 In diesem Sinne bereits damals Raabe für den SPD-Vorstand. FNP, 19.2.1970.
105 Dolf Sternberger, Grund und Abgrund der Macht, Frankfurt a. M. 1962, S. 185; ähnlich Wilhelm Hennis, Politik als praktische Wissenschaft, München 1968, S. 52; UBV Frankfurt, Mehr Demokratie wagen, S. 43 ff.; Die Zeit, 20.2.1970.
106 FR, 16.2.1970; FAZ, FNP, 7.3.1970.

rung gibt es nicht. In diesem Rahmen beeinflussen die Parteien, so ein Urteil des Bundesverfassungsgerichts vom 19.7.1966, „auch zwischen den Wahlen" die Entscheidungsträger. Wieweit dies tatsächlich geschieht, bleibt beschränkt durch die begrenzte Entscheidungskapazität von Parteitagen[107]. Der Medienkritik trat der Vorstand auf einer Pressekonferenz am 18. Februar 1970 entgegen, an der mehrere Vorstandsmitglieder, darunter ich, teilnahmen. Die Journalisten schienen angesichts unserer Argumentationen ziemlich sprachlos, und wir konnten unsere Sicht, vorgetragen von Möller, mir, Raabe und Opel, in die Öffentlichkeit tragen.

Nichtsdestoweniger folgten dem Tage, da das in Zeitungen aufgespielte Thema eines „Junktims" zwischen der anstehenden Wiedernominierung des Oberbürgermeisters mit dessen Entscheidung über Littmann die Szene beherrschte. Der Präsident der Industrie- und Handelskammer Frankfurt, Fritz Dietz, rief – in der Pose eines Frankfurter Cicero – die Mitbürger zur Wachsamkeit auf, denn die rechtsstaatlichen Grundsätze der Demokratie „sollen jetzt dem Ehrgeiz und dem Machtanspruch einer radikalen Bewegung zum Opfer fallen. Herr Voigt und Herr Rudzio sind Motoren dieser Bewegung, andere machen mit oder bleiben passiv", sodass die Gefahr drohe, dass Entscheidungen in der Stadt nicht von den gewählten „Vertretern gefällt werden, sondern von einer radikalen Parteigruppe"[108]. Da waren sie, die Catalinas und ihr verschwörerischer Anhang! Sorgenvoll tat selbst der Bundeskanzler: „Brandt greift im Fall Littmann ein!" titelte BILD. Man berichtete, Brundert sei vom Bundeskanzler bestärkt worden, sich nicht von einem unzuständigen Parteigremium unter Druck setzen zu lassen, sondern allein nach rechtsstaatlichen Grundsätzen zu entscheiden – als ob unzulässiger Druck drohe und Rechtsstaatlichkeit gefährdet seien. Möller erklärte, niemand setze Brundert unter Druck. Als Anfang März der SPD-Bundesvorstand verkündete, Mandatsträger unterlägen keiner „Vollzugspflicht" gegenüber Parteibeschlüssen, sah Juso-Chef Voigt darin keinen Widerspruch zum Littmannbeschluß[109]. Beide Stellungnahmen von unserer Seite trafen zu, aber die These vom unzulässigen Druck behauptete sich. Das Schattenboxen der Bonner SPD-Spitze schien zu bestätigen, daß an den bedrohlichen Phantasiegebilden aus der Medienwelt etwas dran sein müsse.

Auf der Sitzung des Unterbezirksvorstandes am 21. Februar sahen sich die Littmann-Gegner in einer Zwickmühle, da die Wiedernominierung Brunderts

---

107 FAZ, FR und FNP, 19.2.1970; FAZ, FNP 7.3.1970; SZ, 21.2.1970; Rudzio, Der Fall Littmann 1970; Wolfgang Rudzio, Parlamentarische Parteiendemokratie – oder was sonst? In: Die neue Gesellschaft Mai/Juni 1970, S. 361 ff.
108 Dabei auch „allen Frankfurter Zeitungen" für ihre Warnungen dankend. FNP, 23.2.1970.
109 Zeitungsausschnitte in: UBV, Mehr Demokratie wagen, S. 75–81.

auf der Tagesordnung stand, während die Magistratsentscheidung zu Littmann auf sich warten ließ. Angesichts dessen, daß Brundert sich bedeckt hielt, dabei den Bruch zwischen Littmann und Mehrheitspartei durchaus als „relevanten Sachgesichtspunkt" wertete, votierten neun Vorstandsmitglieder mit Ja zu seiner Nominierung, sechs, darunter ich, mit Enthaltung[110]. Dem Votum für Brundert schloss sich der Parteitag mit großer Mehrheit an. In Zeitungen verstärkten sich Erwartungen, der Polizeipräsident werde am Ende alles überstehen. Unter der Überschrift „Jusos auf dem Rückzug" triumphierte die Frankfurter Allgemeine, man könne nun den „Versuch extremistischer jungsozialistischer Kräfte für abgewehrt (zu) halten", den Oberbürgermeister zur Entlassung Littmanns zu „nötigen". Ich selbst figurierte in diesem Medien-Szenario als „einer der eifrigsten Arrangeure des unguten Kesseltreibens"[111].

V. Schließlich doch der Sturz

Aber die Dinge entwickelten sich anders. Am 5. März 1970 veranstaltete die Frankfurter SPD eine öffentliche Podiumsdiskussion zwischen zwei Politikprofessoren (Hennis und Varain), drei Vertretern der Frankfurter Zeitungen (Schmelzer, Wiemann und Ziegler) sowie zwei Mitgliedern des Frankfurter SPD-Vorstandes (Raabe und mir). Da ich als erster das Wort erhielt, konnte ich „unter dem Beifall des zahlreich erschienen Publikums" unsere Sicht von der Rolle der Parteien in der Demokratie darstellen. Als Hennis – und alle folgten ihm – die Legalität unseres Vorgehens bejahte, begrenzte sich die Diskussion auf den Vorwurf illiberalen Drucks. Noch im März brachte daher der Frankfurter SPD-Vorstand eine Dokumentation zum Fall Littmann heraus, die u. a. einen ausführlichen Artikel von mir (aus „Der Sozialdemokrat", März 1970) enthielt, in dem meine Kritik an Littmann und Argumentation zur Rolle der Parteien zusammengefaßt war. Zugleich bemühte ich mich an der Parteibasis, unserer Absetzungsforderung Nachdruck zu verleihen. Neben Referaten zu anderen Themen (bei der ASF und in Bornheim) sprach ich im Distrikt Nordost II über den Fall Littmann (7. 4.), in Eckenheim über das politische Mandat (8. 4.), in Sindlingen über innerparteiliche Willensbildung (15. 4.), im Westend zum Fall Littmann (23. 4.), in Eckenheim über Polizei in der Demokratie (21. 5.). Überörtlich schrieb ich in der bundesweiten SPD-Theoriezeitschrift über die Rolle der Parteien in der Demokratie (s. S. 211, Fußnote 107) und fungierte bei einem Rundfunkgespräch in Bonn, das die Rolle der Parteien behandelte, als Kontrahent Professor Eschenburgs[112].

---

110 Protokoll der UBV-Sitzung vom 21. 2. 1970, in: AsD, SPD-UB Ffm. 167; Kittel, Marsch, S. 71.
111 FAZ, 23. 2. 1970.
112 FN 341; Kalendernotizen 1970.

Faktisch hing aber alles vom Oberbürgermeister ab. Während er Mitte März von der Stadtverordnetenversammlung mit breiter Mehrheit wiedergewählt wurde, lag er erkrankt in einer Klinik. Ihn, der sich in DDR-Haft ein schweres Leberleiden zugezogen hatte, „warfen die Kämpfe um Littmann und um seine eigene Wiederwahl aufs Krankenlager" – so nach der Diagnose Kittels[113]. Nicht lange darauf, am 8. Mai, verstarb Brundert. Danach ging alles rasch: Am 20. Mai nominierte der Frankfurter SPD-Vorstand Möller als Oberbürgermeister-Kandidaten, dem folgte am 26.5. der Parteitag, und am 9. Juli wählte ihn die Stadtverordnetenversammlung einschließlich CDU und FDP. Schon am 13. Juli versetzte der Magistrat Littmann in den einstweiligen Ruhestand[114].

Eine sich hinziehende, ins Grundsätzliche reichende Auseinandersetzung war damit zu ihrem Ende gekommen. Theoretisch mag man bedauern, dass der abschließende Schritt ohne ausdrückliche Berufung auf den Parteitagsbeschluss erfolgte[115] – für die praktische Politik blieb entscheidend, dass er dem Parteitagsbeschluss entsprach. Er wirkte als Signal für andere Amts- und Mandatsträger, eine entschlossene Parteitagsmehrheit nicht zu ignorieren[116]. Allerdings setzte nach der hessischen Landtagswahl die FDP als Koalitionspartner durch, dass die Polizei in Hessen verstaatlicht wurde. Künftig entfiel damit ein Frankfurter Zugriff auf den Polizeipräsidenten. Technisch sprach sicherlich viel für die Verstaatlichung, doch zwingend war sie nicht und unter partizipatorischen Gesichtspunkten bedauerlich. Mehr wirkte bei mir nach, wie die Frankurter Medien geschlossen gegen uns Front gemacht hatten – so mein Ausbruch auf einem Parteitag im November 1970: *„Im übrigen hielt Rudzio es für unnötig, künftig nicht ganz so links zu argumentieren, denn ‚das zunehmend sich abzeichnende antisozialdemokratische Pressekartell in Frankfurt wird sich nicht abhalten lassen, uns auch weiterhin anzugreifen.'"*[117] Zugegeben, eine gewisse Anpassung hätte die Medien wohl milder gestimmt – aber welche Rolle wäre dann einem Politiker geblieben?

---

113 Kittel, Marsch, S. 71.
114 Balser, Aus Trümmern, S. 298; Kittel, Marsch, S. 72; UBV-Protokoll vom 20.5.1970, in: AsD, SPD-UB Ffm. 167.
115 So Udo Bermbach, Probleme des Parteienstaates – Der Fall Littmann, in: ZParl 1970, S. 342 ff., hier 363; ähnlich Streeck/Streeck, Parteiensystem, S. 144.
116 Insofern teile ich nicht die These von der „Folgenlosigkeit politischer Beteiligung" im Fall Littmann. Vgl. Streeck/Streeck, Parteiensystem, S. 108.
117 FR, 23.11.1970.

Der Kampf ums Westend

Ein zweites Drama, das meine Vorstandszeit begleitete, betraf den Stadtteil Westend. In den sechziger Jahren plante der Frankfurter Baudezernent Hans Kampffmeyer (1912–96, SPD), die Innenstadt durch fünf Straßen für Hochhäuser („Fünf-Fingerplan") ins Westend hinein zu erweitern. Die Rede war – so ein städtischer Bericht 1965 – von einer Verdichtung im Westend „wo die Wohnungen in steigendem Umfange einer Nutzung als Büroräume zugeführt und die bisher relativ locker genutzten Altbaugebiete in den kommenden Jahrzehnten einer modern verdichteten Bebauung weichen werden." Forciert wurde diese Entwicklung dadurch, dass für einen Bauantrag im Westend eine Mindestgrundstücksgröße von 2 000 qm erforderlich gemacht wurde. Dies bedeutete Zusammenkaufen und „Mietervertreibungen" durch Immobilienhändler, Banken und Versicherungen, die sich im Westend niederlassen wollten oder auf Zwischengewinne spekulierten.

Dementsprechender Druck traf die Westend-Bevölkerung im boomenden Frankfurt, das 1965 zum „weißen Kreis" mit freien Mieten erklärt war, obwohl „ein Zustand defizitärer Wohnungsversorgung" andauerte[118]. Ihn hatte ja auch ich am eigenen Leibe erlebt. „Um Abrißgenehmigungen zu erreichen, ließen sie (die Aufkäufer, W. R.) die Häuser entweder jahrelang ganz leer stehen oder etwa durch Vermietung an große Gastarbeiterfamilien „heruntcrwohnen"[119]. Zuweilen kamen dann Ratten, wurden widerspenstige Mieter durch defekte, nicht reparierte Leitungen mürbe gemacht. Kam es zum Bauantrag, wurden die Stadtverordneten des zuständigen Ausschusses von der Stadtverwaltung über die „im Westend üblichen Ausnahmegenehmigungen nach § 34 des Bundesbaugesetzes, wenn überhaupt" erst nachträglich in Kenntnis gesetzt[120]. Die Bankentürme warfen ihre Schatten voraus. All dem suchten sich Mieter im Westend entgegenzustemmen. Es bildete sich 1969 die „Aktionsgemeinschaft Westend", eine der ersten Bürgerinitiativen Deutschlands, die mit präziser Planungs- und Zustandsdarstellung die Baupolitik zu ändern suchte. Eine Sprecherin der Initiative, Odina Bott, gehörte der SPD an und trug das Thema in den Ortsverein. Daher kannte ich sie, und im Kampf um das Westend waren Voigt wie ich mit ihr einig.

Dramatisch spitzte sich der Westend-Konflikt Mitte September 1970 zu. In jenen Tagen kündigte die Stadtverordnetenversammlung einstimmig eine Veränderungssperre für die Bodennnutzung im Westend an (fünf Hochhäuser waren allerdings schon genehmigt), besetzten erstmals Studenten und Familien eines der leerstehenden Häuser im Westend, während wir auf einem

---

118 Balser, Aus Trümmern, S. 280.
119 Kittel, Marsch, S. 51
120 Balser, Aus Trümmern, S. 278.

kommunalpolitischen Parteitag im Bürgerhaus Nied über die Baupolitik der Stadt stritten. Zu Beginn des Parteitages kritisierte ich eine „*Unfähigkeit, Prioritäten im kommunalpolitischen Bereich zu setzen*", gemeint war die Baupolitik[121]. Der Unterbezirksvorstand gab die Richtung an, indem er sein „volles Verständnis" für die Hausbesetzung erklärte und sich gegen die Spekulation und das Leerstehen von Wohnraum wandte[122]. Umstritten auf dem Parteitag aber war die Praxis der Ausnahmegenehmigungen für Hochbauten, die ja Spekulation und Bewohnervertreibungen anfeuerte. Dr. Dieter Hoffmann, Stadtverordneter und Vorstandsmitglied der Bank für Gemeinwirtschaft, verteidigte jene Praxis – so könne man von den Antragstellern Geld abzwacken, um damit Einrichtungen wie Kindergärten zu finanzieren. Bott griff ihn an, auch ich sprach gegen den „*Ablaß-Handel*", stattdessen müsse man „*auch in der Planung glaubwürdig sein*", ebenso wie Raabe und Opel sich gegen Ausnahmen als Regel wandten. Kaum verhüllt lief die Praxis auf ein Wolkenkratzerviertel hinaus, das große Geld setzte sich Hilfe der Stadt durch. Im Ergebnis forderte der Parteitag, der Magistrat solle Wertzuwachsgewinne infolge Baugenehmigungen abschöpfen, Ausnahmegenehmigungen nur bei offen gelegten Begründungen zulassen. Stadtrat Kampffmeyer schien „einigermaßen ungeschoren davongekommen"(FNP)[123]. Unser Erfolg blieb begrenzt und nur verzögernd: Ausnahmegenehmigungen erfolgten zwar einige Jahre lang deutlich seltener, um dann aber ab 1976 gängige Praxis zu werden.

Auf jenem Parteitag fragte ich in einem Gespräch Dr. Hoffmann, weshalb eigentlich die Banken so auf das Westend fixiert seien. Seine Antwort: Sie benötigten eine enge Kommunikation miteinander, suchten daher wie in der Londoner City räumlich einander nahe zu sein. Mein Einwand: Es gäbe doch aber heute, anders als im 19. Jahrhundert, moderne Verkehrs- und Kommunikationsmittel, die auch gestreute Standorte zuließen, zumal dort der Autoverkehr weniger durch Staus behindert wäre. Darauf kam keine einleuchtende Antwort – die Motivationen der Banker schienen mir kaum rational.

Ein Jahr später, 1971, beschäftigte sich die Frankfurter SPD mit dem Bodenrecht. Weshalb ich angeblich den Termin eines Parteitages hierzu verschieben wollte[124], ist mir schleierhaft – die Sache sollte es gewiss nicht aufhalten. Im Kern ging es darum, wie man einer einseitig von Kapitalinteressen bestimmten Stadtentwicklung entgegensteuern könnte. Ich neigte zu einer Verstärkung der vorhandenen kommunalen Regelungs- und Auflagemöglichkeiten, vor allem zu derem durchdachten Einsatz. Eine Enteignung der Bodeneigentümer schien mir schwierig und teuer, die sich ergebende Macht der Politik würde sie

---

121 FNP, 21.9.1970.
122 Prot. UBV-Sitzung vom 21.9.1970, in: AsD, SPD-UB Ffm. 167.
123 FR und FNP, 21.9.1970.
124 Prot. UBV-Sitzung vom 8.3.1971, in AsD, SPD-UB Ffm. 002.

überfordern und Korruption fördern. Ein Gespräch mit unserem Vorstandsjuristen Raabe, der bei einem Vorgehen in meinem Sinne die Grenzen der mit dem Eigentumsrecht noch vereinbaren Auflagen überschritten sah und ein gerichtliches Scheitern voraussagte, gab aber für mich den Ausschlag, zu einer Kommunalisierung umzuschwenken. War diese Entscheidung richtig? Dies habe ich mich seinerzeit gefragt, zumal die katholische Soziallehre und das Grundgesetz mit der Sozialbindung des Eigentums gute Argumente für meine ursprünglichen Vorstellungen liefern konnten.

Ich war es, der im SPD-Vorstand am 13.9.1971 einen Antrag „Kommunalisierung" einbrachte, welcher bei einer Gegenstimme angenommen wurde – es ging um das Bodenrecht[125]. So schlug der Vorstand dem Parteitag im Oktober eine Kommunalisierung von Grund und Boden in Ballungsgebieten vor, bei der die Entschädigung durch verzinsliche Papiere auf der Grundlage des Einheitswertes erfolgen sollte. Auf dem Parteitag gab es auch Widerspruch, so von seiten Kiskalts, der eine Entschädigung nach aktuellem Wert der Grundstücke für zwingend hielt. *„Demgegenüber verwies Dr. Rudzio als Fürsprecher des Antrags auf eine Entscheidung des Bundesverfassungsgerichts, nach dem eine Entschädigung nicht unbedingt dem Marktwert entsprechen müsse."*[126] Das war ein zentraler Punkt der Auseinandersetzung. Außerdem meinte ich, mit einer Kommunalisierung über gedrückte Bodenkosten „auch die Mieten in den Griff bekommen zu können"[127]. Die Kommunalisierung wurde beschlossen, die Frankfurter Partei lag damit auf der gleichen Linie, wie sie die Jungsozialisten auf Bundesebene vertraten[128]. Es war uns klar, und Holzapfel wie ich sprachen es auf dem Parteitag deutlich aus: Eine unmittelbare Wirkung zeitigte der Beschluss nicht, hätte sich doch der Koalitionspartner FDP jeder entsprechenden Gesetzgebung in Land oder Bund verweigert. Die Komunalisierung konnte nur „ein langfristig anzusteuerndes Ziel" sein[129]. Es war mir schon zuvor bewußt: *„Jungsozialist Dr. Wolfgang Rudzio, Mitglied des Unterbezirksvorstandes der Frankurter SPD, formulierte die Sorgen der hessischen Linken..., daß Reformen, die kapitalstarke Interessen verletzen, blockiert bleiben werden..."*[130]. Vorerst blieb mir nur, mich 1972 in Vorträgen beim Cusanuswerk/Schwerte und

---

125 Prot. UBV vom 13.9.1971. Ein weiterer Antrag von mir zur Gebiets- und Verwaltungsreform wurde „nicht mehr behandelt". AsD, SPD-UB Ffm. 002. Mitte Juni 1971 sprach ich im Ortsverein Praunheim zum Thema „Boden kommunalisieren?", ebenso im November im Westend.
126 FNP, 8.10.1971
127 FAZ, 8.10.1971
128 Vgl. Wolfgang Roth (Hg.), Kommunalpolitik – für wen? Frankfurt a. M. 1971, S. 75 ff.
129 FR, 8.10.1971. Ausführlicher sind meine Vorstellungen in einem Vortrag vor der Westend-SPD formuliert und der FAZ vom 11.11.1971 wiedergegeben.
130 Der Spiegel, 30.11.1970, S. 118.

der Ebert-Stiftung/Saarbrücken sowie in der juristischen Diskussion zum Thema zu äußern[131].
Hausbesetzungen beschäftigten Öffentlichkeit und Partei auch in der Folgezeit. Auf dem Parteitag vom 23. November 1970 wurden Hausbesetzungen von Rednern als ungesetzlich, aber gerecht beurteilt[132] – was wohl vorherrschende Meinung in der Partei war. So gespalten wie diese Sicht, so prekär war in diesem Zusammenhang unsere Lage als verantwortliche Partei. Möller wandte sich gegen neuerliche Hausbesetzungen und griff deren Mentor Cohn-Bendit an. Lösungen könnten nicht durch Gewalt, sondern nur durch gesetzliche Regelungen erreicht werden. Zu einer konkreten polizeilichen Häuserräumung äußerte sich Voigt im Sinne Möllers (womit ich übereinstimmte), während Berkemeier das Vorgehen der Polizei kritisierte und Vorbeck als Beobachterin schwankte – wir hatten keine Übereinstimmung[133].

Demokratisierung der Kommunalpolitik?

Der Einfluss der Parteibasis hing von ihrer Nominierungsmacht ab. Ging es um Direktkandidaten zu Bundestag und Landtag, so waren aber jeweils nur Teile der Partei engagiert. In Frankfurt traf das zu bei Konkurrenzen um einzelne Bundestags- bzw. Landtagsmandaten zu. Ich, der keine Kandidatur im Auge gehabt hatte, bewarb mich kurzfristig um ein Landtagsmandat und unterlag. Es war die Versuchung eines leichten Erfolgs, die mich dazu verführt hatte. Ein Fehler blieb es. Zeitlich kostete er mich allerdings nur wenige Sitzungen.

Im Zentrum der Aufmerksamkeit die Frankfurter Partei standen sehr viel mehr die Nominierungen der Stadtverordneten, der Oberbürgermeister und hauptberuflichen Magistratsmitglieder, die der Zustimmung durch den Unterbezirksparteitag bedurften. Im Januar 1973 führte der Parteitag mit „überwältigender Mehrheit" die Bestätigung auch der ehrenamtlichen Magistratsmitglieder ein[134]. Bei Dezernentenstellen kam es zu bezeichnenden Konflikten:

(1) Kulturdezernent (Sept. 1970): Bewerber waren aus der Fraktion die Historikerin Dr. Balser („rechts") und der IG Metall-Jurist Düttmann („links"), als Auswärtiger der Regisseur Hilmar Hoffmann. Auf einer gemeinsamen Sitzung (mit itio in partes) von UB-Vorstand und Stadtverordnetenfraktion

---
131 Vgl. Wolfgang Rudzio, Für eine radikale Reform des Bodenrechts, in: Recht und Gesellschaft 1971, S. 53 ff.
132 FR, 23.11.1970.
133 FR, 7.10.1971; FNP, 6.10.1971.
134 FR, 29.1.1973.

entschied sich der Vorstand für Hoffmann, der von Möller propagiert war, während die Fraktion mit 17:17 (2 Enthaltungen) diesen Vorschlag ablehnte. Schließlich stimmte die Fraktion mit 19 Stimmen für Hoffmann, 15 für Balser und einer für Düttmann. Gewählt wurde Hoffmann[135].

(2) Personaldezernent (Nov. 1970): Bewerber waren Dr. Opel/IG Metall, DGB-Vorsitzender Willi Reiss (zugleich Stadtverordnetenvorsteher) und der Stv.-Fraktionsvorsitzende Weck. Der Vorstand votierte mit 6 Stimmen für Opel („links"), 5 für Reiss, 0 für Weck („rechts"), die Fraktion darauf mit 34:6 gegen Opel, worauf der Vorstand mit 9:4 für Reiss als Kompromißkandidaten einlenkte. In dieser Situation stellte ich im Vorstand *„die Frage, ob der UBV seinen ursprünglichen Vorschlag, Fritz Opel dem a. o. Unterbezirksparteitag zur Bestätigung vorzuschlagen, wieder aufgreifen sollte",* doch „unter Berücksichtigung der innerparteilichen Situation wurde dieser Vorschlag abgelehnt"[136]. Mein Vorschlag hätte bedeutet, die Unterstützung des Parteitages für Opel zu mobilisieren in der Hoffnung, dass die Fraktion angesichts ihrer eigenen Wiedernominierung zur Kommunalwahl 1972 einknicken würde. Zu meinen Gunsten sprach, daß der UB-Parteitag wenig später den Kompromisskandidaten Reiss mit 143:184 Stimmen durchfallen ließ[137]. Dem Kompromiss war damit der Boden entzogen. Allerdings, eine hinreichend große Fraktionsmehrheit für Opel blieb unwahrscheinlich. Im Ergebnis wurde ein auswärtiger neuer Kandidat Personaldezernent, Peter Jäckel, der als Linker galt.

(3) Als Oberbürgermeister Möller am 17.11.1971 überraschend an einem Herzinfarkt verstarb, wurde seine Nachfolge zur wichtigsten Personalfrage. Bei der Suche nach einem bekannten, mit Frankfurt verbundenen Politiker lag der Ruf nach dem aus Frankfurt stammenden hessischen Finanzminister Rudi Arndt (Jurist) nahe. Eine „Kleine Kommission" aus den Vorsitzenden von Partei, Fraktion und Magistratsgruppe trat für ihn ein, der Vorstand, dem damit die erste Initiative genommen war, votierte mit 7:4 für Arndt, und, als Weck außerdem für zwei abwesende Mitglieder deren Ja-Stimmen zu Protokoll gab, erklärte Voigt, „*daß der Gen. Rudzio mit nein stimmt*", sodaß es insgesamt 9:5 für Arndt stand. Die Fraktion stimmte mit 34:2 eindeutig zugunsten Arndts ab[138]. Ihn wählten dann die Stadtverordneten auch mit den CDU-Stimmen zum Oberbürgermeister. Dass die jungsozialistische Linke mit Nein votierte, hing sicher mit Positionen Arndts zu-

---

135 Prot. UBV+Fraktion, 14.9.1970, in: AsD, SPD-UBV Ffm. UBV 01.
136 Prot. UBV+Stv. Fraktion vom 16.11.1970; Prot. UBV vom 17.11.1970, in: AsD SPD-UBV 01.
137 FR, 23.11.1970. ASF und Jusos waren für Opel.
138 Prot. UBV+Beirat+Stv.-Fraktion, 7.12.1971, in: AsD, SPD-UB Ffm. 002.

sammen, aber auch mit seiner schwierigen Persönlichkeit[139]. Das Nein war nicht selbstverständlich – so hatte ich ihm (der 1970 Littmann eine „Fehlbesetzung" nannte) unterstellt, *„daß er offenbar linke Politik nur ‚anders verkaufen' wolle"* als wir[140].

Einen Demokratisierungseffekt kann man bei diesen Personalentscheidungen darin sehen, dass mit ihnen mehr Konkurrenz und öffentliche Auseinandersetzung verbunden war. Dies stärkte die Rolle der Parteibasis, vor allem des Parteitages.

Bevor Arndt sein Amt übernahm, eskalierte ein lange verschleppter Konflikt, der um die ewige (26-jährige) „Römerkoalition" mit der CDU in der Frankfurter Kommunalpolitik. Diese Zusammenarbeit beruhte nicht zuletzt auch auf der unechten Magistratsverfassung, nach der die einzelnen hauptamtlichen Magistratsmitglieder für 6 Jahre Amtszeit gewählt wurden. Regierungswechsel im Sinne parlamentarischer Demokratie waren nicht möglich. Diese Verfassung war mir schon bei meiner Dissertation ein Dorn im Auge, ließ sie doch das *„Prinzip demokratischer Selbstverwaltung in den Hintergrund treten"*[141]. Im Zusammenhang mit der Koalitionsfrage hat denn auch der UB-Parteitag im Februar 1972 gefordert, für hauptamtliche Magistratsmitglieder eine mit der Wahlperiode übereinstimmende Amtszeit einzuführen[142].

Das Ärgernis für die SPD bestand darin, dass sie, obwohl die absolute Mehrheit der Stadtverordneten stellend, in der Koalition mit der CDU verblieb. Der Unterbezirksvorstand ließ im Oktober 1970 dieses Problem zunächst offen. Auch im Frühjahr 1971 hielt er es für richtig, „im gegenwärtigen Zeitpunkt keine Entscheidung zu treffen."[143] Ende 1971 spitzte sich jedoch die Situation zu, da sich die Amtszeit von zwei hauptberuflichen CDU-Magistratsmitgliedern ihrem Ende zuneigte und die Kommunalwahl 1972 näherrückte. Die Jungsozialisten warfen den Stein ins Wasser und forderten die Auflösung der Römerkoalition[144]. Konkret hieß das, statt der CDU-Kandidaten Sozialdemokraten zu wählen. Aber welcher Effekt wäre damit erzeugt, wenn einige Monate später bei der Kommunalwahl die SPD-Mehrheit im Stadtparlament verloren ginge – mithin eine Mehrheit anderer Parteien auf einen geschlossenen hauptberuflichen Block langfristig amtierender SPD-Magistratsmitglieder stoßen würde? Eine Demokratisierung konnte man das nicht nennen. Ich plädierte

---

139 Vgl. Kittel, Marsch, S. 327 f.
140 FR, 23.11.1970.
141 Wolfgang Rudzio, Die Neuordnung des Kommunalwesens in der Britischen Zone, Stuttgart 1968, S. 17 ff., hier insbes. 23.
142 FAZ, 21.2.1972.
143 Prot. UBV, 8.3.1971, in: AsD, SPD-UB Ffm. 002.
144 FR, 22.12.1971.

daher dafür, die beiden Positionen vor der Kommunalwahl nicht neu zu besetzen, sondern dies dem neuen Kommunalparlament zu überlassen[145]. Aber dieser Gedanke fand keinen Widerhall. Als die CDU sachliche Zugeständnisse machte[146], stimmte der UB-Vorstand mit 8:7 Stimmen für die Wiederwahl von Fay und Bachmann. So kam es auf zwei Parteitagen im März 1972 zur Konfrontation zwischen der nun vom designierten Oberbürgermeister Arndt geführten Strömung und der jungen Linken. Vertreter der letzteren, darunter auch ich, sprachen gegen die Fortsetzung der Koalition:

> „*Dr. Wolfgang Rudzio, Mitglied des SPD Unterbezirksvorstands, rief wie Karsten Voigt zur demonstrativen ‚Alleinregierung' auf, weil dann die SPD das ‚Problembewußtsein' der Bevölkerung besser stärken könne. Rudzio: ‚Bei Gewerbeansiedlungen oder der Schaffung einer menschlichen Stadt gibt es keine Basis mit der CDU'*" (Der Spiegel).

Der erste März-Parteitag lehnte mit 204:176 Stimmen die Wiederwahl der CDU-Kandidaten ab, deutlicher noch – nach einer Denkpause – ein zweiter mit 227:102 Stimmen. Auf dem letzteren wurde zudem beschlossen, die beiden Positionen sofort neu zu besetzen. Arndt, gerade im Dezember auch von der CDU gewählt, schnaubte verächtlich von „Scheißbeschluß" – aber dieser galt und beendete die ewige Koalition[147].

Die SPD behauptete dann bei der Stadtverordnetenwahl im Oktober 1972 ihre absolute Mehrheit. Man kann darüber streiten, ob die Koalitionsauflösung sachlich notwendig war. Sie ermöglichte aber deutlichere Alternativen für die Wähler, schärfere „Profilierung" der großen Parteien und wurde auch von jüngeren Kräften in der Frankfurter CDU („Gruppe 70") angestrebt[148]. Insofern war mit ihr ein Demokratisierungseffekt verbunden.

Der Stamokap-Konflikt

Schleichend entwickelte sich ein weiterer Konflikt, bei dem es um das Verhältnis zur 1968 wiederbegründeten Kommunistischen Partei, der DKP, und zu ihrer Theorie des staatsmonopolistischen Kapitalismus („Stamokap") ging.

---

145 Ausführlich ist meine Position in einem Bericht der FR vom 28.2.1972 zu meinem Vortrag vor dem SPD-Ortsverein Sossenheim („Fay und Bachmann in die Hände der Wähler?") wiedergegeben.
146 Der Spiegel, 27.3.1972, S. 32.
147 Der Spiegel, 27.3.1972, S. 32; FR, 13.3. und 20.3.1972.
148 Streeck/Streeck, Parteiensystem, S. 147 ff.

Ein Vorspiel war, daß ich 1969 von den Jusos Rödelheim-Hausen zu einer Podiumsdiskussion mit Vertretern der DKP eingeladen wurde. Der UB-Vorstand stellte sich einer Zusage nicht entgegen, ich nahm die Einladung an. Einer offenen Auseindersetzung, so meine Ansicht, sollte man nicht ausweichen. Von ihr berichtete ich am 30.6. dem Vorstand, dass es *„gelungen sei, der beabsichtigten ‚Umarmungstaktik' (insbesondere Ellen Weber) von Seiten der DKP zu umgehen"* (richtig: „entgehen"). Meine Kontrahentin Weber, die in Moskau promovierte „Beton-Ellen" (Der Spiegel 50/1988), sollte später stellvertretende Bundesvorsitzende der DKP werden.

In der gleichen Vorstandssitzung berichtete ich über Probleme einer *„legitimen Vertretung"* (richtig wohl: „legalen") des SHB bei einem Mietvertrag[149]. Der SHB, in Frankfurt damals von SPD-Orientierten geführt, schaffte es dann, zusammen mit der Aktionsgemeinschaft demokratischer Studenten den AStA an der Universität zu bilden. Damit war dort der radikale Flügel der Studentenbewegung, der „SDS ausmanövriert"[150]. Allerdings wurde im Herbst 1971 dieser Erfolg durch eine bundesweite DKP-nahe SHB-Mehrheit zunichte gemacht. Angesichts dieses Kurswechsels verließen meine Freunde den SHB. Zugleich baten mich die im SHB Verbliebenen um ein Gespräch mit dem Unterbezirksvorstand. Ich berichtete diesem davon, beschlossen aber wurde – ganz in meinem Sinne – „zuerst ein Gespräch mit den ausgetretenen Mitgliedern des SHB zu führen."[151]. Kurz darauf berichtete ich vom *„Gespräch mit den ausgetretenen SHB-Mitgliedern, die am 6.12.1971 eine neue Gruppe bilden wollen"*[152]. Aus letzterem ist nichts geworden – aus welchen Gründen auch immer. Dem Vormarsch der parteikommunistisch Orientierten ließ sich auch deswegen kaum eine sozialdemokratische Organisation entgegenstellen, weil die Bundes-SPD erst im Juni 1972 dem SHB den Namen „Sozialdemokratisch" untersagen ließ. Wir waren da zu weit voraus.

Größere politische Relevanz hatten Demonstrationen der Jungsozialisten und SPD-Frauen gemeinsam mit Kommunisten, wie sie die SPD im November 1970 untersagt hatte. Es ging um die Abgrenzung gegenüber den Vertretern kommunistischer Diktatur. Der Konflikt entzündete sich an einer Kundgebung am 14.8.1971 gegen die NPD und einer am 4.9.1971 gegen den Vietnamkrieg der USA. Die erstere wurde zum Thema einer Vorstandssitzung, und zu ihr hatten Juso- und ASF-Spitze eine ausführliche Darstellung vorgelegt. Nach ihr handelte es sich um „eine gemeinsame antifaschistische Aktion von Sozialdemokraten, Sozialisten und Kommunisten" (mit Rednern von DKP, SDAJ, Spartakus, Humanistischer Union und Jusos). Gegenüber Einwänden des

---

149 Prot. UBV, 9.6. und 30.6.1969, in AsD, SPD-UB Ffm. 002.
150 FR, 30.1.1970.
151 Prot. UBV, 15.11.1971, in: AsD, SPD-UB Ffm. 002.
152 Prot. UBV, 22.11. und 29.11.1971, in: AsD, SPD-UB Ffm. 002.

Frankfurter DGB- und des SPD-Vorsitzenden sprach man von „Spaltung", und im Flugblatt der beteiligten Gruppen hieß es, Faschisten u. a. organisierten sich, „um die sozialistischen Staaten, insbesondere die DDR, noch nachträglich für den Kapitalismus zu erobern."[153]

Am 6.9.1971 tagte der Vorstand erneut mit Juso- und ASF-Vertretern. Zander schlug vor, die gemeinsamen Demonstrationen als „Verstoß" gegen das Aktionseinheitsverbot zu werten, den der Vorstand „mißbilligt". Dies wurde aber mit 6:7 Stimmen abgelehnt, laut Protokoll auch durch mich – obwohl ich dem nach meiner Erinnerung hätte zustimmen können. Gebhardt, einer der Neinsager, schlug daraufhin die weichere Formulierung vor, die Aktionen „tangieren die Kriterien dieses Beschlusses", und diese wurde mit 8:5 Stimmen angenommen. Nicht erklärlich ist mir mein angeblich erneutes Nein. Das Protokoll liefert dazu keinen Aufschluß. Jedenfalls konnte es nicht auf prinzipielle Motive zurückzuführen sein, denn eine Woche später wollten laut Protokoll auch die angeblichen Neinsager Faller, Holzapfel und Rudzio die Vorstandsposition zur Aktionseinheit in einer Juso-Versammlung im Haus Dornbusch vertreten[154]. Es wäre absurd gewesen, hätten wir drei dort für das Gegenteil unserer angeblichen Überzeugungen argumentiert.

Über diese Aktionseinheiten hinaus wurde mir deutlich, daß die kommunistische Theorie vom „staatsmonopolistischen Kapitalismus" die Frankfurter Jungsozialisten infiziert hatte. Mit deren zentraler These, dass der Staat „stets Instrument der herrschenden Klasse", in der Bundesrepublik „der Monopolbourgeoisie", sei, wurde jede „bürgerliche" Demokratie entwertet. Die politische Folgerung, alle fortschrittlichen oder „alle anderen demokratischen Kräfte" einschließlich der DKP im Kampf um eine „sozialistische Demokratie" zu sammeln[155], warb für das DKP-Bündnis. „Sozialismus" rangierte vor Demokratie. Diese Tendenz enthüllte sich peu à peu. Sicherlich, es waren wohl viele Angewirrte, manche Teilinfizierte, aber es gab auch eine Kerngruppe. Langsam kristallisierte sich heraus, dass im Zentrum der stellvertretende Juso-Vorsitzende von Frankfurt, der 28-jährige Physiker Eckert[156] stand. Lange sah man das nicht, noch Ende April 1972 setzte ihn eine Kommission (Arndt, Berg, Gebhardt, Zander) in einem Vorschlag für die SPD-Kandidatenliste zur Stadt-

---

153 Prot. UBV, 27.8.1971; Theorie und Praxis des antifaschistischen Kampfes (Breithaupt, Eckert, Fieg, Streeck), S. 1–10, in: AsD, SPD-UB Ffm. 002.
154 Prot. UBV, 6.9. u. 13.9.1971, in: AsD, SPD-UB Ffm. 002. Das Prot. vom 6.9. ist unzutreffend.
155 Bekannteste Juso-Variante: Das Hamburger Strategiepapier vom 27.11.1971, in: Freimut Duve (Hg.), Der Thesenstreit um „Stamokap", Reinbek 1973, S. 48 ff., hier 52 f., 57, 63, 70 f., 76 f.
156 Dr. Rainer Eckert, geb. 1944, Lehrer für Mathematik/Physik, dann DKP-Sekretär in Hessen.

verordnetenwahl 1972 auf den hervorragenden Platz 18[157], bis er dann auf dem Parteitag von der Liste gestrichen wurde[158]. Meine eigene Rolle in diesem Konflikt kam nun stärker ins Spiel. Im Jahre 1972 hatte ich Gespräche mit Karsten Voigt, bei denen wir über das Eindringen von Stamokap-Thesen bei den Frankfurter Jungsozialisten und über Eckert sprachen. Wir kamen überein, dass es so nicht weitergehen dürfe, wir die Stamokap-Richtung stellen und ihre Mehrheit bei den Jusos brechen müssten. Das hieß, sie in offener Auseinandersetzung widerlegen, um dem harten Kern die Anhängerschaft nehmen – mit dem Risiko, die eigene politische Basis zu dezimieren. So geschah es auf einer stark besuchten Juso-Versammlung, auf der wir beide mit einigen anderen in bewegter Redeschlacht die Mehrheit auf unsere Seite bringen konnten. Nach meinem Eindruck erlitt die Stamokap-Gruppierung eine entscheidende Niederlage[159]. Binnen kurzem warf sie das Tuch. Im März 1973 erklärte eine Gruppe von 30 Stamokap-Jusos in Frankfurt ihren spektakulären Austritt aus der SPD. Zwanzig von ihnen, darunter Eckert, traten der DKP bei. In der SPD sei kein konsequenter Kampf gegen das Großkapital möglich, wer ein „ehrliches Verhältnis" zu den Kommunisten wolle, werde mit „antikommunistischen Tiraden verketzert"[160].

Sicherlich – so mancher Dehm[161] und andere Stamokap-Anhänger blieben in der Partei, aber den entschlossenen Kern waren wir los und andere lösten sich von ihren Anleihen bei der Stamokap-Theorie. Im Unterschied zu Stamokap-Konflikten an anderen Orten bestand damit in Frankfurt 1972/73 die Konstellation, *„daß nicht eine ‚rechte' Parteimehrheit bei Abseitsstehen der Parteilinken gegen DKP-freundliche Tendenzen vorging, sondern eine Mehrheit der Linken selbst unter Einschluß von Jungsozialisten 1973 die Stamokap-Gruppierung aus der Partei hinausdiskutierte..."*[162].

---

157 FR, 26.4.1972.
158 Kittel, Marsch, S. 335.
159 Die Frankfurter Rundschau berichtete, dass Karsten Voigt und ich „sich schon vor längerer Zeit kritisch mit den Stamokap-Theorien auseinandersetzten". Karl-Heinz Krumm, Die meisten sprachen von der Vergangenheit, in: FR, zwischen 9.2 und 23.2. 1973.
160 So ihre Begründung. FR, 27.3.1973.
161 Dr. Dieter Dehm, geb. 1950, SPD-MdB, derzeit Linken-Vorsitzender in Niedersachsen, saß damals als Jungsozialist unter den Anhängern der Eckert-Gruppe, ab 1971 Stasi-IM.
162 Wolfgang Rudzio, Die Erosion der Abgrenzung, Opladen 1988, S. 70.

Aufstieg zur Mehrheit

Das Parteiklima lässt sich anhand der jährlichen Vorstandswahlen verfolgen. Die Veränderungen, die Anfang 1971 erfolgten, waren recht begrenzt: Die Spitze bestand nun aus Zander als Vorsitzendem, Faller und Raabe als Stellvertretern. Im übrigen wurden durch drei neue Vorstandsmitglieder Funktionsbereiche im Vorstand berücksichtigt: Nitzling als Landtagsabgeordneter, Sölch als Magistratsmitglied und Weck als Stadtverordneten-Fraktionsvorsitzender.

Für die Neuwahlen 1972 hingegen deuteten die Zeichen auf Sturm. Im November 1971, während der letzten Sitzung des Unterbezirksvorstandes vor seinem Tode, hat Möller ohne akuten Anlass und in der ihm eigenen Klarheit und Knappheit uns, den jüngeren Linken, die Kooperation aufgekündigt. Sein Tod überdeckte diesen Vorgang dann. Aber eine Woche vor dem Neuwahlparteitag erfolgte ein Donnerschlag. Berichtet wurde von einer Vorschlagsliste für den neuen Vorstand, die von 29 Frankfurter SPD-Prominenten unterzeichnet war, wonach Gebhardt, Holzapfel, Nitzling, Rudzio und Vorbeck abgewählt werden und durch Oberbürgermeister Arndt, den Stv.-Fraktionsvorsitzenden Berg, Frau Illing und zwei Vertreter des rechten Flügels ersetzt werden sollten, um – wie es hieß – ausgeglichene Verhältnisse zu schaffen. Unterzeichnet hatte fast alles, was Rang und Namen hatte. Von den jüngeren Linken wollte man nur Juso-Chef Voigt durchlassen, allerdings nur als König ohne Land, d. h. ohne Juso-Anhänger. Die Abschussliste provozierte denn auch sofort öffentlichen Protest der Jungsozialisten, sekundiert vom Ortsverein Westend[163]. Meine damalige Stellungnahme: „*Das ältere Establishment will als Königsmacher arbeiten und seine Mitte-Rechts-Kombination gegen die Linken durchsetzen. Karsten Voigt soll dabei nur als Feigenblatt gegenüber den Linken dienen, damit man nicht von einem Rechtsruck sprechen kann.*"[164]

Auf dem Wahlparteitag ging es also für die fünf Linken, darunter mich, politisch um Kopf und Kragen. Auf der einen Seite wurde zunächst die 29er-Liste als ausgewogene Friedensliste begründet.

„Jetzt gingen die ‚Linken' zum Gegenangriff vor. Die angeblich ausgewogene Liste sei eine Kriegsliste, meinte Dr. Wolfgang Rudzio und forderte die Unterzeichner auf zu sagen, was sie ihnen vorzuwerfen hätten, statt mit Unterstellungen zu arbeiten...Und Wolfgang Rudzio schlug wenig später in dieselbe Kerbe (wie Karsten Voigt, W. R.), *als er sagte, vor der Kommunalwahl sollten ‚die Linken vom Fenster geholt' werden. ‚Wenn die bisherige Fraktionsstruktur aufrechterhalten werden und die Koalition mit der CDU weitergehen soll, dann wählt die vorgelegte Liste', rief er den Delegierten zu."*

---

163 FAZ, 14. 2. und 16. 2. 1972
164 FNP, 14. 2. 1972.

Im Frankurter SPD-Vorstand (1. Reihe von links: Erich Nitzling, unbekannt, Herbert Faller; 2. Reihe: Christian Raabe, Karsten Voigt, Wolfgang Rudzio). © Wolfgang Rudzio, Autor.

Auch Voigt, Gebhardt u. a. sprachen gegen die 29er-Liste. Von der Gegenseite polemisierte Lang gegen die Jungsozialisten, während Raabe den Fünf auf der Abschussliste pauschal vorwarf, keine Initiativen entwickelt und „Dinge zum Schaden der Partei vertreten" zu haben. Dann schritt man zur Wahl. Am Anfang setzte sich die 29er-Gruppe bei der Wahl der drei Vorsitzenden durch. Auch bei den Beisitzern brachte nur sie Kandidaten durch, ohne dass damit der Vorstand komplett wurde. Dann aber vollzog sich eine Wende: Im 2. Wahlgang schaffte es niemand in den Vorstand, im 3. (in dem keine absolute Mehrheit mehr erforderlich war) kamen von der 29er-Liste nur noch Lang mit 194 Stimmen, von unserer Seite aber Gebhardt (192), Vorbeck (192), Rudzio (186) und Nitzling (176) durch. Im Ergebnis war von den fünf Abschusskandidaten allein Holzapfel gefallen[165]. Wenn die „Frankfurter Rundschau" ihren Bericht

---

165 FAZ, 21.2.1972.

mit „Nur zwei Korrekturen im Vorstand der SPD" titelte, so drückte sich darin der angesichts des großen Trommelns enttäuschende Erfolg aus[166].

Es scheint, dass dieser Ausgang einen bemerkenswert konsensualen Entscheidungsprozess über die SPD-Kandidatenliste zur Stadtverordnetenwahl 1972 ermöglichte. Eine Kommission, bestehend aus Rudi Arndt, Fraktionsvorsitzendem Berg, Zander und Gebhardt, erarbeitete eine Vorschlagsliste mit 105 Positionen, die Ende April vom Vorstand nach Änderungen ohne Nein-Stimme beschlossen wurde. Auf den aussichtsreichen ersten 60 Plätzen kehrten demnach nur 22 bisherige Stadtverordnete wieder. Auch für Umstrittene wie Anita Breithaupt oder Rainer Eckert waren sichere Plätze vorgesehen[167]. Ein Parteitag im Mai 1972 nahm die Kandidatenliste mit 305:53 Stimmen (19 Enthaltungen) an. Zu den wenigen Veränderungen gehörte aber, dass Eckert von der Liste gestrichen wurde. Im Kommunalwahlkampf rückte die SPD Wohnungsnot und Stadtentwicklung in den Vordergrund, wobei sie für stärkere Sozialbindung des Eigentums plädierte[168]. Tatsächlich schnitt sie bei der Wahl am 6.10.1972 erfolgreich ab. Sie behauptete ihre Mehrheit in der Stadtverordnetenversammlung und gewann eine solche bei den gültigen Stimmen dazu – partiell auch im Sog der Bundestagswahl erklärbar.

Im Vorfeld der Vorstandsneuwahl 1973 aber stieg die innerparteiliche Temperatur erneut an. Bereits am 2.12.1972 versammelten Arndt, Zander und Raabe ihre Anhänger im Haus Nied, wo Raabe die ASF-Vorsitzende Breithaupt als „undemokratische Kraft" brandmarkte[169]. Drohte die Aktionseinheit-Problematik zur Belastung der jüngeren Linken zu werden? Außerdem war auf einem Parteitag Ende Januar 1973 das Wohnortprinzip innerhalb Frankfurts umstritten, da rund 1 000 Mitglieder nicht im richtigen Ortsverein gemeldet waren. Arndt sah hier linke Manipulation am Werk. Im Normalfall entstanden solche Fälle aber schlicht durch Umzug innerhalb der Stadt, bei dem der Betreffende im vertrauten bisherigen Ortsverein verblieb. So blieb auch ich im Ortsverein Westend, obwohl ich nach dem Examen binnen weniger Jahre vier Umzüge in verschiedene Stadtteile zu verkraften hatte. Der Parteitag ließ daher Abweichungen vom Wohnortprinzip zu[170]. Tatsächlich hielt jener Streit den Vormarsch der jüngeren Linken nicht auf. Der Wahlparteitag vom Februar 1973 führte zu ihrem Triumph. Zander, der zur innerparteilichen „Solidarität" gemahnt hatte, wurde wiedergewählt, bei der Stellvertreter-Wahl unterlagen aber die Kandidaten des Nied-Kreises gegen Gebhardt und Voigt, ebenso der bisherige Kassierer gegen Nitzling. Bei den Beisitzern verstärkte sich die Linke:

---

166 FR, 21.2.1972.
167 FR, 26.4.1972.
168 Kittel, Marsch, S. 345.
169 Kittel, Marsch, S. 355.
170 FR, 29.1.1973.

„Linker Flügel erobert drei neue Vorstandsposten", titelte die Frankfurter Allgemeine[171]. Die umstrittene Minderheit war zur Mehrheit avanciert.

Ich selbst hatte nicht mehr kandidiert – beruflich bedingt stand mein Umzug nach Oldenburg bevor. Im ganzen war die jüngere SPD-Linke während der Jahre, da ich in der Frankfurter SPD mitwirkte, erfolgreich und hatte auf lokaler Ebene Demokratisierungen und partiell auch Korrekturen der Stadtentwicklung durchgesetzt. Nachträgliche Betrachter haben über ihre Entwicklung geschrieben: „Kaum irgendwo sonst waren politische Positionen in der SPD und in städtischen Institutionen „so generalstabsmäßig in Angriff genommen" worden."[172] Mag dies im Vergleich mit anderen Orten zutreffen, so kann doch von generalstabsmäßiger Planung nicht die Rede sein. Die erwähnten privaten Treffen waren, selbst wenn wir auch über Politik sprachen, von politischen Planungsrunden weit entfernt. Der Zeitmangel eines Feierabend-Politikers wie ich schloss professionelles Vorgehen aus.

Karsten Voigt und ich erklärten unseren Konflikt mit den älteren Linken aus einer spannungsfördernden Veränderung, weil seit etwa 1968 „immer intensiver an konkreten kommunalpolitischen Beispielen generelle gesellschaftliche Probleme verdeutlicht werden. *Diese Entwicklung wiederum zog neue junge Mitglieder an, für die, so Rudzio, die Partei nicht mehr wie Rudi Arndt vor dem Parteitag sagte, ‚Vater- und Mutterfigur zugleich ist', sondern ein Instrument zur Durchsetzung politischer Vorstellungen."*

Im übrigen sprach ich von einem „Theoriedefizit"[173]. Das Wort wurde aufgegriffen, ich als „Frankfurter SPD-Theoretiker" deklariert[174]. Als solcher habe ich mich nie verstanden. Zutreffend ist aber, dass ich Konzepte sozialdemokratischer Politik vermisste, die über Schlagworte bzw. Behauptungen hinausgingen. Mehr empirische Begründung und mehr Berücksichtigung von Zusammenhängen hätte in meinen Augen mehr Überzeugungskraft bedeutet. Darin äußerte sich Distanz zu Politik, die sich von einem Thema des Tages zum nächsten, von einer Kungelrunde zur nächsten Absprache, einer Personalfrage zur nächsten, von einem Wahltermin zum nächsten und einer Auseinandersetzung zur nächsten durchhangelt. Und alles in knappe Schlagworte fassen, um in der Öffentlichkeit zu bestehen. Darin sollte sich mein Leben nicht erschöpfen.

Nicht Politiker, sondern Politikwissenschaftler werden – diese Entscheidung war gefallen. Im Grunde missfiel mir am politischen Geschäft die feh-

---

171 FAZ, 9.2.1973
172 Kittel, Marsch, S. 3, zitierend Wolfgang Kraushaar, 1968 als Mythos, Chiffre und Zäsur, Hamburg 2000, S. 41.
173 Karl-Heinz Krumm, Die meisten sprachen von der Vergangenheit, in: FR, zwischen 9. und 23.2.1973.
174 Heute Frankfurt, morgen Bonn, in: Capital 4/1973, S. 187 ff., hier S. 190.

lende Wissenschaftlichkeit. Beide Rollen zugleich schienen nicht gut möglich. Wissenschaft und Politik sind verschiedene Welten mit verschiedenen Regeln und Funktionen. Außerdem, die Auseinandersetzung mit den 68er Positionen hatten mir in jenen Jahren – ungeachtet aller SPD-Kämpfe – die schärfsten linken Zähne gezogen. Mein Weg schien klar, wies zur Wissenschaft.

Kapitel VI
Oldenburg 1973-85:
Dissident in der Universität

1 Etablierung im kühlen Norden

Trotz allem Engagement in der SPD hatte ich das Ziel, eine Professur zu erlangen, nie aus dem Auge verloren. So verfolgte ich die Chancen, die sich an den damaligen Universitätsneugründungen für Nachwuchswissenschaftler ergaben – Massing ging an eine neue Bundeswehrhochschule, Eisfeld an die Neugründung in Osnabrück, Seifert und andere an die erweiterte Universität Hannover (ehem. TH). Ein Kollege riet mir, mich an der Gesamthochschule Kassel zu bewerben. Währenddessen tauchte am 26. September 1971 überraschend ein Bekannter aus SDS-Zeiten auf, inzwischen Assistent von Oertzens in Hannover und 1971-74 Vorsitzender des Gründungsausschusses der Universität Oldenburg, Hans-Peter Riesche[1]. Das war für mich ein Anstoß, mich am 25.10. 1971 um eine H3-Professur für Politische Soziologie in Oldenburg zu bewerben.

Ich kam in die engere Wahl und wurde zur Anhörung am 9.3.1972 eingeladen. Sie verlief anders als erwartet. Eng zusammen hockte die Berufungskommission in einem größeren Raum, gerammelt voll mit Studierenden, und die Gretchenfrage an mich lautete: Ist die Gesellschaft eine Klassengesellschaft oder nicht? Meine Antwort: Klassen spielen eine Rolle, doch ob die Unterscheidung „Eigentum an Produktionsmitteln oder nicht?" wirklich die ausschlaggebende sei, lasse sich schwer klären. Empirisch sei dies nur anhand des Bewusstseins der Menschen zu beantworten. Ich wollte die klassengesellschaftliche These nicht zum Angelpunkt aller Analyse erklären, ebensowenig dahinter stehende dogmatische Erwartungen bedienen. – Darauf vergingen lange Monate. Anfang August 1972 las ich im jugoslawischen Sommerurlaub zufällig in der „Welt", ich sei vom zweiten Listenplatz berufen, doch der Gründungs-

---

[1] Hans Peter Riesche, 1941-2000, Dipl.-Soz., später promoviert, arbeitete an der Universität Hannover über Themen der Geschichte der Arbeiterbewegung.

ausschuss protestiere öffentlich dagegen und spreche von „Berufsverboten". Hier – wie in einem weiteren Fall – hatte Kultusminister Peter von Oertzen erstplatzierte DKP-nahe Bewerber übergangen. Bei der Heimkehr lag ein Schreiben des Gründungsausschusses vor: Man bedauere, mich bei „den Auseinandersetzungen um Ihre Berufung in der Öffentlichkeit" gegenüber dem Erstplatzierten als „eindeutig zweitrangig" statt „eindeutig nachgeordnet" bezeichnet zu haben[2].

Ungeachtet dieser Misstöne, auch um Oertzen nicht in der Traufe stehen zu lassen, sagte ich zu und wurde ab Mitte Dezember 1972 mit der Verwaltung der Stelle beauftragt. Kurz zuvor allerdings hatte mich bereits Hessen zum H2-Professor in Frankfurt ernannt, wovon ich mich beurlauben ließ. Die Ernennung in Oldenburg ließ dann aber auf sich warten, während die Frankfurter Beurlaubung auszulaufen drohte. So bat ich im März 1973 das Niedersächsische Kultusministerium, mich über den Stand des Ernennungsverfahrens und *„eventuell aufgetretene Widerstände"* zu informieren. Ich würde es bedauern, wenn sich die Stelle in Oldenburg *„zerschlagen würde, meine aber, daß eine Klärung und Entscheidung nun notwendig ist."*[3] Die Absicht, nach Oldenburg zu gehen, geriet noch einmal auf die Kippe. Gab es gezielte Verzögerungen? Mehr noch beschäftigte mich die Frage: War Oldenburg überhaupt die richtige Entscheidung? Im Kern bedeutete sie, der Wissenschaft den Vorrang vor der Politik zu geben, auch schätzt meine Frau rückblickend den Umzug als günstig für unsere Ehe ein. Auf der anderen Seite bedeutete sie Trennung von der Großfamilie, von Freunden, von Frankfurt und Taunus, von einem politischen Netzwerk – also einen tiefen Einschnitt. Doch umgehend ernannte Niedersachsen mich. Die Entscheidung war gefallen.

Am 5. Juli 1973 zogen wir nach Oldenburg, zur Miete in ein halbes Häuschen am Quellenweg, fast in Sichtweite zur Universität. Unsere Räumlichkeiten waren eher beengter als zuletzt in Frankfurt. Als Fortschritt konnte man den Garten verbuchen, nach hinten durch einen kleinen Fluss, die Haaren, begrenzt. Aber das Grundstück senkte sich zum Fluss ab und war weithin feucht. Die Haaren strömte zu bestimmten Tageszeiten in die eine, zu anderen in die andere Richtung – Ebbe und Flut wirkten tief ins Binnenland. Jenseits dehnte sich eine sumpfige Niederung aus. Zu Herbst und Frühjahr fielen dort Vogelschwärme ein – wir sahen sie in ihren Formationen unter grauer Wolkendecke oder hörten ihr Gekrächz aus dem nächsten ausladenden Baum herüberhallen.

Oldenburg entpuppte sich als eine im Krieg unzerstörte Stadt von 133 000 Einwohnern. Später äußerte ich mal vor Studenten, alliierte Bombardierungen hätten sich hier nicht „gelohnt", wären doch wegen der lockeren Bebauung zu viele Bomben in Gärten gefallen. So zynisch das klang, traf es doch zu: Die

---

2 Hans Peter Riesche/Gründungsausschuß an Wolfgang Rudzio, 11.8.1972.
3 Wolfgang Rudzio an das Niedersächsische Kultusministerium, 6.3.1973.

Oldenburg 1973–85: Dissident in der Universität

Stadt war – wie im Dreißigjährigen Krieg dank ausgelieferter Pferde an den katholischen Feldherren Tilly[4] – ungeschoren durch Kriegsgefahren gekommen. In ihr strandeten daher viele Vertriebene bei Kriegsende. Die Einwohnerzahl stieg sprunghaft an, Oldenburg wurde Großstadt (1939: 79 000 Einwohner, dazu dann 42 000 Flüchtlinge). Als wir zuzogen, stammten der Oberbürgermeister und der Bundestagsabgeordnete aus Ostpreußen, während der Schlesier Horst Milde als Regierungspräsident fungierte. Auch wenn es nicht bei dieser Konstellation blieb, illustrierte sie das Gewicht der Vertriebenen. Geprägt war die Stadt auch dadurch, dass sie „die größte Garnison" der Bundeswehr mit damals ca. 10 000 Soldaten und ebenso vielen Familienangehörigen und zivilen Beschäftigten beherbergte, einschließlich Kasernen und einem Militärflughafen im Stadtgebiet.

Oldenburg stellte sich, jedenfalls außerhalb seines Kerns, als Ansammlung von Ein- und Zweifamilienhäusern dar. Bei unserer Ankunft waren 78 % der Wohngebäude Ein- oder Zweifamilienhäuser[5]. Näher zum Stadtzentrum dominieren ansehnliche Stadthäuser und Villen aus der Zeit vor 1914. Der Kern dient als Geschäfts-, Verwaltungs- und Bildungszentrum für Stadt und Umland. Zu ihm gehören einige ältere, Bauten, an die Geschichte als Residenz- bzw. Hauptstadt des Landes Oldenburg erinnernd. Bis heute unterhält das Land Niedersachsen Schloss, Staatstheater, Landesbibliothek und Schlossgarten. Die Attraktivität der Innenstadt resultiert nicht zuletzt daher, dass sie eine große, geschlossene Fußgängerzone bildet. Am Rande, von uns im Südwesten nur 3 km entfernt, dehnt sich ein größeres, zu Spaziergängen einladendes Waldgebiet aus, der „Wildenloh", der zu unserem Hauswald avancierte. Oldenburg bot sich zudem als ebene, mit Fahrradwegen gut versehene Stadt zum Radfahren an, attraktiv für meine Frau ohne Führerschein.

Für Oldenburg sprach ferner, dass es bezahlbare Einfamilienhäuser gab. Der Sport-Professor Jürgen Dieckert bot uns ein gut gelegenes 1 000 qm-Baugrundstück zu 40 DM/qm an – aber mich schreckte die Verschuldung, und das Gehalt von 2 756 DM netto[6] erlaubte einem Vier-Personenhaushalt keine großen Sprünge. Zudem ging ich anfänglich von einem Oldenburger Gastspiel aus. Immerhin wurde das Angebot zum Anstoß, einen Bausparvertrag abzuschließen. Getrieben von steigenden Häuserpreisen einerseits und meinem fortschreitenden Lebensalter andererseits entschlossen wir uns zum Absprung trotz wenig Angespartem. Wir kauften eine Doppelhaushälfte, zweigeschossiger Flachdachbau von 1964 mit vier Zimmern, Balkon plus nutzbarem Anbau

---

4   Jene Rettung verdankte sie Graf Anton Günther, der in Oldenburg entsprechende Wertschätzung genießt.
5   Horst Neidhardt, Ebbe und Flut, in: Wegweiser durch die Stadt Oldenburg, 3. A. Oldenburg 1974, S. 23 ff., hier 29 und 26 f.
6   Gehaltsabrechnung vom August 1973.

sowie Garage auf einem Grundstück von 500 qm in ruhiger, günstiger Lage. Zu zahlen waren 230 000 DM, davon 20 000 DM für den Einbau einer Gasheizung etc. Beladen mit Schuldzinsen von anfänglich 12 000 DM jährlich, zogen wir im November 1978 ein.

Was uns erschrak, war nicht die Stadt. Es waren ihre Umgebung und ihr Wetter. Es war deutlich kühler als im verwöhnten Frankfurt. Mit langen, warmen Sommerabenden war es vorbei. Wie sagt ein Oldenburger Spruch: „Letztes Jahr fiel der Sommer auf einen Donnerstag." Gerade in den ersten Jahren schlug einem aufs Gemüt, wie dunkel es im Winterhalbjahr wurde. Spürten wir, nun am Rande des Polarkreises zu leben, wie ich zu spotten pflegte? Dazu kam Wind, der tief hängende Wolken über den Himmel jagte und um das Haus heulte. Auf der Suche nach Wald stieß man auf die Spuren orkanartiger Stürme, die das Land kurz vor unserem Zuzug verwüstet hatten: massenhaft umgerissene Bäume, Stuken aufgetürmt in langgezogenen Scheiterhaufen. Die Römer hätten schon gewusst, weshalb sie an Rhein und Limes Halt machten und auf den Rest Germaniens verzichteten – so mein damaliges Meckern.

Aber gab es nicht die Nordsee? Wir machten uns auf die 90-km-Strecke an die Küste – aber diese empfing uns baumlos mit kahlen Deichen, mit Schlick statt Wasser, und dazu kühl. Ein Tagesausflug auf eine der ostfriesischen Inseln, umständlich zu erreichen, führte zwar zu schönen Stränden und offenem Meer – aber mit Schwimmen war es wegen Gezeiten und Strömungen nicht weit her. Der Gewinn rechtfertigte nicht den Zeit- und Geldaufwand für An- und Abreise. Mit mehr Erfolg unternahmen wir im Sommer Fahrten nach Cloppenburg mit seinem Museumsdorf und an die Thülsfelder Talsperre, die „Cloppenburg-Riviera", wie von mir getauft. Sie bietet Wandermöglichkeiten und galt uns bald als lohnendes Ziel. Daneben besichtigten wir Orte des Umlandes – sehenswert, doch unsere Freizeitbedürfnisse nicht befriedigend.

Vieles milderte dann ab Ende 1978 das eigene Haus. Nach hinten in Richtung Südwest mit Fensterfronten, Terrasse, Balkon und Rasen, eingerahmt von Bäumen, Sträuchern und Blumen, erlaubte es, Sonne und Wärme zu tanken. Meine Frau strich Fenster- und Türrahmen in lila eingetöntes Blau, das dem Ganzen Schick verlieh. Auch unsere Kinder genossen den Garten. Mit dem „grünen Salon" gewann Oldenburg an Lebensqualität. Im übrigen lernten wir, dass ein Garten kein Zustand, sondern ein dynamischer Prozess ist, bei dem Bäume und Sträucher immer wieder auswachsen, es auch sorgfältiger Auswahl bedarf, um im Sommerhalbjahr stets Blühendes vor Augen zu haben. Mit erdverbundener Zähigkeit warf sich Waltraut in den immerwährenden Kampf gegen Giersch, ohne Scheu, ihrem Rückgrat einiges zuzumuten.

Unsere Kinder lebten sich gut in Oldenburg ein. Kolja (Photo S. 234) besuchte die Grundschule, die er problemlos absolvierte, und fand dort Freunde aus dem Quellenweg. Gemeinsam mit ihnen besuchte er dann per Fahrrad die traditionsreiche Caecilienschule (Gymnasium). Er wurde ein Schüler, der mit sehr gut oder gut abschnitt – ein Lieblingsfach schälte sich allerdings nicht heraus. Schularbeiten erledigte er selbständig, ohne besonderen Zeitaufwand. Gelegentlich überraschte er mit grundsätzlichen Fragen: Was denn Demokratie sei? Oder: Weshalb wir in der Bundesrepublik denn gegen die Kommunisten seien und rüsteten? Auf Antworten konfrontierte er einen sofort mit Konsequenzen: Wenn die Sowjets die Freiheit bedrohten und Menschen nicht selbst über sich bestimmen ließen, warum führe man nicht Krieg gegen sie? Darauf suchte ich ihm deutlich zu machen, was Krieg bedeute, wieviel Menschen dabei umkämen; besser sei, sie nur vor einem Angriff abzuschrecken. Hintergrund war der Kalte Krieg. Eine Antwort, wenn sie kurz, verständlich und richtig sein sollte, war gar nicht so einfach. Bei manchen Gelegenheiten (die mir mein Ehegespons vorhielt) ließ ich mich wohl breiter aus als die Kinder hören wollten. Daher fragten sie nicht mehr. War es Berufskrankheit eines Professors oder individuelles Versagen, was dazu führte?

Zu manch anderer Anregung fehlte es vielleicht an eigenen Jugenderfahrungen. Gesellschaftsspiele, Anreize zu Musizieren, zu Sport und zum Lesen geben – da hätte mehr geschehen können. Doch eines hatten unsere Kinder stets: mindestens ein Elternteil um sich, sie spürten unsere Liebe, vor allem die ihrer jungen Mutter. Statt einer Konfirmationsfeier luden wir 1980 Kolja zu einem London-Besuch ein. Während ich dort beruflich zu tun hatte, kam meine Frau mit ihm für fünf, sechs Tage per Fähre nach. Wir besichtigten Regierungsviertel, British Museum, Tower und Harrods-Kaufhaus, sahen den kleinen Sitzungssaal des Unterhauses und erlebten eine Oberhaus-Sitzung. Im folgenden Jahr fand sein Abschlussball bei einer Oldenburger Tanzschule statt, an dem auch wir teilnahmen. Er tanzte gerne und gut, erweiterte seine Fähigkeiten anschließend noch in einem Fortgeschrittenenkurs. Mich freute, dass er – anders als ich – in jungen Jahren tanzen lernen konnte.

Früh brach er per Rad mit Freunden nach Schleswig-Holstein und Dänemark auf, machte per Bahn Reisen in Städte wie Köln, Berlin, Frankfurt und München. Im Juli 1983 ging er für etwa zwei Wochen als Austausch-Schüler nach London, wo er von Familie Collins „sehr nett und freundlich" empfangen wurde[7]. Umgekehrt kam im August Brian Collins zu uns. Auch 1984 besuchten die beiden ihre Gastfamilien. Natürlich konnten wir mit Londons Attraktionen nicht mithalten, aber bei einem Tagesausflug kutschierte ich die beiden nach Hannover, um ihnen die Stadt, ein Museum und das Schloss Herrenhausen als Herkunftsort englischer Könige nahe zu bringen. Auch Frankfurt und Bonn führten wir Brian vor. Deutlich trat bei Kolja ein Faible für große Städte zutage, so ganz andere als Oldenburg. Unser Sohn entwickelte sich, wurde selbständig und war voller Interesse, Welt und Menschen kennen zu lernen. Eine wei-

---

7 Kolja Rudzio an „Ihr da!" in Oldenburg, 19.7.1983.

Die Oldenburger Rudzios September 1981 (Von links: Ilka, Wolfgang, Kolja und Waltraut Rudzio). © Wolfgang Rudzio, Autor.

tere Stufe wurde erreicht, als 1983 eine Freundin auftauchte. Deutlich wandelte sich das Aussehen unseres Großen, der sein Haar länger wachsen ließ. Woran ich mich erinnere, war seine (von Ilka unterstützte) Kritik, dass man von ihnen Hilfe im Haushalt erwarte, während ich als Pascha alten Stils da gänzlich ausfalle. Tja, manche Rollenverteilung wurde schon damals in Frage gestellt.

Unsere Tochter Ilka (Photo S. 234) profitierte als Jüngere wohl von ihm, konnte aber leicht in seinen Schatten geraten. Doch vermochte sie sich mit nachhaltigem Umgarnen durchzusetzen. Die Grundschule am Haarentor besuchte unser „Stahlfederchen" dann unter „ressourcenschonendem Einsatz" ihrer Kräfte[8]. Bei Diktaten half aber keine Verhaltensraffinesse, und ihr Lehrer, Rektor Roßbach, stufte sie als Legastenikerin ein. Wir sollten sie täglich ein Übungsdiktat schreiben lassen. Ein Laie wie ich konnte sich nicht vorstellen, dass das fruchten würde. So fuhr ich stattdessen mit ihr zur Stadtbibliothek, und wir liehen altersgerecht bebilderte Bücher mit wenig Text aus. Sie begann

---

8   Waltraut Rudzio, Die Energie der „Eisenfäustchen", in: The European (Hochzeitszeitung), 12.7.1996, S. 7.

zu lesen, und ihre Rechtschreibung besserte sich ohne Quälerei. Ihre Stärken in Mathematik traten schon in der Grundschule hervor. Ohne Probleme durchlief sie die Orientierungsstufe, um dann am nahe gelegenen Gymnasium Eversten zu landen. „In späteren Schuljahren", berichtete ihre Mutter, „galt ihre Aufmerksamkeit vor allem den sogenannten Kernzeiten, auch Pausen genannt"[9]. Die Gespräche dort fand sie interessant – ihretwegen ging sie gern zur Schule, unterrichtliche Zwischenzeiten in Kauf nehmend. Ohne Ehrgeiz, doch immer sicher kam sie durch die Schuljahre. Sie gehörte auch zu einer Gruppe von Schülerinnen, den „Hexen", die sich nachmittags trafen – eine orientierende peer group. Mit ihnen unternahm Ilka ihre ersten eigenen Reisen. Als erstes fuhr sie ausgerechnet ins Drogen-Babel Amsterdam, was zu Hause einige *„Aufregung wegen Amsterdam-Aufenthalt"* erzeugte[10].

Zugleich bewies sie eigenen Kopf und Standhaftigkeit. Als gegen eine Studienrätin an ihrem Schulzentrum ein Verfahren wegen DKP-Orientierung lief, suchte ein Lehrer ihre Klasse zu einer Solidarisierungserklärung mit der Betroffenen zu bewegen. Er stieß jedoch auf Widerspruch, nicht zuletzt unserer Tochter – man kenne ja nicht einmal die betreffende Lehrerin. Bei einer Abstimmung fiel die Erklärung durch. Hartnäckig gab der Lehrer nicht auf, sondern drängte weiter. Als Ilka erneut widersprechen wollte, warf er ein, von ihr sei sowieso nichts anderes zu erwarten – bei dem Vater! Tatsächlich hatte ich dabei mitgewirkt, eine DKP-nahe Strömung in der Oldenburger SPD zu entmachten. Im Ergebnis kam es nicht zu der gewünschten Resolution. Die Schüler/innen hatten sich ihrer politischen Indienstnahme verweigert.

Ähnlich eine spätere Stellungnahme unserer Tochter. Es ging 1983 um einen Vortrag von mir zum 100. Geburtstag des bekanntesten Oldenburgers, des Existenzphilosophen Karl Jaspers. Ich hatte über dessen politische Schriften zu sprechen und setzte mich mit seiner Stellungnahme zur Atombombe und seiner Kritik der Parteiendemokratie auseinander – im ersteren Falle ihm folgend, damit allerdings dem Zeitgeist (Nachrüstungsdebatte!) ins Gesicht schlagend, im anderen kritisch. Bereits während ich sprach, spürte ich zurückgehaltenen Ärger des Publikums, sei es von Friedensbewegten oder denen, die den Sohn der Stadt herabgewürdigt sahen. Meine Frau bekam zu hören, ich hätte enttäuscht. Als wir darüber sprachen, bat unsere 15-jährige Tochter um den zugrunde liegenden Text, las ihn und schlug sich dann auf meine Seite[11]. Klar, dass mir das gefiel, wie auch Unterstützung von Frau und Sohn. Deutlich war geworden, wie sehr Ilka gewachsen war. Nicht autoritätsorientiert hatte sie Stellung bezogen, sondern aufgrund eigener Information; und sie richtete sich

---

9   Waltraut Rudzio, Die Energie.
10 Kalender-Notiz, 16.6.1983.
11 Wolfgang Rudzio, Gefährdungen der Freiheit, Karl Jaspers als politischer Schriftsteller, in: Rudolf Lengert (Hg.), Philosophie der Freiheit, Oldenburg 1983, S. 63 ff.

nicht nach der Mehrheit. Anders als das Oldenburger Publikum sah es später auch ein Buch über Jaspers, das von meinem „brillanten und kritisch-abwägenden Aufsatz" sprach[12].

„Wie geht es den Kindern? Familienaversionen bei linksorientierten Halbstarken?" So fragte einmal eine gute Bekannte aus Frankfurt bei uns an[13]. War es so? Vielleicht neigte unser Sohn damals zu eher linken Ansichten, damit auf einen konservativen Lehrer reagierend, während unserer Tochter ein linker Protestmarsch offenbar durch Bekehrungseifer linker Lehrer versperrt war. Tröstlich, dass sich Meinungen nicht ungeprüft auf die nächste Generation fortpflanzen. Familienaversionen gab es auch nicht – nur Abnabelungen und Entwicklungen zu Selbstständigkeit.

Nicht einfach war die Situation meiner Frau (Photo S. 234). Mit Mathematik und Politik allein war in Niedersachsen kein Lehramtsexamen möglich, sie benötigte ein drittes Fach. Ihre Neigung ging zu Geschichte. Auf die Frage nach den Anforderungen bedeutete ihr ein studentischer Studienberater, da bestehe kein Problem. Die Fragen der Klausuren könne man ihr vorweg geben. Falls die Arbeit dennoch schlecht ausfalle, keine Sorge: „Wir beurteilen sie auch". Da konnte man aufatmen, wenn auch mit Erstaunen gemischt. So stürzte sie sich erneut ins Studium, zugleich belastet mit Hausfrauenarbeit und Kinderbetreuung. Sie schloss ab mit einer Examensarbeit über „Die Strukturkrise im westdeutschen Kohlenbergbau und ihre wirtschaftspolitische Lösung 1958–1968" sowie mündlichen Prüfungen bis Mitte 1976. Die Noten waren sehr gut und gut.

Vor einer Lehrertätigkeit allerdings war noch eine praktische Phase als Lehrer-Anwärterin an einer Schule zu durchlaufen, an deren Ende eine didaktisch-praktische Prüfung stand. Wie ich es damals sah: „*Nach dem Examen meiner Frau im vorigen Jahre ist sie seit dem 1. 2. als Lehrer-Anwärterin im Schuldienst, und zwar in einem Ort 40 km von Oldenburg entfernt (ohne Führerschein und ohne öffentliche Verkehrsverbindungen!). Zwar kann sie häufig mit Kollegen mitfahren, aber dies führt zusammen mit unseren zwei Kindern, Lehrproben und Seminaren nachmittags in anderen Orten auch zu einer erheblichen Belastung auch für mich.*"[14] Am Ende, in der Prüfungsphase, meinte ich, „*über uns schlagen zur Zeit einfach die Wellen zusammen*"[15]. Ungeachtet aller Widrigkeiten – sie schloss erfolgreich ab. Der Unterricht machte ihr Spaß, sie engagierte sich und vermochte sich auch in einer der schwierigen Hauptschulendklassen durchzusetzen.

---

12 Kurt Salamon, Karl Jaspers, München 1985, S. 111.
13 Heidi Jost (geb. Mecklenburg) an Wolfgang Rudzio, 22.1.1985.
14 Wolfgang Rudzio an Helga Grebing, 1.9.1977.
15 Wolfgang an Hildegard Rudzio, 6.12.1977.

Aber dann stieß sie auf Wände. Nach der Anwärter-Zeit in Barßel gab es keine Lehrerstelle. Wie in einem Brief formuliert: *„Im übrigen führe ich samt Familie seit Anfang August ein ruhigeres Leben, da nun der Streß, der mit der Lehrer-Anwärter-Tätigkeit meiner Frau zusammenhing, zu Ende ist. Daß sie keine Stelle bekommt und bekommen wird (man erklärte ihr bei der Bezirksregierung, sie könne in 30 Jahren wiederkommen), hat so kurzfristig auch seine guten Seiten, wird langfristig – wenn die Kinder älter werden – allerdings doch belastend werden; 5½ Jahre Leben sind verbraucht..."*[16] Waltraut wurde ein Opfer des Geburtenrückganges, der nun auch von den Kultusministern entdeckt wurde und zu weniger Lehrer-Einstellungen führte. Wie viele andere blieb sie auf der Strecke. Nach welchen Kriterien aussortiert wurde, blieb im Dunkeln. Wurde ihr unsere Ehe zum Verhängnis? Unverheiratet hätte sie als angewiesen auf den Beruf gegolten, als Sozialfall. Im übrigen hatte sie, als Protestantin in den nördlichsten Ort des katholischen Deutschland geschickt, nicht die besten Karten. Diesem Fiasko wären wir in Frankfurt wohl entgangen, wo es auch außerhalb der Schule passable Arbeitsplätze gab.

So blieb es bei sporadischen, befristeten „Feuerwehr"-Einsätzen an Schulen. Einen längeren Job hatte Waltraut 1980–83, für 10-Wochenstunden bzw. als Werkvertrag. Es handelte sich um Mitarbeit im Forschungsprojekt „Niedergang regionaler Parteien" meines Kollegen Naßmacher (Photo S. 307). Dort war sie zusammen mit drei weiteren examinierten Frauen tätig, die auch ich kannte[17]. Rückblickend hatte ihr die Projektmitarbeit jedoch *„Außenkontakt, andere Themen und ein Stück eigener Entwicklung"* gebracht.[18]

Unser Leben wäre aber mit einem Tunnelblick nur auf Oldenburg unvollständig beschrieben. Wir suchten die Verbindungen zur weiteren Familie bzw. Freunden zu halten und uns in der Ferne fehlende Sonne zu holen.

So reisten wir jährlich ein- bis dreimal nach Frankfurt. Dort trafen wir die Both-Familien. Anlässe waren Osterferien, Silvestertreffen, Familienfeiern, auch Zwischenaufenthalte bei Reisen in den Süden. Dabei nutzten wir die Gelegenheit zu Taunuswanderungen und Freibadbesuchen – es waren glückliche Tage, an die gute Erinnerungen blieben. Zeit, andere Freunde bzw. Verwandte im Frankfurter Raum wiederzutreffen, blieb nur wenig – Ausnahmen waren Treffen mit Heidi Jost und Rolf Schwickerath. Umgekehrt hatten wir auch Besuche der Eltern und einiger Geschwister meiner Frau bei uns.

Knapper war der Kontakt zu Verwandten von meiner Seite. Einen Sonderfall bildete meine Mutter, die uns mehrfach in Oldenburg besuchte, etwa zu Weihnachten, während wir einmal im Jahr bei ihr in Hannover vorbei sahen.

---

16 Wolfgang Rudzio an Helga Grebing, 21.9.1978.
17 Ein Ergebnis war der Beitrag: Waltraut Rudzio, Sozialstruktur der Parteieliten, in: Karl-Heinz Naßmacher, Parteien im Abstieg, Opladen 1989, S. 191–221.
18 Wolfgang Rudzio an Ute Segedi, 15.3.1984.

Das Leben dort im 2. Stock an der belebten Hildesheimer Straße fiel ihr schwerer. So bemühten wir uns für sie um eine nahegelegene Wohnung in Oldenburg. Wir fanden eine neue Zwei-Zimmerwohnung mit Lift, wo sie 1982 einzog. Es bürgerte sich ein, dass zunächst Waltraut, dann eine bezahlte Hilfe die Wohnung reinigte, ich donnerstags mit meiner Mutter den Lebensmitteleinkauf erledigte und wir sie sonntags – nach Spaziergang mit mir (im Schlossgarten mit seinen Bänken) – bei uns zu Mittagessen und Nachmittagskaffee hatten. Entsprechend weniger Zeit blieb uns für andere Außenkontakte.

Darüberhinaus waren es meine Vettern und Cousinen Lauter, aus Kindheitstagen vertraut, von denen wir etwa einmal im Jahr jemand begrüßen konnten. Die Familie meines Vetters Siegfried Lauter (Photo S. 313) hielt sich zu Zwischenaufenthalten bei uns auf, Abstecher führten auch Cousine Gisela Rüwe mit ihrem Mann Ferdinand nach Oldenburg, der 70. Geburtstag meiner Mutter fast alle Lauters. Nur sporadisch tauchten wir bei ihnen im Kölner Raum auf. Auf der anderen Seite gab es einmalige Kurzvisiten in Oldenburg, zum Teil meiner Mutter geltend: ihre Vettern Heinz Dziedo und Eberhard Lemke; Halbvettern bzw. -cousinen von mir: Hans Kirchgessner, Irmgard Wosnitza mit ihrem Mann Walter, Photo S. 115), Walheide Jungklaaß (Photo S. 20). Von meinen Klassenkameraden traf ich nur Wilhelm Mühlenberg in Hannover. Zu einem Wiedersehen mit meiner Burgwedeler Clique kam es erstmals 1984, angestoßen durch eine Visite Wolfgang Hempels aus dem fernen Kanada. Meinen Freund Manfred Mosel habe ich leider nie mehr gesehen.

Leben in freundlicher Natur, neue Eindrücke, bewegende Erlebnisse und Distanz zum Alltäglichen brachten Urlaubsreisen. Sie hielten auch die Familie zusammen. Bei der Wahl der Ziele waren wir beschränkt durch die Schulferien, durch die Hauskauf-Verschuldung und den Radius von Autoreisen. Im Sommer 1974 steuerten wir nur Bodenmais im Bayerischen Wald an.

Im Juli 1975 war unser Ziel Etel an der bretonischen Atlantikküste. Dort verbrachten wir schöne Wochen mit meinen Schwiegereltern und der Familie von Schwager Hasso. Am weiten Strand vergnügten sich die Kinder, unsere beiden samt Vetter Alexander und Cousine Mareike. Die große Welt schien fern, wenn auch damals das revolutionäre Portugal nur knapp an einer kommunistischen Machtübernahme vorbei schlitterte – so *„entziffere"* ich gespannt „Le Monde". Aber dann – am 23. Juli kehrten wir abends in ein Restaurant ein, als mir *„beim Essen, in einem Lokal mit sehr verbrauchter Luft"* plötzlich schlecht wurde. Ich stürzte hinaus und erreichte unser Auto, verlor da das Bewusstsein. Mir erschien strahlende Helligkeit, ich spürte ein überwältigendes Glücksgefühl... Doch dann war ich wieder im Film des Lebens, hörte Waltraut, die sich zu mir beugte. Einen Moment enttäuscht nahm ich wahr, dass nicht alles vorbei und überstanden war. Man erzählte mir, mein Schwager habe mich draußen leichenblass, mit verdrehten Augen und eiskalt vorgefunden, für tot gehalten und meine Frau geholt. Es war mehr als ein bloßer *„Schwächeanfall",* wie ich es gegenüber meiner Mutter darstellte[19]. Aber Tage später kurvte ich mit dem Käfer heimwärts, an der Loire entlang, unterwegs Schloss Blois besichtigend.

In mir blieb Erinnerung, wie gnädig auch Sterben sein kann. Auch 1976 verbrachten wir Juliwochen in Etel, nun begleitet von Schwägerin Astrid mitsamt den Töchtern ihrer Schwester Gisela. Diesmal herrschte „*allerdings sehr gemischtes Wetter*", das wir mit Cidre, Monopoly- und Skatspielen aussaßen[20]. Während der Sommer 1979 und 1981 steuerten wir (1979 auch mit meiner Mutter) für jeweils 14 Tage den Ferienpark „Banjard" auf Nord-Beveland in den Niederlanden an. Dort fand sich dünenartiger Strand. Ausflüge führten in verträumte Orte wie Veere und Zieriksee, ein Ganztagstrip ins alte Brügge im nahen Belgien. 1981 urlaubten wir dort gemeinsam mit Schwiegervater Fritz und Schwägerin Frauke mit ihren Kindern. Aber das Wetter sackte ab, das Ziel verlor an Attraktivität.

Dazwischen, 1980, unternahmen wir zwei andere Auslandsreisen. Eine Osterreise führte nach Monti in der Toskana, wo uns Schwägerin Astrid ihr Haus zur Verfügung gestellt hatte. Es stand einsam auf einem Hügel mit Blick auf San Gimignano mit seinen Wohntürmen (von uns besucht). Aber – als wir uns am 29.3. zum Schlafen gelegt hatten, hörten wir plötzlich ein, zwei wuchtige Schläge gegen die Außentür! Wir fuhren hoch, horchten in totenstille Dunkelheit. Nach einer Viertelstunde Stille krachten wieder zwei, drei Schläge. So ging es mit Abständen weiter, wir krochen zum Lichtschalter, um den Hof zu beleuchten. Nichts war zu sehen, unberührt stand unser VW Passat. Telefon gab es nicht, unsicher harrten wir dem Morgen entgegen. Dann öffneten wir die Außentür und sahen, dass sie Einkerbungen von einem harten, stumpfen Gegenstand trug. Was war geschehen? Die Vermutung geht dahin, dass junge Männer sich in der Nähe verbargen (unsere Kinder hatten einige gesehen), die zu den damals aktiven Linksterroristen gehörten und uns hatten vertreiben wollen. In der Nähe waren Tage zuvor die Töchter des Journalisten Kronzucker entführt worden. Ein entspannter Urlaub war da nicht möglich. Wir verließen den unheimlichen Ort und verbrachten noch schöne Tage in Südtirol[21].

Die Sommerreise 1980 führte uns für drei Wochen noch einmal zu Milan nach Supetarska. Mit uns war Michaela, unruhige 16-jährige Cousine unserer Kinder. „*Nach allem Oldenburg*", wie ich angesichts heimischer Wetterlagen schrieb[22], genossen wir das sonnige Wetter. Eines Tages stießen überraschend meine Schwiegereltern zu uns. Eva schwamm, wenngleich langsam, lange Strecken über die Bucht, und am letzten gemeinsamen Tag feierten wir

---

19 Wolfgang an Hildegard Rudzio, 24.7.1975.
20 Wolfgang an Hildegard Rudzio, 19.7.1976.
21 Wolfgang an Hildegard Rudzio, 1.4.1980.
22 Wolfgang an Hildegard Rudzio, 8.8.1980.

ihren 71. Geburtstag – nicht ahnend, dass sie den Tod in sich trug. Kaum heimgekehrt fiel sie mit einer Bauchspeicheldrüsen-Entzündung ins Koma, aus dem sie nicht mehr aufwachte. Jener Urlaub blieb daher überschattet von ihrem Tode. Außerdem hörten wir dann von verschlechterter Wasserqualität und dem frühen Tod Milans. Nie mehr kehrten wir dorthin zurück.

Neues Ziel war dann im 1982 für zwei Wochen Port Barcarès an der französischen Mittelmeerküste. Meer und Wetter waren gut, Tagesausflüge nach Perpignon, Narbonne und Palamos/Spanien brachten Abwechslung. Aber in Barcarès war alles zusammengedrängt – anders als wir es liebten. Unsere Kinder fühlten sich nicht wohl. Mir fiel ihre Radiomusik im engen Appartement auf die Nerven. Kolja ließ sich zwar durch einen Surf-Kurs ruhigstellen, aber der Wurm war drin.

Im Folgejahr 1983 war es soweit: *„...unsere Kinder (18 und 15 Jahre) wollten 1983 erstmals im Sommer ohne uns Urlaub machen, beide machten längere Radtouren".* Sie gingen ihre eigenen Wege. Vielleicht hatten wir zu sehr auf Ferien am Meer gesetzt, von dem wir meinten, es sei das einzig Richtige für Kinder. So begann ihre Abnabelung: *„Wir sind im Herbst das erste Mal seit 15 Jahren allein losgefahren, plan- und ziellos, für 14 Tage im südlichen Österreich an der jugoslawischen Grenze hängen geblieben; es wurde ein phantastischer Urlaub, mit baden, Bergwandern (das erste Mal im Leben und in Halbschuhen!) und ein bißchen Besichtigen in München."*[23]. Wolkenloser Himmel verführte uns, nahe dem Faaker See Anker zu werfen und die Tage dort zu verbringen. Hinzu kamen eine Bootsfahrt über den Wörther See nach Klagenfurt und ein Besuch Villachs.

Klar, dass wir September 1984 erneut dorthin fuhren. Diesmal machten wir sechs ausgedehnte Bergwanderungen, darunter zur Dreiländereck-Hütte (mit 780 m Höhenunterschied), zur Berta-Hütte samt Ferlacher Spitze (900 m Unterschied) und zur Mitzli-Moitzli-Hütte am Mittagskogel, die *„durch die unbeschreiblich schöne und wechselvolle Landschaft Kärntens führten"*[24]. Waltraut sammelte mit Adler-Augen Pilze. Vorbei war, sich wie im Jahr zuvor über zünftige Wanderer zu mokieren – nun marschierte ich selbst mit Kniehose, roten Wollstrümpfen und hohen Wanderschuhen. An anderen Tagen schwammen wir im Faaker, im Wörther See und im Warmbad Villach. Dazu kamen Besuche Villachs und Klagenfurts, der Burgruine Finkenstein und von Hochosterwitz, einer Fluchtburg vor den Türken. Daneben nahmen wir Plakate wahr[25], für einen knopfäugigen Politiker werbend mit „Der Jörg, der traut sich was" – es ging um den damals noch unbekannten Jörg Haider. Auch wenn der Son-

---

23 Wolfgang Rudzio an Ute Segedi, 15.3.1984.
24 Waltraut und Wolfgang an Hildegard Rudzio, 18.9.1984.
25 Ob 1983 oder 84, muss offen bleiben.

nenhunger nicht gestillt wurde – schön war's wieder gewesen. Wurde Kärnten zum festabbonierten Urlaubsziel?

2 Universität: Konflikte mit DKP-Anhang und „Undogmatischen"

Als Illusion erwies sich die Hoffnung, in der Oldenburger Provinz in Ruhe wissenschaftlich arbeiten zu können. Das Berufsleben war nicht nur durch schwierige Anfangsjahre der Universität belastet, sondern auch durch Konflikte geprägt, bei denen es um Wissenschaft ging, die von Politik unterschieden bleibt. Politikwissenschaft sollte, so meine in Frankfurt gefestigte Überzeugung, weder im Sinne der Frankfurter Schule mit Politik vermanscht noch von kommunistischen Parteikadern gesteuert werden.

Anfangs war die Oldenburger Situation schwer zu beurteilen. Mit der Stellenverwaltung ab 1972/73 pendelte ich ein halbes Jahr nach Oldenburg, im allgemeinen wöchentlich mit einer Übernachtung, hauptsächlich um in der Planungskommission Sozialwissenschaften und einer Berufungskommission mitzuwirken. In der Planungskommission war es ein junger Planer, der voller Eifer die Professoren und ihr künftiges Tun mit Hilfe von Beschlüssen „beplante" (so seine Redeweise). Kontakte mit Riesche, der als pendelnder Vorsitzender des Gründungsausschusses sehr beschäftigt war, beschränkten sich auf Begegnungen im größeren Kreis. Deutlicher wurde für mich vieles, als das Bundesverfassungsgericht anstelle von Drittelparitäten einen höheren Professorenanteil für erforderlich erklärt hatte und ich daraufhin noch für ein paar Monate in den aufgestockten Gründungsausschuss (nun 10:5:5:2 Mitglieder) berufen wurde. Aber die Weichen waren gestellt, Grundentscheidungen in den vorangegangenen zweieinhalb Jahren getroffen:

(1) Im Rahmen einer „einphasigen Lehrerausbildung" sollten die lehrpraktischen Elemente verzahnt mit der „theoretischen" Ausbildung stattfinden[26].
(2) Nichtabiturientenkurse (NAK) sollten eine zusätzliche Hochschulzulassung ermöglichen (der erste Kurs fand vom 1.5.1973–1.1.1974 statt).
(3) Das Studium sollte im wesentlichen in Form von fächerübergreifenden „Projekten" stattfinden, in denen ein Thema von gesellschaftlicher Relevanz zu bearbeiten war.
(4) Die „Lehrenden" sollten nicht Instituten, sondern fachübergreifenden größeren Einheiten zugeordnet sein. So gehörte ich noch 1981 einem Fach-

---

26 Gründungsausschuss der Universität Oldenburg (Hg.), Reformuniversität Oldenburg – Ein Modell wird zur Alternative, Oldenburg 1972, ohne Seitenangaben.

bereich Gesellschaftswissenschaften als unterster Organisationseinheit an, der Soziologie, Politikwissenschaft, Geschichte, Geographie, evangelische Religion, Arbeitslehre, Raumplanung, Arbeit/Wirtschaft, Hauswirtschaft, Technik und Textiles Gestalten umfaßte.
(5) Mittel wissenschaftlichen Arbeitens u. a. wurden in „Zentralen Einrichtungen" konzentriert – so Bibliothek, technisch-wissenschaftliche Infrastruktur, wissenschaftliche Weiterbildung und pädagogische Berufspraxis. Nach dem Stand von 1980 gehörten 331 Personalstellen zu diesen zentralen Monstern, 205 Personen zur Universitätsverwaltung, ferner 187 Professoren, 88 Mittelbau-Angehörige und 117 wissenschaftliche Mitarbeiter zur Universität.
(6) Der Geist, der die Uni bestimmen sollte, wurde in § 2 der Grundordnung wie folgt umrissen: Die Universität „nimmt den kritischen Auftrag und die politische Verantwortung der Wissenschaft in der Gesellschaft wahr und fördert die Verbindung von Wissenschaft mit gesellschaftlicher Praxis im Dienste des Friedens und gesellschaftlichen Fortschritts. Dadurch trägt sie zur demokratischen Entwicklung einer sozialen Gesellschaftsordnung bei."[27] Dies deutete eher auf linke Richtungweisung für die Wissenschaft, wenn man darin vielleicht auch nur eine Orientierung im Sinne des Grundgesetzes herauslesen mochte. Ob ich mich um letzteres bemühte oder Krockows zynischer Parole folgte, man solle politische Bekenntnisse passieren lassen, es komme für eine gute Uni doch nur darauf an, die Richtigen zu berufen? Als Anfang 1974 die Grundordnung zur Abstimmung kam, wurde sie jedenfalls umgehend und einstimmig beschlossen – auch mit meiner Stimme.

Letztlich war nicht zu übersehen, dass in diesem Konzept Vorstellungen von Frankfurter Schule und Studentenbewegung (gegen „Fachidiotie", gegen Professorenmacht, für politisierte Wissenschaft) mit Pädagogenträumen aus der PH zusammenfanden. Ihnen stimmten auch die Kommunisten zu. Tatsächlich waren in Gründungsausschuß wie Universität drei Strömungen auszumachen: PH-Geprägte, Anhänger der Studentenbewegung und DKP-Orientierte (BdWi, MSB, SHB, DKP-Hochschulgruppe). Dabei hatte das DKP-orientierte Lager in den Anfangsjahren eine starke Position. Zwar unterlagen BdWi-Kandidaten, wenn auch nur knapp, bei den Rektorenwahlen 1973 und 1974 jeweils einer inhomogenen Koalition aller übrigen Kräfte. Aber auch danach vermochte sich der DKP-orientierte Block durch Kompromisse im Rahmen eines vielbeschworenen „Konsenses" erheblichen Einfluß zu sichern.

---

27 Zit. nach: Hermann Helmers, Geschichte der Universität Oldenburg, Oldenburg 1983, S. 315. Zu Punkten 2–5 ebd., S. 200 f., 293, 421, 427.

- Dominant war er in den Studentenvertretungen, wo MSB und SHB bis Mitte der achtziger Jahre stets über eine starke Mehrheit verfügten (bei schwacher Wahlbeteiligung),
- weniger stark im universitären Mittelbau, wo der BdWi 32,3 % der Stimmen bei der Konzilswahl 1975 erreichte,
- am schwächsten bei den Professoren (17,3 % der Stimmen).
- Beim nichtwissenschaftlichen Personal spielten DKP-nahe Orientierungen innerhalb der ÖTV-Betriebsgruppe eine Rolle; bezeichnend war, dass ein DKPler zeitweilig als Personalratsvorsitzender fungierte, eine spätere DKP-Ratskandidatin zunächst die Universitätsverwaltung leitete.

Nur langsam ging der Anteil dieses Lagers zurück[28]. Wer ein DKP-kritisches Profil hatte und in einem politiknahen Fach lehrte, dem konnte dieser Block das Leben sauer machen. Mancher, der dies rechtzeitig erkannte, kam daher gar nicht nach Oldenburg – so der von der SED abgefallene DDR-Forscher Hermann Weber, den ich aus Frankfurt kannte und als Kollegen gerne begrüßt hätte. Er erhielt 1973/74 einen Ruf auf eine politikwissenschaftliche Professur. „Aber", so berichtet er, „in Oldenburg trat der inzwischen etablierte KP-Studentenbund „Spartakus" massiv auf, und ich hatte Besseres zu tun als mich mit lautstarken Krakeelern auseinanderzusetzen. Nicht zuletzt deshalb lehnte ich den Ruf nach Oldenburg ab"[29]. Er ging stattdessen nach Mannheim.

Für meine Entscheidung wurde relevant, dass ich während des Einpendelns einige PH-Angehörige näher kennen lernte – so den freundlichen Prof. Freiwald von der Politikwissenschaft, den linken, nachdenklichen Soziologen Dr. Loeber und den klaren, kämpferischen Historiker Wolfgang Günther. Sie schienen mir wünschenswerte Kollegen, mit denen menschlich wie sachlich gut auszukommen wäre. Mit dem einflussreichsten PH-Professor, dem Soziologen Schulenberg, gab es hochschulpolitischen Kontakt. Ohnehin durch den Frankfurter Stamokap-Konflikt sensibilisiert, stimmte ich bei den Rektorenwahlen mit der knappen Mehrheit für den FDP-nahen PH-Professor Sprockhoff und dann für den PH-Professor Krüger (SPD). Als nach der Wahl Sprockhoffs Riesche mir gegenüber eine hochschulpolitischen Trennung zwischen uns feststellte, überraschte mich das. Er hatte wohl vor allem einen Neuberufenen durchsetzen wollen. Mir aber war wichtiger, auf dem Rektorenstuhl keinen Kandidaten des DKP-nahen Lagers zu sehen.

In der Folgezeit suchte ich mich aus Uni-Gremien herauszuhalten. Schließlich war ich der Wissenschaft wegen da. So beschränkte ich mich darauf, an den Mitgliedertreffen der Schulenberg-Fraktion (Demokratische Hochschule)

---

28 Fritz Vilmar/Wolfgang Rudzio, Politische Apathie und Kaderpolitik, in: Aus Politik und Zeitgeschichte, 1981/B 46, S. 13 ff., hier 21 ff.
29 Hermann Weber/Gerda Weber, Leben nach dem „Prinzip Links", Berlin 2006, S. 260.

teilzunehmen. Das hieß, zum hochschulpolitischen Fußvolk zu gehören. Die Fraktion, uneinheitlich, schien noch am ehesten die Gruppe, die einer politischen Ausrichtung von Wissenschaft widerstrebte und für vernünftige Arbeitsbedingungen zu erwärmen war. Obwohl gewöhnlich eine knappe Mehrheit der Professorenstimmen erreichend, befand sie sich in Uni-Gremien meist in der Minderheit gegenüber einer Mehrheit aus Anhängern der Frankfurter Schule und DKP-Nahen. Entsprechend wenig konnte sie erreichen.

Wichtiger noch: Es entlastete, manchen Konflikt einfach an sich vorbei laufen zu lassen. Reaktionslos konnte man politisch begründete Stillegungen des Lehrbetriebs hinnehmen. Beispielhaft in den Anfängen eine Mitteilung des Rektors: „Auf Beschluß des Senats fallen am Dienstag, dem 21. Mai 1974, ab 15.00 Uhr sämtliche Lehrveranstaltungen der Universität aus, da an diesem Nachmittag eine Demonstration gegen Berufsverbote stattfindet, zu der der AStA aufgerufen hat."[30] Faktisch machte dies die Universität zu einem politischen Aktionskörper. Themen für „Streikwochen" fand der DKP-orientierte AStA jedes Jahr – mal war es die Hochschulgesetzgebung, mal die Nachrüstung, mal anderes. Die Universitätsangehörigen wurden an ihrem Arbeitsplatz politisch vereinnahmt. Analogien zum Nationalsozialismus oder Realsozialismus, wo man geschlossene „Betriebsgemeinschaften" bzw. Arbeitskollektive zu politischen Demonstrationen abführte, drängten sich auf. Gewiß: Vielfach äußerten sich die Uni-Gremien gar nicht, andererseits auch nie gegen politische Indienstnahmen der Universität Stellung nehmend. Die Unterscheidung von Politik und Wissenschaft, eine der liberalen Schutzmauern, hielt vielfach nicht.

Von ähnlicher Problematik war die Ossietzky-Kampagne an der Universität. Ihr diesen Namen zu verleihen, wie von zwei DKP-Mitgliedern des Gründungsausschusses initiiert, forderte nun die neue Universität[31]. Eigentlich war es nicht üblich, neue Universitäten nach wissenschaftsfernen Personen zu benennen, aber ein Friedensnobelpreisträger und NS-Opfer wie Ossietzky mochte vielleicht als Ausnahme gelten. Tatsächlich aber kehrten Mehrheiten in der Oldenburger Universität andere, fragwürdige Seiten Ossietzkys heraus[32]: Immer wieder berief sich das DKP-nahe Lager auf sein Werben für eine „Volksfront" mit den Kommunisten, dezenter spielte das Rektorat auf Ossietzkys verachtungsvoll-destruktive Kritik an der Weimarer Sozialdemokratie an, indem es ihn als „Kämpfer um Demokratie" charakterisierte, „dessen zahlreiche Schriften sich auch mancher Sozialdemokrat hinter den Spiegel stecken

---

30 Mitteilung des Rektors an Lehrkörper, AStA und Pressestelle, 15.5.1974.
31 Harald Werner, Offene Fragen in der geschlossenen Abteilung, Köln 2011, S. 83 f.
32 Über sie informieren die Jahrgänge der „Weltbühne". Ein auf ihnen basierender Artikel von mir wurde später von einer größeren Zeitung zunächst gewünscht, dann aber nicht veröffentlicht.

sollte"[33]. Stramm betonte ein Konzilsbeschluss, Ossietzky sei im Dritten Reich wie auch in der Weimarer Republik verfolgt worden und habe sich „für konsequent gesellschaftlichen Fortschritt und gegen retardierende politische Kompromisse" eingesetzt[34]. Es war nicht das Opfer, sondern der politische Schlagstock gegen „Rechts", was da hervorgekehrt wurde. Wie konnten vor einem derart aufbereiteten Namenspatron SPD-, FDP- oder gar CDU-Anhänger als legitime Angehörige einer „Carl-von-Ossietzky-Universität" gelten?

In Loge konnten selbst Gremienferne wie ich solche Konflikte nicht aussitzen. Vielmehr suchte man alle Universitätsangehörigen in die Kampagne einzuspannen. Der Uni-Rektor wandte sich 1978 zugunsten eines Ossietzky-Mahnmals an „alle Lehrenden", „dass Sie in jeder Ihrer Lehrveranstaltungen die Studierenden auffordern, entsprechend ihren finanziellen Möglichkeiten ... beizutragen"; das Geld solle in einer herumgereichten Tüte eingesammelt werden[35]. Selbstverständlich wurden entsprechende Spenden auch von den Lehrkräften erbeten, bei denen der Rektor notfalls mit den Worten nachsetzte, „ich spreche Sie heute nochmals persönlich an, weil von Ihnen bislang keine Spende für das Ossietzky-Mahnmal eingegangen ist."[36]

Das und anderes möglichst nur von weitem beobachtend, blieb mir Zeit und Energie, um unter desolaten Arbeitsbedingungen Forschung und Lehre zu betreiben. Dabei standen die „Lehrenden" als Einzelne den Apparaten der „Zentralen Einrichtungen" und abgehoben-fernen Fachbereichsgremien gegenüber, deren Mehrheiten über Geldmittel, Organisation und Lehrangebot entschieden. Konkret zu meinen Arbeitsbedingen:.

- Das Geringste noch war ein Dienstzimmer im unruhigen Verfügungsgebäude, dessen Enge Prüfungen zum Problem machen konnte – erst um 1980 wurde es durch ein größeres ersetzt.
- Als gravierender entpuppten sich die Bibliotheksverhältnisse. Trotz mehrjährigem Vorlauf besaß die Universität bis 1982 nicht einmal ein Bibliotheksgebäude. Unzureichend war der alte PH-Bücherbestand, während die Neuanschaffungen für Politikwissenschaft eher politische und linke Bücher umfassten, aber bei wichtiger politikwissenschaftlicher Literatur recht lückenhaft ausfielen. Selbstverständlich durften Professoren – wie jeder Nutzer – Anschaffungswünsche einreichen, über die gnädig oder ungnädig entschieden wurde. Nach ein, zwei Eingaben ließ ich sie sein. Stattdessen lebte ich in den 70er Jahren meist von Fernleihen und der gut geführten Landesbibliothek.

---

33 Presseerklärung des Rektors zum Grolle-Interview vom 25.9.1975.
34 Protokoll Konzil, 19.4.1978.
35 Rektor Krüger an alle Lehrenden, 23.1.1978.
36 Rektor Krüger an Wolfgang Rudzio u. a., 8.2.1978.

- Ein drittes Manko war das Fehlen von Hilfskräften. Weder gab es wissenschaftliche Mitarbeiter noch studentische Hilfskräfte, ganz unzureichend Schreibkräfte. So tippte ein Oldenburger Barfußprofessor vieles im Zwei-Finger-Suchsystem selbst, verbrachte Zeit an Kopierern und beim Bibliographieren, Ausfüllen von Ausleihscheinen und mit Bibliotheksgängen. Ins Licht geriet die Situation, wenn ein Neuberufener etwas auszuhandeln suchte – so ein Politologe, dem sich die Frage aufdrängte, „ob der Fachbereich überhaupt an wissenschaftlicher Forschung und der damit notwendigerweise verbundenen finanziellen Absicherung interessiert ist". Irritiert notierte er die „von Ihnen mitgeteilte Relation von 25 Hochschullehrern zu einer Schreibkraft"[37]. Auch er nahm den Ruf nach Oldenburg nicht an.

Andererseits fanden sich an der Basis Wissenschaftler zusammen, die miteinander konnten. In meinem Fall war das Wichtigste, was uns zusammenführte, ein gemeinsames Projekt Sopowa (Sozialer und politischer Wandel in Oldenburg/Ostfriesland), unter dessen Dach man mehrere Jahre das verlangte Projektangebot nachweisen konnte. Beteiligt waren Politikwissenschaftler, neuberufene wie mein Kollege Prof. Naßmacher und ich, aus der PH stammende wie Prof. Freiwald (beide Photo S. 307) und der Assistent Meyenberg, daneben Historiker wie die neuberufenen Professoren Hinrichs (Photo S. 307) und Saul sowie aus der PH Professor Grolle, der Studienleiter Günther und die Assistentin Günther-Arndt. Im Projekt mit seinen abgestimmten Veranstaltungen einschließlich des Projektplenums hatten wir immer miteinander zu tun. Im übrigen prüfte man meist gemeinsam mit Kollegen aus dem Projekt und verkehrte auch privat. Wissenschaftlich ging es bei dem Projekt um empirische Regionalforschung zur demographischen, schulischen und Wahlentwicklung. Die Studierenden wurden im Sinne forschenden Lernens bei Erhebungen mit beteiligt. Drittmittel des Landes und der Oldenburger Landschaft ermöglichten Überlandfahrten und empirische Erhebungen. Ich selbst kam dabei, zusammen mit Naßmacher das Wahlverhalten untersuchend, 1976 erstmals mit Computern in Berührung, damals noch mit Zentralcomputer, Lochkarten und Versionen des SPSS-Programms für Sozialwissenschaften. In der Sache neu für mich war der Einsatz des Milieubegriffs, und schließlich wurde mir in Cloppenburg bewusst, wie so anders Politik im ländlichen Raum abläuft – eine interessante Erfahrung! Mehr oder weniger im Zusammenhang mit dem Projekt entstanden Examensarbeiten. Am Ende publizierten wir unsere Ergebnisse[38].

---

37 Udo Bermbach an den Vorsitzenden des Fachbereichs 3/Universität Oldenburg, 21. 4. 1975.
38 Karl-Heinz Naßmacher/Wolfgang Rudzio, Das lokale Parteiensystem auf dem Lande, in: Hans-Georg Wehling (Hg.), Dorfpolitik, Opladen 1978, S. 127–42; Wolfgang Günther (Hg.), Sozialer und politischer Wandel in Oldenburg, Oldenburg 1981. Darin von

Dennoch gerieten wir ins Kreuzfeuer der herrschenden Kräfte. Ein erstes Wetterleuchten war im Mai 1975 ein SHB-Antrag im Fachbereichsrat: Der Fachbereichsrat „verurteilt die Aktion der Hochschulangehörigen Meyenberg und Rudzio, die unter Vortäuschung der Existenz eines hochschuloffiziellen Projektes ‚Parteien' eine Meinungsbefragung unter den Mitgliedern einer Partei durchgeführt haben", was „offenbar der Klärung aktueller innerparteilicher Kräfteverhältnisse" diene. Natürlich gab es kein solches Projekt, sehr wohl aber ein angemeldetes empirisches Dissertationsvorhaben Meyenbergs (von mir betreut), in dessen Rahmen eine Umfrage unter den Mitgliedern der Oldenburger SPD durchgeführt wurde. Die Delikatesse bestand darin, dass der Doktorand früher auch dem SHB angehört, ihm aber auf dessen Weg in die kommunistisch-sozialistische Einheitsfront nicht gefolgt war – ein Apostat also. Im Kern lief der SHB-Vorstoß darauf hinaus,

- Dissertationen nur im Rahmen von Projekten zuzulassen, die ins Lehrangebot des Fachbereichsrats aufgenommen sind (um so individuelle Freiheit der Wissenschaft einzuschnüren);
- der Politikwissenschaft Untersuchungen von innerparteilichen Kräfteverhältnissen zu untersagen[39].

Der Fachbereichsvorsitzende griff den Antrag auf. Er bat Meyenberg und Rudzio, zu diesem Antrag binnen 9 Tagen „Stellung zu nehmen"[40]. Nach einer Äußerung von mir habe ich von der Sache nichts mehr gehört. Ein Schlaglicht auf grassierende Wissenschaftsverständnisse warf sie aber schon.

Das eigentliche Gewitter brach im Mai 1977 über das Sopowa-Projekt herein. Eine studentische „Fachschaftsvollversammlung" unter der Ägide von MSB und SHB beschloss (natürlich einstimmig):

„Die FVV Politik/Sozialkunde wendet sich entschieden gegen die Lehrenden des Projektes 30 (Meyenberg, Rudzio, Günther, Günther-Arndt, Naßmacher, Grolle) die versuchen, die Erfolgsbescheinigungen für den Eintritt in den 3. Studienabschnitt von zensierten Einzelleistungen (schriftliche Bearbeitungen von fachspezifischen Fragestellungen) abhängig zu machen. Wir fordern die bedingungslose Ausstellung dieser Erfolgsbescheinigungen."[41]

---

mir: Wahlverhalten und kommunalpolitisches Personal in ausgewählten Oldenburger Gemeinden, S. 253–97.
39 Vgl. Rüdiger Meyenberg, SPD in der Provinz, Frankfurt 1978.
40 Fachbereichsvorsitzender (FB III) an „Herrn Rudzio", 9.6.1975.
41 Resolution der Fachschaftsvollversammlung vom 11.5.1977.

Man leitete dem Fachbereichsrat eine Beschlussvorlage zu, die Lehrenden des Projekts hätten

> „in undemokratischer Weise NHG-Ordnungsrecht praktiziert, indem Mitgliedern von Fachschaft und Studienkommission während einer Projektplenumsveranstaltung das Rederecht entzogen wurde. Dieser undemokratische Willkürsakt wurde gegen den erklärten Willen der studentischen Projektteilnehmer vollzogen, und endete damit, dass die Lehrenden die Veranstaltung verließen. Vorher wurde dargestellt, dass die Frage der Erfolgsbescheinigungen für Projektteilnehmer nicht auf der Grundlage von Beschlüssen ‚ominöser Gremien der Hochschule' (Studienkommission, Fachbereichsrat) erfolge, sondern ausschließlich im Ermessen des Prüfungsamtes und der Lehrenden stünde."

Darauf das gängige Verfahren: Der Fachbereichsrat bittet die „Lehrenden" dazu Stellung zu nehmen[42], mehrere Richtigstellungen werden geliefert, ohne dass eine Annäherung der Standpunkte erfolgte. Wir hielten eine „Blankounterschrift unter die Erfolgsbescheinigung" für „unvertretbar"[43]. Daraufhin forderte der Fachbereichsrat eine gemeinsame Sitzung von Projektplenum mit zwei Vertretern der beiden zuständigen Studienkommissionen (was geschah). Ich selbst, in der Funktion des Projektsekretärs, berichtete, es gebe *„einigen Trubel",* und in meiner Rolle *„bleibt viel Verwaltung und Ärger auf mich konzentriert."*[44] Wie sich der Fachbereichsrat schließlich äußerte, ist mir nicht mehr in Erinnerung. Jedenfalls hielten wir an unserer Position fest. Ganz allein standen wir im übrigen nicht. Unter den Projektteilnehmern gab es auch solche, die sich von den kommunistischen Sirenengesängen eines Studiums zum Nulltarif nicht verführen ließen: mehrere ehemalige Zeitsoldaten und andere. Sie machten später bei uns ihr Examen.

Hatten wir einen Sieg errungen? Das kann man nicht sagen. Denn deutlich zeigte sich dann, dass – zumindest in der Politikwissenschaft – die Studierenden bei uns ausblieben. Unsere Seminare trockneten aus, einmal musste ich ein totgeborenes durch einen Kurs für SPSS-getragene Computerbenutzung (mit ganzen zwei Teilnehmern) ersetzen. Studenten wurden *„um Leute wie mich…umgelenkt",* sodass Seminare schwer durchführbar seien, man andererseits *„von Prüfungen nicht allzu belastet ist"*[45]. Wir lebten in einer Nische – für mich blieb Zeit, mein Lehrbuch zum politischen System der Bundesrepublik

---

42 Dekan des FB III (mit Antrag als Anlage) an „alle Lehrenden des Projektes 30", 6.6.1977.
43 So beispielsweise Wolfgang Günther/Hilke Günther-Arndt an Vorsitzenden des Fachbereichs, 18.6.1977.
44 Brief an Hildegard Rudzio, 26.5.1977.
45 Wolfgang Rudzio an Prof. Hellmut Seier/Marburg, 6.3.1980.

zu entwickeln. Steuerte die von der Mehrheit kontrollierte Studienberatung die Studierenden an uns vorbei – mit dem unverfänglichen Hinweis, bei uns sei es schwierig? Die Wanderung zum billigsten Wirt ist ja menschlich.

Außerdem wurde dann in der „Streikwoche" des Folgesemesters ein Exempel an zwei Professoren des Projekts statuiert: an dem Historiker und ehemaligen Minister Grolle, dessen Vorlesungssprengung in abgedunkeltem Raum einschüchtern konnte, und an mir. Man trug an mich den Wunsch heran, statt meiner Vorlesung zur Geschichte der Arbeiterbewegung das Thema „SPD und Hochschulgesetzgebung" zu behandeln. Das lehnte ich wie etwa ein Drittel der Hörer ab. Daraufhin kündigte ein „Streikkomitee" für den 28.11.1977 eine „Alternativveranstaltung" an, und tatsächlich forderten an diesem Termin Teilnehmer eine solche Veranstaltung. Nach 20-minütiger Auseinandersetzung begann ich jedoch meinen Vortrag, worauf ein Teil der Anwesenden den Raum verließ. In einem AStA-Flugblatt hieß es dazu noch: „Der Versuch, nach Abschluss der Veranstaltung mit den in der Lehrveranstaltung verbliebenen Kommilitonen zu diskutieren, schlug fehl, da fast alle nicht bereit waren, inhaltlich zu diskutieren." Am 5.12. fand ich dann den Raum voll besetzt vor, darunter „*zahlreiche (wohl in der Überzahl) mir unbekannte Personen*", und einer der Anwesenden las laut einen Text vor. Meine Versuche, zu Wort zu kommen und die Vorlesung zu beginnen, wurden „*von Anfang an, nachhaltig und ständig*" gestört. Wiederholte Aufforderungen, dies zu unterlassen, blieben ohne jeden Erfolg, sodass ich den Veranstaltungsraum verließ. Vor der Tür prallte ich auf den lauernden Rektor der Universität, der mich mit der Frage ansprang: Weshalb ich die Veranstaltung abgebrochen hätte? Das wirkte grotesk, war er doch zuvor durch mich wie durch ein AStA-Flugblatt von der Vorlesungssprengung informiert. Ich schrie ihn laut an, seine Frage hätte sich eher auf die Störer beziehen sollen, von denen er ja wusste, und ließ ihn stehen. Zu Hause fand ich seine durch Boten überbrachte Aufforderung vor, „umgehend" die Gründe für den „Abbruch" meiner Lehrveranstaltung darzulegen[46].

Die Oldenburger Öffentlichkeit erreichte der Vorgang durch den Leserbrief eines Oldenburger Gymnasialdirektors, der dem Uni-Rektor vorwarf, er rede mit dem AStA und den streikenden Seminarteilnehmern, „aber für den Professor tut er nichts, der wütend attackiert und brutal bedroht wird"[47]. Innerhalb der Universität empfand die größte Professorengruppe, die Schulenberg-Fraktion, die Vorgänge als „besonders alarmierend", zumal in dem AStA-Flugblatt ein Text zitiert wurde, „der den Streikbruch als ein Verbrechen charakterisiert, das den Verrat des Judas Ischariot übertreffe" und somit die studentische Minderheit und mich „in schlimmster Weise" zu diffamieren ge-

---

46 Flugblatt „Streikbruch" des AStA; Wolfgang Rudzio an den Rektor der Universität Oldenburg, 5.12.1977.
47 Dr. Ludwig Kunst, in: NWZ, 16.1.1978.

eignet sei. Es handelte sich auch nicht um einen isolierten Fall des Drucks in der Universität, vielmehr „war festzustellen, dass den Teilnehmern verschiedener Lehrveranstaltungen durch eindringende Studentengruppen eine Diskussion über die Aktionswochen und ihre Ziele aufgezwungen werden sollte."[48] Doch die Uni-Spitze stellte sich dem angemaßten Recht des AStA, Lehrveranstaltungen mit politischen Parolen zu stören und zu sprengen, nicht entgegen. Sie konnte keine Rechtsverletzung erkennen[49].

Die Verhältnisse entsprachen einem Demokratieverständnis, wie es bei Linksbewegten und Kommunisten vorherrschte, das zwischen Politik und Wissenschaft keine Grenze zog und so den Weg in totalitäre Verhältnisse zu bahnen geeignet war. Nur angesichts der Umwelt, der liberal-demokratischen Bundesrepublik, kippten die Dinge in der Uni nicht ganz, konnte man dort in *„Igelstellungen der Dissidenten überleben"*[50] Das Sopowa-Projekt war eine solche Igelstellung, dessen „Lehrende" übrigens durch die Bank SPD-Mitglieder oder Sympathisanten waren – insoweit nicht einmal ein „rechtes" Nest, das da etwa die fortschrittliche Uni befleckt hätte.

Aber es ging nicht nur um die Universität. Auch die Oldenburger SPD mit ihren fast 2 000 Mitgliedern drohte zu anderen Ufern abzudriften. Bereits als ich dort Anker warf, stieß mir einiges übel auf. Ein Schlüsselerlebnis waren 1974 die Proteste gegen den Sturz Allendes durch den Militärputsch unter Pinochet. Man drängte mich, auf einer öffentlichen SPD-Kundgebung am 28.5. auf dem Oldenburger „Lefferseck" zu sprechen – der Bundestagsabgeordnete Polkehn erklärte mich zum „Experten", nur weil ich ein oder zwei Bücher zur chilenischen Entwicklung gelesen hatte. Ich nahm aber an und sprach: Natürlich gegen den Putsch, berührte aber auch die mangelhafte Mehrheitslegitimation der Allende-Regierung. Bald darauf fand dazu auch eine interne Parteiversammlung der SPD statt, bei der eine Reihe von Rednern immer wieder die sozialistisch-kommunistische Unidad Popular und die kommunistische Partei und deren Führer feierten, letzteren hochleben ließen, schließlich die Anwesenden zur Standing Ovation veranlassten – ein Hochleben der Kommunisten, das ich nicht teilte. War ich da im falschen Film?

Deutlich wurde mir, dass der auf prokommunistischer Linie liegende Sozialistische Hochschulbund (SHB) etwa 80–100 Mitglieder in der Oldenburger SPD umfasste, die nicht nur den Juso-„Kreiszentralrat" beherrschten und die Juso-Schulungen auf ihre DKP-Bündnislinie gebracht hatten, sondern auch Einfluss in mehreren Ortsvereinen ausübten. Darüberhinaus gab es bemerkenswerte Verflechtungen. SPD-Ratsherrin Heidi Knake, Vorsitzende mei-

---

48 Wolfgang Schulenberg/Sprecher Demokratische Hochschule an Rektor Rainer Krüger, 15.12.1977.
49 Rektor der Universität Oldenburg an Wolfgang Rudzio, 2.3.1978.
50 Wolfgang Rudzio an Prof. Helmut Seier/Marburg, 6.3.1980.

nes Ortsvereins Eversten-Bloherfelde, war als Mitarbeiterin nicht nur in der Universität tätig, sondern zugleich „liiert mit einem stadtbekannten Kommunisten", der seinerseits stellvertretender Vorsitzender des Uni-Gründungsausschusses gewesen war[51]. Ähnlich ein stellvertretender Bundesvorsitzender des Stamokap-SHB (1973–75), der dann den SHB/MSB-AStA der Uni Oldenburg leitete, um schließlich zum SPD-Landtagsabgeordneten zu avancieren.

Das Wirken dieser gut vernetzten DKP-orientierten Strömung führte schließlich 1975 zum Knall. Ein Unterbezirksparteitag der SPD Oldenburg hatte, unterstützt vom Vorstand, beschlossen, dieser Staat sei „nicht unser Staat", vielmehr sei eine „demokratische Massenmobilisierung gegen die Struktur des bestehenden Staates" notwendig etc. Daraufhin verließ Professor Joist Grolle, Niedersachsens Wissenschaftsminister, unter Protest den Unterbezirksvorstand und rief zur Abwahl der diese Positionen vertretenden Strömung auf. Das betraf vor allem den großen, „am eindeutigsten unter SHB-Einfluss stehende(n)" Ortsverein Eversten-Bloherfelde[52]. Gegen die prokommunistische Strömung bildete sich ein breites innerparteiliches Bündnis über alle Ortsvereine der Stadt hinweg. Auch ich nahm an koordinierenden Sitzungen – im Fürstensaal am Bahnhof, im Everster Schützenhof etc. – teil und sprach in Versammlungen. In Eversten-Bloherfelde gehörte ich zu der Gruppe, die den Sturz des dortigen Vorstandes betrieb. Von mir stammte eine kleine Dokumentation zu den Übereinstimmungen zwischen DKP, SHB und Oldenburger Jungsozialisten. Manche Auseinandersetzung im Everster Ortsverein war bitter, *„ekelt an",* notierte ich damals[53]. Unserer Gruppe gelang es, das Adressenverzeichnis der Mitglieder in die Hände zu bekommen, und wir suchten dann viele von ihnen zu Hause auf, um sie zu mobilisieren. Tatsächlich erschienen darauf weit mehr Mitglieder in Versammlungen als bisher, sodass die Vorstandsgruppe um Knake zur Minderheit schrumpfte. Ebenso in der ganzen Stadt: Die Gegner des bisherigen Kurses „mobilisierten die Basis, sorgten für volle Häuser bei den Delegiertenwahlen …und schafften sich damit eine stabile Parteitagsmehrheit. 85 der 120 Delegierten hatten am Wochenende mit der Linken nichts im Sinn und ließen deren Kandidaten gleich reihenweise purzeln." Das galt für die Nominierung der Ratskandidaten, bei der auch Heidi Knake zu Fall kam[54]. Dasselbe wurde dann auch für die Neubesetzung von vier Ortsvereinsvorständen erwartet, wo eine Reihe der angegriffenen Vorstandsmitglieder trotzig bzw. frustriert das Handtuch warfen. „Wenn sich die Basis erneut mobi-

---

51 Werner, Offene Fragen, S. 97, 68 ff.
52 Roland Thein, „Partei wieder auf die Füße stellen", in: NWZ, 27.10.1975.
53 Notiz zur Mitgliedersammlung im „Lindenhof" vom 20.2.1976.
54 Heidi Knake ging dann zur DKP, studierte in Moskau und wurde PDS/Linke-Bundestagsabgeordnete sowie Sozialsenatorin von Berlin in einer SPD-PDS-Koalition.

lisieren lässt, Grolle, Milde, Dietmar Schütz[55] und Wolfgang Rudzio und andere werden das Ihre dazu schon tun, wird es wohl wieder eindeutige Ergebnisse geben."[56] So geschah es.

Allerdings – derartige Mobilisierungen und Sensibilisierungen lassen sich nicht in Permanenz aufrecht erhalten. Auch überstand manch zwielichtige Figur den Konflikt unbeschadet, ebenso wie von den Gestürzten nur ein Teil aus der SPD ausschied. Bemühungen, eine innerparteiliche, regionale Bildungsgemeinschaft aufzubauen, an der sich auch meine Uni-Mitkämpfer Naßmacher und Bernd Jankowsky beteiligten, blieben stecken und damit eine geistige Aufrüstung, die künftige politische Schwächeanfälle vielleicht hätte ausschließen können. Ich selbst übernahm keine Parteifunktion in Oldenburg und hatte nicht vor, mein Leben mit politischer Tätigkeit zu verbringen. Die SHB-Mitglieder waren weiterhin da, ungestört bildeten 1977 an der Universität Oldenburger Jusos und SHB ihre bewährte SHB/Juso-Gemeinschaftsliste, forderte die Oldenburger Juso-Mitgliederversammlung „mit großer Mehrheit" ihre Mitglieder auf „Organisiert Euch im SHB!"[57] Der Unernst einer Abgrenzung von Kommunisten grassierte, wie anderswo, auch in Oldenburg.

Die Friedensbewegung erfasste dann Anfang der 80er Jahre auch die Oldenburger SPD. Zahlreich unterschrieben in Oldenburg auch normale, mir gut bekannte Sozialdemokraten gemeinsam mit „undogmatischen" Linken und Stamokap-Anhängern einen Aufruf, der in aller Einseitigkeit gegen die westliche Nachrüstung Stellung bezog und auf die Aushebelung jeder glaubhaften Abschreckung gegenüber der Sowjetunion hinauslief[58] – und das während der sowjetischen Invasion in Afghanistan! Mit meinem Ja zur Nachrüstung geriet ich – ähnlich wie Helmut Schmidt, Hans Matthöfer und ein Häuflein anderer auf dem Bundesparteitag – in die Isolierung. Nur bedeutete sie für einen Provinz-Professor mehr als für jene Prominenten. Noch 1982 habe ich auf dem Unterbezirksparteitag eine argumentativ gut abgestützte Rede für die Nachrüstung gehalten, wurde angehört, blieb aber ohne jeden Beifall und ohne jede Entgegnung – wie ein Geist, der nicht wirklich da ist. Es wurde meine letzte Rede in der Partei, und sie betraf eine mir wesentliche Frage. Ich stellte die aktive Beteiligung ein, besuchte meines Erinnerns keine SPD-Versammlung mehr. Wenn man lesen musste, dass einer unserer universitären Gegenspieler auserkoren wurde, das Landeswahlprogramm der SPD mitzuverfassen, 1985

---

55 Horst Milde amtierte bis 1976 als Regierungspräsident in Oldenburg; Dietmar Schütz wurde später Bundestagsabgeordneter und Oberbürgermeister Oldenburgs.
56 Hans-Peter Sattler, Joist Grolles Comeback, in: Hannoversche Allgemeine Zeitung, 29.3.1976.
57 Wahlaufruf SHB-Juso, o. D. (nach 17.1.1977).
58 Aufruf in: NWZ, 19.11.1983.

ein profilierter BdWiler bei einer Gedenkveranstaltung der Oldenburger SPD zum Kriegsende auf dem Podium saß, konnte einen solches nicht gerade zur Beteiligung motivieren. Es lehrte auch, wie wenig man beeinflussen kann – zumindest nicht innerparteilich, nicht als lokaler Amateur.

So nahm ich nur noch Gelegenheiten wahr, mich in überregionaler Öffentlichkeit mit kommunistischem Einfluss auseinanderzusetzen. Dies geschah zunächst durch einen Buchbeitrag zur Stamokap-Theorie, mit deren Anhängern ich ja in Frankfurt wie in Oldenburg zusammengestoßen war. In ihr sah ich einen *„mißlungenen Trapezakt....zwischen realer Erscheinungswelt und kanonisierten politökonomischen ‚Gesetzen'"*. Zudem schien mir bei ihr deutlich, *„wie wenig stringent Strategiekonzept und politökonomische Analyse miteinander verbunden sind"*[59]. Kratzte man damit am Talmiglanz einer Wissenschaftlichkeit, mit dem die Stamokap-Theorie ihre Gläubigen blendete? Für die meisten wohl kaum, vielleicht aber bei abstraktionsfähigen und erkenntniskritischen Geistern. Einige Jahre später, 1980, gingen Teile meines Beitrages in ein Taschenbuch „Der Marsch der DKP durch die Institutionen"[60] ein, das bundesweites Aufsehen und vielfach Empörung erregte.

Vor Ort, in der Oldenburger Uni, entging ich allerdings nicht dem Kleinkrieg mit linksextremistischen Kräften. Im Sommersemester 1981 beehrten – wohl als Reaktion auf unser Buch „Der Marsch der DKP..." – SHB und MSB mein Seminar zur „Vorgeschichte der Wirtschaftsordnung der Bundesrepublik". Dort sollte mir sozialistische Wissenschaftlichkeit beigebracht werden. Setzte ich mich mit einem Referat auseinander, klärte man mich auf, es sei „nicht Aufgabe eines Dozenten, ein Referat zu kommentieren". Überrascht konnte man fragen: Wozu sitze ich denn hier? Ein linientreuer Referent sprach auch mal über ein ganz anderes Thema – etwa die vorbildliche SBZ-Bodenreform. Einer Literaturliste von mir, die DKP-orientierte Titel mit umfasste, wurde eine „wissenschaftliche" Gegenliste entgegengestellt, die ausnahmslos nur solche Titel enthielt. In einer Sitzung vergingen 25 Minuten mit Agitationsversuchen für den „Krefelder Appell" gegen die westliche Nachrüstung, bis aufs Kommando eines Häuptlings die Störung schlagartig endete. Ein SHB/MSB-Fluglatt hielt mir dementsprechend „inhaltliche Zensur", „gnadenlose Kritik" vor, zudem: „Rudzio verbietet politische Diskussion und Information!", da er – entgegen „uniweitem Konsens" – Fachschaften und AStA nicht die

---

59 Wolfgang Rudzio, Zwischen marxistischer Politökonomie und Erfahrung, in: Michael Hereth (Hg.), Grundprobleme der Politischen Ökonomie, München 1977, S. 112 ff., hier 156 f.
60 Verfasser waren Ossip K. Flechtheim, Wolfgang Rudzio, Fritz Vilmar, Manfred Wilke (Frankfurt a. M. 1980).

erste Viertelstunde für Information und Diskussion einräumt. Demgegenüber die Forderung: „Freie politische Betätigung in Hochschule und Betrieb!"[61] Das erwähnte Buch über den „Marsch der DKP durch die Institutionen" provozierte noch eine weitere Reaktion. In ihm war in einer einleitenden Aufzählung, wo sowjetmarxistische Orientierungen Umwege zur Macht gefunden hätten, auch der gesellschaftswissenschaftliche Bereich der Universität Oldenburg genannt worden[62]. Daraufhin forderte ein Haupt der „undogmatischen" Professoren im Fachbereich, Rudzio müsse das als Koautor belegen oder widerrufen. In der Sache hätte man wohl streiten können: Eine alleinige Herrschaft der DKP-Anhänger dort hätte ich nie behauptet. Mich aber auf Diskussionen einlassen wollte ich mich nicht und verweigerte die Stellungnahme. Der Fachbereichsrat stellte fest, die genannte Behauptung „entbehrt jeder sachlichen Grundlage". Der Dekan allerdings (mal keiner der Mehrheitsgruppierungen) wertete das als bloße „Meinungsäußerungen" des Fachbereichsrates[63].

Aber es traf ja zu, dass jene Behauptung in dem Buch nicht weiter ausgeführt war. So lieferte ich nach. In der Zeitschrift „Aus Politik und Zeitgeschichte", die weite Aufmerksamkeit gewährleistete, veröffentlichte ich im November 1981 zusammen mit Professor Fritz Vilmar (Berlin) einen Artikel, in dem wir uns erneut zur Thematik des Buches äußerten. Ein mit Nachweisen versehener 6-Seiten-Exkurs stellte darin die kommunistischen Einflussmethoden in der Universität Oldenburg dar. Das war die Antwort auf die vom SB-Flügel im Fachbereich gestellte Frage[64].

Vor Ort fiel daraufhin das kommunistische Lager über mich her. Das Organ der DKP-Hochschulgruppe ersparte sich jede sachliche Widerlegung, sondern zeterte vage von „personellen Hinweisen" in dem Artikel (obwohl keine Namen genannt und nur öffentliche Quellen herangezogen waren), faselte von „Spitzeldiensten" (Kontakt zum Verfassungsschutz o.ä. hatte ich nie), wies in bewährter Sozialhetze auf 6 000 DM Hochschullehrergehalt (schön wär's ja gewesen) und unkte von zu überprüfenden weiteren „Einnahmequellen" (da gab's nur ein paar Vorträge und ein bisschen Autorenhonorar). Warnend ermahnte die Mutter Partei ihre Kinder, viele ließen sich bei Rudzio „von der scheinbaren Beweiswesfülle blenden", doch es sei nur eine „Flut von Quellenangaben" ohne Zitate (Tja, braucht man jene etwa nur für Zitate?)[65]. Es war

---

61 Notiz vom 18.5.1981; Sitzung vom 29.6.81; Flugblatt „Rudzio's way of democracy", o. D.
62 Flechtheim u. a., Marsch, S. 19.
63 Dekan Klaus Lenk an Wolfgang Rudzio, 9. 2.1981.
64 Fritz Vilmar/Wolfgang Rudzio, Politische Apathie und Kaderpolitik, in: APuZ, 14.11. 1981, S. 13 ff, hier 20-26. Mein Exkurs erschien zugleich in: Fritz Vilmar, Was heißt hier kommunistische Unterwanderung? Frankfurt a. M. u. a. 1981, S. 91-104.
65 Artikel „Dr. rer.denunz. Rudzio" und „Polizistenhirn unter Doktorhut", in: Der Kommunist Nov./Dez. 1981, S. 1-2, 4-5.

Oldenburg 1973–85: Dissident in der Universität

Wolfgang Rudzio in der Sicht der DKP, 1981. Quelle: Der Kommunist – Organ der DKP-Hochschulgruppe Oldenburg, Nov./Dez. 1981.

wissenschaftliches Null-Niveau, auf das man da setzte und an der Uni hochzuzüchten suchte. Oder sollte der Ton Gewaltaktionen einleiten? Trotz des kommunistischen Höhenrausches bei Oldenburger Studenten- und bei der Kommunalwahl 1981 (7,8 % DKP-Stimmen), trotz 500 Oldenburger DKP-Mitgliedern: In der bösen Bundesrepublik war man noch nicht soweit. Aber ein abschreckendes Tabu sollte schon her.

Demgemäß erschien in meiner Vorlesung über das politische System der Bundesrepublik am 8.12.1981 ein Trupp von etwa zwanzig Personen, eine „Streikleitung", die von Anfang an durch lautes Gegenreden störte. In einer 20-minütigen Auseinandersetzung erklärte sie, begleitet von persönlichen Ausfällen, der Streik sei mit großer Mehrheit beschlossen und daher für alle verbindlich; er sei ein Mittel, um Bundestag und Bundesregierung zu beeinflussen. Tatsächlich hatte der AStA in Flugblättern zur üblichen Streikwoche aufgerufen und sie unter die Parole „Gegen Rotstift und Raketen" (AStA-Streik-Info Nr. 2) gestellt. Demgegenüber erklärten Sprecher der Veranstaltungsteilnehmer und ich,

- der Streik sei bestenfalls von 22 % der Studierenden bejaht worden;
- wir wollten uns nicht *„in eine politische Versammlung pressen lassen"* lassen;
- der „Streik" entbehre der Charakteristika eines Streiks.

Ich versuchte dann mehrfach die Vorlesung zu beginnen, ohne mich akustisch verständlich machen zu können. Der Abbruch war unvermeidlich[66].

In der Folgewoche, am 15.12., erschienen in der gleichen Veranstaltung 12–15 Personen, großenteils verkleidet und mit verhülltem Gesicht, die Dr. Harald Werner[67] als DKP-Hochschulgruppe vorstellte und anführte. Er las einen Text vor, um mir einen „Denunzianten-Orden" zu verleihen. Meine Vorlesung blieb daher unverständlich, mehrfache Aufforderung, mich ungestört sprechen zu lassen, ohne Wirkung. *„Währenddessen umringten mich Verkleidete, mehrere andere Personen photographierten mich fortlaufend".* Nach einiger Zeit verließ die Störer-Gruppe den Raum, die Vorlesung zum politischen System der Bundesrepublik konnte beginnen[68]. Kurz darauf stand eine Schandsäule auf einem belebten Flur der Universität: Auf ihr war ich von der DKP in Photos und Texten im Sinne ihrer Denunziationsmärchen ausgestellt. Sie wurde aber seitens der Universität bald abgeräumt. Meine Berichte an Präsident und Fachbereich allerdings blieben ohne Reaktion.

Abgesehen von den DKP-Konflikten herrschte das tagtägliche Elend der Uni-Strukturen und Lehre. Eine Reibungsfläche bildete die „Einphasige Leh-

---

66 Bericht Wolfgang Rudzio an den Präsidenten der Universität, 9.12.1981.
67 Ab 1983 hauptberuflicher Kreisvorsitzender der DKP.
68 Bericht Wolfgang Rudzio an den Präsidenten der Universität, 16.12.1981.

rerausbildung", in deren Rahmen Fachveranstaltungen in Projektform (exemplarisches, fachübergreifendes Lernen) stattfinden sollten, darüberhinaus jeder „Lehrende" im 3. Studienabschnitt in die Schulen zu ziehen hatte, wozu begleitende Veranstaltungen anzubieten waren. Wie konnte man dem entsprechen? Unser Sopowa-Projekt war in Auseinandersetzungen zerrüttet worden, nach einem weiteren solchen Experiment stand niemand mehr der Sinn. Ich selbst habe daher um 1980 ein bescheidenes mehrsemestriges Projekt veranstaltet, bei dem es um die Implementation des Sozialhilfegesetzes ging und dessen empirischer Kern eine Befragung von Sozialamtsmitarbeitern bildete. Dank freundlicher Hilfe des Delmenhorster Sozialdemokraten Harald Groth (später Oberbürgermeister) ließ sich das Unternehmen tatsächlich durchführen. Es verlief ohne Konflikte. Da die Landesregierung Albrecht 1980 die Einphasige Lehrerausbildung abbrach, entfiel die Notwendigkeit weiterer Projekte.

Anders stand es um den sogenannten 3. Studienabschnitt, die Praxisphase in den Schulen, durch die noch die bisher einphasig Studierenden durchzuschleusen waren. Hierzu hatte der Fachbereich eine informelle „Funktionseinheit Sozialwissenschaften" (Soziologie, Politikwissenschaft, Juristen) als Greifarm eingerichtet, um die „Praxisbetreuung" zu sichern. 1978 erschienen zu einer Sitzung, bei der es um diesen Punkt ging, ganze 10 „Lehrende", weitere 5 hatten sich entschuldigt, die restlichen fehlten einfach. Nach den Berechnungen der Planerin „müssen laufend ein Drittel aller Mitglieder der Funktionseinheit Sozialwissenschaften (ca. 10 Lehrende von 31) an der unmittelbaren Praxisbetreuung im 3. StA beteiligt sein", d.h. zusammen mit den Vorbereitungsveranstaltungen müssten für die Praxisphase „also regelmäßig ungefähr die Hälfte aller Lehrenden mit einem Teil ihres Deputats (2–4 SWS) im 3. StA arbeiten."[69] Einzelne Dozenten wurden zur Übernahme von Verpflichtungen gedrängt. Kriterien, weshalb sie angesprochen wurden, ließen sich nicht immer erkennen[70]. Fachwissenschaftler drängten sich nicht gerade danach, ihre Zeit mit fachfernen Tätigkeiten zu verbringen. Als mich das Landesprüfungsamt als Prüfer bei unterrichtspraktischen Prüfungen vorsah, wies ich – schon zu meiner Entlastung – darauf hin, dass ich keine Kompetenz zur Unterrichtsbeurteilung in „*didaktischer und methodischer Hinsicht*" besäße und mich auf politikwissenschaftliche Aspekte beschränken würde. Zudem umfasse meine Kompetenz nicht Themen des WUK- und Sozialkundeunterrichts wie „*Rauschgiftkonsum, Leben in Oldenburg, Freizeitgestaltung*"[71].

---

69 Protokoll der Sitzung vom 22.5.1978.
70 Wolfgang Rudzio an den Vorsitzenden des Fachbereichs III, 25.11.1979.
71 Wolfgang Rudzio an das Wissenschaftliche Landesprüfungsamt für Lehrämter/Oldenburg, 18.6.1979.

Selbstverständlich besuchte aber auch ich Schulen in Jever, Apen, Westerstede und Delmenhorst, schon um unsere Studierenden durchs Studium zu schleusen. Dabei galt in meiner Sicht die einphasige Lehrerausbildung:

- als nicht verallgemeinerungsfähig, da sie mehr Personal erforderte und Störungen des Schulunterrichts hervorrufen musste;
- als Abbau der fachwissenschaftlichen Lehrerausbildung, da neben drei „Erkundungssemestern" und 3. Studienabschnitt nur 3–5 Semester für ein (durch Projektstudium verwässertes) fachwissenschaftliches Studium blieben.
- Sie musste beim fachwissenschaftlichen Uni-Personal infolge didaktischer Beschäftigung und Schulbesuchen „*langfristig zur Dequalifizierung dieses Personals*" und zur Blockierung von dessen beruflichen Aufstiegsmöglichkeiten führen.[72]

Die meisten wissenschaftlich Engagierten atmeten wohl auf, als ab 1980 das Modell auslief. Eine Änderung trat auch insofern ein, als der Uni Oldenburg die Gymnasiallehrerausbildung entzogen wurde und wir es in Politikwissenschaft nur noch mit Realschullehrer- und (vorherrschend) Magisterstudenten zu tun hatten.

Zum Konflikt mit den „undogmatischen" Linken des Fachbereichs kam es 1980–81 um zwei politikwissenschaftliche Berufungen. Welche Richtung der Politikwissenschaft würde sich verstärken können? Das war die Frage. Einer Berufungskommission gehörte mein Mitkämpfer Prof. Naßmacher, der anderen ich als jeweils einziger von unserer Fraktion an. Wohl weil man befürchtete, eine geschlossene Liste der Mehrheit würde Proteste hervorrufen, gelang es mir, schließlich den geeignetsten Kandidaten wenigstens an dritter halber Stelle noch gerade auf die Vorschlagsliste zu hieven. Als Sondervoten von uns im Gespräch waren, drohte das Haupt der „Undogmatischen", diese würden veröffentlicht. Dass mit einer Veröffentlichung die MSB/SHB-Beißer auf uns losgelassen würden, hielt uns aber nicht ab. Wir schrieben Sondervoten für den Minister. Meines fiel mir leicht, da sachlich nachvollziehbare Gründe eindeutig zugunsten meines Kandidaten sprachen. Die Schulenberg-Fraktion passte auf, dass die Sondervoten tatsächlich auch das Wissenschaftsministerium erreichten. Schließlich berief der Minister unsere Kandidaten. Einer ging wegen einer besseren Stelle leider woanders hin, der andere, Herbert Uppendahl, kam nach Oldenburg. Wir blieben die Minderheit, hatten uns aber verstärkt.

Unverändert herrschte schließlich noch die organisatorische Strukturlosigkeit der Universität unterhalb der Fachbereichsebene. Zwar hatten sich Ol-

---

72 Wolfgang Rudzio, Papier zur Einphasigkeit, o. D. (ca. 1980).

denburger Politologen in den Anfängen getroffen, eingeladen von Professor Freiwald. Doch die „Undogmatischen" hielten sich bald von jener „Politologenrunde" fern, so dass sie auf Freiwald, Naßmacher und mich zusammenschrumpfte. Bei derartigen Treffen konnten wir uns austauschen und manches abstimmen. Aber irgendwelche Befugnisse hatte der informelle Igel nicht.

Die desolaten Organisationsverhältnisse wurden in der Schulenberg-Fraktion als Problem empfunden. Seit 1978 gab es Bemühungen zugunsten von Substrukturen, die aber allesamt von Undogmatischen und DKP-Orientierten in den Gremien abgebügelt wurden. Mit Instituten, so hieß es, würde man zu Fachidiotie und Professorenmacht zurückkehren, zudem eine demokratische Kontrolle von Wissenschaft erschweren. Dass man bei den Zentralen Einrichtungen von Dezentralisierung nichts wissen wollte, verstand sich von selbst, ebenso wie etablierte Gremienhengste Machtverluste befürchten mussten. Trotz dieses abweisenden Klimas kamen 1981, in der Schulenberg-Fraktion koordiniert, mehrere Anträge zur Gründung von Instituten auf den Tisch. Von uns, Freiwald, Naßmacher und mir, stammte am 4.12.1981 der einzige Antrag, der nur von der Minderheit eines Faches getragen war. Postwendend beschloss der Fachbereichsrat darauf am 20.1.1982, *„mit großer Mehrheit seiner Mitglieder (gegen die Mehrheit der Professoren) sog. ‚Fachkommissionen' gemäß § 104 NHG als flächendeckende Organisationsstruktur einzurichten"*[73]. Wir wiesen den Dekan u.a. darauf hin, dass der Beschluss rechtswidrig sei, da die Fachkommissionen entgegen § 80 NHG nicht für *„bestimmte Angelegenheiten"* vorgesehen seien[74]. Wir baten daher den Minister, unser Institut durch *„Ersatzvornahme"* anstelle der unwilligen Universität zu bilden.

Der Universitätssenat diskutierte darüber am 27.1.1982 mehrere Stunden, und bei einer kleineren Professorenfraktion zeigte sich Neigung, größeren Instituten zuzustimmen, während der Präsident unsere Bedenken gegen die Fachkommissionen übernahm. „Innerhalb der Universität", meinte unser Fraktionsführer Schulenberg optimistisch, „scheint der Widerstand gegen die Institute zu erlahmen."[75] Doch die Gremienmehrheiten blockierten weiter, Wissenschaftsminister, Universität und Fachbereich tauschten Erlasse und Berichte aus, ohne dass ein Institut zur Welt kam. So vergingen Jahre, bis der Wissenschaftsminister am 20. Februar 1984 in unserem Fachbereich die Institute für Soziologie und für vergleichende Politikforschung errichtete, denen ent-

---

73 Naßmacher, Freiwald, Rudzio an den Niedersächsischen Wissenschaftsminister, 5.2.1982.
74 Hellmut Freiwald und Wolfgang Rudzio an den Dekan des Fachbereichs Sozialwissenschaften, 26.1.1982.
75 Wolfgang Schulenberg an die Listenmitglieder, 8.2.1982.

sprechende Anteile an Räumen, Mitteln und Stellen zuzuweisen seien[76]. Das war ein Eingriff in die universitäre Selbstverwaltung. Dagegen hätte die Universität klagen können – aber das Argument, dass nur so eine wissenschaftsgerechte Organisation zu schaffen war, hätte sie widerlegen müssen. Sie klagte nicht.

Nach über zehn Jahren kamen wir damit im engeren Umfeld zu geordneten Verhältnissen, abgeschottet von Chaos und Polit-Zirkus. Das bisherige Kolloquium, nun „Institutskolloquium", war schon zuvor unser verbindender Treffpunkt gewesen. Die Veranstaltung wurde zum Herz des Instituts, wo man über wissenschaftliche Fragen sprach. Auch ein Sekretariat und etwas Geld standen uns nun zur Verfügung, und zusammen mit dem neu berufenen Kollegen Uppendahl bildeten wir eine lebendige Gruppe. Nur einer von uns musste jeweils den Institutsleiter spielen, der sich mit der Außenwelt auseinanderzusetzen hatte. Bald folgte die Mehrheitsgruppe und bildete ein zweites politikwissenschaftliches Institut. Diese Konstellation: ein Fach, zwei Institute, war einmalig. Gelegentliche Reibereien blieben nicht aus – aber die Tatsache, dass die Mehrheit uns nicht mehr hineinreden konnte, wirkte entspannend.

In der Zeit des sich hinziehenden Kampfes um Institute erlebten wir, wie manche Pädagogen der Schulenberg-Fraktion diese immer wieder zu unklaren kompromisshaften Stellungnahmen veranlassten, die wie Schwaden des vielbeschworenen Konsenses die Konturen verwischten. Um Gegendruck aufzubauen, entschieden sich mein Kollege Karlheinz Naßmacher, der Arbeitspsychologe Friedhelm Nachreiner und ich, kurzerhand zum Konzil 1983 zu kandidieren, als Gruppe „Wissenschaftliche Hochschule" getrennt von der Schulenberg-Fraktion. Eigentlich entsprach dies nicht meiner Linie – aber das Konzil erforderte nicht viel Zeitaufwand, und wir gefährdeten keine Chancen der Schulenberg-Fraktion in Senat und Fachbereichen. Mit einem Flugblatt stellten wir uns zur Wahl: Hochschulpolitische Gruppen hätten die Universität zur *„Spielwiese allgemein-politischer Auseinandersetzungen"* gemacht, wir wollten stattdessen *„Forschung und Lehre"* in den Vordergrund rücken. In der Universität sei eine *„leistungsfähige Organisationsstruktur verhindert", „Maßnahmen einer ‚wehrhaften Demokratie' wurden zu Prüfsteinen politischer Toleranz bagatellisiert",* Verbesserungen wissenschaftlicher Arbeitsbedingungen wurden, soweit überhaupt, nur auf dem *„Wege des üblichen Finassierens um politische Kompromisse innerhalb des vermeintlichen ‚gesamtuniversitären Konsenses'"* bearbeitet:

„Auch im 10. Jahr dieser Universität müssen z. B. wesentliche Sekretariats- aufgaben durch die Professoren erledigt werden; im Einzelfall sind mehr als 10 Wis-

---

76 Der Niedersächsische Wissenschaftsminister an die Universität Oldenburg, 20. 2. 1984.

senschaftler einer Schreibkraft zugeordnet. Zum Berufsbild des Oldenburger Reformprofessors gehört das Stehen vor Kopiergeräten und Ausleihschaltern von Bibliotheken ebenso wie die eigenständige Durchführung von empirisch/experimentellen Untersuchungen, das selbständige Ablochen der Daten und die gelegentliche Entwicklung von EDV-Programmen. Bei den zentralen Einrichtungen darf jeder einzelne Professor - natürlich innerhalb der Sprechzeiten - seine Anträge einbringen und ihre Bearbeitung im Rahmen der zeitlichen Möglichkeiten erwarten."[77]

Dass wir eine Stimmung trafen, zeigte das Wahlergebnis. Bei den Professoren erhielt Schulenbergs „Demokratische Hochschule" 49,4 % der Stimmen (6 % Verlust), die Linke Liste kam auf 20,5 %, wir als drittstärkste Gruppe kamen auf 12,5 % (hatten allerdings nur 3 Kandidaten für 6 erreichte Sitze), während eine gemäßigt linke Gruppe 10,8 % und der BdWi nur 6,8 % erreichten. Bei den Wissenschaftlichen Mitarbeitern dominierten Linke Liste mit 43,7 % und BdWi mit 14,7 %, bei den Studierenden SHB/MSB mit 63,5 %, bei den nichtwissenschaftlichen Mitarbeitern die ÖTV-Liste[78]. Nach der Sprachregelung, die der Uni-Pressesprecher ausgab, hatte mit der Wissenschaftlichen Hochschule eine „eher konservative" Gruppe einen Überraschungserfolg erzielt, und die Universität giftete, jene Professorengruppen seien gestärkt, „die sich als traditionelle Interessensvertreter ihrer Berufsgruppe verstünden"[79]. Natürlich, in der Wahrnehmung des großen „Konsenses" war Wissenschaft nur ein Eigeninteresse von Professoren. Treffend hingegen, vielleicht schnell ordnete Naßmacher das Ergebnis ein: „die ‚Revolution' hat auch an dieser Universität ihren Thermidor hinter sich." Die Gemäßigten sollten sich Richtung und Tempo „nicht von den sowjetmarxistischen Kadern" und den erschöpften Jakobinern der „undogmatischen" Alhambra-Fraktion vorgeben" lassen"[80].

Tatsächlich durften wir dann bei Konzilsitzungen unsere kritischen Sprüche aufsagen. Auch ich, da gewählt, tat dies. So kritisierte ich die „*Überzentralisierung von Einrichtungen*", die Verteilung der personellen und finanziellen Ressourcen innerhalb der Universität, fehlende Ausführungen über Forschungsbedingungen in Universitätsberichten, auch die einseitige Zusammensetzung eines Universitäts-Symposions zum Dies academicus am 24. Januar zu „Berufsverboten" - das *stehe einer Universität nicht gut zu Gesicht*"[81]. Ebenso wie andere redete ich da ins Leere. Man ließ unser Meckern über sich ergehen, niemand ging darauf ein, in den offiziellen Darstellungen der Uni-

---

77 Flugblatt „Wissenschaftliche Hochschule", Anfang 1983.
78 Uni-info extra, 31.1.1983.
79 NWZ, 1.2.1983.
80 Karl-Heinz Naßmacher in: Uni-Info 5/1983.
81 Wolfgang Rudzio, Protokoll des Konzils vom 20.4.1983.

versität war fast alles wegretouschiert, wie Naßmacher nachhakend feststellte. Die Karawane des großen Konsenses zog ungerührt ihren Weg: Nicht allein bei dem Symposion gegen die „Berufsverbote", sondern auch mit dem Aufruf zu einer „universitären Vollversammlung" am 20.10.1983 gegen die westliche Raketennachrüstung, auf der auch der Uni-Präsident sprach, fungierte die Universität als politischer Akteur.

Wir Drei kandidierten nicht wieder. Aber zweifellos hatte die Wahl erkennen lassen, dass der Anhang der herrschenden Strömungen bröckelte. Einer der letzten Siege des DKP-Studentenbundes bestand noch darin, einen Uni-Festakt zur Einweihung der naturwissenschaftlichen Neubauten mit auswärtigen Gästen so zu stören, dass 150 Krachmacher den Abbruch der Veranstaltung erreichten[82]. Erst als Mitte der achtziger Jahre MSB/SHB ihre Mehrheit bei den Studierenden verloren, bedeutete das eine Wende. Eine Ursache für sie kann man im Ausbau bestimmter Studiengänge sehen. Eine zweite ist im allgemeinen politischen Wandel zu suchen. Die Veränderungen in der Universität fielen zusammen mit der Wende der sowjetischen Politik, die Gorbatschow ab 1985 einleitete, und mit der Niederlage der Oldenburger DKP bei der Kommunalwahl 1986. Analog ebbten die Nachwirkungen von 1968 ab, verloren Bewegungen mit der auslaufenden „Friedensbewegung" ab 1983 an Virulenz.

Der Geist, dessen Schatten die Universität verdunkelt hatten, schwächelte ab Mitte der achtziger Jahre. Sicherlich, viele seiner Träger oder Angewirrte waren noch da – aber ruhiger. Der Albtraum war vorbei. Ende gut, alles gut? Wissenschaftlichkeit und Freiheit von politischer Gängelei waren verteidigt, mit dem Institut eine Bastion geschaffen, in der man besser arbeiten konnte. Außerhalb blieb vieles noch im Argen. Unvergessen aus den Konfliktjahren blieben mir zwei Gespräche, die ich geführt hatte: eines in den Anfängen, als mir ein führender SHBler gestand, im Sozialismus dürfe es keine Freiheit für dessen Gegner geben; ein anderes, als ich später während eines „Streiks" mit zwei SHB/MSB-Streikposten sprach: Als ich ihnen den Kulakenmord vorhielt, meinte der eine rechtfertigend, das seien doch Gegner des Sozialismus gewesen, während sich der andere mit einem Abrücken nur vom „Stalinismus" zu entlasten suchte. Ob sie ihre Sicht später revidiert haben?

---

82 Festveranstaltung endete mit einem Eklat, in: NWZ, 29.6.1984.

3 Politikwissenschaft: Forschung mit ausgreifenden Horizonten

Glücklicherweise erschöpfte sich das berufliche Leben jener Jahre nicht in Konflikten. Es gab auch, wenngleich begrenzte Forschungsmöglichkeiten und die Lehre. Was mich betraf, bewegte ich mich auf vier Arbeitsfeldern.

a. Lokale Politik: Vertiefung, aber auslaufend

Das erste wissenschaftliche Arbeitsfeld jener Jahre, lokale Politik, ergab sich aus dem Sopowa-Projekt. Nach einer Publikation gemeinsam mit Naßmacher lieferte ich für den Sopowa-Band von 1981 einen ausführlichen Beitrag, in dem Wahlverhalten, Kandidaten- und Personalauswahl in ausgewählten Gemeinden – Cloppenburg und Damme (katholisches Milieu), Lemwerder (sozialistisches), Westerstede und Wiefelstede (liberales) – untersucht wurden. Anhand von Sozialdaten, Herkunft der Ratskandidaten, lokalem Wahlverhalten und Zahl der Parteimitglieder ließ sich *„politische Tradition als lokaler Remanenzfaktor"* älterer Milieustruktur nachweisen. Auch waren Milieu- und Zuwandererparteien zu unterscheiden. Insofern stellten die Ergebnisse einen interessanten Beitrag zur politischen Soziologie ländlicher Milieus dar[83]. Daneben entstand 1977 eine Publikation über den jungsozialistischen Impuls zur linken Kommunalpolitik. Sie schloss an meine Frankfurter Erfahrungen an. Eine Fixierung allein auf Sozialisierungen lasse der Kommunalpolitik nur eine *„agitatorische Funktion"* (für Antirevisionisten) bzw. drittrangige Randfunktion (für Stamokap-Anhänger)[84]. Zugleich bot ich 1976–84 sieben Lehrveranstaltungen zu kommunaler Politik an, die mit der Thematik des Sopowa-Projektes zusammenhingen.

Was sich aus der Beschäftigung mit der lokalen Kandidatenrekrutierung ergab, war ein Interesse an politischen Eliten, das sich 1978 in einem Seminar realisierte und dann in sechs Lehrveranstaltungen 1982–86 fortsetzte. Ich spielte mit dem Gedanken, computergestützt politische Elitenforschung zu betreiben. Es fanden sich zwei Doktoranden, die auf dem Feld ihr Glück versuchen wollten. Einem von ihnen lächelte Fortuna, als bei der Verlosung eines Doktorandenstipendiums ausgerechnet ich mit meinem Kandidaten das Erfolgslos zog. Aber dann winkte ihm ein akzeptabler Job in Oldenburg und, angesichts von Frau und Kind sowie grassierender Arbeitslosigkeit, entschied er sich, den Arbeitsplatz anzunehmen und die Dissertation sausen zu lassen – was man

---

83 Rudzio, Wahlverhalten und kommunalpolitisches Personal, in: Günther, Sozialer und politischer Wandel, S. 253–97, insbes. 260.
84 Wolfgang Rudzio, Eine Erneuerung gesellschaftsverändernder Kommunalpolitik? In: Karl-Heinz Naßmacher (Hg), Kommunalpolitik und Sozialdemokratie, Bonn 1977, S. 78 ff., 106 f.

verstehen konnte. Die andere Doktorarbeit, die sich mit Landtagsabgeordneten beschäftigte, litt unter den Datenschutzvorstellungen der Uni-Zuständigen bzw. des Gesetzgebers, wonach personenbezogene Daten nicht gespeichert werden durften, unabhängig davon ob bereits veröffentlicht oder nicht. Hier traf zwar das Erstere zu, aber Vernebelungen gegenüber dem Rechenzentrum wären zu einer komplizierenden Last angewachsen, was zum Abbruch beitrug. Auch ich verabschiedete mich von meinen Absichten, um nicht in ungewisse Datenschutzkämpfe mit der Universität verwickelt zu werden.

b. Das politische System der Bundesrepublik: reputationsstärkend
Wie bereits in meiner Frankfurter Zeit behielt mein politikwissenschaftliches Interesse eine empirisch-soziologische Schlagseite, auf die mich auch meine Oldenburger Stellenbezeichnung festlegte. Ich suchte dem durch Lehrveranstaltungen über Parteien, Interessenverbände, Bewegungen, Wahlen, politische Kultur, politische Eliten und zur Soziologie der Verwaltung zu entsprechen. Weiter griffen regelmäßige Veranstaltungen, meist Vorlesungen, zum politischen System der Bundesrepublik aus (beginnend 1974/75) und – seltener – zur politischen Soziologie aus. Antreibend wirkten dabei auf mich auch Angebote zu Buchveröffentlichungen. Das erste betraf Parteien und Verbände im Rahmen einer Reihe, in der auch Graf von Krockow und Helga Grebing publizierten. 1977 erschien das Buch[85]. Dem folgte mit Verzögerung mein Lehrbuch zum politischen System der Bundesrepublik Deutschland (420 S.)[86]. Zu diesem Unternehmen hatte mich ursprünglich Professor Paul Kevenhörster/Münster (Photo S. 307) eingeladen, das Erscheinen in einer Buchreihe war vereinbart. Nachdem letztere verstorben war und der Verlag kein Interesse mehr zeigte, wandte ich mich an den Verlag Leske & Budrich. Er veröffentlichte das Buch umgehend. Sein Erscheinen neben den vorhandenen, das gleiche Thema behandelnden Lehrbüchern der Koryphäen Ellwein und von Beyme mochte ein bisschen frech wirken. Es wurde in Zeitungen, aber in keiner politikwissenschaftlichen Zeitschrift besprochen. Doch gab es bibliographische Hinweise. So hatte das Buch zur Folge, dass ich auf der politikwissenschaftlichen Bühne wahrgenommen wurde. Danksagungen für Zusendungen bestärkten mich. Ermutigend wirkte vor allem der Saarbrücker Ordinarius Jürgen Domes, der auf das Werk gestoßen war und mir schrieb, es sei eine „hervorragende Darstellung, die bei allem Materialreichtum die große Linie doch erkennen lässt, sachlich und ausgewogen argumentiert"[87]. Er lud mich zu einem Gastvortrag in Saarbrücken ein, ich revanchierte mich mit einer Einla-

---

85 Wolfgang Rudzio, Die organisierte Demokratie, Stuttgart 1977 (2. A. 1982).
86 Wolfgang Rudzio, Das politische System der Bundesrepublik Deutschland, Opladen 1983.
87 Jürgen Domes an Wolfgang Rudzio, 15.12.1983.

Wolfgang Rudzio 1978.
© Wolfgang Rudzio, Autor.

dung nach Oldenburg, sodass wir uns persönlich kennenlernten. Eine gute, freundschaftliche Verbindung erhielt sich bis zu seinem Tode.

Dass ich am Ball blieb und regelmäßig überarbeitete Neuauflagen des Buches herausbrachte, ist Menschen wie ihm, daneben anderen Kollegen – wie u.a. Adolf Kimmel/Würzburg, Hans-Ulrich Derlin, Karl Rohe, Ferdinand Müller-Rommel/Lüneburg, Manfred Groser/Bamberg und Ulrich Sarcinelli/Kiel – zu verdanken, die positiv auf sein Erscheinen reagierten. Auch mein Verleger Edmund Budrich, dem ich in Opladen und Düsseldorf begegnete, bestärkte mich. Langsam wuchs sich das Buch zum Erfolg aus. Für meine berufliche Karriere allerdings war es zu spät. Eine ernsthafte Berufungschance an die Fern-Universität Hagen kam 1978/79 früher[88], danach hatte ich schon ab 1985 die Altersgrenze der Kultus- bzw. Wissenschaftsminister gegen mich.

---

88 Anhörung 26.10.1978, Mitteilung der Listenzurückweisung durch Minister 1980.

c. Sozialisierungspolitik: Erweiterte Horizonte, doch historisches Abseits

Im Zusammenhang mit meiner Verankerung in der Nachkriegsgeschichte erweckte eine Thematik mein Interesse, die in den 70er Jahren Gegenstand wissenschaftlicher Veröffentlichungen war: die Frage, weshalb es nach 1945 zu keinen Sozialisierungen im Westen Deutschlands gekommen war. Eine linksorientierte Literatur wies hier auf deutsche Mehrheiten für Sozialisierungen hin, die an den USA und – in deren Schlepptau – der britischen Labourregierung gescheitert seien. Buchtitel wie „Der erzwungene Kapitalismus" oder „Die verhinderte Neuordnung" machten die Brisanz dieser Sicht deutlich: Die private Marktwirtschaft erschien demokratisch delegitimiert, die Sozialdemokratie versagend. Traf dies wirklich zu, war tatsächlich die Chance zu einer besseren Wirtschaftsordnung verhindert worden?

Nach einer kleinen Veröffentlichung zu den Sozialisierungsvorstellungen der SPD von 1945–74 erhielt ich das Angebot, für das „Archiv für Sozialgeschichte" der Ebert-Stiftung einen Beitrag über die Sozialisierungsbestrebungen in Nordrhein-Westfalen zu schreiben. Zu diesem Zweck unternahm ich 1977 Reisen zum Archiv der sozialen Demokratie in Bonn, zum Landtag und Hauptstaatsarchiv in Düsseldorf sowie nach London (British Library, Labour Party). Meine Ergebnisse stellten die bisher vorherrschende Sicht in mehrfacher Hinsicht in Frage, die Wirklichkeit war komplexer gewesen[89]. So ausgewiesen, ergatterte ich zur „Sozialisierungspolitik in der Britischen Zone" ab Ende 1978 eine Reisekostenbeihilfe der „Anglo-German Foundation for the Study of Industrial Society". Diese Untersuchung führte zu mehreren Forschungsreisen: 1979 nach Bonn/Köln und Düsseldorf (hier traf ich die Wahlforscher Lutz Unterseher und Ursula Feist), Kiel/Schleswig (wo ich im Landesarchiv auf meinen Klassenkameraden Martin Reißmann stieß, Photo S. 121), Bochum (Gewerkschaft Bergbau) sowie im Herbst 1980 nach Hamburg und Hannover. Dazu kamen 1980/81 zwei London-Reisen. Dort arbeitete ich im Public Record Office, dem ersten großen Staatsarchiv, das ich kennenlernte, und traf Lothar Kettenacker wieder – einst Doktorandenkollege in Frankfurt. Daneben entwickelte sich in der National Gallery anhand holländischer Maler mein Faible für Gemäldegalerien. Es tat gut, Abstand zu den Oldenburger Querelen zu gewinnen, mehr an Welt und Menschen kennenzulernen. So entstanden 1979–82 drei weitere Publikationen, welche die Sozialisierungspolitik der Briten und der SPD, die Entwicklung in den anderen Ländern der Britischen Zone und die Sozialisierungspolitik der IG Bergbau behandelten. Auf der Jahrestagung des „Arbeitskreises Deutsche Englandforschung" 1982 konnte ich – neben Rolf Steininger und Horst Lademacher – Thesen zur Soziali-

---

89 Wolfgang Rudzio, Die ausgebliebene Sozialisierung an Rhein und Ruhr, in: Archiv für Sozialgeschichte 1978, S. 1–39.

sierungspolitik vor größerem Historikerkreis vortragen[90]. Auch wenn wir drei Sozialisierungsreferenten nicht voll übereinstimmten – die in der Literatur zuvor dominierende, grob gestrickte linke Legende vertrat da niemand mehr. Blieb da noch was offen? Trotz einer richtungweisenden, aber nur knappen Publikation von Dörte Winkler sah ich Lücken im Hinblick auf die amerikanische Politik, die viel dämonisierte der älteren Literatur. Dies animierte mich im Frühjahr 1984, mit einer Reisebeihilfe der DFG die US-Politik intensiver auszuleuchten. Dazu ging ich im Dezember für fünf Tage nach Berlin, im Frühjahr 1985 schloss sich ein dreiwöchiger Aufenthalt in Washington an, um in den National Archives zu forschen. Ein leichter „Schock" war, die Materialien dort *„in ziemlich chaotischen Zustand"* vorzufinden – verglichen mit der peniblen Ordnung im Public Record Office. Zunächst ging es um Akten aus dem State Department, dann aus dem War Department, wo ich auf Deutsch sprechende *„ältere engagierte Historiker"* stieß, Emigranten aus Europa. Besonders in Erinnerung ist mir Dr. John Mendelsohn, der an eine Universität hatte gehen wollen, aber als Jude den Quotenregelungen zugunsten der Schwarzen zum Opfer gefallen war. Wir trafen uns zum Lunch, er führte mich zu meiner Freude in die National Gallery, wo uns Rembrandts erwarteten.

An den Wochenenden besichtigte ich das Capitol (samt Ausschusssitzung), Library of Congress, Lincoln Memorial, Lee-Haus und Georgetown. Dazu kamen Wanderungen durch die *„verwirrend unterschiedlich(e)"* Stadt, nicht zuletzt der Besuch einer Veranstaltung mit den Außenpolitikern bzw. auch Totalitarismustheoretikern Brzesinski, Rostow und Eagleberger[91]. Hinaus führte eine Fahrt mit Prof. Duncan Heron aus North Carolina („War between the states" statt „civil war", wie er zum Sezessionskrieg betonte) *„per Auto am Potomac und nach Maryland hinein"*. Bei einem Tagesausflug nach Baltimore sah ich die Hügel der Stadt, City- und Federal Hall sowie den Hafen. Dazu kamen anregende Gespräche im Haus des American Friends Service Committee, wo ich dank Professor Lösche/Göttingen logierte. Gesprächspartner waren Mrs. Frances Goodman, die Leiterin (sie zu meinem Vornamen: „Oh, Wolfgang Mozart!"), Professor Irwin Abrams, der uns später in Oldenburg besuchte, und

---

90 Bereits im Tagungsband 1982 veröffentlicht, wurden sie 1985 u. d. T. nachgedruckt: Wolfgang Rudzio, Das Sozialisierungskonzept der SPD und seine internationalen Realisierungsbedingungen, in: Josef Foschepoth/Rolf Steininger (Hg.), Britische Deutschland- und Besatzungspolitik 1945–1949, Paderborn 1985, S. 119–35.
91 Zbigniew Brzesinski, geb. 1928 Wahlberater John F. Kennedys 1960, National Security Adviser Präsident Carters 1977–81; Walt Rostow (1916–2003), 1966–69 National Security Adviser Präsident Johnsons; Lawrence Eagleberger (1930–2011), Under Secretary of State 1982–84 unter Reagan, Deputy Secr. of State und Secretary of State 1989–93 unter Präsident Bush.

andere Gäste. Jenes Haus half mir, den niedrigen DM-Kurs zu überstehen. „*Finanziell lebe ich sehr sparsam*", berichtete ich nach Hause[92].

Dem schloss sich Ende März 1985 noch eine einwöchige Archivreise nach London an, um das Public Record Office zu durchforsten. Meine Frau war mit, die mir im Archiv half, im übrigen „*London allein durchstreif(t)e*", das sich „*kalt und grau*" präsentierte. Aber wir hatten „*gleich ein nettes kleines Hotel gefunden*" (Lonsdale Hotel)[93], in dessen Lounge wir einem Kanadier aus Alberta begegneten, der wie aus dem Bilderbuch westkanadische Ressentiments gegen den Osten heraussprudelte. Daneben blieb Gelegenheit, eine Chagall-Ausstellung anzusehen, St. Pauls zu besichtigen, die Eltern Brians zu treffen und einen Tagesausflug nach Oxford zu unternehmen. Im April folgte dem ein Trip zum Institut für Zeitgeschichte/München.

Zusammenfassend ergab sich „*ein Bild beachtlicher amerikanischer Unsicherheiten, erheblicher Positionsveränderungen und tiefer Meinungsverschiedenheiten (reichend von ausgesprochener Unterstützung bis zu schärfster Ablehnung von Sozialisierungen) in Fragen Sozialisierung.*" Auch vermochten sich die USA gegenüber den Briten „*nur sehr begrenzt durchzusetzen*"[94]. Obwohl sich damit eine Menge Material zum Sozialisierungsthema angesammelt hatte, habe ich dann dazu keine Zeile mehr publiziert. Die Ursache für dies abrupte Ende: Es bot sich inzwischen ein größeres Forschungsprojekt mit anderer Thematik an. Ich entschied, diesem den Vorrang zu geben. Das Sozialisierungsthema eignete sich nicht als andauernder Forschungsschwerpunkt. Es wurde geordnet abgewickelt, im übrigen auf Eis gelegt.

d. Linksextremismus – überraschende Perspektive

Zu einem weiteren Arbeitsschwerpunkt jener Jahre wurde die Auseinandersetzung mit dem Linksextremismus. Er war provoziert durch die geschilderten Konflikte in Frankfurt und Oldenburg. Es ging dabei um eine Kritik der Stamokap-Theorie, zweitens um kommunistische Einflussmethoden. Letztere führten zu bundesweitem Aufsehen, einem Streitgespräch im NDR-Fernsehen 1981 zwischen Fritz Vilmar und mir einerseits sowie den Professoren Deppe und Schleifstein (Cheftheoretiker der DKP) andererseits. Außerdem gab es einen Schwarm unterschiedlich bewertender Besprechungen unseres Buches „Marsch der DKP...", ein Gegentraktat des DKP-Vorsitzenden Mies[95] und den Gegenartikel des Oldenburger Uni-Präsidenten.

Schließlich suchte ich, Referent auf dem Bundeskongress für politische Bildung 1984 in Berlin, Demokratieaversionen bei linksorientierten Jugendlichen

---

92 Notizen; Wolfgang an Waltraut Rudzio, 27.2., 5.3. und 7.3.1985.
93 Waltraut an Hildegard Rudzio, 25.3.1985.
94 Wolfgang Rudzio an Deutsche Forschungsgemeinschaft/Dr. Petersen, 21.6.1985.
95 Herbert Mies, DKP und Gewerkschaften, o.O. 1981.

zu erklären. Meine brisante These: Überzogene ideale Politikvorstellungen der politischen Bildung züchten geradezu Linksextremismus[96]. Waltraut begleitete mich auf dem Kongress in der FU, und wir erlebten das winterliche Westberlin mit Sight-Seeing-Rundfahrt, Schloss Charlottenburg und Ägyptischem Museum. Ein Abendessen am Kurfürstendamm verbrachten wir gemeinsam mit dem SPD-Politiker und späteren Niedersächsischen Kultusminister Rolf Wernstedt. Auf dem Kongress selbst war Konrad Adam, später Mitbegründer der „Alternative für Deutschland", als Journalist von meinem kritischen Vortrag angetan. Ich stellte mit meinem *„realistisch-zynischen Politikverständnis"* für ihn „eine Ausnahme" auf dem Kongress dar[97]. Wir lernten uns kennen und aßen gemeinsam. Es waren anregende Tage für uns aus der Provinz. In einer anschließenden Veröffentlichung zeigte ich, dass Umfrageuntersuchungen mit Fragebatterien und Interpretationen arbeiteten, die *„antidemokratische Einstellungen von linken Oppositionellen notwendigerweise unidentifizierbar bleiben"* ließen. Ich wies zudem auf die *„Relevanz einer strategischen Minorität"* von überdurchschnittlich gebildeten und politisch Interessierten hin, die sich von der realen Demokratie abgewandt haben. Gut sichtbar publiziert, stieß dies auf das Interesse von Elisabeth Noelle-Neumann, die meine Publikation in einem Buch ihres Instituts erneut abdrucken ließ[98]. Ihr persönlich begegnete ich erst später auf einer Tagung.

Ein etablierter Extremismusforscher war ich damit nicht, aber doch jemand, der sich da wahrnehmbar geäußert hatte – nicht mehr nur der in Oldenburg eingemauerte Dissident. So erreichte mich eine Einladung des Sozialliberalen Hochschulverbandes an der Universität Bonn zum Vortrag über „Extremismus der Mitte?" Ich hielt ihn am 16.5.1984. Nach der Diskussion sprach mich jemand an, der sich als Ministerialrat Mensing vom Bundesinnenministerium vorstellte. Bald danach trug er mir ein vom Ministerium zu finanzierendes Projekt zu kommunistischen Einflussstrategien an. Eine Perspektive tat sich auf, die mich veranlasste, für sie das Sozialisierungsthema fallen zu lassen.

Alles in allem: Trotz problematischer Arbeitsbedingungen ließen sich einige Forschungsaktivitäten entwickeln und Ergebnisse vorweisen. Mein Problem war aber das unsichere Tasten in verschiedenen Themenfeldern. Der Absprung zur Extremismusforschung verhieß nun Aussicht auf stärkere För-

---

96 Wolfgang Rudzio, Grundlage linker Demokratieaversionen, in: Kurt Franke (Hg.), Jugend, Politik und politische Bildung, Opladen 1985, S. 311 ff.
97 Konrad Adam, Abschied von gestern, in: FAZ, 28.2.1984.
98 Wolfgang Rudzio, Systemaversionen bei linksorientierten Jugendlichen, in: APuZ 15.12.1984, S. 27–34, insbes. 29 f.; Dgl. in: Elisabeth Noelle-Neumann/Erp Ring, Das Extremismus-Potential unter jungen Leuten in der Bundesrepublik Deutschland, Bonn 1984, S. 282–95.

derung. Neben diesen Forschungsaktivitäten führten davon unabhängige Anlässe zu Begegnungen mit Wissenschaftlern: so 1977 beim DVPW-Kongress, 1981 bei einer DVPW-Tagung in Essen, 1982 bei einem BfG-Empfang für Iring Fetscher in Frankfurt, 1984 im Archiv der sozialen Demokratie, wo ich Historikerkollegen wieder traf (Beatrix Bouvier, Dieter Rebentisch).

Eine Rolle spielte daneben außeruniversitäre Lehrtätigkeit. Dabei handelte es sich 1974–79 um Lehre in der Erwachsenenbildung der Ebert-Stiftung vor allem in Freudenberg, Bergneustadt und Eitorf, häufig auf Einladung von Dr. Thomas Meyer (später Professor in Dortmund), mit dem mich ein freundschaftliches Verhältnis und Interesse an Eduard Bernstein verband. Mein Themenfeld war die Geschichte der Arbeiterbewegung, insbesondere der SPD. Die Beschäftigung damit erzeugte bei mir mehr Verständnis als einst auch für Ebert. Berücksichtigte man die prekäre Situation nach 1918 sowie die komplexen, empfindlichen Strukturen einer Industriegesellschaft, dann gab es bei Vermeidung einer Katastrophe kaum Möglichkeiten zu plötzlich-radikaler Veränderung. Ich sprach da gerne, gerade auch mit Nichtstudenten und zu Fragen, die mir am Herzen lagen. Ohne besonderen Anlass liefen diese Aktivitäten um 1980 aus.

An ihre Stelle traten 1979–1984 regelmäßig wiederkehrende Soziologie-Lehranteile am Studieninstitut für öffentliche Verwaltung in Oldenburg, das für den gehobenen öffentlichen Dienst ausbildete. Mit der Anhebung zur Fachhochschule waren solche Anteile vorgeschrieben, allerdings ohne prüfungsrelevant zu sein. Insofern war man das fünfte Rad am Wagen. Es lief, wenn auch bei Apathie vieler. Dies, ebenso aber auch eigene Überlastung ließ mich gelegentlich bereits 1980 ans „*aussteigen*" denken. Da die Lehrbelastung begrenzt war, zog sich das Engagement aber noch länger hin.

Kapitel VII
Die besten Jahre und
der Kollaps des Kommunismus
(1985–2000)

1 Familienleben: Geisterfahrer der Nation?

Auf den ersten Blick scheint 1985 kein Einschnitt in meinem Leben. Dennoch war jenes Jahr ein Wendepunkt, der die weitere Entwicklung bestimmte.

Eine erste Veränderung ergab sich daraus, dass 1985 die Abnabelung unserer Kinder einsetzte – nun über Urlaube hinaus. Bei der Abiturfeier unseres Sohnes Kolja (Photo S. 273) am 29. Juni 1985 fanden wir in der mit Eltern und Verwandten dicht gefüllten Aula der Caecilienschule nur noch hinten Platz. Nach Musikstück und Reden erfolgte die feierliche Aushändigung der Abgangszeugnisse an die Abiturienten. Jeweils drei bis fünf traten vor und erhielten ihr Zeugnis überreicht. Gegen Ende erschien unser Sohn auf der Bühne – von allen anderen sich abhebend durch Vollbart, alternative Kleidung, lang hängende Haare, Hände in den Hosentaschen, während der Lehrer noch die Papiere ordnete. Gedämpftes Stöhnen ging durch den Saal, von Raunen begleitet. Wir zogen unsere Köpfe ein. Dann übergab der Lehrer das Zeugnis und bemerkte, es sei das „beste des gesamten Jahrgangs". Einen Moment herrschte stumme Verblüffung im Saal, bevor die Feier ihren Fortgang nahm. So durchlebten wir das Abitur unseres Sohnes im Wechselbad der Gefühle.

Eine weitere Veränderung bedeutete, was sich am Sonntag danach ereignete. Bei gutem Wetter genossen wir den Tag zu Hause. Da kratzte mich etwas im Hals, ich spuckte ein Tröpfchen Blut. In Abständen wiederholte sich das – und hörte nicht auf. Nach anderthalb Stunden fuhr ich ins Krankenhaus. Dort maß man den Blutdruck und behielt mich gleich dort. Nach sechs Tagen Untersuchungen wurde ich mit einer Medikation einschließlich Blutdrucksenkern entlassen. Auch hieß es, die Ernährung umzustellen: Fette und Cholesterin niedrig halten, und mit Eiern, Butter, Bohnenkaffee war's vorbei. Die Veränderung der Essgewohnheiten, dank der Kochkunst meiner Frau ohne

Einbußen an Lebensqualität, wirkte offenbar. Die Medikamente halfen, Uni-Konflikte „cool", wie mit einem Panzer ums Herz, durchzustehen.

Drittens: Der Auszug unseres Sohnes bedeutete finanzielle Entlastung. Zugleich stieg mein Gehalt mit dem höheren Dienstalter an, wurden auch eigene Nebeneinnahmen und Arbeitseinkünfte meiner Frau in den neunziger Jahren beachtlicher, während sich die Verschuldung für das Haus abbaute. Unsere Schuldzinsen betrugen 1992 nur noch 834 DM. Wir kamen finanziell in die „besten Jahre". Sie wurden genutzt 1991 für einen neuen „Audi 80" und 1992 für eine Küchensanierung. In den Jahren 1993–2001 folgten Haussanierungen bzw. -modernisierungen. Gelegentlich berichtete ich, *„fünf Wochen hingen uns wechselnde Handwerkergruppen im Haus"*[1]. Hausbezogene Ausgaben summierten sich auf 67 000 DM.

Das Leben blieb durch Familie, Beruf und Erholung ausgefüllt. Für anderes blieb kaum Zeit. Neben Politikwissenschaftlichem las ich Zeitungen und Zeitschriften – nur ganz selten Zeitgeschichtliches, aber keinen einzigen Roman. Ebenso besuchte ich kein Konzert, hörte Musik nur beim Autofahren, ließ mich nur einmal ins Kino, kaum je ins Theater schleppen – teils desinteressiert, teils durch abgedrehte Regisseure abgeschreckt. Erst Ende der neunziger Jahre kam es zu drei Besuchen von Gemäldegalerien in Bremen und Hamburg. Stattdessen ließ ich ab 20 Uhr den Griffel fallen, um mich dem Fernsehen hinzugeben. Kultursendungen waren da unerwünscht, Wildwest-Filme ausgelutscht und Politsendungen gering geschätzt – nur Krimis noch begehrt.

Ausgefüllt wie die Zeit war, drängte mich auch nichts zu gesellschaftlichen Kontakten. Erst ab Mitte der neunziger Jahre kamen wir, vor allem durch eine jährliche Kohlfahrt, in mehr Kontakt mit Nachbarn. Die Gesichter auf der Straße blieben nicht mehr anonym-fremd, nette Menschen in unserer Nähe wurden sichtbar.

Überörtliche Kontakte gab es, wenn auch knapp. Da waren alte Freundschaften und Zusammengehörigkeit, trotz Entfernungen gerade während des Älterwerdens wieder erneuert. – so 1986 bei einem Frankfurt-Besuch mit Dorothee Vorbeck, 1988 bei der Konfirmationsfeier von Anna-Monika Lauter, Tochter von Vetter Siegfried, 1990 bei einem Wiedersehenstreffen mit Großburgwedeler Jugendfreunden wie Horst Redmann oder Wolfgang Hempel. 1992 überraschte mich ein Vetter aus der Dziedo-Verwandtschaft, Uwe Gerdes, den ich zuvor noch nie gesehen hatte – eine Verbindung, die sich locker erhalten hat. 1997 kam es erstmals zu einem Klassentreffen aus meiner Gymnasialzeit in Hannover.

Uns besuchten vom Both-Clan Waltrauts Schwestern Astrid und Gisela, mehrfach ihr Bruder Hasso mit seiner Frauke, desgleichen Waltrauts Nichten

---

1 Wolfgang Rudzio an Ute Segedi, 8.7.1995.

Die besten Jahre und der Kollaps des Kommunismus (1985–2000)   273

Auszug unseres Sohnes Kolja (neben ihm seine Schwester Ilka) 1985. © Wolfgang Rudzio, Autor.

Christiane und Michaela. Umgekehrt fuhren wir fast jedes Jahr nach Frankfurt – zu Silvester, Geburtstagsfeiern und zu drei Hochzeiten der Nichten und des Neffen Waltrauts, möglichst verbunden mit Taunuswanderungen.

Herausragend war mein 60. Geburtstag, zugleich unser 30. Hochzeitstag, was 1995 in einem Hotel bei Bensheim gefeiert wurde. Wir trafen uns im Kreis von 27 Personen. Unsere Kinder schenkten uns einen gemeinsamen Paris-Aufenthalt, den wir sehr genossen: mit Stadtrundfahrt, Besichtigungen und Schloss Versailles. Außerdem verhalf mir Kolja durch ein Quiz, bei dem man meine Antworten zu erraten hatte, zu vermehrter Selbsterkenntnis.

Was antwortete ich auf die Frage nach dem/der

liebsten Lebensort:	*„in Bayern oder Österreich"*
vollkommenen irdischen Glück:	*„gibt es nicht"*
liebsten Romanhelden:	*„Oblomow"*
Lieblingsgestalt in der Geschichte:	*„Bismarck, Bernstein"*
Lieblingsheldin in Wirklichkeit:	*„Waltraut"*
Lieblingsmaler:	*„Gauguin"*

Lieblingskomponist: „Mozart"
Lieblingstugend: „Standhaftigkeit"
Lieblingsbeschäftigung: „Zeitung lesen"
eigenen Hauptcharakterzug: „Unsicherheit"
Lieblingsfarbe: „Orange"
Lieblingslyriker: „Fehlanzeige"
Lieblingshelden: „Die gegen den Strom schwimmen"
besten Sterben: „rasch und alt"
eigenen Geistesverfassung: „gedrückt und hoffnungsvoll zugleich"
eigenen Motto: „die begrenzten Möglichkeiten nutzen"[2]

Züge eines lebenszugewandten, pragmatischen Revisionisten wurden da sichtbar, mit Spuren seiner Lebenserfahrungen.

Zu zweit machten wir nun unsere Urlaubsreisen. Aber unsicher wechselten die Urlaubsziele:

- 1985 und 1988 war es Roquetas an der südspanischen Küste bei Almeria (Badeurlaub, Ausflüge nach Granada/Alhambra, Almeria, Sierra Nevada).
- Im März 1988 machten wir uns nach Payerbach/Oberösterreich auf, wo wir 14 „Tage im alpenländischen Winter"[3] verbrachten (Wanderungen, Tagesausflüge nach Wien; Kunsthistorisches Museum, Hofburg, Schönbrunn und Belevedere, Ausstellung „Kunst und Revolution 1910-32").
- Im September 1989 zog es uns zum Baden und Wandern nach Kärnten.
- Angesichts Straßenblockaden in Frankreich wichen wir 1992 nach Hornbaek auf Jütland aus (Besuche von Helsingör und Kopenhagen).
- 1993 versuchten wir es mit einer Woche in Santa Ponsa/Mallorca.
- Dem folgte 1994 und 95 die Insel Juist (Baden, Sonnen, Radfahren und Strandwanderungen). Aber wann kann man dort schwimmen?

Dann endlich fanden wir unser Traumziel: Fuerteventura, die kanarische Insel, zuvor von unserem Sohn entdeckt. Sie steuerten wir Ende August 1996 an und fanden, was wir suchten: Sonne ohne die Hitze des Mittelmeeres, weite Sandstrände, klares Wasser zum Schwimmen – eingeschränkt durch Strömungen. Auch ein Hotel mit geräumigen Appartments, bester Lage und freundlichem Personal passte. Ein Tagesausflug zur Insel Lanzarote mit den Monumenten Cesar Manriques war glorios. Schon in der ersten Aprilhälfte 1997 landeten wir erneut dort – trafen allerdings gemischteres Wetter.

Ersatz suchten wir daraufhin im Herbst 1997 an der Algarve-Küste. Interessant waren da Tagesausflüge nach Lissabon und Lagos. Aber das portugiesi-

---

2 Kolja Rudzio, Was hat Wolfgang geantwortet? März 1995 (hier nicht alle Fragen).
3 Waltraut und Wolfgang an Hildegard Rudzio, 21.3.1988.

sche Personal ließ uns Aversionen spüren. Der Verdacht, das richte sich gegen uns als Deutsche, traf wohl nicht zu, beklagten doch niederländische Gäste das gleiche. Es dämmerte uns, dass es den Gästen als „Kapitalisten" galt. In den Orten, die wir durchfuhren, konnte man auch nicht die Hammer und Sichel-Plakate der Kommunisten übersehen. Orthodox-kommunistischer Glaube, der fast zu einer Diktatur geführt hatte, lebte noch in der großagrarisch geprägten Algarve. Wie dort wollten wir nicht wieder behandelt werden.

Besseres als Fuerteventura also gab es nicht. So reisten wir Oktober 1998 wieder auf unsere Trauminsel. Als Erholung vor dem Winter wurde Fuerte zum regelmäßigen Ziel unserer Reiseaktivitäten. Eine zweite Säule baute sich ab 1998 auf, als wir Aktien der „Hapimag" kauften, einer Schweizer Ferienwohnungsgesellschaft, über die man Zugang zu Wohnungen in 30–40 Orten erhielt. Aber erst ab 2000 wurde dieses zweite Reise-Standbein aktiviert.

Wenden wir uns der engsten Familie, meinen Nächsten, zu. Da war zunächst die geliebte Natalja, 1985 gerade Anfang vierzig und deutlich jünger ausschauend. Ausgekippt auf der Halde überflüssiger Lehrer konnte für sie der Auszug unserer Kinder nicht das Ende ihres mütterlichen Engagements bedeuten. So telefonierte sie mit ihnen und wir besuchten sie. Geburtstage, jedenfalls ihr eigener, sollten möglichst gemeinsam gefeiert werden, notfalls auch fernab, so 1991 in Braunschweig bzw. 1993 im Odenwald. Unsere silberne Hochzeit fand 1990 in großem Kreise in Frankfurt statt. Es war erstaunlich, stimmte aber froh, dass unsere Ehe gehalten hatte.

Tatsächlich – nicht alles war paletti. Waltraut klagte 1987 in einem Brief über mich. Wenn sie sich an ihren „letzten Einsatz als ungelernten Handwerker" erinnere, frage sie sich, „ob ich meiner Tochter einen ausschließlich intellektuell arbeitenden Mann wünschen sollte." Dessen „übliche Antwort... auf die Frage, wie es ihm gehe: ‚Schlecht, *wir* haben viel Arbeit und Sorgen mit den Kindern, meiner Mutter, mit dem Haus und dem Garten und dann hab *ich* ja noch meine Arbeit, an der ich zur Zeit sitze'. Aber was soll ich mich beklagen, ich war jahrzehntelang *freiwillig* der Wasserträger des genialen Herrn und muss mich nun auch mit meinem Teil an der Gemeinschaftsproduktion „Schweizer Käse" abfinden, er liefert den Käse und ich die Löcher." Sie breche hier ab, sonst gerate sie in „Versuchung, mir …einen neuen Partner zu suchen."[4] Man mag das als Probleme einer traditionellen Ehe, gesteigert durch einen unsensiblen Mann, einordnen.

Doch freiwillig lebten wir nicht in diesen Rollen – das Lehramtsstudium Waltrauts und die Bemühungen um eine Lehrerstelle beweisen es. Endlich 1991 bot sich ihr Gelegenheit, zunächst als Schwangerschaftsvertretung am Berufsförderungswerk Bookholzberg 30 km östlich von Oldenburg einzuspringen,

---

4   Waltraut Rudzio an Christiane Finger, o. D. (1987).

Waltraut Rudzio als Mathe-Lehrerin in Bookholzberg. © Wolfgang Rudzio, Autor.

um dann immer wieder teilzeitbeschäftigt zu werden. Dort wurden Langzeitarbeitslose und berufsunfähig Gewordene auf andere Berufe umgeschult – beispielsweise hatten wir *„einen früheren Schüler, der infolge eines schweren Verkehrsunfalls seinen alten handwerklichen Beruf nicht mehr ausüben kann, bei uns zum Mittagessen und danach – auch solch ein Fall und entsprechend deprimiert"*. Die Umschüler rekrutierten sich auch aus den neuen Bundesländern und aus Russlanddeutschen, d.h. *„in Waltrauts jetzigem Mathematik-Kurs sind junge Männer aus Leipzig und Mittelasien"*. Ihnen allen, zwischen 25 und 50 Jahren alt, hatte sie in dreimonatigen Crashkursen Mittelstufen-Mathematik beizubringen bzw. wieder aufzufrischen. Auf diese Aufgabe stürzte sie sich mit großem Elan, auch zusätzlichen Testarbeiten. Ihre Tätigkeit war erfolgreich und anerkannt, insbesondere bei den „Schülern". Da ohne Führerschein, fraßen allerdings An- und Abreisen viel Zeit, teils mitfahrend bei Kollegen, teils per Bus und Bahn, gelegentlich auch von mir kutschiert. Viel brachte die Arbeit nicht Es handelte sich um Werkverträge, meist fragwürdige Kettenverträge. Auf deren Basis war sie *„wieder für fünf Monate eingestellt – wie bisher mit 11 Wochenstunden Unterricht und 1 300 DM brutto im Monat, nach Abzug von Steuern und Sozialversicherung etwa 850 DM. (…), aber sie ist froh, denn* *mit 50 Jahren ohne was nur zu Hause zu sitzen, wäre drückend.*"[5] So verharrte sie auf der Stufe des Kettenvertragskulis. Als zunehmend psychisch Gestörte die Kurse bevölkerten, ohne Aussicht am Arbeitsmarkt, gab sie 1998 von sich aus auf. Ihr blieben gute Erinnerungen an die Zeit, da ihr unerfüllter pädagogischer Eros Befriedigung fand. Rückblickend spricht sie von „*meinen schönsten Jahren*".

Menschenfreundlich und familienverwurzelt, wie sie ist, wandte sie sich damals auch älteren Verwandten zu. Vater Fritz, nun Witwer, besuchte uns mehrfach in den achtziger und neunziger Jahren. Fortlaufend kümmerte sich Waltraut auch um meine Mutter. Als wir 1988 vom Urlaub heimkehrten, fanden wir sie im Krankenhaus vor – unsere Abwesenheit wurde problematisch. Um sie wiederzusehen, besuchten uns Verwandte. „*Überraschend*" starb meine Mutter dann am 28. April 1991: „*Sie wurde im Laufe der letzten Jahre zwar langsam körperlich immer weniger beweglich und rang schnell nach Luft (war ‚hinfällig', wie sie sagte), hatte aber keine akute Krankheit und keine geistige Verwirrung.*" Ein Herzstillstand im Schlaf hat ihrem Leben nach 79 Jahren ein Ende gemacht[6]. Für mich, aufgewachsen in einer Mutter-Kind-Familie, bedeutete ihr Tod einen tiefen Einschnitt. Aber tröstlich schien, dass sie einen leichten Tod hatte.

Bemerkenswert war, dass Waltraut ein näheres Verhältnis auch zu einer Cousine meiner Mutter entwickelte. Diese hatte ich selbst nur vom Hörensagen gekannt, erstmals begegneten wir ihr Ende der achtziger Jahre: Erika Bitroff (geb. Lemke, Photo S. 27), Tochter des Bruders Karl meines Großvaters Lemke. Wir besuchten sie mehrmals in ihrem Seniorenheim in Düsseldorf, Waltraut begleitete sie auf einigen Reisen. Zu ihrem Tode 1999 hielt Waltraut eine gute Gedenkrede.

Im ganzen erkennt man in Waltrauts sozialer Ader und ihrem Familiensinn Züge, die sie vom Mainstream unterschieden. Vor allem lebte sie, und damit wir, mit unseren beiden herangewachsenen Kindern. Für diese vollzogen sich in jenen Jahren entscheidende Weichenstellungen. Kolja brach nach seinem Abitur 1985 zu einer Reise mit einem Freund nach Marokko auf. Es folgte der Ernst des Lebens in Gestalt des Zivildienstes 1985–87, wie gewünscht in Ostfriesland. Er war entschlossen, ebenso wie seine Freundin nicht zu studieren, sondern Journalist zu werden. Gegenüber diesem Drehbuch hatten wir nichts zu melden. Zunächst ging's auf eine abenteuerliche Orientreise mit Freund Tilman, die über den Balkan bis Aleppo und Damaskus führte. Ihr Auto blieb dort als „Schrott" zurück[7].

---

5   Wolfgang Rudzio an Ute Segedi, 25.2.1994.
6   Wolfgang Rudzio an Ute Segedi, 22.12.1991.
7   Kolja (Istanbul) an Waltraut Rudzio, 30.7.1987.

Dann begann Koljas Volontariat bei der „Ostfriesenzeitung" (1.9.1987–31.8.89), während dessen er in Emden wohnte. Mal besuchten wir ihn, wie auch er bei uns aufkreuzte. Zwar sprachen wir über ein Studium und redeten ihm wie früher zu, hauptsächlich mit den Argumenten, er würde sonst als Lokaljournalist oder sonstwo untergeordnet enden, zweitens sich nicht so entwickeln, wie es seinen Fähigkeiten entspräche. Nach der Ausbildung nahm er zunächst eine Stelle beim Privatfunk Hessen als Regionalkorrespondent für Osthessen an und zog nach Fulda. Dann aber, noch 1990, begann er stattdessen an der Universität Hannover ein politik- und wirtschaftswissenschaftliches Studium. Als Stipendiat der Studienstiftung des Deutschen Volkes, der bereits im Berufsleben gestanden hatte, wurde ihm das Studium voll finanziert. Insofern ist er ein „self made man", der sich aus eigener Kraft hochgearbeitet hat. Für uns war das natürlich angenehm, da inzwischen seine Schwester ein Studium aufgenommen hatte, sodass wir dem Druck von zwei Studienfinanzierungen plus Hausreparaturen entgingen. 1990 wurde ein Wendepunkt im Leben Koljas, seine wilden Zeiten gingen zu Ende.

Als Älterer studierte er zielbewusst und zügiger als andere. Während er manches als „grausliche Veranstaltung" aussortierte, warf er positiv angetörnt Anker bei den Politik-Professoren Jürgen Seifert und Peter Brokmeier sowie einer Einführung in das – auch mir geläufige – SPSS-Programm[8]. Dann wanderte er nach Hamburg ab, endlich einer Metropole nach seinem Herzen, wo er im Sommer 1992 ein Referat zur Elitenforschung bei der Politologin Prof. Christine Landfried hielt. Bei ihr schrieb er weitere Arbeiten[9], auch seine Diplomarbeit über die Besteuerung des Existenzminimums. Im August 1995 schrieb ich, *„diese Woche zittern wir um unseren Sohn, der am Freitag in einer schwierigen Abschlußklausur in Wirtschaftswissenschaften dran ist (durchschnittlich 40 % Durchfaller)!"*[10] Aber es war die letzte kritische Hürde, die er paramedäßig wie alles andere hinter sich brachte.

Inzwischen hatten sich auch seine persönlichen Verhältnisse verändert. 1991/92 hatte er mit einer Studentin aus Hamburg, Dorothea Wiehe (Photo S. 279), angebändelt, die wir 1992 kennenlernten. Die beiden heirateten 1994. Zuvor schon hatten wir ihre Eltern kennen gelernt, die als Pastor bzw. Lehrerin am Nordrand der Lüneburger Heide lebten. Wir verstanden uns auf Anhieb gut. Noch im gleichen Jahr kam unser Enkel Michael („Michi") zur Welt, ein

---

8 Kolja Rudzio, Studienbericht für die Studienstiftung des Deutschen Volkes zum SS 1991. Sei fert war mir als SDSler aus Frankurt bekannt, und ich habe ihn Jahre später noch einmal in Hannover getroffen.
9 Kolja Rudzio, Studienberichte für die Studienstiftung des Deutschen Volkes zum WS 1993/94 und SS 1994.
10 Wolfgang Rudzio an Ute Segedi, 6.8.1995.

Die besten Jahre und der Kollaps des Kommunismus (1985–2000)   279

Der Both-Clan beim 90. Geburtstag meines Schwiegervaters Friedrich Both 1997 in Frankfurt (von links: Wolfgang und Waltraut Rudzio, Christiane und Thomas Tobin, Frigg und Alexander Both, Ilka Rudzio-von Arx und Oliver von Arx, Gertrud Knoblauch, Kolja Rudzio, Friedrich Both, Dorothea Wiehe, Steffen und Michaela Müller, Sabine Both, Anka und Eberhard Both, Gisela Finger, Astrid Pick). © Wolfgang Rudzio, Autor.

Grund mehr, unsere Ablegerfamilie in Hamburg zu besuchen – viermal allein 1994. Unsere Familie wuchs in die Zukunft.

Kolja hatte es dann zunächst nicht leicht. Seine neugegründete Familie wohnte in einer kleinen, engen Wohnung im Schanzenviertel, seine Frau studierte, er selbst war in der Examensphase – nicht einfach, da er *„partnerschaftlich das Baby mit betreut."* Wir hingegen *„pilgern immer wieder mal nach Hamburg"*, den leichteren Part der *„glücklichen Großeltern"* übernehmend[11], die „Michi" auch jeweils mehrfach in den nächsten Jahren in Oldenburg verwöhnten. Da waren wir mit ihm Entenfüttern oder auf einem Spielplatz. Der Garten, ein Schwimmbad oder der Jaderberg-Zoo wurden beliebte Ziele. Ein bisschen stolz waren wir später, dass nicht nur er, sondern auch die weiteren Enkelkinderchen ihre ersten Schritte bei uns an einem niedrigen Teetisch entlang gemacht haben – vorwärts gelockt von den Bonbons, mit denen die Oma wedelte oder die am Ziel hingelegt waren. Anreize muss es ja geben. Da auch die anderen Großeltern sich um ihn kümmerten, entlastete das Vergnügen der Groß-

---

11 Wolfgang Rudzio an Ute Segedi, 8.7.1995.

eltern die Eltern. Und unsere Hamburger Rudzios vergrößerten sich 1999 um ein Töchterchen Katharina.

Außerdem war da unsere Tochter Ilka. Sie, eher eine Quartalsarbeiterin, hatte 1987 ihre Schulzeit am Gymnasium Eversten ohne Schwierigkeiten mit gutem Abitur abgeschlossen und war zu studieren gewillt. Die Frage war nur: Was studieren, was werden? Mathematik fiel ihr leicht, ohne dass sie dieser ihr Leben widmen wollte. Als Waltraut mit ihr ein Buch zur Berufswahl durchging, stießen sie für einen solchen Fall auf die Empfehlung zum Maschinenbau. Das hätte auch die Mutter gewählt, und die Tochter entschied sich dafür. Der Diplom-Ingenieur ihres Großvaters oder die Mathematik-Studien ihrer Eltern spielten keine Vorbildrolle – oder war da was in den Genen?

Ihre Zelte schlug sie an der Technischen Universität Clausthal-Zellerfeld auf, als eine der seltenen Frauen im Studium. Wir besuchten sie schon 1987 dort dreimal und besichtigten Goslar, in den Folgejahren war sie mehrfach bei uns. Ab 1990 mit einem deutsch-spanischen Studienkollegen liiert, unternahm sie mit ihm Reisen nach Indonesien, Thailand und Spanien.

Vielleicht infolge fehlender Ablenkungen im Oberharz studierte Ilka intensiv, fungierte als Hilfsassistentin und schloss im Januar 1993 ihr Studium als „Dipl. Ing." für Maschinenbau mit der Note 1,7 ab. Die Welt schien ihr offen zu stehen, waren doch Maschinenbau-Ingenieure stets gesucht. Gerade 1992/93 aber erschütterte eine Rezession das Land und den Maschinenbau. Sie, wie fast ihr ganzer Examensjahrgang, fand keine Stelle. Es war ein Einbruch, und ich berichtete: „*Im Sommer 1993 vorübergehend Fahrradverkäuferin und daher nun für begrenzte Zeit mit kleiner Arbeitslosenunterstützung versehen, hat sie seit ihrem Diplom vor einem Jahr immer noch keine Maschinenbauer-Stelle gefunden... So ist sie ziemlich deprimiert*"[12].

Da ergab sich 1994 die Chance, bei der deutschen Firma Hella (Autolampen) in England zu arbeiten. Wir lieferten 3 000 DM für einen Englisch-Crashkurs in London, und Ilka ging nach Banbury, gelegen zwischen Oxford und Birmingham. Dort arbeitete sie 1994–97 zu niedrigerem Gehalt als in Deutschland üblich. Sie übte Funktionen eines Meisters in der Produktion aus, fehlt ja dort eine Facharbeiterausbildung. Bald galt sie als „tough" und lernte Maschinenbauer-Englisch von der Pike auf.

Und es gab Licht: einen neuen Freund, einen jungen Schweizer, kennengelernt beim Londoner Crash-Kurs. Er saß allerdings „*weit entfernt in Zürich*". Trotz dieser Distanz blieb die Verbindung bestehen, und im Sommer 1995 hat uns Ilka „*mit der Nachricht überrascht, sie werde im nächsten Mai in Zürich heraten. Ihr Künftiger ist ein junger Bankkaufmann*"[13]. Tatsächlich haben die beiden 1996 im Frankfurter Römer geheiratet, mit 47 Gästen – Both-Clan, El-

---

12 Wolfgang Rudzio an Ute Segedi, 25. 2. 1994.
13 Wolfgang Rudzio an Ute Segedi, 8. 7. und 6. 8. 1995.

Die besten Jahre und der Kollaps des Kommunismus (1985–2000) 281

Wir vor dem Louvre in Paris, Mai 1995 (von links: Wolfgang, Waltraut, Ilka und Kolja Rudzio). © Wolfgang Rudzio, Autor.

tern und Verwandten unseres Schwiegersohns Oliver von Arx (Photo S. 279), Rudzio-Familien sowie meinem Vetter Peter Lauter und Cousine Gisela Rüwe. Obwohl es dann noch fast ein Jahr lang eine Flughafen-Ehe zwischen Banbury und Zürich bleiben musste – das Wunder setzte sich fort: Die beiden blieben zu unserer Freude zusammen. Seine Mutter Angelina und Stiefvater Jörg Meyer hatten wir schon Anfang 1996 in Zürich kennen gelernt.

Unabhängig davon besuchten wir Ilka 1995, 1996 und 1997 in ihrem gemieteten Reihenhäuschen in Banbury. Das waren jeweils 12-tägige Reisen, die uns Mittelengland näher brachten. Im Herbst 1995 fuhr Ilka uns übers Land, zum Warwick Castle und nach Stratford on Avon, abends droschen wir Skat. Während sie arbeitete, genossen wir Ausflüge nach Blenheim Palace und Oxford. Zum Abschluss hielt ich einen Vortrag am German Studies Institute der Universität Birmingham. In Gesprächen mit meinem dortigen Konfidenten, Prof. Wilfried van der Will, diskutierten wir die deutsche und britische Altersversorgung, insbesondere Rentenfonds mit Aktienfinanzierung. Mit seiner Frau sprach ich über den Zusammenhang zwischen Geburtenraten und öffentlichem Kinderbetreuungsangebot. Beim zweiten Aufenthalt machten wir mit Ilka und Oliver einen Autoausflug übers Land, u. a. nach Cotswold Hills und zur Edghill Tower-Inn (Schlachtfeld von 1642). Zu Ende hielt ich wieder einen Vortrag an der Uni Birmingham[14]. Beim Besuch 1997 besichtigten wir die Stadt, verbrachten einen schönen Tag mit Ilkas älteren Hausvermietern Ron und Elsie. Sie führten uns Lichtbilder von Studienreisen im Nahen Osten vor, was mich später zu Ähnlichem animierte.

Im gleichen Jahre aber zogen Ilka und Oliver nach Karben bei Frankfurt. Unsere Tochter hatte in der Nähe eine Stelle bei einem Planungsbüro, spezialisiert auf Automobilfabriken, gefunden, und auch für ihn schienen berufliche Chancen vorhanden. Schon im Juli 1997 wanderten wir mit beiden im Taunus.

2 Arbeitsplatz Universität: Verschanzt im Institut

Auch im Hinblick auf die politische Entwicklung kann man 1985 ein epochemachendes Jahr nennen. Um 1985 ist ein Wendepunkt im Ost-West-Konflikt erkennbar, kein dramatischer Einschnitt, aber Verschiebungen zugunsten des Westens einleitend. Die Attraktivität des Kommunismus und von ihm beeinflusster Bewegungen in der westlichen Welt ging auf breiter Front zurück. In Deutschland spiegelte sich das 1982/83 im Regierungswechsel zur schwarz-gelben Koalition unter Kohl wieder, welche die Nachrüstungspolitik mittrug, während die „Friedensbewegung" zu Bedeutungslosigkeit absank.

Der Wandel erfasste auch Oldenburg. Dort erlitt die DKP bei der Kommunalwahl 1986 nach Jahren des Aufstiegs eine herbe Niederlage. Auch das Klima an der Universität änderte sich, da die kommunistisch orientierten Gruppen 1985 ihre Mehrheit bei den Studenten verloren. Linke Stimmungen überwogen weiterhin, doch Tauwetter war spürbar. Ohne Störung konnte ich 1985–90 drei Lehrveranstaltungen über Linksextremismus und eine über die Sowjetunion durchführen.

Die Existenz von Instituten schließlich verminderte die Reibungsflächen, ermöglichte mehr Konzentration auf wissenschaftliche Arbeit. Es gab zwar gelegentlich Querelen, die einen aber nur dann beschäftigten, wenn man gerade als Institutsleiter fungierte. So hatte ich 1988/89 eine Auseinandersetzung um Zuständigkeiten für das Lehrangebot auszufechten. Am Rande des Disputs beschuldigte uns das andere Institut, dass wir „seit Jahren in den Selbstverwaltungsgremien kaum präsent sind und eine selbst gewählte Randstellung im Universitätsleben einnehmen, indem sie sich vom fachlichen und interdis-

---

14 Wolfgang Rudzio, Methodology in German Political Science, in: IGS Discussion Papers 97/11, Birmingham 1997 (16 S., übersetzt von Nicholas Hubble).

ziplinären Gespräch...völlig fernhalten"[15]. Wie wenig das zutraf, zeigte mein Beispiel: Ich fungierte als Institutsleiter, langjähriger Vorsitzender des Promotionsausschusses des Fachbereichs und Konzilsmitglied. Interdisziplinär unterhielten wir gute persönliche Kontakte mit Historikern, waren Teil der weitaus größten Hochschullehrer-Fraktion. Zutreffend war: Als nicht sinnvoll empfanden wir ein Sitzen im Fachbereichsrat mit seinen betonierten Mehrheiten, als unfruchtbar das fachliche Gespräch mit wissenschaftstheoretisch so ganz anders gewickelten Kollegen. Lieber beteiligten wir uns in deutschen und übernationalen Politologenvereinigungen, an wissenschaftlichen Tagungen, wo es offene und sinnvolle Diskussionen gab. Mir selbst wurde Anfang der neunziger Jahre der Vorsitz der Deutschen Gesellschaft für Politikwissenschaft angetragen. Dieses ehrende Angebot konnte ich angesichts der Ausstattung meiner Stelle leider nicht annehmen. Hingegen war von den Kollegen des anderen Instituts in den großen Wissenschaftlervereinigungen und auf ihren Tagungen nichts zu sehen. Selbst zu bloßer Mitgliedschaft dort reichte es bei den führenden Köpfen der anderen Fraktion nicht.

Anderer Art war ein Konflikt, in den ich zehn Jahre später als amtierender Institutsleiter verwickelt wurde. Da suchte man uns von dem schmalen Geld, das uns als Institut zur Verfügung stand, Finanzhilfen für Tutoren im Rahmen einer fachbereichsweiten Methodenausbildung abzuknöpfen. Dabei finanzierten wir seit Jahren einen Lehrauftrag für politikwissenschaftliche Methoden und verfügten über keine Tutorenmittel für unsere Politikeinführungen. Außerdem verlangte die Studiengangskommission Sozialwissenschaften, wir sollten Geld für sozialintegrative Betreuung von Anfängersemestern herausrücken – wozu, wie mir mehrfach berichtet, auch gemeinsame Kneipenbesuche gehörten. Die Tutoren sollten von den Fachschaften, nicht Wissenschaftlern, ausgewählt werden. Das Bild wurde abgerundet durch eine FB-Arbeitsgruppe, die mit fragwürdigen Kriterien die Leistung von Professoren messen wollte. Als ich die Finanzforderungen ablehnte, forderte man Begründungen. Mit Hinweis auf die Leistungsindikatoren erklärte ich schließlich, dass ich zweifele, ihnen Bedürfnisse wissenschaftlicher Forschung und Lehre vermitteln zu können – was Empörung und Einschreiten des Dekans zur Folge hatte. Im abschließenden Schreiben an den Dekan wies ich auf unsere eigenen Finanzierungen, auf die wissenschaftsfremde Funktion der *„sozialintegrativen Betreuung"* und auf die Leistungsindikatoren hin, die mir *„eine zu schmale gemeinsame Grundlage für eine mehr als nur fruchtlose Auseinandersetzung über die Finanzentscheidungen unseres Instituts"* schienen. Außerdem, und das war der eigentlich zentrale Punkt, wolle ich *„keine Begründungspflicht nach außen*

---

15 Institut für Politikwissenschaft II/Politik und Gesellschaft an den Niedersächsischen Minister für Wissenschaft und Kunst, 30.1.1989.

entstehen lassen."¹⁶ Das Institut sollte nicht durch Einbruch in seine internen Finanzentscheidungen geknackt, seine Geldmittel nicht zweckentfremdet außerhalb der Politikwissenschaft verwendet werden.

War man nicht als Institutsleiter direkt angesprochen, so ließ sich vieles übergehen. Das galt für die immer noch veranstaltete „Streikwoche" an der Universität. Bei Anlässen wie dem Golfkrieg 1991 befand sich die Uni wieder im Ausnahmezustand, war *„abgesperrt"*, herrschte in ihr nahezu *„Diskussionspflicht zur Golf-Krise"*¹⁷ – aber der konnte man ausweichen. Ihr Bier blieb auch, wie die Fachschaft Sozialwissenschaften in ihrem „cavete"-Blättchen Anstoß an meinen Publikationen zu Systemaversionen, über Autonome Gewalt/Antifaschismus und einem Vortrag bei der Seidel-Stiftung nahm – ganz im Geist linker Linienrichter.

Unausgetragen blieb auch ein Konflikt um die „Streikwoche" vom Dezember 1997. Hatte ich da falsch gehandelt, als ich meine Veranstaltung durchführte? Der Dekan jedenfalls hatte an die Mitglieder des Fachbereichs geschrieben: „Der Dekan unterstützt die berechtigten Forderungen der Studierenden, solidarisiert sich mit ihnen und bittet Sie, in den Veranstaltungen, die noch zustande kommen, hierauf einzugehen" (es ging um „ein allgemeinpolitisches Mandat" der Studentenvertretungen und „die gesellschaftliche Öffnung der Hochschule")¹⁸. Das hieß: Entweder die Veranstaltung findet nicht statt oder der Veranstalter funktioniert sie im Sinne des Streiks um. Mir, der beidem nicht folgte, passierte nichts.

Im Unterschied zum DKP-orientierten Block bildete die „undogmatische" Linke keine geschlossene Front, hinter der ein steuernder Diktaturstaat stand. Als Zeichen der Entspannung konnte man in den neunziger Jahren eine Anzahl Prüfungen gemeinsam mit Kollegen des anderen Instituts werten. Sie verliefen ohne Konflikte oder Peinlichkeiten.

Meine Arbeitswelt war ohnehin das eigene Institut. In dessen Zentrum stand der Vorstand, dem vier Professoren angehörten: als Senior Helmut Freiwald, Karl-Heinz Naßmacher, Herbert Uppendahl und ich (Photo S. 285). Dort war über die Verwendung der Geldmittel zu entscheiden, über Einstellung und Arbeitstätigkeiten der Sekretärin, Lehraufträge, das eigene Lehrangebot und Stellungnahmen innerhalb der Universität. Vereinzelte Differenzen ändern nichts am Bild einer guten Zusammenarbeit. Mit der Anschaffung eines eigenen Computers samt Drucker für 4 200 DM war ich ab 1989 ohnehin vom Ringen um knappe Schreibkapazitäten abgekoppelt. Weiter besserte sich meine Arbeitssituation, indem mir nun ständig eine wissenschaftliche Hilfskraft für 10 Stunden wöchentlich zur Verfügung stand. Die Studierenden, die

---

16 Wolfgang Rudzio an den Dekan des FB 3, 29.1.1998.
17 Notizen Rudzio, 15.–16.1.1991.
18 Der Dekan an die Mitglieder des Fachbereichs 3 (mit Anlage), 28.11.1997.

Die Institutshäuptlinge im Wilden Westen, von Institutsangehörigen geschenkt (von links nach rechts: Professoren Wolfgang Rudzio, Herbert Uppendahl, Helmut Freiwald, Karl-Heinz Naßmacher). © Wolfgang Rudzio, Autor.

ich dafür gewann, haben mich nicht enttäuscht. Dabei denke ich an Ivonne Schmitt, Stefan Appelius, Klaus Wettwer, Jian-Tsyr Yu und Maren Reyelt.
Dem wissenschaftlichen Austausch im Institut diente das Institutskolloquium. Das war eine Veranstaltung, die regelmäßig reihum wechselnd von einem der Professoren durchgeführt wurde. Ich hatte sie angeregt. An ihr nahmen die Professoren, Mitarbeiter, manche Lehrbeauftragte, interessierte studentische Hilfskräfte, Doktoranden und Examenskandidaten des Instituts teil. Gegenstand einer Sitzung war jeweils ein Vortrag mit wechselnder Thematik und folgender Diskussion. Die Vortragenden kamen meist aus dem Kreis der Teilnehmer, die über laufende oder geplante Arbeitsvorhaben berichteten. Es ging um Forschungsdesigns, die Anlage von Examensarbeiten und Drittmittelanträgen bzw. Zwischenberichte. Gelegentlich wurde ein Begriff oder eine wissenschaftliche Kontroverse behandelt, zum Semesterende auch mal ein Film vorgeführt und politikwissenschaftlich analysiert (Western, Yes Minister, Being there, Der Weg zum Führer). Daneben luden wir stets auswärtige Wissenschaftler zu Gastvorträgen mit Themen ihrer Wahl ein. Nach vorliegenden Veranstaltungsübersichten von 11 Semestern traten bei uns u. a. auf:

- aus Deutschland die Professoren Weinacht (Würzburg), Domes (Saarbrücken), Lösche (Göttingen), Bleek (Bochum), Kevenhörster (Münster), Jesse (Chemnitz), Alemann (Hagen), Garleff (Oldenburg), Girbig (Güstrow), Römmele (Mannheim), Wilke (Berlin);
- aus dem Ausland die Professoren: Wojciechowski, Mallek, Wajda, Kaleta und Bäcker (sämtlich Polen), Fremstad, Kleinfeld, Culver und Mruck (sämtlich USA), Lucardie und Koole aus den Niederlanden, Sznaider (Israel), Chandler (Kanada) und van der Will (Großbritannien).
- Vereinzelt sprachen Personen des politischen Raumes, so Münch (MdEP), General Kießling und von Gottberg (Landsmannschaft Ostpreußen).

In späteren Jahren luden wir, auf Anregung Naßmachers, jeweils auch einen Absolventen unseres Instituts ein, der über seine Erfahrungen bei der beruflichen Etablierung berichtete. Das Kolloquium war Zentrum unseres wissenschaftlichen Austauschs und der Kritik, Ort angeregter Debatten auch zwischen Professoren.

Daneben gab es informelle Kontakte: Private Treffen, auch über Fachgrenzen hinaus zu Kollegenfamilien wie Schicks (Psychologie), Günthers (Geschichte), Hinrichs (Geschichte, Photo S. 307), Leißners (Mathematik) oder Wolffs (Jura), auch Geburtstagsfeiern im Institut Einmal schafften wir eine Instituts-„Kohlfahrt", mal einen Ausflug nach Wilhelmshaven.

Die Endlichkeit des Menschen nagt aber auch an Institutionen. 1988 wurde bei unserem jüngsten Professorenmitglied, Uppendahl, Leukämie festgestellt, die im Sommer 1990 zu seinem frühen, bittern Tode führte. Aus Altersgründen mussten wir 1995 auch unseren Seniorkollegen Freiwald verabschieden, der aber – zu unserer Freude – viele universitäre Aktivitäten fortsetzte. Allerdings, mit seinem Ausscheiden war unsere Igelstellung auf zwei Professoren geschrumpft, das Minimum für ein Institut. Vorzeitig zu gehen, wie 1997 angetragen, wies ich zurück. Erst mit meinem unvermeidlichen Pensionierungstermin 2000 läutete dem Institut die Todesglocke. Es war trotz bescheidener Ausstattung ein effizienter Arbeits- und menschlicher Lebensraum gewesen.

Im Institut begegnete man Mitarbeitern und Prüflingen aller Institutskollegen sowie den Lehrbeauftragten (Oberbürgermeister Dr. Jürgen Poeschel/ Weimarer Staatsrechtslehre (Photo S. 307), Dr. Achim Suckow/Politikwissenschaftliche Methoden, Oberstadtdirektor Arno Schreiber/Kommunale Wirtschaftspolitik), der Privatdozentin Dr. Hiltrud Naßmacher (Photo S. 307), Sekretärinnen (wie Reinhold-Wolter, Wiese, Matziwitzki und Borrmann). Als Doktoranden seien hier nur die genannt, die ich 1985–2000 als Doktorvater zum Abschluss brachte: Peter Seidel über Diskussionen zur NATO-Rüstung, Bernd Grass über Umfrageforschung (beide 1986) und Achim Suckow über lokale Parteiorganisation (1989).

Mein Lehrangebot 1985–2000 (bei drei Freisemestern) lässt sich in drei Blöcken und einigen Außenseitern zusammenfassen:

(1) Ein regelmäßiges Angebot bildete das Thema „Politisches System der Bundesrepublik Deutschland", das alle zwei Jahre einmal in einer vierstündigen Vorlesung vorgetragen und mit einer Klausur abgeschlossen wurde (7 Vorlesungen). Dazu gehörten Seminare zu Teilbereichen: zum Regieren (3 Veranstaltungen), zu Parteien (9), politischen Eliten (3), Wahlen (3), Linksextremismus (4), je eine über Bewegungen, Medien, und Verfassungsdiskussion.

(2) Entsprechend meiner Stellenbeschreibung bot ich darüberhinaus umfassende Überblicke zur Politischen Soziologie (z. T. unter „Soziologie der Demokratie") an (3 Vorlesungen, 2 Seminare), außerdem je ein allgemeines, nicht auf Deutschland beschränktes Seminar zu einem Teilfeld der Politischen Soziologie: Wahl-, Eliten-, Verbände- und Parteiensoziologie.

(3) Im Rahmen eines „Instituts für vergleichende Politikforschung" lehrte ich nicht nur über einzelne auswärtige Systeme (USA, Sowjetunion, Kanada), sondern auch über politische Systeme im Vergleich generell oder auf bestimmte Systemtypen begrenzt – so postsozialistischer, multikultureller oder westlicher Demokratien sowie politischer Systeme in Asien (2 Vorlesungen, 8 Seminare). Andere vergleichende Veranstaltungen behandelten Parteiensysteme bzw. -soziologie, Politische Kultur, Regierung und Wahlverhalten (7 Seminare), eine betraf die extreme Rechte in Europa.

(4) Einige Sonderfälle behandelten aktuelle bzw. historische Themen: die Wiedervereinigung, Politik in den neuen Bundesländern, Vorgeschichte der

Bundesrepublik (zusammen 4 Seminare), die Geschichte der deutschen Arbeiterbewegung (2 Vorlesungen, 1 Seminar) und den Zweiten Weltkrieg (eine Vorlesung), Aufstieg und Fall des Weltkommunismus (ein Seminar, eine Vorlesung). Zur politischen Theorie zählt „Ökonomische Theorie der Politik" (1).

Dazu kamen etwa 9 Politikwissenschaftliche Institutskolloquien (anfänglich unter anderer Bezeichnung) unter meiner Leitung, ferner einige von mir gemeinsam mit Professor Freiwald (Photo S. 285) durchgeführte Ringvorlesungen mit auswärtigen Referenten. Regelmäßig, im Rahmen der Absprachen in der Oldenburger Politikwissenschaft, veranstaltete ich sechs Einführungen in die Politikwissenschaft, z. T. verbunden mit Vorlesungen zur „Theoriegeschichte der Demokratie". Ein Einzelfall war eine Veranstaltung mit dem Kollegen Prof. Hahn (Geschichte) zur „Entwicklung des Parlamentarismus in Polen".

Im Ganzen habe ich mich damit keineswegs auf eigene Forschungsgebiete beschränkt oder meinem Herkommen folgend primär geschichtliche Themen aufgegriffen. Mit Vorlesungen ging ich als erster Oldenburger Politikwissenschaftler voran. Sie schienen mir im Interesse von Überblick und Orientierung der Studierenden sinnvoll, jeweils endend mit einer Abschlussklausur.

Wie – mehrheitlich vorhandene – Unterlagen zeigen, hatten meine Vorlesungen zum politischen System der Bundesrepublik die meisten Besucher mit 48–72 Klausurteilnehmern, gefolgt von solchen zur Theoriegeschichte der Demokratie (47–66 Klausurteilnehmer), während der Vergleich politischer Systeme mit 27–30 abgelieferten Klausuren und der Aufstieg und Fall des Weltkommunismus mit 28 Klausurteilnehmern im mittleren Feld rangierten. Relativ abgeschlagen blieben mit 24 Klausurteilnehmern der Zweite Weltkrieg und mit nur 15 die Politische Soziologie. Dank eines transparenten Beurteilungssystems hat es um die Benotung nie Probleme gegeben, obwohl ich durchaus differenzierte und Klausuren auch als durchgefallen beurteilte.

Legt man die Politikwissenschaft-Prüfungen zum Diplom Sozialwissenschaftler und zum Magister, d. h. fast unsere ganze damalige Studentenklientel zugrunde (Abschlussarbeiten für WS 96/97–SS 98, schriftliche und mündliche Magisterend- und -zwischenprüfungen für WS 97/98, dazu Gutachten zu Promotionen 1991–98), die in einer Erhebung des Fachbereichs vorliegen, so befand ich mich mit 49 Prüfungsbeteiligungen an dritter Stelle, knapp vor mir nur Kraiker vom anderen Institut mit 56 und mein Institutskollege Naßmacher (Photo S. 307) mit 50 Beteiligungen, während alle übrigen weniger als die Hälfte der meinigen erreichten – bei insgesamt etwa 9 (je nach Verständnis von Politikwissenschaft) Professoren[19]. Soweit die punktuellen Untersuchun-

---

19 FB 3/Universität Oldenburg, Prüfungsverteilung im Fach Politikwissenschaft, o. D.

gen ein Urteil erlauben, gehörte ich im Prüfungsvergleich zur aktiveren bzw. stärker angenommenen Minderheit der Oldenburger Politikwissenschaftler.

3 Herausforderung und Kollaps des Kommunismus

Welche Themen dominierten bei meiner Forschungsarbeit in jenen anderthalb Jahrzehnten? Es waren dies

- vor dem Hintergrund des Kalten Krieges: die kommunistische Herausforderung, innerdeutsch der Linksextremismus;
- angesichts der vielfältigen Probleme der Demokratie: das politische System der Bundesrepublik Deutschland und seine Einzelaspekte.

Zunächst zum ersten. Das Angebot aus dem Bundesinnenministerium, ein Drittmittelprojekt zu kommunistischen Einflussmethoden zu übernehmen, hatte 1985 zu einem Einschnitt in meiner Forschung geführt. Das Thema schien mir nach meinen persönlichen Erfahrungen, aber auch angesichts des weltweiten Konflikts zwischen westlicher Demokratie und kommunistischer Diktatur von großem Interesse. Ich entschied mich, die Untersuchung auf die umstrittene Kollaboration von Kommunisten und Demokraten zu konzentrieren.

Das Innenministerium, hier das Referat 7 der Abteilung „Innere Sicherheit" unter dem engagierten Dr. Wilhelm Mensing[20], erklärte sich einverstanden. Es wünschte, die vorgesehenen Geldmittel mir direkt zukommen zu lassen, wovon Reise-, Schreibkosten und Mitarbeitergehälter zu bestreiten waren. Als persönliches Einkommen verblieben mir etwa 13 000 DM. Formell war das Ganze als Nebentätigkeit einzustufen. Dem entsprechend fanden Arbeitsgespräche mit den 1985–86 tätigen Mitarbeitern (Graebert, Abels, Haupt) und im Zusammenhang mit einigen Werkverträgen (Hedderich, Dobrat, weitere für die Reinschrift) im privaten Wohnzimmer statt. Die Informationsbeschaffung lag bei mir und den Mitarbeitern, die Gliederung und Formulierung (bei ganz wenigen Seiten Textvorlage) bei mir.

Mehrfach hatte ich auch im Bundesinnenministerium zu tun. Wie mit Mensing, so gestaltete sich ebenso mit seinen Nachfolgern als Referatsleiter das Verhältnis freundlich und ohne Differenzen. Aber zweimal warfen Vorgänge ihre Schatten, die auch meine Arbeit berühren mochten. Zum einen traf

---

20 Dr. Wilhelm Mensing, geb. 1935, Jurist, Stadtrat, Ministerialrat. Seit 1976 Publikationen über kommunistische Aktivitäten, so u. a. Maulwürfe im Kulturbeet, Osnabrück 1983, Wir wollen unsere Kommunisten wieder haben…, Osnabrück 1989, Von der Ruhr in den Gulag, Gelsenkirchen 2013.

ich bei einem Bonn-Besuch 1986 in der Nähe von Regierungsgebäuden auf patroullierende oder parkende Panzerspähwagen des Bundesgrenzschutzes und Beamte mit Maschinenpistolen. Es herrschte akute Terrorgefahr. Ich ging da in die Höhle eines gefährdeten Löwen, in die Abteilung „Innere Sicherheit", zuständig für Terrorabwehr. Sie war gesichert nicht nur durch eine Kontrolle am Eingang des Ministeriums, sondern auch durch einen inneren Kontrollring um diese Abteilung. Am zweiten oder dritten Tag durchlief ich einmal den inneren Ring unkontrolliert. Ich war wie selbstverständlich gegangen, wohl wiedererkannt worden. Beim Verlassen wurde das auf dem Laufzettel offensichtlich, es gab Aufregung unter den Grenzschützern, jemand wurde gerüffelt. Tatsächlich wurde im Herbst ein Abteilungsleiter des Auswärtigen Amtes von RAF-Terroristen in Bonn ermordet.

Der zweite Vorgang: Ich befand mich im September 1987 gerade im Innenministerium, als der DDR-Staatsratsvorsitzende Honecker zum ersten Staatsbesuch in Bonn aufkreuzte. Ich hörte im Rundfunk Redeübertragungen, las Kommentare und hatte gemeinsame Konferenzen von SED- und SPD-Arbeitsgruppen über eine atomwaffenfreie Zone, das Treffen einer Volkskammerdelegation mit einer der SPD-Bundestagsfraktion, ein Seminar der SPD-Grundwertekommission mit einer Abordnung der SED-Gesellschaftswissenschaftler[21] sowie Treffen einzelner westdeutscher Politiker mit SED-Vertretern vor Augen. Ich spürte ein leichtes Zittern des Bodens, auf dem ich mich bewegte. Lief die Geschichte, obwohl Kohl nicht ausglitt, auf einen politischen Friedensschluss, eine große Umarmung hin? Im Falle eines Regierungswechsels schien das nicht mehr ganz abwegig. Gemeinsam erklärten SPD und SED im August 1987: „Keine Seite darf der anderen die Existenzberechtigung absprechen. Unsere Hoffnung kann sich nicht darauf richten, dass ein System das andere abschafft"[22]. Selbstverständlich, zwischen Bundesrepublik und DDR musste verhandelt und gesprochen werden – aber auch zwischen Parteien, selbst über eine atomwaffenfreie Zone, die der Westen ablehnte, oder – wie zwischen Ministerpräsident Lafontaine und Honecker – mit dem Ergebnis, dass Lafontaine für eine Anerkennung der DDR-Staatsbürgerschaft warb? Geriet ich mit meiner Untersuchung ins Abseits?

Das Ergebnis des Projekts war das Buch „Die Erosion der Abgrenzung", das 1988 erschien. In ihm war dargestellt, dass kommunistische Machtübernahmen nicht auf Mehrheitsgewinn beruhten, sondern meist auf bündnispolitischen Konzepten, bei denen gegenüber Bündnispartnern das Prinzip

---

21 Diese fanden am 6.12.1985, 19.2.1986 und Anfang März 1986 statt. Ergebnis war ein gemeinsames Grundsatzpapier.
22 Zit. nach: Aktion Sühnezeichen/Friedensdienste, Das SPD-SED-Papier, Freiburg 1988, S. 17.

„*Umarmung und Erwürgung*" galt, d.h. am Ende stand die Entmachtung der Bündnispartner. Dargestellt wurde dann die sozialdemokratische Abgrenzungspolitik, die Zusammenarbeit mit Kommunisten ausschloss, aber ab 1970 einer „*Erosion*" unterlag. Wie diese ablief, führte ich anhand von Jugendverbänden und drei politischen Kampagnen aus: der Berufsverbotekampagne, dem „*Antifaschismus als ideologischem Volksfrontkitt*" und der Friedensbewegung. Mehrere verbreitete Thesen widerlegte das Buch:

- Die These, dass die Aktivitäten gegen die westliche Nachrüstung 1979 „fast schlagartig zu einer von vielen Gesellschaftsgruppen getragenen Massenbewegung" anwuchsen[23], erwies sich als nicht zutreffend. Vielmehr bestimmten Züge einer von organisierten Gruppen gesteuerten Kampagne das Bild.
- Auch die These, dass das DKP-orientierte Lager innerhalb der Friedensbewegung ohne entscheidenden Einfluss gewesen sei, erwies sich als „*empirisch falsch*". Vielmehr spielte das kommunistische Lager bei Initiative, Organisation und Rednerauswahl eine zentrale, bei der Zielsetzung eine führende Rolle. Es gelang ihm, alle Bestrebungen abzublocken, auch gegen die sowjetischen SS 20-Raketenrüstung und Invasion Afghanistans zu protestieren. Die „Friedensbewegung" wandte sich also nur gegen westliche Raketen[24].
- Die Kooperation mit kommunistischen Organisationen musste sich nicht so harmlos auswirken, wie vielfach behauptet. Neben Einflüssen auf den politischen Entscheidungsprozess konnte eine „antifaschistisch" gefärbte Sicht zu einer „*geistigen Entwaffnung gegenüber dem kommunistischen Bündnispartner*" führen. Damit drohte sich „*ein wichtiges stabilisierendes Element der politischen Kultur der Bundesrepublik aufzulösen*"[25].

Eckhard Jesse (Photo S. 307), „mehr als angetan" von dem Buch[26], brachte als Extremismusforscher eine Rezensionssendung beim Sender Freies Berlin unter, welche die Problematik ausleuchtete, der Extremismusspezialist Uwe Backes schrieb eine fundierte, zustimmende Rezension[27]. Demgegenüber erschien in der Zeitschrift für Politik erst 1991 – nach dem kommunistischen

---

23 So z.B. Bernd Stöver, Der Kalte Krieg, München 2007, S. 430.
24 Vgl. demgegenüber Wikipedia-Artikel zur Friedensbewegung (Abruf 19.10.2014).
25 Wolfgang Rudzio, Die Erosion der Abgrenzung, Opladen 1988, S. 5f., 31, 143ff., 172ff., 247f., 251f.
26 Eckhard Jesse an Wolfgang Rudzio, 3.3.1989.
27 Uwe Backes, Die extremistische Versuchung, in: FAZ, 23.6.1989.

Kollaps – eine Besprechung, welche die empirische Untersuchung anerkannte, aber an der dem Thema zugeschriebenen Relevanz zweifelte[28].
Sonst herrschte Funkstille. Diese erklärte sich teilweise daraus, dass das Thema – angesichts des Zusammenbruchs des europäischen Kommunismus 1989/90 – rasch an Bedeutung verlor. Auch ich selbst habe zum Themenfeld des Buches nur noch einen Beitrag „Antifaschismus als Volksfrontkitt" geschrieben. Dass das Buch nicht zu einem SPD-Parteiverfahren gegen mich führte, erklärt sich einfach: ein Verfahren hätte dem Buch nur Aufmerksamkeit verschafft, auch lebte die Partei mit unterschiedlichsten Mitgliedern. Bemerkenswerter blieb, dass es aus der SPD auch sonst keinerlei Reaktion gab. Das erinnerte an meinen letzten Redeauftritt in der Oldenburger SPD, als ich wie Luft behandelt wurde.

Seit jenem Konflikt um die Nachrüstung, bei dem Bundeskanzler Schmidt mit einem Dutzend Gleichgesinnter auf dem SPD-Parteitag niedergestimmt worden war, hatte meine Mitgliedschaft nur noch passiv-formellen Charakter. Hoffnungen auf eine Kurskorrektur hielten mich in der Partei. Aber Silberstreifen am SPD-Horizont blieben aus. Im Gegenteil, während ihrer Oppositionszeit stolperte die Partei mit ihren außenpolitischen Umorientierungen, ihren Anbiederungen an grüne Parolen und dem innerparteilichen Aufstieg von Lafontaine und Schröder[29] auf einem Wege weiter, den ich nicht gutheißen konnte. Bei Lafontaine kam hinzu, dass mir nach Lektüre mehrerer seiner überheblichen, nahezu belegfreien Bücher jede Macht in seinen Händen verhängnisvoll schien. Wenn er an die Spitze kommt, verlasse ich die Partei, pflegte ich zu sagen. So war es nüchterne Konsequenz aus längerem Dissens, dass ich schließlich am 10. Januar 1989 aus der SPD austrat. Als dafür ausschlaggebende Gründe notierte ich damals: die Stellung zur Nachrüstung, die Erosion der Abgrenzung zu den Kommunisten und eine fehlende Kinderförderung (fassbar an Steuerrecht und eingefrorenem Kindergeld)[30].

Bedauerlich war, dass damit auch die Verbindung zu geschätzten Mitgliedern der Partei abriss, aber ich meinte, jene Politik nicht unterstützen zu sollen. Für den Rest meines Berufslebens wurde ich parteilos. Hatte ich mich nach „rechts" entwickelt? In meiner Sicht nicht, war ich doch auf einer Linie geblieben, die man mit Kurt Schumacher, Helmut Schmidt und anderen verbinden konnte, von der sich die SPD inzwischen aber weit entfernt hatte. Eine tatsächliche Rechtsentwicklung könnte man bei mir früher, etwa 1968–74, feststellen, als ich meinen Frieden mit dem Markt (und damit Ungleichheit) schloss und das Konzept der Gesellschaft mit Subsystemen übernahm.

---

28 Renate Strassner, Wolfgang Rudzio: Die Erosion der Abgrenzung, in: Zeitschrift für Politik 1991, S. 339 f.
29 Vgl. Rudzio, Erosion, S. 167 und 194 (Lafontaine) bzw. 206 und 192 (Schröder).
30 Wolfgang Rudzio, Notizen, 10.1.1989.

Inzwischen vollzog sich der Kollaps des europäischen Kommunismus. Das war ein längerer Prozess, kein plötzlicher Zusammenbruch. Der Kommunismus ist ursächlich auch nicht an Freiheitswillen oder seinen Verbrechen gescheitert. Das motivierte zwar viele seiner Gegner, hat aber seine Stabilität nicht zerstört. Die „Vorstellung von einer menschheitsbefreienden Endlösung", einer sozial gerechten, wirtschaftlich blühenden Gesellschaft, rechtfertigte jede Tat, jedes Verbrechen für den Kommunisten, wie Bertolt Brecht 1930 in seinem Lehrstück „Die Maßnahme" formuliert hatte:

„Welche Medizin schmeckte zu schlecht dem Sterbenden?
Welche Niedrigkeit begingest du nicht, um die Niedrigkeit auszutilgen?
Könntest du die Welt endlich verändern, wofür wärest du dir zu gut?
Wer bist du? Versinke in Schmutz,
Umarme den Schlächter, aber ändere die Welt: sie braucht es!
...Wer für den Kommunismus kämpft, hat von allen Tugenden nur
eine: daß er für den Kommunismus kämpft"[31]

Aber, wie bei anderen Revolutionen: Die in zweiter oder dritter Generation unter kommunistischen Regimen Lebenden spürten, es war keine ideale Welt, in der sie da lebten. Je länger, desto weniger ließen sich Mängel als Übergangsschwierigkeiten erklären, je totaler die Macht, desto weniger konnten Widerstände als Entschuldigung dienen. Der revolutionäre Impetus erlahmt, der Zweifel nagt. Mir selbst war die Vorstellung von einer sozialistischen Wirtschaftsordnung in der Demokratie zerronnen, als ich um 1970 beim Lesen des tschechischen Ökonomen Ota Sik und anderen die Probleme der Steuerung, der Preisgestaltung und der Arbeitsmotivation in einer sozialisierten Wirtschaft durchdachte. Bei späteren Forschungen zur Sozialisierungspolitik bewegte mich immer die Frage nach einem realisierbaren Wirtschaftsmodell, das jene Probleme löse – und ich hatte weder in der sozialdemokratischen noch in der kommunistischen Debatte eine Antwort finden können. Die großen, utopischen Verheißungen ließen sich nicht einlösen.

Der 17. Juni 1953, der ungarische Aufstand 1956, Dubceks Aufbruch zu einem reformierten Kommunismus 1968, die Solidarnosc in Polen ab 1980 waren Zeichen der Unruhe im kommunistischen Lager, deren Freiheits- und Veränderungswillen vor diesem Hintergrund erklärbar waren. Man konnte ihnen im Westen nur Sympathie bekunden und durch öffentliche Aufrufe beistehen. So unterzeichnete ich 1982 einen Aufruf gegen das kommunistische Militärregime in Polen, gemeinsam mit demokratisch-linken Intellektuellen (Iring Fetscher, Heinz Brandt, Ossip Flechtheim, Helga Grebing, Jiri Kosta, Peter von

---

31 Zit. nach: Melvin J. Lasky, Utopie und Revolution, Reinbek 1989, S. 90 f.

Oertzen, Johano Strasser, Fritz Vilmar und Manfred Wilke – bis auf Kosta mir alle persönlich bekannt)[32]. Selbst in der DDR scheint sich hinter der offiziellen Fassade ein geistiger Ablösungsprozess zumindest bei Jüngeren vollzogen zu haben. Jedenfalls fiel nach Umfragen die Identifikation mit dem Marxismus-Leninismus bei Lehrlingen von 46 % in 1975 auf nur 9 % im Mai 1989, bei Studierenden von 61 auf 35 %[33]. Mit der Solidarnosc-Bewegung in Polen, der sowjetischen Invasion in Afghanistan und der militärischen Verteidigung des kommunistischen Regimes in Angola litt das Sowjetlager die ganzen achtziger Jahre hindurch an offen schwärenden, politisch wie ökonomisch kostspieligen Wunden. Begleitet wurde dies von einem Niedergang der kommunistischen Parteien in Westeuropa. Bei Wahlen fielen sie fast überall zurück:

- in Italien von 34,4 % der gültigen Stimmen 1976 auf 26,6 % in 1986,
- in Frankreich von 20,7 % (1978) auf 9,8 % (1986),
- in Spanien von 10,6 % (1979) auf 4,6 % (1986)
- in Finnland von 18,9 % (1975) auf 9,4 % (1987)
- in Portugal von 18,8 % (1979) auf 12,2 % (1987)[34].

Diese Daten beschaffte ich mir 1988, um ein Seminar für den Sommer 1989 vorzubereiten, das sich mit der kommunistischen Weltbewegung beschäftigte. Insofern nahm ich das Schwächerwerden des kommunistischen Drucks durchaus wahr. Schließlich bewegte sich, nach dem Übergang der Führung auf Michael Gorbatschow 1985, auch die sowjetische Spitze. Man sah dort die Krise primär als wirtschaftliche. Von einer „Häufung stagnierender Tendenzen" in der Sowjetwirtschaft war die Rede, angesichts fehlender Anreize werde „Arbeit von mittelmäßiger oder schlechter Qualität" geleistet, man liege unter dem „technologischen Weltniveau". Man bekannte sich daher zu wirtschaftlicher Rechnungsführung, veränderter Planung und Reform des Preissystems. Aber es blieb da bei wolkigen politischen Resolutionen. Gorbatschow gestand, man habe keine „Patentlösungen", die sowjetischen Gesellschaftswissenschaftler hätten „noch nichts Zusammenhängendes geliefert"[35]. Tatsächlich, wie ich 1993 zusammenfasste, erwies sich die *„Entwicklungskraft sozialistischer Systeme als eng begrenzt, beschränkt auf schwerindustriell-traditionelle Wirtschaftssektoren, ohne technologische Innovationsfähigkeit".* Das schon von Chrustschow ge-

---

32 Text in: FR, 9.1.1982.
33 Walter Friedrich, Mentalitätswandlungen der Jugend in der DDR, in: APuZ 1990/16-17, S. 25 ff., hier 27, 29.
34 Michael Waller/Meindert Fennema (Hg.), Communist Parties in Western Europe, Oxford 1988, S. 26, 48, 73, 88, 131 (verschiedene Beiträge).
35 Michael Gorbatschow, Perestroika, München 1987, S. 59, 61, 106, 115 et passim.

spürte wirtschaftliche Zurückbleiben wurde „*um so delegitimierender, je länger der Zweite Weltkrieg zurück lag*". Die Utopie war tot.

„*Selbst die militärpolitische Option, auf die sich ... die Sowjetunion seit Stalin*", verlegt hatte, erwies sich als „*gigantische Fehlkalkulation. Spätestens mit der westlichen Nachrüstung Anfang der achtziger Jahre schwand jede Aussicht auf eine militärpolitische Erpressung, während immer weniger Kraft für weitere Runden im Rüstungswettlauf blieb*"[36]. Die Entschlossenheit des US-Präsidenten Ronald Reagan, den sowjetischen SS 20-Raketen durch eine westliche Nachrüstung Paroli zu bieten und antikommunistische Kämpfer in Afganistan und Angola durch Waffenlieferungen zu unterstützen, erhöhte die Kosten des überdehnten sowjetischen Engagements. Während die amerikanischen Militärs sich der Computertechnik zu bedienen begannen und einen Abwehrschirm gegen Raketenangriffe ins Auge fassten, blieben die Sowjets technologisch zurück. Angesichts dessen sah sich die sowjetische Führungsspitze ab 1987 zu erstem Einlenken bei der Rüstung veranlasst. Auch Hilfslieferungen und günstige Sonderkonditionen für Satellitenstaaten (wie etwa bei Erdöllieferungen an die DDR) wurden eingestellt oder gekürzt. Die Breschnew-Doktrin, wonach die sozialistischen Staaten sich gegen antisozialistischen Umsturz durch Intervention „helfen" sollten, wurde 1988 aufgeben. Der Koloß zeigte Schwäche. Hätte stattdessen die „Friedensbewegung" die westliche Nachrüstung verhindert, so wäre Westeuropa zu einer labilen Zone ohne glaubwürdigen Abschreckungsschutz verwandelt worden, offen für Erpressung. Das Ringen um die Nachrüstung 1982/83 erwies sich somit als eine entscheidende Weggabelung für alles Folgende.

Als Politikwissenschaftler hatte ich auch persönliche Eindrücke von jener Zeitenwende. Die erste Begegnung war die mit einer der schwärenden Wunden des „Realsozialismus", nämlich der von Solidarnosc getragenen Demokratiebewegung in Polen. Unser Institut unterhielt, im Rahmen einer Universitätenkooperation, Kontakte mit Historikern und Soziologen der Kopernikus-Universität Torun (Thorn). So hatten wir Mitte April 1989 bei uns zu Hause die Soziologen Wlodzimierz Winclawski und Andrzej Kaleta aus Thorn zu Besuch, desgleichen meinen Kollegen Freiwald, der die Kontakte pflegte.

Auf Einladung der Universität Torun brachen wir, meine Frau und ich, am 6. Mai 1989 mit unserem VW-Passat zu einer Vortragsreise dorthin auf. Bei der Durchreise durch die DDR zeigte diese auch im Kleinen ihren Charakter. So gab es schon bei Helmstedt einen Zwischenfall: Man musste da mehrere DDR-Kontrollstellen passieren. Als wir eine erreichten, das Fahrzeug vor uns abgefertigt war, fuhr ich vor, doch der Grenzer in seinem Häuschen schaute stumm zur Seite weg, auf Geräusch von uns nicht reagierend. Nach Warten fuhr ich

---

36 Wolfgang Rudzio, Vortragsmanuskript „Ist der Kommunismus wirklich tot?" zur Internationalen Tagung der Seidel-Stiftung in Lubljana/Slowenien 1993, S. 2f.

an, um die nächste Kontrollstelle zu erreichen. Da brüllte er auf, ein Wutausbruch brach über uns herein, bis er – Westler verwünschend, zugleich unsicher wirkend – seine Kontrolle durchführte. Den nächsten Eindruck lieferten stinkende, mit Kot und Urin überfüllte, unbenutzbare Toiletten an einem Autobahn-Rasthaus – was meine Vorstellung von der DDR als zwar diktatorischem, aber geordneten Staat korrigierte. Eine dritte DDR-Duftmarke bildete die Autobahn östlich Berlins mit ihren Schlaglöchern und Rissen. Auf der Rückreise, bei der wir in Köslin übernachteten, fuhren wir über Stettin und Rostock nach Westen. Unterwegs hielten wir Ausschau nach einer Gast- oder Raststätte – vergebens, wir fanden nichts. Erst nach dem Grenzübergang bei Lübeck war ein Mittagessen möglich. Man lernte, dass es im DDR-Sozialismus keine Gastronomie gab, kein Interesse, durch Dienstleistungen Devisen einzunehmen. Mein DDR-Bild, als Diktatur schon zuvor gefestigt, bekam weitere dunkle Schattierungen.

Die Kontrolle bei der Überfahrt über die Oder nach Polen gestaltete sich umständlich, aber problemlos. Nur bei der Durchsicht des Reisepasses meiner Frau stutzte die polnische Grenzbeamtin, strahlte und zeigte ihn einem Kollegen, wir hörten die Worte „Grodno" und „Polska" – der Geburtsort meiner Frau, der 1945 Weißrussland zugeschlagen war, aber im deutschen Pass für 1943 korrekt als „Grodno (Polen)" eingetragen war. Das war es offensichtlich, was erfreute. Die alten Grenzen waren in Polen nicht vergessen! Wir fuhren dann ins Posensche, sahen Waldgebiete, dann viel blühenden Raps und ordentlich bearbeitete Felder (besser als ich erwartet hatte), schließlich den *„eindrucksvollen Dom"* von Gnesen. Bei Posen aber stoppte uns plötzlich auf offener Landstraße die polnische Miliz (Polizei). Ein Grund war uns nicht ersichtlich, verunsichert blickten wir auf einen oder zwei auf uns zukommende Milizionäre. Was wollten sie wohl? Sie sprachen radebrechend, etwas unsicher, machten aber deutlich, dass sie von uns DM gegen Zloty eintauschen wollten. War es eine Falle? Darauf einzugehen, wäre illegal gewesen. Ich entschied mich für eine höfliche Ablehnung – lieber irgendeine Schikane erleiden. Aber sie ließen uns ungeschoren unseres Weges ziehen. Als ich in Thorn den mit Solidarnosc sympathisierenden polnischen Kollegen davon erzählte, lachten sie und nahmen es als Zeichen, dass sich der Staatsapparat zersetze.

In Thorn, wo wir im alten Staropolski-Hotel wohnten, wurden wir von den dortigen Kollegen mit viel Freundlichkeit betreut. Neben Besichtigungen hatten wir gemeinsame Essen, teils in Lokalen, teils abends in Wohnungen – so bei Winclawski und Wajda (Photo S. 299), außerdem sprachen wir Kaleta/Soziologie, Roman Bäcker/Politikwissenschaft sowie die Professoren Arszynski und Nowak. Da die Älteren Deutsch konnten, andere Englisch, war es möglich, sich differenziert über dieses und jenes zu unterhalten. Auch die spannungsgeladene Situation in Polen kam zur Sprache, wie sie kurz vor den ersten ausgehandelten freien Wahlen bestand. Ätzende Witze über das System, aber auch

Begriffe wie „Stadtrandkulaken" (für die Besitzer von Holzhäuschen mit privaten Schrebergärten am Rande der Städte) machten die Runde. Nicht ganz wörtlich lauteten „Paradoxien des Sozialismus":

> „Obwohl wir in einem Arbeiter- und Bauernstaat leben, will keiner arbeiten,
> und obwohl keiner arbeitet, steigt die Produktion,
> obwohl die Produktion fortwährend steigt, gibt es nichts zu kaufen,
> obwohl es nichts zu kaufen gibt, kann man an alles rankommen..."

Man spürte: ein Land im Umbruch, in dem der Kommunismus kaum noch Wurzeln besaß. Nicht nur größere Städte waren davon erfasst. So berichtete ich nach unserer Rückfahrt durch Masuren, Ermland und Pommern: *„Bemerkenswert war, daß wir auch in relativ kleinen Orten gelegentlich auf Solidarnosc-Plakate stießen"*[37]. Auch beim akademischen Aspekt des Besuchs, der uns in Gebäude der Universität führte, stieß einem manches auf. Da ging ich, zum Vortrag bei der Historischen Gesellschaft eilend, an einer Büsten-Galerie polnischer Könige vorbei – als große Gestalten der nationalen Geschichte in Erinnerung gehalten. Bei der Diskussion meines Vortrags über die Friedensbewegung trat zutage, dass deren Schweigen zum sowjetischen Druck auf Polen dort kritisch wahrgenommen war. Allgemein fiel uns auf, wie wenig Spuren die kommunistische Ära in Habitus und Umgang der polnischen Kollegen hinterlassen hatte. Es dominierte ein höflicher, von Achtung getragener Verkehr miteinander. Traditionelle Einstellungen traten hervor, der Handkuß für meine überraschte Frau, ebenso das Bedauern polnischer Kollegen, dass ihre Frauen eine Berufstätigkeit ausüben müssten.

Professor Wajda schrieb mir im August 1989, er habe sich „in der Wahlkampagne aktiv für Solidarnosc beteiligt", für die er nun als politischer Berater tätig sei[38]. Meinerseits versicherte ich, wir verfolgten die politische Entwicklung in Polen *„mit Interesse und Sympathie"*[39]. Der *„Prozeß eines Abbaus kommunistischer Diktatur ist ja aufregend...Etwas beunruhigend bleibt natürlich, daß reale Machtpositionen wie Innen- und Verteidigungsministerium, Apparate etc. in Polen noch in kommunistischer Hand verbleiben"*, aber wir hofften, dass die Entwicklung zu einem „point of no return" weitertreibe, von dem es keine „*Rückkehr zum kommunistischen Monopolregime gibt"*[40]. Rückschläge waren noch möglich.

---

37 Wolfgang Rudzio an Kazimierz Wajda/Torun, 15.6.1989.
38 Kazimierz Wajda an Wolfgang Rudzio, 3.8.1989.
39 Wolfgang Rudzio an Janusz Mallek, 28.6.1989 bzw. an Wlodzimierz Winclawski, 9.6.1989.
40 Wolfgang Rudzio an Kazimierz Wajda, 22.9.1989.

Im übrigen gab es noch eine andere Seite unseres Thorn-Besuchs. Das war zunächst die Begegnung mit jener Stadt. Ihr altes Gesicht beeindruckte, wenn auch von Wehmut begleitet, dass so viele deutsche Spuren nur noch historischen Charakter hatten. Thorn war so gut wie unbeschädigt durch den Krieg gekommen, und der Sinn der Polen für Geschichte trug dazu bei, ältere Bauwerke zu erhalten. Schon als die Stadt vor uns auf der anderen Seite der Weichsel auftauchte, beeindruckten dort auf dem höheren Ufer Türme, Gebäude und Mauern der spätmittelalterlichen und teilweise frühneuzeitlichen Stadt. Die Kollegen Arszynski, Winclawski und Kaleta taten alles, sie uns bei Führungen nahe zu bringen: die wuchtigen gotischen Backsteinkirchen, das originelle Rathaus mit dem Kopernikusdenkmal (Sitz des Preußischen Bundes ab 1440), Teile der Stadtmauer samt Tor, alte Bürgerhäuser, den Neustädter Markt, Überreste der im 13-jährigen Krieg zerstörten Ordensburg. Thorn war, gleichzeitig mit Kulm, 1233 die erste Stadtgründung des Deutschen Ordens in Preußen und gehörte zu den bedeutendsten Städten des Ordenslandes. Am Rande der alten Stadt begann allerdings ein anderes Thorn, zusammengesetzt mehr aus kastenförmigen Gebäuden der realsozialistischen Ära, soweit auf den ersten Blick zu erkennen. Bei einem Autoausflug besichtigten wir das an der Weichsel hoch gelegene Kulm, mit älteren Gebäuden und einem Renaissance-Rathaus, einem kleinen Schmuckstück. Weit reichte von den Stadtmauern aus der Blick über Fluss und Land. Auch die später umgebaute Ordensfestung im südlicheren Golub sahen wir an. Alles bewegte mein ostpreußisches wie mein Historikerherz, Freude, dies alles noch kennenlernen zu können.

Persönliches spielte in Gesprächen eine Rolle, wenn wir über unser Leben sprachen. Wajda[41] (Photo S. 299), aufgewachsen in Kujawien (Region bei Bromberg), hat unter der deutschen Besatzung im 2. Weltkrieg noch Deutsch gelernt, und als Historiker wurde für ihn die Geschichte jener Gebiete in deutscher wie polnischer Zeit zu einem zentralen Thema. Man könne, so sagte er, noch heute an Straßen und Bauweise die verschiedenen Teilungsgebiete des 19. Jahrhunderts voneinander unterscheiden. Mallek (Photo S. 299) erzählte, dass er aus einer Familie der kleinen nationalpolnischen Minderheit bei Allenstein komme. Von mir wussten sie, dass ich aus Masuren stammte und in Königsberg gelebt hatte. Mallek, Spezialist für die Ständegeschichte in Altpreußen, gab mir einen Auszug aus den Erbhuldigungsakten des 17. Jahrhunderts, in denen die Dorfschulzen Rudzio aus der Angerburger Gegend aufgeführt sind. „Sehr berührt", schrieb ich ihm: „*Man sieht die – wahrscheinlich – eigene Geschichte etwas anders als zuvor.*"[42] Sein Geschenk wurde ein Anstoß für mein späteres familiengeschichtliches Interesse. Zenon Nowak, Historiker der Ordensgeschichte, wohl mit deutschem Einschlag (Zweiter Vorname „Hubert"!),

---

41 Kazimierz Wajda, geb. 1930 in Bromberg (Bydgosz), Professor für Geschichte.
42 Wolfgang Rudzio an Janusz Mallek, 28.6.1989.

Zu Besuch in Thorn 1993: Professoren Mallek, Freiwald, Wajda und Rudzio (von links, außerdem Tochter Malleks). © Wolfgang Rudzio, Autor.

überraschte mich mit der Frage, ob wir nicht während des Dritten Reiches daran gedacht hätten, unseren Nachnamen „Rudzio" einzudeutschen. „Nein", antwortete ich. Solche Eindeutschungen hatte es in der Tat gegeben, ohne dass ein Druck dazu bestand. Ich fügte nicht hinzu, dass selbst SS-Führer wie Skorzeny oder Bach-Zelewski dies nicht für nötig gehalten hatten, ebensowenig wie meine Mutter als Parteigenossin. Die ideologische NS-Prägung der deutschen Gesellschaft wird eben manchmal überschätzt. Ich meinerseits spaßte gegenüber Roman Bäcker: Wir müssten ja eigentlich, um ganz in unsere Länder hineinzupassen, einen partiellen Namensaustausch vornehmen, uns gewissermaßen „ausmendeln": er dann „Roman Rudzio", ich „Wolfgang Bäcker" heißen. In Wirklichkeit hatten Jahrhunderte der Nähe und „Mischheiraten" ihre Spuren hinterlassen[43].

Eine weitere persönliche Komponente ergab sich daraus, dass Waltraut und ich zum Abschluss noch einen Abstecher zu zweit nach Masuren unternahmen. Es war unser erster Besuch in Ostpreußen nach 1945. Wir fuhren in

---

43 Wolfgang Rudzio, Notizen, 7.–15. 5. 1989 sowie Erinnerungen.

nordöstlicher Richtung von Thorn aus über Strasburg, Osterode und Allenstein (dort kurz aussteigend) bis Sensburg und genossen die hügelige, von viel Wald und Seen bestimmte Landschaft des südwestlichen Ostpreußen, dann die flachere und weite Sicht erlaubende des östlichen Masuren. Wir quartierten uns in einem neuen schwedischen Hotel ein, um dann Rhein (polnisch Ryn) aufzusuchen, wo einst Großeltern von uns und unsere Mütter gelebt hatten, ich selbst einen Teil meiner Kindheit. Wir parkten auf dem Marktplatz und gingen durch die Straßen. Es war alles leicht zu finden. Die alten Häuser, hin und wieder unterbrochen durch Lücken oder Neubauten, standen noch – so auch Schule und Lehrerhaus. Teilweise fehlte es ihnen an Farbe. Die Straßen waren nun asphaltiert, ebenso der Weg am Rheiner Seeufer. Still, wie menschenleer wirkte der Ort. In der Nikolaiker Straße fand sich das Haus der Lemkes, nun gelbbraun statt hellblau gestrichen. Ich ging ein paar Schritte in die Einfahrt, um die Hofgebäude wieder zu sehen – und erstarrte: Sie alle waren verschwunden. Da, wo die Schlosserei gestanden hatte, befanden sich ein oder zwei lange ebenerdige Gebäude, ähnlich Baracken. Das Wohnhaus schien von mehr als einer Familie bewohnt. Im gleichen Moment kam ein Mann auf mich zu, verscheuchte mich Polnisch sprechend, ich ging zurück auf die offene Straße. Wir suchten dann auf dem Friedhof nach Verwandtengräbern, aber außer dem eines Geistlichen schien kein deutsches Grab vorhanden. Einen Blick warfen wir in den Innenhof der Ordensburg (ihn hatte ich als Kind nie gesehen) und auf die Badebucht am Olofsee, wo schwimmende Stege die einstige kleine Badeanstalt erweitert hatten. Bedrückt verließ ich den Ort.

An Sensburg besaß ich keine klare Erinnerung, Nikolaiken wirkte still und bei mäßigem Wetter nur von geringem Charme, durch Rastenburg fuhr ich ohne Orientierung langsam durch. Mehr brachte ein Aufenthalt in Heiligelinde, wo wir das Orgelspiel in der Barock-Kirche hörten, auch ein Stopp in Heilsberg am alten, gut erhaltenen Bischofssitz. Die Marienburg war bei unserer Ankunft gerade geschlossen – ein Angestellter photographierte uns freundlicherweise vor ihr. Alles in allem: Der Trip ins heimatliche Masuren musste sein, riss aber vernarbte Wunden auf. Wir haben Ostpreußen seither nicht wieder besucht. Das Thema Oder-Neiße-Linie war in Thorn nie angesprochen worden. Lediglich bei einem früheren Besuch Professor Wajdas bei uns hatte er mich einmal nach meiner Meinung zu ihr gefragt. Ich war einer direkten Antwort, die ablehnend gewesen wäre, ausgewichen und hatte geantwortet, angesichts seiner Bevölkerungsschrumpfung werde Deutschland immer weniger wahrscheinlich noch Revisionsforderungen erheben. So sah ich es tatsächlich.

Der Kollaps des Kommunismus, den wir in Polen erlebt hatten, setzte sich dann fort. Als wir bis Mitte September 1989 zum Urlaub in Kärnten weilten, durchlöcherte die ungarische Grenzöffnung für DDR-Bürger faktisch den „Schutzwall" der DDR. Ein älterer Österreicher, mit dem ich sprach, meinte, die deutsche Wiedervereinigung komme jetzt rasch. Dem stimmte ich zu – wie wollte die SED nun einen ständigen Abfluss jüngerer arbeitsfähiger Menschen stoppen? Grenzsperren in alle vier Himmelsrichtungen, das schien unmöglich. Im Oktober hörte man von den spannungsgeladenen Demonstrationen der Opposition in der DDR. Am Abend des 9. November 1989 flog ich zu einem Tagungsbesuch „40 Jahre politische Bildung" nach Berlin, ohne von der Maueröffnung zu ahnen. Als ich am nächsten Morgen zum Reichstagsgebäude kam, wo die Tagung stattfinden sollte, wurde klar, die Mauer war geöffnet! Ich traf im Reichstag mir bekannte Politikwissenschaftler, so Backes, Jesse, Lösche, Funke, Knütter und Frau Dr. Petersen, die Schwester Konrad Adams. Aber angesichts dessen, was sich auf den Straßen abspielte, konnte die Tagung *„nur eingeschränkt stattfinden, stattdessen war ich viel unterwegs, am Brandenburger Tor, am Kurfürstendamm, am Checkpoint Charlie und am Übergang Invalidenstraße"*[44]. Einige Teilnehmer, Jesse, Backes und ich, suchten nach Ostberlin vorzudringen, doch wo wir es auch versuchten, überall waren die Übergänge und U-Bahnhöfe verstopft von dichten, entgegenkommenden Menschenmassen aus Ost-Berlin. Man stand auf den breiten Treppen zu den Bahnsteigen, kam aber wegen der Entgegenkommenden keinen Schritt vorwärts. Wir zogen daraufhin mit dem Strom zum Kurfürstendamm, wo die Menschen sich auf allen Straßenspuren langsam vorwärts schoben. Anders als nach Fernseh-Eindrücken gingen die Menschen stumm, langsam, Blicke in die Seitenstraßen werfend – vermutlich wollten sie prüfen, ob es auch da ordentlich und glitzernd aussah. Musik machte niemand, von Politikern, die irgendwo gesprochen hätten, war nichts zu sehen oder zu hören. Undeutlich blieb, was die vielen in den Ost-Jeans bewegte. „Die unmittelbare Anschauung der Realität von Demokratie und den Lebensverhältnissen (im Westen, W. R.) überwältigte, ja schockierte die Menschen", meint Hermann Weber, sodass alle Vorstellungen schwanden, die DDR sei reformierbar[45]. Wir drei Politikwissenschaftler luden einige Leute ein, sich mit uns in ein Café zu setzen. Zwei entpuppten sich als Ehepaar, das aus Torgau hergefahren war. Es überraschte mit Vorwürfen gegen den Westen, der durch Kredite die sozialistische Wirtschaft noch Jahre länger am Leben erhalten habe. Die DDR sei heruntergewirtschaftet, in den Betrieben nur alte, defekte Maschinen vorhanden, die Straßen kaputt, Häuser heruntergekommen. Die treibende Rolle der Wirtschaft bei der Entwicklung, die sich vollzog, wurde ganz deutlich.

In der Dämmerung stand ich am Brandenburger Tor, wo Jüngere dicht an dicht auf der breiten Mauer standen. Mir kam der Gedanke, auch hochzuklettern, nahm aber altersbedingt davon Abstand. Am Übergang sprach ich mit einem DDR-Grenzer, der sehr unsicher wirkte, was er tun solle. Im Ergebnis ließ er alles laufen. Schließlich beobachtete ich am Checkpoint Charlie, wie eine nicht abreißende Kolonne von „Trabis" im Schritttempo nach West-Berlin

---

44 Wolfgang an Hildegard Rudzio, 11.11.1989.
45 Hermann Weber, DDR. Grundriss der Geschichte 1945–1990, Neuauflage 1991, S. 220.

einrollte, fast hautnah beiderseits von „Westdeutschen" begrüßt. Während das durch freundliches Zuwinken geschah, fielen mir einige jüngere Männer auf, die mit lauten Rufen und auf die Motorhauben klopfend die Einfahrenden begrüßten. Als sie ein paar Worte untereinander wechselten, hörte ich türkische Laute. Enthusiastisch nahmen sie an der deutschen Freude teil.

Am nächsten Morgen, auf dem Weg zum Reichstag, wurde ich plötzlich auf Englisch angesprochen. Es waren amerikanische Schülerinnen oder College-Studentinnen, die aufgeregt nach dem Weg zum „Brändenbög geit" fragten. Dort fand ich etwas später ein ernüchterndes Bild vor: Volkspolizisten mit Waffe in der Hand standen breitbeinig auf dem breiten Mauerstück, wo gestern Demonstranten gewesen waren. Kippte alles wieder zurück? Das war, wie sich herausstellte, glücklicherweise nicht der Fall.

Bei Gesprächen mit politikwissenschaftlichen Kollegen in Berlin war ich überrascht, der einzige zu sein, der nun die Wiedervereinigung rasch kommen sah. Die Vorstellung schien vorherrschend, dass die beiden deutschen Staaten weiter bestehen würden. Teilweise, so an meinem Oldenburger Institut, wurde dies auch positiv unterstützt. Es waren wirtschaftliche Argumente, die dafür genannt wurden, aber ausschlaggebend schien das schwächere nationale Zusammengehörigkeitsgefühl bei Jüngeren. Klar für eine rasche Einheit plädierten nur mein Kollege Freiwald (Photo S. 299) und ich, die Ältesten im Kreise. Wie in der DDR, so schien auch in der Bundesrepublik über die Einheit noch nicht entschieden, von Widerständen bei den Siegermächten ganz abgesehen.

Während dieser unklaren Übergangssituation brachen wir Anfang März 1990. Bei der Einfahrt nach Magdeburg gerieten wir vor eine Verkehrsampel, die ohne Licht schien, und fuhren weiter. Sofort preschte von der Seite ein lauerndes Vopo-Auto hervor, wir mussten einige Ostmark zahlen. Der Volkspolizist behauptete, das Licht habe rot geleuchtet. Na ja, für sozialistische Augen strahlte da wohl immer noch rotes Licht. – Mein Vortrag bei der Katholischen Akademie im Villenvorort Berlin-Niklassee stellte das politische System der Bundesrepublik lateinamerikanischen und palästinensischen Studierenden vor. Das lief glatt. Verblüffend war nur, mit welcher Aggressivität ein Bolivianer Anstoß am Bernstein-Silberschmuck meiner Frau nahm (einziges Erbe von ihrer Mutter). Er sei doch von den Europäern aus Lateinamerika geraubt. Ausgerechnet in Ostpreußen verarbeitetes Silber sollte von daher kommen – von nirgendwo sonst? Am Folgetag traten die Bürgerrechtler Ullmann und Weiß, Vertreter von „Demokratie Jetzt" am „Runden Tisch", als Referenten auf[46]. Beide forderten mit großer moralischer Geste Gelder von der Bundesrepublik ein, gewissermaßen eine Schuld. Sollte so die künftige politische Elite aussehen-

---

46 Dr. Wolfgang Ullmann (geb. 1929), evangelischer Pfarrer, Dozent, später Minister in der Regierung Modrow und MdB; Konrad Weiß (geb. 1942), katholisch, Regisseur, später MdB.

hen? Aber hiervon konnte man sich abends im Restaurant „Kopenhagen" am Kurfürstendamm erholen, bei einer Stadtrundfahrt durch Ost-Berlin, schließlich auf der Rückfahrt mit dem Blick auf Schloss und Dom des seenreichen Schwerin. Nicht zu übersehen allerdings waren Spuren des DDR-Sozialismus: in Potsdam desolates Straßenpflaster, heruntergekommene Häuser in den Seitenstraßen und ein kläglich eingeschränkter Zugang zum Schloss Sanssouci.

Rückblickend berichtete ich im Sommer 1990 von den „*bewegenden Tagen in Berlin*". Zentral schien mir, dass die akademische Schicht der DDR „*dem Westen mehr oder minder ablehnend gegenüber*" stehe, „*jedenfalls in Fächern wie Politik, Geschichte usw.*" Das wirtschaftliche Desaster beruhe auch darauf, dass das Land „*seit 45 Jahren keine volks- oder betriebswirtschaftliche Ausbildung*" kenne und mit chaotischen Kostenrechnungen und Eigentumsverhältnissen sowie blockierenden Verwaltungen lebe. „*Aber trotzdem: die Dinge wandeln sich in unvorhergesehenem Maße zum Besseren*"[47], schloss ich etwas zu optimistisch - noch nicht die Folgen des grade stattfindenden 1:1 Währungsumtauschs und Zusammenbruchs der Sowjetwirtschaft einkalkulierend.

Während ich den Wandel in zwei Seminaren, zum Prozess der Wiedervereinigung und zur Politik in den neuen Bundesländern, zu verarbeiten suchte, drangen weiter auch unmittelbare Eindrücke auf mich ein. Da waren Professoren aus der DDR, die uns besuchten, vor allem des Marxismus-Leninismus, die auf Politikwissenschaft umsatteln wollten. Einige konnten einem Leid tun, deutlich trat aber auch hervor, wie wenig DDR-Professoren (außer der Akademie der Wissenschaften) mit Forschung zu tun gehabt hatten; mancher wirkte recht einfach gestrickt. Andere schienen durchaus kritische Beobachter. So hatte ich ein Gespräch über den Zerfall der Sowjetunion: Während ich die Abspaltung der baltischen Länder u. a. erwartete, überraschte mich der Besucher mit der - auf Reiseerfahrungen gestützten - Prognose, auch die Ukrainer würden auf Selbständigkeit drängen. Das erwartete ich nicht , aber er hatte recht. Als exotischer Gast flog mir 1990 auch eine Professorin aus Peking zu, Frau Li Li, eine Deutschland-Expertin, die mich aufgrund meines Lehrbuchs aufsuchte. Ich führte der Freundlich-Höflichen die Universität vor, nahm sie mit in Lehrveranstaltungen, zeigte ihr Oldenburg, und wir hatten sie als Gast zu Hause.

Weitere Eindrücke brachten Vortragsreisen in den neuen Bundesländern. Ein erster Vortrag an der Berliner Humboldt-Universität erwies sich als Flop - kaum ein Zuhörer erschien. Die Veranstaltung schien nicht bekanntgemacht. Anders im März 1992, als ich im Auftrage der Bundeszentrale für politische Bildung über Menschenrechte vor Lehrern zu sprechen hatte, die sich auf die Tätigkeit als Sozialkunde/Politiklehrer vorbereiteten. Da stand man vor Mas-

---

47 Wolfgang Rudzio an Ute Segedi, 29.7.1990.

senversammlungen, zu groß, um in den ganztägigen Veranstaltungen (in der PH Zwickau sowie den Universitäten Dresden und Leipzig) zur Diskussion zu kommen. Zweifel und Einwände zum Menschenrechtskonzept, manche auch von mir geteilt, trug ich mit vor, aber wie alles ankam, blieb im Dunkeln.

Dem folgten zwei mehrmonatige Fortbildungskurse für künftige Politik-Lehrer in Chemnitz 1992 und in Neubrandenburg 1993, die jeweils einen Tag pro Woche stattfanden. Dabei konnte man auch einzelne Teilnehmer kennen lernen, begegneten einem unterschiedliche Einstellungen. Was auffiel, war eine allgemeine, bis zur Feindschaft reichende Kirchenferne, die es manchen unmöglich machte, bei Themen wie Abtreibung auch Argumente der Abtreibungskritiker überhaupt aufzunehmen. Sorge machte mir das Bild der jüngeren Geschichte – Fakten, die nicht zur DDR-Sicht passten, fehlten, da schlicht unbekannt. Selbst SED-Kritische befanden sich da auf einer schiefen Ebene. Im Rahmen der Kurse ließ sich dies leider nicht korrigieren.

Ein Problem stellten die Anreisen dar. Nach Chemnitz fuhr ich anfänglich über Magdeburg und Halle per Auto, sammelte bei Dorfdurchfahrten Eindrücke von deprimierender Tristesse angesichts dürftiger Behausungen, wassergefüllten Schlaglöchern und eintönigem Grau in Grau. In Halle und anderswo geriet man zudem in zeitfressende Staus. Später wählte ich daher die Strecke über Göttingen, um dann über Landstraßen bei Eisenach auf die Autobahn nach Chemnitz zu gelangen. Allerdings auch dort war, da über weite Strecken Reparaturen stattfanden, kaum zügiges Fahren möglich. Als weniger bedrückend, aber lang und anstrengend erwies sich die Autofahrt nach Neubrandenburg: durch das südliche Mecklenburg über die Landstraßen. Abschreckend blieben die Eisenbahnverbindungen nach Chemnitz, während ich dann nach Neubrandenburg die Bahn nutzte. Vielfältige Eindrücke vermittelten Gespräche, sowohl mit Lehrern wie mit zufälligen Reisebekannten. Da traf ich den Eigentümer meiner Unterkunft bei Dresden, der sich über die westliche Atomrüstung beklagte, ohne auf die konventionelle Überlegenheit des Ostens eingehen zu wollen; die Russisch-Lehrerin mit SED-Vergangenheit, die für sich keine Perspektiven sah und der ich Hoffnungen auf wieder belebende Wirtschaftsbeziehungen mit Russland machte; den Betreiber eines China-Restaurants, der in Weimar noch ein weiteres eröffnen wollte; einen bayerischen Schulleiter, der kritisch über die DDR-Lehrer sprach; einen abgehalfterten SED-Hotelgeschäftsführer; einen westdeutschen 50-jährigen Obdachlosen, mit dem ich mich unterhielt, ihn aber nicht zu einem Wiedersesshaftwerden überreden konnte – er wirkte nicht vergammelt und duschte in Auto-Raststätten.

Der Kollaps des Kommunismus samt Wiedervereinigung kam für mich 1993 zu einem Abschluss. Das Resümee des Wandels zog ich einmal in dem schon erwähnten Vortrag in Ljubljana „Ist der Kommunismus wirklich tot?", zum anderen in einem Vortrag „Deutschland nach der Vereinigung" in Thorn. Im Mai jenes Jahres waren mein Kollege Freiwald und ich per Bahn erneut dorthin gereist, wo wir von den Kollegen Mallek, Bäcker, Arszynski und Wajda betreut wurden; neu lernten wir den Historiker Prof. Wojciechowski kennen. Erneut besuchten wir Kulm, doch den nachhaltigsten Eindruck hinterließ ein Tagesausflug zum Heimatort Winclawskis, Lubraniec. Das war eine Landstadt von etwa 10 000 Einwohnern in Kujawien, westlich der Weichsel. Dort lebte bis zum 2. Weltkrieg eine nach tausenden zählende jüdische Minderheit, die während der deutschen Besatzung deportiert und ermordet wurde. Zurück blieb nur die Synagoge, ein großer Bau, in dessen weitem, leeren Hallenraum wir still verharrten. Winclawski führte uns aber auch zu einem Hügel am Waldesrand. Dort seien beim Zusammenbruch der deutschen Herrschaft 1945 alle Angehörigen der alteingesessenen deutschen Minderheit, etwa 300 Menschen, zusammengetrieben und erschossen worden. Das einst gemischte Lubraniec wurde so ethnisch zur rein polnischen Stadt. Wie in einem Brennpunkt gebündelt schien da die jüngste, leidvolle Geschichte eines viel größeren Raumes und seiner Menschen.

4 Zentral: Die Demokratie der Bundesrepublik

Mein wissenschaftliches Standing im Fach wurde zunehmend von meinem Lehrbuch zum politischen System der Bundesrepublik bestimmt. Nach jeder Bundestagswahl auf den neuesten Stand gebracht, konnte es sich langsam durchsetzen – neben anderen Lehrbüchern zum gleichen Thema. In meiner Sicht hob es sich heraus, indem es

- alle Aspekte des politischen Systems umfasste, auch Kapitel über Kommunalpolitik, öffentliche Verwaltung und Medien enthielt;
- den verbreiteten Sympathien für die „Frankfurter Schule" nicht folgte;
- die Ergebnisse empirischer Forschung wiedergab.

Mein Freund Professor Hempel schrieb mir, er habe das „Gefühl, dass ein Umschlag und eine Rückkehr zu empirischem Denken bevorsteht und dass Du mit Deinen Gedanken bald weitere (?) Resonanz findest als es jetzt vermutlich der Fall ist"[48].

Es wurde kein Bestseller, aber für ein Fachbuch doch ein Verkaufserfolg. Bis einschließlich 2000 konnten etwa 110 000 Exemplare verkauft werden.

Dieses Flaggschiff wurde begleitet von einem Schwarm kleinerer Publikationen. Neben drei Veröffentlichungen zum politischen System standen Arbei-

---

48 Wolfgang Hempel/Toronto an Wolfgang Rudzio, 4. 2. 1985.

ten zu Teilfeldern: zur politischen Kultur (3 Beiträge), zu Parteiensystem und Parteien (8 Beiträge), zur Parteienfinanzierung (2) und zum Amt des Bundespräsidenten zwei Beiträge (s. Anlage Wissenschaftliche Schriften). Diese Arbeiten unterstützten mich bei den Erneuerungen des Lehrbuchs. Unverkennbar gewann ich wissenschaftliches Ansehen. Bei der ersten Ranking-Umfrage unter den Mitgliedern der Deutschen Vereinigung für Politische Wissenschaft und der Deutschen Gesellschaft für Politikwissenschaft wurde das 1996/97 sichtbar. Im Themenfeld „Innenpolitik und politisches System der Bundesrepublik" den 6. Platz beim Reputationsranking (unter 110 genannten Personen), bei einer alle Themenfelder zusammenfassenden Wertung den Platz 31 zu erreichen – angesichts rund 300 Professoren des Faches kein schlechtes Ergebnis! Sicherlich, mehr als ein statistisch unsicheres Meinungsbild war das nicht[49], aber für einen kleinen Provinzprofessor doch schmeichelhaft.

Eine herausragende Stellung nahmen auch meine Arbeiten zu einem Feld ein, das ich früher schon bearbeitet, dann aber lange hatte ruhen lassen: das Regieren mit Koalitionsausschüssen. Als sich die Möglichkeit eröffnete, leichter als zuvor an DFG-Drittmittel für einschlägige Forschungen zu kommen, griff ich zu. Zwar lehnte man mir Mittel für Akteursbefragungen ab, doch erhielt ich Geldmittel für zwei wissenschaftliche Hilfskräfte (Sabine Bentlage und Jürgen Ecker), mit deren Hilfe ich eine Zeitungsanalyse über die deutsche Koalitionsausschuss-Praxis durchführte. Im wesentlichen die Einstiegssituation und Fragestellungen des Projekts skizzierte ein Vortrag auf der Tagung der DVPW-Sektion „Regieren" im Juni 1990 in Speyer, die Arbeit selbst zog sich 1990–92 hin, der ausführliche Abschlussbericht ging der DFG im März 1993 zu. Verärgert über die unsinnige Ablehnung von Akteursbefragungen bemühte ich mich jedoch zehn Jahre lang nicht um seine Veröffentlichung.

Im Ergebnis sehe ich die Darstellung der bedeutenden, von mir bejahten Rolle der Koalitionsausschüsse und ihrer Probleme als meinen wichtigsten Beitrag zum Verständnis des Regierens in parlamentarischen Demokratien. Allerdings, viel Öffentlichkeit zog das Thema nicht auf sich.

Von den 72 Vorträgen, die ich 1985–2000 gehalten habe, behandelten 21 die Thematik Extremismus/Kommunismus/Erosion der Abgrenzung. Demgegenüber überwogen mit 44 Vorträgen deutlich Themen zur Demokratie der Bundesrepublik. Unter letzteren trugen 7 einen allgemein-umfassenden Charakter, 17 behandelten Parteien und Parteiensystem, 10 die politische Kultur, 6 die Parteienfinanzierung und 4 das Regieren in der Bundesrepublik. Von ihnen profitierten die Neuauflagen meines Bundesrepublik-Buchs. Die übrigen Vorträge, eher theoretisch bzw. historisch, streuten thematisch: von Karl

---

49 Hans-Dieter Klingemann/Jürgen W. Falter, Die deutsche Politikwissenschaft im Urteil der Fachvertreter, in: Michael Th. Greven (Hg.), Demokratie – eine Kultur des Westens? Opladen 1998, S. 305 ff., hier S. 307, 335 f., 340.

Die besten Jahre und der Kollaps des Kommunismus (1985–2000) 307

Verabschiedung Wolfgang Rudzio, Oldenburg 2000 (Erste Reihe von links: Kolja, Waltraut und Wolfgang Rudzio, Ernst Hinrichs; zweite Reihe von links: 2. Waltraut Kreutz-Gers, 4. Jürgen Poeschel, 5. Maren Reyelt; ganz links 4. von unten Eckhard Jesse, davor Frau Jesse und rechts von ihm Dorothea Wiehe, rechts oben neben dieser Hiltrud und Karl-Heinz Naßmacher, unterhalb dessen rechts: Volker Ruth, rechts von diesem Miriam Berhane; oberhalb von Jesse: Paul Kevenhörster; oberster am rechten Rand: Helmut Freiwald). © Wolfgang Rudzio, Autor.

Jaspers über Methodologie, Gewerkschaften, Sozialisierungsfrage bis zur Friedensbewegung. Einlader waren Wissenschaftliche Gesellschaften bzw. Lehrstühle bei 17 Vorträgen (darunter sieben in den USA, Großbritannien, Polen), bei 20 Bundes- und Landeszentralen für politische Bildung, je 12 Konrad-Adenauer- und Seidel-Stiftung (einer in Slowenien), 5 das Bundesinnenministerium. Der Rest kleckerte vom Verteidigungsministerium bis zum Rockmusikerverband.

Kapitel VIII
2000–15: Neue Perspektiven oder nur Abgesang?

1 Großelternrolle in wachsender Familie

Mit zunehmendem Alter wird Gesundheit zur entscheidenden Ressource für das, was man noch tun kann. Wir, meine jüngere Frau und ich, hatten in den ersten 15 Jahren nach meiner Pensionierung das Glück, trotz einiger Probleme gesundheitlich relativ fit zu bleiben.

Was mich betrifft, erwiesen sich Beschwerden meist als behebbar oder beherrschbar. Als sich Ende 2002 Wadenkrämpfe beim Gehen meldeten, die wie Symptome der „Schaufensterkrankheit" wirkten, ergaben gefäßchirurgische und orthopädische Untersuchungen keine Klärung. *„Erfolgreich war erst 6 Monate später eine Dehnübung auf Rat eines praktischen Arztes"*[1]. Schlagartig verschwand die Fußbremse. Später – im Februar 2005 – konstatierte meine Umgebung bei mir *„Ärger und Depression"*, begleitet von zwei Gichtanfällen. Erneute Gicht blieb seither aus. Aber Ende Juni 2005 erlitt ich einen Herzinfarkt. *„Obwohl nicht gleich erkannt, ging's noch glimpflich ab: ein ‚Stent' im Herzen, laufend einzunehmende ‚Smarties', regelmäßige Herzuntersuchungen und Strampeln auf dem Heimtrainer sind die Folgen. Wolfgangs aktueller Zustand ist gut, das Menetekel bleibt"* – so der Bericht von damals[2]. Tägliches schnelles Gehen und/oder Trainieren auf einem Heimtrainer-Rad veränderten das Leben in den folgenden zehn Jahren, machten mich eher leistungsfähiger als zuvor. Regelmäßige Untersuchungen ließen kaum Schädigungen des Herzens und keine bedrohliche Entwicklung erkennen.

Wir sind auch nach meinem beruflichen Ende 2000 in Oldenburg geblieben. Wo anders hätte man in einer Großstadt in eigenem Haus mit Garten le-

---

[1] Wolfgang Rudzio, Eingelebt im Ruhestand (Jahresrückblick 2001–03), Sp. 1 f.
[2] Wir werden älter: Waltraut und Wolfgang 2004–06 (Jahresrückblick), Sp. 2.

ben und tägliche Einkäufe auch per Fahrrad erledigen können? Typisch hieß es schon in den ersten Jahresrückblicken aus der Pensionärszeit:

„*Verschanzt in uns klein Häuschen: Wie sangen Neuss und Müller einst als Räuber im Spessart? ‚Ein Häuschen mit Garten, wo ich und Frauchen die Blumen begießen – ach wäre das schön…' Diesem Lebenstraum eifern wir nach, auf unseren 500 qm Land, auf dem wir im Herbst 2000 noch ein Gartengerätehaus errichten ließen (der Trend geht ja bekanntlich zum Zweithaus). Dort lesen wir – ausgiebiger als früher, aber unverändert mit differierenden Kommentaren zur Weltlage – unsere Zeitungen, läßt Wolfgang sich mit (arbeitsaufwendigen) Spezialitäten der Hausköchin füttern, hängen wir zur Sommerszeit im Grünen auf der Terrasse (…). Wozu dann noch Restaurants aufsuchen, wozu reisen, in die Ferne schweifen?*"³ Etwas später: „*Wie andere haben auch wir klammheimlich die warmen und sonnigen Sommer der letzten Jahre genossen, die öffentlich so viel besorgtes Stirnrunzeln hervorriefen – im heimischen Garten, in Schwimmbädern, an der Nordsee*⁴ *und bei anderen Ausflügen*⁵. *Zu altbewährten Zielen wie der ‚Cloppenburg-Riviera' oder Bad Zwischenahn kamen neue hinzu: der Hasbruch, der Huntebruch, der Tierpark Ostrittum, Dangast, Bremer- und Wilhelmshaven. Letzten Endes aber: Was gibt es Schöneres als zur Sommerzeit ganze Nachmittage auf der Gartenterrasse zu verbringen?*

Im übrigen halten wir uns an Bernsteins berühmte (vielleicht unterschobene) Revisionismus-Devise: ‚Die Bewegung ist alles, das Ziel ist nichts!' Will sagen: Körperliche Bewegung erhält, auch wenn das Ziel der 100 Jahre oder des ewigen Lebens nicht erreicht werden sollte (…). Das flache Oldenburg und unser Hauswald ‚Wildenloh' laden (zum Radfahren) ein. Dem ortsüblichen Wind kann Wolfgang, dessen Haare seltener werden (drücken wir das mal so aus), mit Hilfe einer Schirmkappe begegnen. Und mit solchem Outfit geht er sogar mit der Zeit."⁶

Im Rahmen norddeutscher Verhältnisse genossen wir die Sommer. Außerhalb des Üblichen waren ein Tagesausflug zum Hermannsdenkmal und zu den Externsteinen (2004), eine Teilnahme am Hamburger Matthäi Mahl im Rathaus bei Bürgermeister Ole Beust (2007), die informative Besichtigung einer Plattenfabrik unseres Nachbarn und Freundes Wilhelm Röben (2011), schließlich

---

3   Wolfgang Rudzio, Auf dem Weg ins Dritte Jahrtausend (Jahresrückblick 1999–2000), Sp. 5–6.
4   Neuharlingersiel, Dangast, Spiekeroog, Schillig, Horumersiel.
5   Wanderungen an den Teichen in die Oldenburger City mit Cafébesuch oder Essen am Markt (und zurück); im Huntebruch nach Huntlosen; um die Thülsfelder Talsperre mit Essen im Restaurant „Seeblick"; um das Zwischenahner Meer.
6   Rudzio, Eingelebt im Ruhestand (2001–03), Sp. 5–6.

Blick auf unser Haus und Terrasse in Oldenburg, 15.8.2010. © Wolfgang Rudzio, Autor.

die Begegnung mit den größten Vogelschwärmen meines Lebens am Rande von Dangast (2013).

Es gibt aber nicht nur heile Welt. Zerrissen wurde die Idylle, als ich, vom Friedhof zurück radelnd, plötzlich von drei nahöstlich wirkenden, pfeifenden und mich umringenden jungen Männern auf Fahrrädern über helle, menschenleere Straße bis nahe vors Haus gehetzt wurde. „Opa, wir kriegen euch noch alle!" – mit diesem Ruf ließen sie von mir ab, als ich mit plötzlichem Spurt entkommen war. Ich verschwieg den Vorfall lange, aber er ist unvergessen.

Zur festen Gewohnheit wurde jährlich ein vierzehntäglicher Urlaub auf der Kanareninsel Fuerteventura. Mit ihm erfüllten wir uns, meist im November, *„Sehnsüchte nach Sonne, endlosen Sandstränden und warmem Meer",* sahen Palmen, Fischreiher, putzige Strandläufer, zutrauliche „Streifenhörnchen" und einmal eine *„Invasion roter Heuschrecken"* aus Afrika[7]. Gebräunt, gestärkt und glücklich kehrten wir von dort zurück. Nicht ganz so verwirklichte sich der Gedanke an jährliche Mittelgebirgsaufenthalte. Obwohl uns Ferienwohnungen der Hapimag-Gesellschaft zur Verfügung stehen – Wanderungen hal-

---

7 Wolfgang Rudzio, Wir werden älter (Jahresrückblick 2004–06), Sp. 8.

fen der Seele, aber nördliches Herbstwetter versauerte doch manchen Aufenthalt. So blieb es bei insgesamt acht Reisen nach Winterberg (Rothaargebirge), Bad Sachsa (Harz), Flims (Schweizer Alpen), Bad Kleinkirchheim (Kärnten 2014) und viermal Braunlage (Harz).

„Zum Höhepunkt des Winters, wenn einen eigentlich nichts mehr aus der heimischen Höhle lockt, machten wir jeweils (außer 2003) eine ‚Kohlfahrt' mit den Anwohnern des Kuckuckswegs – Busfahrt, Wandern, ‚Bosseln', am Ende Grünkohl- und Pinkel-Essen samt Klarem. Generell verdichten sich freundliche Kontakte in der Straße, einschließlich gegenseitiger kleiner Hilfen".[8] Dabei lernte man sich kennen, ebenso Oldenburg, seine Umgebung und so manches ländliche Lokal Natürlich stiegen auch wir mal zur „Kohlkönigin" bzw. „Kohlkönig" auf, die sowas organisieren und leiten. Unabhängig davon trifft man sich gelegentlich mit manchen hier und da, nicht zuletzt zum zufälligen Klön. Auch vier gleichaltrige, inzwischen 82 Jahre alte Männer aus der Straße, darunter ich, sind einander verbunden.

Mit dem Älterwerden sind Jubiläen, runde Geburtstage und Trauerfeiern zu begehen. Auch Verwandte rücken einem näher. Ich konnte meinen 70. Geburtstag 2005 an der Saalburg/Taunus mit 28 und im Hotel Wöbken/Oldenburg mit 25 Personen feiern, das 50-jährige Abiturjubiläum in Hannover. Runde Geburtstage von Verwandten und ehemaligen Kollegen, ein Wiedersehen mit Jugendkumpanen in Großburgwedel (2001 mit Wolfgang Hempel, Horst Lalk u. a.), Taufen, Konfirmationen, Hochzeiten. Leider auch Trauerfeiern für verstorbene Verwandte waren dabei – für Friedrich-Karl und Kurt Jungklaaß, Ferdinand Rüwe, Friedrich (Photo S. 279) und Hasso Both, Siegfried und Peter Lauter (Photo S. 313), Walter Wosnitza (Photo S. 129), Eva Lemke und Joachim Pick. Meine familiär gesinnte Frau, bei Aufenthalten in Frankfurt beteiligt an der Betreuung ihres 99 Jahre alt werdenden Vaters, lud ihre älteste Schwester Sabine jährlich zu zwei Besuchen von je 7–10 Tagen nach Oldenburg ein. Diese Tradition hat sich bis heute erhalten, und bei Ausflügen mit ihr steuerten wir – neben schon erwähnten Zielen – die Steine von Visbeck und die alte Seestadt Leer an. Seitens meiner Verwandtschaft besuchten uns gelegentlich Peter und Siegfried Lauter (letzterer mit Frau Hanna) sowie Gisela Rüwe, Dagmar Regener (Photo S. 313), Joachim Kirchgessner und Irmgard Wosnitza (Photo S. 313). Auch mit den schweizer Eltern unseres Schwiegersohnes Oliver sahen wir uns in Oldenburg wieder.

Die wichtigste Veränderung unseres familiären Lebens ab 2000 aber bestand in anderem: in der Rolle als Großeltern. Diese hatte bereits mit der Geburt unseres Enkels Michael 1996 eingesetzt. Mit unausgelebten Mutterinstinkten stürzte sich damals Waltraut in die neue Rolle. Aber erst, als mit Katharina

---

8 Rudzio, Eingelebt im Ruhestand (2001–03), Sp. 6.

Besuch in Oldenburg – vor dem Schloss 15.5.2005 (von links: Wolfgang Rudzio, Siegfried Lauter, Irmgard Wosnitza, Dagmar Regener, Hanna, Andrea und Peter Lauter). © Wolfgang Rudzio, Autor.

1999 unser zweites Enkelkind in Hamburg und mit Solveig 2000 unser drittes in Bad Homburg zur Welt kamen, gewann die Großelternrolle zentrale Bedeutung. Den Abschluss bildete Mia (Photo S. 315), unser viertes Enkelkind:

„Sie gestaltete ihr Kommen zwar dramatisch: mit aussetzenden Herztönen im Mutterleib, daher am 11.9.2002 als ‚Frühchen' in die Welt geholt. Sie hatte sich, zuvor nicht erkennbar, an der Nabelschnur stranguliert und mußte sich dann ein Wärmebettchen mit einem anderen Früh-Ankömmling teilen – wie einst Arbeiter ihre Betten im Manchester des 19. Jahrhunderts. Heute sieht es selbst im Krankenhaus des reichen Bad Homburg so aus, konstatiert der Zeitkritiker. Aber Mia soff sich bald zu Kräften (‚der kleine Milchgeier'), marschiert inzwischen auf eigenen Beinen und wies ab Ende 2003 mit aufgeregten ‚Da, da'-Rufen ihre Umgebung auf Bemerkenswertes hin. Waltraut unkorrekt, aber zutreffend: Die ‚Arterhaltung' sei nun gesichert."[9]

---

9   Rudzio, Eingelebt im Ruhestand (2001–03), Sp. 2.

Während die Eltern die schwierige Kombination von Kinderbetreuung und Berufstätigkeit – mit Erziehungsurlauben auch beider Väter, Teilzeitarbeit, Tagesmüttern, Au pair-Mädchen und Kinderkrippen – praktizierten, blieb uns das Problem, die räumlichen Entfernungen zu überwinden. *„Aber kann das eine engagierte, liebevolle und agile Oma hindern? Kurzbesuche in Hamburg und Karben, umgekehrt Besuche bei uns überbrücken den Raum etwas. Zwischen 28 und 38 Tagen pro Jahr waren Enkelkinder bei uns in Oldenburg. Dabei fallen im übrigen auch schöne Erinnerungen ab – etwa an eine Fleetfahrt in Hamburg oder den Tierpark in Hanau.*

Im Sommer 2003 machten wir außerdem in großer Korona (9 Personen) einen zweiwöchigen Ostsee-Urlaub in Sehlendorf..." an der holsteinischen Ostseeküste[10] – und weil es so schön war, begründete das eine Familientradition, die sich bis in die Gegenwart fortsetzte: jährlich eine gemeinsame Reise der Oldenburger Großeltern mit ihren „Ableger"-Familien. *„2004 fuhren wir noch einmal nach Sehlendorf an der Ostsee, wo sich die ‚Prinzessinen' Katharina und Solvi miteinander vergnügten, während Michi, sofern er nicht mit Oliver Fußball spielte, zur allgemeinen Überraschung den Annäherungsversuchen Mias erlag. Für die Kinder gab's ein Wiedersehen mit dem Zauberer ‚Käptn Kümmel', für die Erwachsenen abends das Charakter entlarvende ‚Ohne Furcht und Adel'-Spiel, für alle gemeinsam Ausflüge wie nach Plön zum Eisschleckern (ein kindgerechtes Ziel muß es ja geben). 2005 wurde der Urlaub zwischen Sehlendorf und Zwischenahn gesplittet, 2006 nach Murnau/Oberbayern verlegt. Dort waren wir bei Sommerhitze auf einem Bauernhof happy: mit dem Staffelsee, mit Ausflügen zur Partnach-Klamm, auf die Berge, ins Deutsche Museum/München, mit Kurzvisiten unserer Zürcher (u.a.) Verwandten..."*[11]. Murnau wurde 2007 und 08 wiederholt. Dem folgten 2009 eine Woche am Woblitzsee bei Neustrelitz, 2010 eine am bayerischen Schliersee und 2011 eine in Braunlage/Harz. 2012 trafen wir uns für eine halbe Woche in Hamburg, 2013 für eine Woche in Patergassen/Kärnten und 2014 für ein Wochenende in Dresden[12].

Diese Reisen hielten die drei Familien und die Enkelkinder zusammen. Die Jungen lernten dabei auch mehr von Deutschland kennen. Dazu kamen kürzere und längere Aufenthalte der Enkel bei uns, meist vier pro Jahr. Neben den Weihnachtstagen sind Ostern und Omas Geburtstag übliche Termine, nicht zuletzt auch eine Woche der Sommerferien. Kindgerecht wurde 2001 in unserem Garten ein Sandkasten eingerichtet. Entsprechend dem Alter unserer Enkelkinder spielten neben schon erwähnten Orten der Jaderberg-Zoo, die 22 m hohen „Osenberge", ein nachmittags benutzbarer Grundschulhof mit Spielmöglichkeiten, Freizeitpark und Klettergarten Thüle, das Schwimmbad

---

10 Rudzio, Eingelebt im Ruhestand (2001–03), Sp. 3.
11 Rudzio, Wir werden älter (2004–06), Sp. 3 f.
12 Gefolgt ist dem 2017 eine gemeinsame Woche in Spay am Mittelrhein.

Dresden 2014: Wir und unsere Ablegerfamilien (von links: Dorothea Wiehe, Kolja, Wolfgang und Waltraut Rudzio, Mia und Oliver von Arx, Ilka Rudzio-von Arx, Katharina Rudzio, Solveig von Arx; fehlend Michael Rudzio). © Wolfgang Rudzio, Autor.

Olantis sowie das Kino in Oldenburg tragende Rollen. Die Kleinen hinterließen natürlich zuweilen eine „Wüste zu Hause" bei uns[13]. Stets spielten wir auch Gesellschaftsspiele mit ihnen – von Malefiz bis Scrabble, von „Ohne Furcht und Adel" bis zum Eisenbahnbau, die Erwachsenen allein auch Skat.

Hin und wieder drohte manches auch schief zu gehen. Ein Beispiel „war unser Katastrophenweihnachten 2002, als acht der zehn bei uns versammelten Angehörigen unseres Clans Bronchitis/Grippe nahmen, Wasser durchs Flachdach rann und die Heizung ausfiel. Entgegen trüben Erwartungen eines alten Mannes erwies sich unser Land aber doch noch als bewohnbar: Auf Anruf erschien (am Erstfeiertag!!) binnen einer ¾ Stunde ein Dachdecker und flickte das Dach (später neu gedeckt), ebenso ein Vertreter unserer Heizungsfirma, der für Wärme sorgte. Es sei nur ein Ausfall bei neuen Heizungen (unsere von 2001) gewesen, da die Stromspannung zur Nacht geschwankt habe – Aussichten für die Windstrom-Zukunft?"[14] So überstand man selbst solche Tage.

---

13 Notizen, 27. 5. 2001.
14 Rudzio, Eingelebt im Ruhestand (2001–03), Sp. 1.

Im übrigen suchten wir unsere „Ableger-Familien" heim. In Karben fungierte die agile Oldenburger Oma meist mehrfach im Jahr als mobile Eingreiftruppe, auf Abruf bereit zur Kinderbetreuung. Mehr noch: *„Neugierige Telefonanrufe von Oma Waltraut ermöglichten es, auf dem Laufenden zu bleiben. Selbst wenn sie von ‚Telefon-Tante' Solveig abgefangen wurde, hatte sie Erfolg"*[15] Auf diese Weise bekamen wir trotz der Entfernungen mit, wie sich unsere Enkelkinder entwickelten. Waltraut wirkte auf sie ein – *„stets mit Liebe und gelegentlich pädagogischem Erfolg. ‚Erpressung', stöhnte Michi, wenn die Oma ihn mit Tauschgeschäften zu richtigem Verhalten bewog".* Wir erlebten mit, wie er vom Bayern-München-Fan (in Hamburg!) zum ortsgemäßen HSV wechselte, nach seinem Abitur nach Frankfurt ging, um dort den Niedergang des HSV zu erleiden. Es ist nicht immer leicht für Fußball-Fans! Katharina, 2005 eingeschult, blond und tänzerisch begabt, zieht es in die weite Welt, als Austauschschülerin nach Oregon/USA kontaktierte sie intensiv per „WhatsApp" mit den Zurückgebliebenen Europas; inzwischen hat sie auch Indien und Island heimgesucht. Die ein Jahr jüngere Solveig, eine sportliche Leseratte, achtet zugleich auf ihre Erscheinung und ihr Klavierspiel. Sie ist viel auswärts unterwegs, auch nach Oxford trieb es sie. Mia, inzwischen ebenfalls Oberschülerin, wurde früh mit Puzzlespielen fertig und erwies sich schulischen Anforderungen bestens gewachsen – scheut aber mündliche Beteiligung. Letzteres drückt ihre Noten, da das Schriftliche wenig gilt – Vielschwätzer werden politisch höher bewertet. Zu ihren frühesten Äußerungen gehörte die unübertrefflich knapp formulierte konditionierte Warnung: „Nochmal machts, sauer werd ich!"[16] (Photo S. 315).

Größter der Familie: unser Enkel Michael Rudzio als Konfirmand, Hamburg 25.4.2009. © Wolfgang Rudzio, Autor.

Mit Wohlgefallen blicken wir auch auf unsere erwachsenen Kinder wie auf Schwiegertochter und Schwiegersohn. Unser Sohn ist als Wirtschaftsjournalist

---

15 Rudzio, Wir werden älter (2004–06), Sp. 3.
16 Rudzio, Wir werden älter (2004–06), Sp. 4 f.

bei der Wochenschrift „Die Zeit" in Hamburg tätig. Ähnlich unsere Schwiegertochter Dorothea, die als Journalistin bei einer Krankenkasse arbeitet. Tochter Ilka hat die Branche gewechselt und arbeitet seit längerem in einem Ingenieurbüro für Fabrikationsanlagen der Pharmaindustrie, Schwiegersohn Oliver arbeitet unverändert, inzwischen aber aufgestiegen, bei einem Tochterunternehmen der Deutschen Bahn (Photo S. 315). Alle sind mit reduzierten Arbeitszeiten tätig, sodass Luft für die Familie bleibt. Infolgedessen konnte manche Karrierechance nicht wahrgenommen werden, aber sie führen, soweit wir sehen, ein gutes Leben in stabilen, glücklichen Ehen.

2 Kulturelle Nachrüstung noch im Alter?

Ein zweiter Strang des Ruheständler-Daseins kann als späte kulturelle Aufrüstung bezeichnet werden. Diese war nicht geplant, bedeutete aber eine Bereicherung des Lebens.

Im Berufsleben hatte ich so gut wie nichts außerhalb der Politikwissenschaft gelesen. Distanz zu belletristischer Literatur wies mich als Kulturmuffel aus. Anders seit der Pensionierung: Nun liegt stets ein Buch im Hause, an dem ich gerade lese. Deren Zahl schwankt – ohne erkennbaren Trend – zwischen 8 und 28 Buchtiteln pro Jahr. Im Gesamtzeitraum 2000–15 komme ich auf mindestens 277 Buchtitel:

Eine beachtliche Rolle spielen Kriminalromane (insgesamt über 50), bei denen Spannung und Milieuschilderung anzogen. Gängige Autoren/innen wie Donna Leon mit 18 Titeln, Henning Mankell mit 12 und John Grisham führen dabei, gefolgt von Elisabeth George. Sie sind auch die von mir am meisten geschätzten Kriminalschriftsteller – vor allem wegen gelungener Milieuskizzen bei Leon, teilweise auch bei George, unheimlicher Vorgänge bei Mankell und reiner Spannung bei Grisham. Der eigenen Lokalverbundenheit verdanken Autoren wie Jan Seghers mit seinen Frankfurter (6 Titel) und Klaus-Peter Wolf mit seinen Ostfriesenkrimis etwas Zuwendung. Historisches Interesse hat mich zu Volker Kutschers Kriminalromanen wie „Die Akte Vaterland" geführt. Im Trend aber ließ die Attraktivität dieses Genres nach.

Auf Kontakte Waltrauts mit anderen Frauen gehen Titel zur Literaturgeschichte zurück. Die meistgelesene Autorin war da Sigrid Damm, eine positive Überraschung die „Familienbande" des Schauspielers Michael Degen und eine gut geschriebene Shakespeare-Biographie „Will in der Welt". Obwohl ich da manches interessiert las, entwickelte sich aber kein anhaltendes Interesse.

Von Buchbesprechungen und dem „Literarischen Quartett" bestimmt war der Zugang zu gängigen Bestsellerautoren der Gegenwart. Als deutschsprachige sind hier erwähnenswert: Charlotte Link (5 Titel, nicht umwerfend), unterhaltend mehrere Neuseeland-Bücher von Sarah Lark, beachtlich Martin Walser mit „Ein springender Brunnen" und „Tod eines Kritikers", ebenso Daniel Kehlmann („Die Vermessung der Welt"), weniger Bernhard Schlink („Der Vorleser") und Uwe Tellkamp („Der Turm"). Unter den übrigen Autoren überwogen Angelsachsen wie Philip Roth („Der menschliche Makel") oder Patricia Highsmith. Am meisten sprachen mich hier an Sebastian Faulks („On Green Dolphin Street", „Birdsong") mit seiner gelungenen Kombination von historischem Hintergrund und persönlichem Leben, Ian McEwan (4 Titel, nicht alle goutiert), Frank McCourt (3 Bücher) und J. M. Coetzee („Schande", „Der Junge").

Von eigenem Interesse, aber auch Zufälligkeiten gesteuert war meine Lektüre älterer Literatur. Zu ihr trieb mich das Bewusstsein, da Lücken zu haben, außerdem der Gedanke, an einem lange bekannt bleibenden Buch müsse etwas dran sein. Doch die gelesenen Werke blieben eher hinter den früher gelesenen Hits der Autoren zurück – so ging es mit Schillers „Don Carlos", Dostojewskis „Idiot", Shakespeares „Julius Caesar" und „König Richard der Zweite", Schriften Theodor Fontanes („Effie Briest" und „Der Stechlin"), Thomas Manns „Zauberberg", auch Hans Falladas „Wolf unter Wölfen". Als richtiger Reinfall erwies sich Marcel Prousts vielgerühmte „Suche nach der verlorenen Zeit" – nach den ersten Bänden weggelegt.

Mein unerfüllter Lebenstraum galt der Geschichte. Insofern lag nahe, ihn wenigstens als Leser auszuleben. Über die Frühgeschichte der Menschheit konnte man einiges aus populär, aber gut geschriebenen Büchern (so „Der dritte Schimpanse") erfahren. Historische und mentale Ferne großer Epen – Homers Ilias und Odyssee, auch die „Nibelungen" – faszinierten mich. „Die Verwandlung der Welt", das weltgeschichtliche Panorama des 19. Jahrhunderts von Osterhammel, gab einen Überblick über die Zeit, auf deren Schultern wir stehen.

Unterhaltung und plastische Eindrücke verschafften historische Romane Ken Folletts. Auch wenn nicht alle gleich gelungen wirken, sprachen mich die „Säulen der Erde" oder „Sturz der Titanen" an – überraschend zudem, dass Schinken selbst mittelalterlichen Inhalts und voluminösen Umfangs zu Bestsellern werden können (von ähnlicher Art scheinen Romane Gablés). Spezialisierte historische Fachliteratur für breite Leserschaft lieferten Bernard Cornwells „Azincourt", „The Fort" oder „Death of Kings". Auch historische Werke zu mir unterschiedlich nahen Themen gehörten zu meiner geistigen Nahrung – so „Heinrich der Löwe", „Friedrich Barbarossa" oder „Napoleon". Doch mehr berührten mich „Der ferne Spiegel" zum Hundertjährigen Krieg von Barbara Tuchman, ebenso das unbefangen-so-

Lesen mit Genuss –
Waltraut bei der Siesta,
Fuerteventura 2009.
© Wolfgang Rudzio, Autor.

lide geschriebene „Preußen" Christopher Clarks. Altes Interesse am amerikanischen Bürgerkrieg wurde erneut bedient durch die (leider nur militärische) Darstellung Keegans und den „Marsch" von Doctorow, während Bismarcks „Gedanken und Erinnerungen" noch einmal das deutsche Problem in der Mitte Europas durchdeklinierten. Auf diese Weise erweiterten sich meine Kenntnisse der mittelalterlichen und angelsächsischen Geschichte.

Lebensgeschichtlich näher jedoch lag mir Literatur über Deutschland in der Ära der Weltkriege. Hierzu verschlang ich im Ruhestand die neuen großen Standardwerke, die die Schützengräben der Kriegs- und Nachkriegspropaganda hinter sich lassen: „Der Große Krieg" von Herfried Münkler (wohl das beste), Jörg Friedrichs „14/18" und „Der Brand" (auch mit dissentierenden Thesen und Fragestellungen) sowie Christopher Clarks „Schlafwandler" (das sich Schuldzuweisungen verweigert). Zum 2. Weltkrieg neu publizierte Werke, soweit gelesen, hingegen schienen mir begrenzter und sachlich schwächer. Jedenfalls die weit zurückreichende Vorgeschichte, die Hitler und den Krieg hervorbrachte, scheint zusammenhängend nicht recht ausgeleuchtet (oder mir entgangen?). Aus der Reihe tanzt Niall Fergusons „Krieg der Welt", das zwar keine Gesamtdarstellung liefert, aber ungewöhnliche Aspekte aufgreift. Begleitet wurde diese Literatur von Darstellungen der neueren deutschen Geschichte, die, in deutscher und englischer Sicht geschrieben, vor allem den Zeitgeist ihrer Erscheinungsjahre 2000 und 1945 widerspiegeln (Winkler, Taylor), daneben eine „Deutsche Wirtschaftsgeschichte" und die „Deutsche Gesellschaftsgeschichte 1949–90" Wehlers. Dazu kam interessante Spezialliteratur: der hervorragende „August 1914" von Barbara Tuchman, zum Dritten Reich die Speer-Biographie von Fest und Schenzingers „Anilin" (1938 deutschen Erfindergeist rühmend), der futuristisch-anregende Thriller „Fatherland" von Robert Harris und der irritierende Roman „Die Wohlgesinnten" von Jonathan Littell.

Bücher hingegen zur deutschen Nachkriegsgeschichte und zur Bundesrepublik (soweit nicht für mein Bundesrepublik-Buch verwertet) spielten nur eine marginale Rolle. Nennen könnte man hier Bernd Stövers „Der Kalte Krieg" (der sein Thema leider nicht ausschöpft), Elisabeth Noelle-Neumanns Erinnerungen (mit der Etablierung der Demoskopie in Nachkriegsdeutschland), Thilo Sarrazins kritisches „Deutschland schafft sich ab" sowie Kirsten Heisigs „Das Ende der Geduld" (deren Tod angeblich nicht in Zusammenhang mit ihrem Engagement steht) – anregende Bücher mit unterschiedlicher Sicht auf Deutschland.

Ostpreußischer Geschichte galt weiter Interesse. Doch nur wenige Titel gehörten da zu meiner Alterslektüre, unter denen Andreas Kosserts „Ostpreußen", Jürgen Mantheys „Königsberg" und Hermann Pölkings „Ostpreussen" beachtlich sind.

Bei historischen Werken reizen mich die besonders, die vorherrschende Sichtweisen kritisch überprüfen und gegebenenfalls Legenden widerlegen. Widerspruchsgeist, scheint mir, ist ein Movens, das wissenschaftlichen Fortschritt trägt. Je liberaler eine Gesellschaft, desto mehr ist historische Wissenschaftlichkeit möglich, je illiberaler und von „political correctness" oder „Geschichtspolitik" geprägt, desto weniger (von totalitären Systemen ganz zu schweigen). Aber – ein Alter, dem sich der Weg in die Geschichtswissenschaft nicht öffnete, kann selbst nicht mehr Legenden schlachten gehen.

Meinen Horizont durch andere Wissenschaften zu erweitern suchte ich durch einige Überblickswerke. Dem dienten u. a. eine „Kulturgeschichte des Klimas", in der Medizin „Darm mit Charme", zur Geschichte der digitalen Revolution George Dysons „Turing's Cathedral". Dem ist 2016 noch die „Kosmologie für Fußgänger" von Harald Lesch gefolgt. Generell: Planmäßiges Vorgehen, eine gezielte Aufrüstung kann man da nicht erkennen. Äußere Einflüsse, Unterhaltungsbedürfnisse, immer noch Neugier, die Welt zu verstehen – so etwa könnte man die Motive meines späten Lesens charakterisieren. Im Unterschied zur Selbstdisziplinierung beim Erneuern des Bundesrepublik-Buches genehmigte ich mir hier viel freien, spontanen Lauf und viel Wechsel – wie anders kann man Leseinteresse bewahren?

Wie der Literatur, so hatte ich mich während des Berufslebens auch Theater, Oper und Konzerten verweigert, desgleichen Kinobesuchen. Ursachen hierfür mögen Zeitmangel, körperlicher Bewegungsbedarf, auch kulturferne Nachkriegssozialisation gewesen sein. Bei vereinzelten Begegnungen mit diesen Genres fühlte ich mich zudem von „modernen" Regisseuren bzw. Stücken abgeschreckt bzw. gelangweilt und blieb weg. Selbst im Ruhestand konnte man solche Erfahrungen machen. So schien uns eine Aufführung des altgriechischen „Ödipus"-Dramas in Oldenburg albern und bar jeden Sinns für antike Tragödie. Bei Ende der Vorstellung stellte sich vorne ein Claqueur neben uns auf, eifrig Klatschwellen anstoßend – war es der Regisseur?

Dennoch kam es im Ruhestand zu 20 Theater- und 15 Opern/Musical-Besuchen (zusätzlich bei 3 Konzerten). Dass sie fast zur Hälfte in Oldenburg stattfanden, spricht für eine hilfreiche Rolle des Oldenburger Staatstheaters bei meiner kulturellen Belebung. Insgesamt reichte es zu Klassiker-Stücken des Theaters (u. a. Hauptmann, Die Ratten; Schiller, Don Carlos; Brecht, Mutter Courage; Shakespeare, Romeo und Julia; Tolstoi, Anna Karenina) wie der Oper – u. a. Mozart, Don Giovanni und Zauberflöte; Verdi, Aida; Bizet, Carmen; Wagner, Tristan und Isolde, Tannhäuser; Brecht, „Dreigroschenoper"; Donizetti, Liebestrank; Webber, Evita. Bei den Theateraufführungen ragten Schillers „Johanna von Orleans (in der guten Inszenierung des von mir politisch weniger geschätzten Peymann), Sartres „Die schmutzigen Hände"/Berlin (ein Stück, an dem mich schon als junger Mann die Tragik des Weltveränderers gefesselt hatte) und Kehlmanns „Die Geister in Princeton"/Berlin (berührend aufgrund meiner Beschäftigung mit John von Neumann, der hier als Theaterfigur auftrat) hervor. Unterhaltend schien mir auch manches andere, last not least das famose Puppentheater von Bad Tölz. Leitmotive in Opern bzw. tragische Dilemmata in Theaterstücken gaben dabei – neben der Qualität der Aufführungen – den Ausschlag für gelegentliche Faszination, ohne dass sich daraus noch ein richtiger Fan entwickelt hätte.

Weiter und tiefer reichend waren erneuerte Annäherungen an Gebiete, die meinem Herzen auch während des Berufslebens näher standen: Malerei und Geschichte. Zahlreiche Ausstellungen zogen mich da während des Ruhestandes immer wieder an: 42 Gemäldeausstellungen (darunter je 4–6 in Berlin, Hamburg, Bremen und Frankfurt, nur drei in Oldenburg und insgesamt sieben in Wien, New York, Amsterdam und Prag), dazu 22 historische Ausstellungen (darunter 10 in Berlin, zwei in Hamburg, drei in Oldenburg)[17]. Ausstellungen haben den Vorteil, dass man sie nach eigenem Interesse gezielt durchlaufen und dabei Uninteressantes übergehen kann. Man muss sie nicht aussitzen.

---

17 Dazu kamen noch vier technische bzw. archäologische Ausstellungen.

Bei der Malerei hatten sich bereits während des Berufslebens zwei Vorlieben herausgebildet. Das war einmal die Neigung zu einem Impressionismus in weiterem Sinne, die sich ursprünglich an holländischer Landschaftsmalerei in der Londoner National Gallery entzündet hatte und nun im Ruhestand mit Impressionisten wie Eduard Manet, Claude Monet, Max Slevogt, Gustave Caillebotte und – locker mal dazu gezählt – Caspar David Friedrich fortsetzte. Zum anderen gab es eine Vorliebe für starkfarbige, flächig-abstrahierende Gemälde, zunächst für die Südseebilder Paul Gauguins, dann auf Gemälde Alexej von Jawlenskys, Franz Marcs und August Mackes ausgedehnt. Suche nach Schönheit der Welt und Lebensbejahung, so würde ich die dahinter stehenden Motivationen bezeichnen. Mit der Zahl der Ausstellungsbesuche sind auch andere in die Gruppe der mir bekannten und geschätzten Maler eingezogen: Liebermann neben Corinth, Cranach neben Menzel und andere. Eine Digitalkamera unterstützt seit 2006 meine Passion. Dem Vorbild ostasiatischer Museumsbesucher folgend suche ich Gemälde, die mir gefallen, und dazugehörige Hinweise aufzunehmen. Das Ergebnis ist eine eigene, auf Leinwand per Beamer vorführbare digitale Gemäldesammlung.

Teilweise gehörten die Museumsbesuche zu Besichtigungs- und Stadtreisen, die zu Highlights des historisch interessierten Ruheständlers wurden. Viele großartige Eindrücke haben dabei meinen Horizont nach der Pensionierung erweitert. Am Anfang dominierten Reisen, bei denen Überreste der Antike im Mittelpunkt standen:

Dies begann 2002 mit Besichtigungen in der West-Türkei, beginnend mit dem großartigen Istanbul (dem antiken Byzanz, von dessen Hagia Sophia ich so viel von Percy Ernst Schramm gehört hatte), über Bursa, die Dardanellen, Troja, Pergamon, Ephesus bis Bodrum. Ein Stück Bildungsreise, die ein klassischer Historiker in jungen Jahren absolvieren sollte, wurde nachgeholt. Im ersten altgriechischen Theater begann ich spontan den Anfang der Odyssee zu zitieren: „*Andra moi ennepe / Mousa polytropon / hos mala polla / plangthe epei Troies…*"[18] Da fiel, als ich stockte, ein mitreisender niederländischer Jurist ein und sprach den Text weiter – ein bewegender, uns verbindender Augenblick.

Im nächsten Jahr unternahmen wir eine Bildungsreise nach Mittelitalien. Besichtigt wurde mit einer nur achtköpfigen Reisegruppe Rom mit seinen antiken Bauten (Diokletiansthermen, Kapitol, Forum Romanum, Kolosseum, Pantheon), daneben Vatikan und Petersdom. Dem folgten Neapel und Pompeji, Capri, die Amalfi-Küste, auf der adriatischen Seite Ascoli, das später vom Erdbeben getroffene Aquila und ein Blick auf den Gran Sasso (den ich 1943 in mei-

---

18 Übersetzt: „Nenne mir, Muse, den Mann, den vielgewandten, der vielfach wurde verschlagen, seit Trojas heilige Burg er zerstörte…". Homer, Odyssee, übersetzt von Roland Hampe, Stuttgart 2000, S. 3.

ner ersten Wochenschau gesehen hatte). Eine schwache Führung in Pompeji roch nach Mafia-Einfluss.

Im Jahre 2004 besichtigten wir – wieder in Kleingruppe – Relikte des antiken Hellas. Wir sahen Athen, Kap Sounion, in den Bergen Delphi (den Ort des legendären Orakels), den Golf von Korinth, Olympia, den Palast Nestors, Kalamata mit der Navarone-Festung, Sparta und Mykene, die (angebliche) Höhle des Polyphem aus der Odyssee. Der Charakter einer nachgeholten Bildungsreise verstärkte sich – bedauerlich nur, dass Nationalmuseum und Akropolis ausfielen, da seit langem geschlossen.

2005 folgte dem eine Reise nach Sizilien mit seiner griechisch-römischen Vergangenheit. Neben normannischen Domen sowie der – leider geschlossenen – Kathedrale von Palermo (mit Grabstätte Friedrichs II.) konnten wir den Segesta-Tempel (Segesta löste den Peloponnesischen Krieg aus), antike Steinbrüche (wo gefangene Athener einst arbeiteten), die Tempel von Agrigent, die Villa Casale mit Mosaiken aus der römischen Kaiserzeit, ein griechisches und ein römisches Theater, Taormina und den Schnee am Ätna bewundern.

Weiter unternahmen wir 2006 eine Besichtigungsreise nach Spanien, deren Glanzstücke die nachantike Folgezeit bis hin zur Moderne repräsentierten: so Madrid mit Altstadt, aber auch die Königsgalerie (beginnend mit den westgotischen Königen), der Escorial Philipps II., das eindrucksvolle Toledo, die Mezquita-Moschee in Cordoba, die Kathedrale und der Alkazar von Sevilla.

Am Ende standen 2010 bei einer Kappadokien-Reise Besichtigungen hellenistischer Überreste, insbesondere eines griechischen Theaters an der Küste, soweit dies ein desinteressierter Reiseführer ermöglichte.

Eine zweite Serie bestand in einer Reihe von Stadtbesichtigungen. Sie begann sofort bei Ende meiner Berufstätigkeit Anfang April 2000. Wir flogen, zusammen mit Astrid, einer Schwester Waltrauts, und deren Tochter Zoe für eine knappe Woche nach New York, um – wohnend im zentralen Manhattan – uns nicht nur von der kolossalen Stadt beeindrucken zu lassen, sondern auch das „Metropolitan Museum of Art" und das „Museum of Modern Art" aufzusuchen. 2004, 2012 und 2013 folgten dem jeweils einwöchige Berlin-Aufenthalte. Sehenswürdigkeiten waren dort Alte Nationalgalerie, Bundestag, Berliner Dom (mit Herzog Albrecht von Preußen als einer der protestantischen Leitfiguren), Gendarmenmarkt, Friedrichwerdersche und Hedwigskirche, Schloss Charlottenburg, außerhalb in Potsdam die Schlösser Sanssouci und Caecilienhof. Dazwischen konnte ich mit meiner Frau 2007 noch einmal London (und Wales) besuchen (Themse-Fahrt, Kensington, Canary Wharf und British Museum), 2008 München mit seinen vielen Sehenswürdigkeiten und Museen, nicht zuletzt den Englischen Garten. 2009 verbrachten wir eine Woche in Wien (Burg, Ring, Stephansdom, Kunsthistorischem Museum und Schloss Belvedere), schließlich 2012 eine Woche im unzerstörten Prag mit seinen eindrucksvollen Bauten, die an die mit Deutschland so lange verbundene

Geschichte erinnern (wie Altstädter Ring, Karlsbrücke Karls IV., Hradschin, auswärts Schloss Konopiste des k. u. k.-Thronfolgers Franz Ferdinand). Danach, 2013, folgte eine Woche in der Toskana mit Besichtigungen von Florenz und Siena. Andere Städte wie Rotenburg ob der Tauber, Bamberg, Regensburg, Nürnberg, Mainz, Dresden und Amsterdam waren uns nur jeweils einen bis drei Tage Aufenthalt wert, vermittelten aber ebenfalls nachhaltige Eindrücke durch ihre historischen Bauten.

Gerade da die Stadt meiner Kindheit, Königsberg, untergegangen ist und ich die meiner Jugend, Hannover, als weitgehend zerstörte erlebt habe, erwärmte es mein Herz, im Alter noch so viele deutsche oder uns historisch nahe Städte nach den Zerstörungen des Krieges wiederauferstanden zu sehen. Es freute, wieviele historische Bauten ihr Gesicht formen, ihnen Schönheit verleihen und von guter Vergangenheit zeugen.

Aus historischem Interesse erklären sich auch Besuche von einschlägigen Museumsausstellungen. Erwähnenswert scheinen eine zur „Varusschlacht" (Kalkriese), wo einem nur die wohl politisch korrekte Umbenennung der Schlacht nach dem Verlierer aufstoßen konnte; eine große, aber mittelmäßige zur deutschen Geschichte (Berlin); das ausgezeichnet restaurierte Elternhaus Goethes in Frankfurt a. M.; eine europäische Ausstellung zum Dreißigjährigen Krieg (Münster und Osnabrück), hervorragend gemacht, allerdings den Westfälischen Frieden feiernd unter Ignorierung dessen, was er für Deutschland bedeutete. Eher schwach fand ich die Ausstellung zur Vertreibung (Berlin). Ihre Schwerpunkte wie ihre Dürftigkeit sind wohl aus politischer Verdrängung zu erklären. Die Geschichte von Nachbarländern betrafen eine Ausstellung zur ersten österreichischen Republik (Wien) und eine zur niederländischen Kolonialgeschichte (Amsterdam).

3 Abschied von Politik, bisschen wissenschaftlicher Nachruhm

Eine Rückkehr des Ruheständlers zur Parteipolitik hat es nicht gegeben. Die mit der Umsiedlung nach Oldenburg getroffene Entscheidung gegen parteipolitisches Engagement wurde nicht revidiert. Zwar erschien ich nach der Pensionierung noch ein wenig in der Öffentlichkeit – so in 25 Zeitungspublikationen und ein paar kleinen Rundfunkauftritten, teils aufgrund einzelner Vorträge, teils in Form von Interviews zur Politik (so die meisten der 15 Beiträge in der Oldenburger Nordwest-Zeitung), mal als eigenem Artikel. Aber geeignet, damit politisch etwas zu bewegen, waren sie kaum. Es ging um Personalfragen, Wahlkampf-Beobachtungen, Rechtsfragen etc. Am ehesten mit einer parteilichen Position identifiziert werden mochte ich beim hochbrandenden Streit um Kohls geheime Parteikasse, als ich auf „*vergleichbare Verstöße auch bei anderen Parteien*" hinwies oder „*vor überspannten ethischen Erwartungen*" warnte[19]. Auch Aussagen zu den Regierungsbildungen mochten hinsichtlich Einschätzungen künftiger Regierungstätigkeit bestreitbar sein – so wenn ich von der schwarz-gelben Koalition 2009 wegen leerer Kassen „*nicht sehr Aufregendes*" oder von der Großen Koalition 2013 trotz angeschlagener SPD die volle Legislaturperiode erwartete[20]. Nicht eine politische Akteursrolle schien mir die Aufgabe, sondern längere Erfahrungshorizonte einzubringen und überspannte Erwartungen zu reduzieren.

Bei meinem Eintritt in den Ruhestand amtierte die rot-grüne Regierung Schröder, mit der sich die Gewichte nach links zu verschieben schienen. Ihr Antritt war ja der erste radikale Regierungswechsel in der Bundesrepublik, bei dem keine vorherige Regierungspartei im Amt blieb. Bereits gegen Ende meiner Lehrtätigkeit hatte mich ein Schlüsselerlebnis aufgerüttelt. Bei einem Wortwechsel am Rande einer Lehrveranstaltung wies ich darauf hin, dass die erneuerbaren Energien mit ihrem wetterabhängigen Aufkommen durch traditionelle Energien abgedeckt und daher kostspieliger werden müssten. Da schnitt mir ein etwas älterer, grüner Teilnehmer das Wort ab: Die Energiewende sei entschieden, jede Diskussion darüber überflüssig. Sie wurde verweigert. Ob dahinter, wie bei Kommunisten, eine prinzipielle Unterordnung wissenschaftlicher Erörterungen unter die Politik stand oder nur unbedachter Übermut und Diskussionsfaulheit von Mehrheitsanhängern, mag offen bleiben – mir schien es ein alarmierendes Signal. Als dann Kohls schwarze Nebenkassen eine schwere Krise der CDU auslösten, entschloss ich mich zum Beitritt zu ihr. Nach früheren Einladungen der CSU-nahen Seidel-Stiftung hatte mich seit 1998 die Konrad-Adenauer-Stiftung zu Vorträgen eingeladen – positive Kontakte gab es somit bereits. Allerdings, mir war klar: Das sollte eine strauchelnde Opposition stützen, mit der mich mehr Übereinstimmung als mit der Regierung verband. Nach aktiver Parteitätigkeit stand mir nicht der Sinn.

Sicherlich riss Schröder dann ab 2002 das Steuer im Zeichen der Agenda 2010 abrupt herum. Aber das geschah ohne hinreichende Aufklärung, auch zog die SPD als Partei großenteils nicht mit und blieb die bisherige. Ebenso drohte weiterhin eine Koalitionsoption mit der PDS, während die steuerliche Besserstellung von Eltern lediglich einem Urteil des Bundesverfassungsgerichts zu verdanken war. Anreiz zu einer Wiederannäherung an die SPD entstand so nicht. Die beiden Großen Koalitionen von 2005 und 13 empfand ich als sinnvolle Lösung – sachlich wegen der relativen Nähe der großen Parteien zueinander, notwendig angesichts der Schlüsselposition der SED-Nachfolge-

---

19 Nordsee-Zeitung (Bremerhaven), 10. 3. 2000 bzw. Hamburger Abendblatt, 26. 1. 2000.
20 Weser-Kurier, 4. 10. 2009 bzw. Nordwest-Zeitung, 28. 11. 2013.

partei. Diese von der Regierungsmacht fernzuhalten, schien um der Demokratie willen richtig. Die dem folgende homogenere Koalition von CSU/CSU und FDP 2009-13 enttäuschte, erwies sich als verlorene Zeit für die Zukunft des Landes. Mehr noch: Ab 2010 erfolgte schrittweise der Übergang zu Schuldenvergemeinschaftungen in der Eurozone – und das bedeutete verstärkte Anreize zu Verschuldungs- und Inflationspolitik[21]. Mit Fukushima 2011 folgte eine abrupte Kehrtwendung bei der Atomenergie – ohne Konzept für eine künftige sichere Energieversorgung[22].

Zunehmend wurde mir seither ein Abstand zur Merkel-CDU bewusst – nicht zu allen Mitgliedern, nicht zu den Bosbachs, aber eben zum Kurs der Partei. Wäre es nicht besser, wieder ohne Parteimitgliedschaft zu leben? Wieweit muss, unter dem Aspekt des kleineren Übels, die eigene Kompromissbereitschaft reichen? Tatsächlich vollzog die Kanzlerin 2015 ihre nächste Kehrtwendung, hin zur Willkommenspolitik für Zuwanderer. Die Grenzen wurden offen gehalten für eine unbeschränkte Zuwanderung, die man als „Bereicherung" feierte. Mir schien das angesichts des deutschen Geburtendefizits eine dritte problematische Weichenstellung für Zukunft und Identität des Landes. So wurde die Kehre bei der Bevölkerungspolitik für mich zum letzten Anstoß, die CDU-Mitgliedschaft aufzukündigen: „*Bei aller notwendiger Kompromißbereitschaft kann ich die Energie-, Euro/Europa- und Bevölkerungspolitik der CDU-Spitze nicht mehr tragen*"[23] – so meine Begründung. Zermürbt flog ich bei der dritten scharfen Kurve aus dem CDU-Bus.

Vielleicht will inzwischen mancher etwas vorausschauender steuern. Aber: Nicht Reden oder Beschlüsse auf dem Papier, allein Fakten können zählen.

Wie steht es mit meiner Verbindung zur Wissenschaft? Auch hier gibt es Züge einer schrittweisen Abnabelung, wenn man meine Tätigkeit an der Universität Revue passieren lässt. Schon der erste Rückblick auf den Ruhestand konstatierte, dass ich keine Lehrveranstaltungen mehr abhielt. „*Aber ein bißchen (unbezahltes) Nachleben in der Uni bleibt noch. So radelt er einmal die Woche zum Institutskolloquium, ist Mitveranstalter einer 14-täglichen Ringvorlesung, prüft und praktiziert auslaufend als ,Doktorvater'. Auch hält er noch – gemeinsam mit einem emeritierten Kollegen – sein Büro und schnüffelt gelegentlich in der Uni-Bibliothek.*"[24] Doch schon Anfang 2004 war zu vermelden: „*Dünner wird der Faden zur Uni. Wolfgangs Arbeitszimmer ist passé, statt 12 Prüfungen 2001 gab's 2003 nur zwei Prüfungsgutachten. Doch immer noch wankt er zum*

---

21 Vgl. Wolfgang Rudzio, Das politische System der Bundesrepublik Deutschland, 9. A. Wiesbaden 2015, S. 418-23.
22 Auch kein Beitrag zur Klimastabilisierung war damit verbunden. Hans-Werner Sinn, Das grüne Paradoxon, Berlin 2012, S. 462 et passim.
23 Wolfgang Rudzio an CDU-Kreisverband Oldenburg, 4. 9. 2015.
24 Rudzio, Auf dem Weg ins Dritte Jahrtausend (1999-2000), Sp. 2.

Kolloquium seines inzwischen aufgelösten Instituts (Waltraut abschätzig: ‚sein Kränzchen') und veranstaltet jeden Winter zusammen mit einem Ex-Kollegen eine Ringvorlesung."[25]

Die Kontakte zu Studierenden endeten damit. Meine Seniorenstudenten lud ich zu sommerlichen Abschiedstreffen bei uns ein. Daneben feierte ich 2002 meinen Geburtstag mit 14 Personen im Institut, beteiligten wir uns an akademischen Verabschiedungen anderer. So

- reisten wir 2001 zu einer Verabschiedungsfeier von Professor Manfred Friedrich nach Göttingen, wo ich geschätzte Kollegen wie Jesse (Photo S. 307), Klein, Lösche und Hennis wiedertraf.
- nahmen wir Ende 2001 an der Verabschiedung des mir aus langen Telefonaten als Oberbürgermeister und Lehrbeauftragten vertrauten Dr. Jürgen Poeschel (Photo S. 307) teil.
- Es folgten Verabschiedungen bzw. runde Geburtstagfeiern weiterer Kollegen, an denen wir teilnahmen: in Münster von Paul Kevenhörster (Photo S. 307) und Dietrich Thränhardt, in Heide von Lowell W. Culver und in Hannover von Otwin Massing (Photo S. 187).
- Schließlich sprach ich 2008 zur Verabschiedung meines Kollegen Karl-Heinz Naßmacher/Oldenburg (Photo S. 307).

Unverkennbar – das war typischer Abgesang von Ehemaligen, in dem ich da mitsang.

Die Prüfungstätigkeit schrumpfte auf einige Disputationen zusammen. Bedeutung hatten die Fälle, bei denen ich als Doktorvater fungierte:

- so bei der Dissertation von Xiulan Hu „Sozialistische Marktwirtschaft in der VR China" (2000),
- bei Peer Egtveds „Multikulturell oder liberal?" (erschienen 2002),
- Miriam Berhanes (Photo S. 307) „Challenges to Democratic and Economic Transition in Ethiopia, Kenya and Sudan" (2002),
- und Jiahn-Tsyr Yus „Demokratie und Volk" (Transformationsprozess in den Philippinen, Südkorea und Taiwan) (2005).

Der Fahne des Politikwissenschaftlichen Kolloquiums blieb ich bis zu dessen Ende 2008 treu. Neben neuen Gesichtern sprachen dort auch vertraute Gäste wie die Professoren Armin Mruck/Towson Maryland, Andrzej Kaleta/Thorn oder Dr. Paul Lucardie/Groningen.

---

25 Rudzio, Eingelebt im Ruhestand (2001–03), Sp. 7.

Einen Faden zur Universität bildete ferner die Ringvorlesung, die mein Ex-Kollege Professor Freiwald (Photo S. 307) und ich gemeinsam jedes Wintersemester bis 2010 veranstalteten. Was Themen und Referentenkosten betraf, dankenswerterweise von der Konrad-Adenauer-Stiftung übernommen, gestaltete sich die Zusammenarbeit mit den örtlichen KAS-Leitern Zemke, Schmid und Dr. Hofmann stets freundschaftlich und problemlos. Unter den eingeladenen Referenten gab es einige, die uns im Laufe der Jahre mehrfach besuchten, so die Professoren Kevenhörster/Münster, Jesse/Chemnitz und von Laer/Vechta.

Ist es noch ein Faden zur Universität, wenn wir bis in die Gegenwart die jährlich ein oder zwei Veranstaltungen des „Historischen Quartetts" besuchen? In deren Rahmen stellen Oldenburger Universitätshistoriker jeweils zwei oder drei neue Bücher vor und diskutieren sie, wobei jeweils einer der Autoren hinzu geladen ist. Veranstalter waren die Professoren Heinrich Schmidt, Hahn, bis zu seinem Tode Hinrichs (Photo S. 307) – alle mir gut bekannt aus meiner Berufstätigkeit. Die interessant und unterhaltsam gestalteten Veranstaltungen in der Oldenburger Landesbank ziehen seit etwa 15 Jahren ein beachtliches Publikum aus Oldenburg und Umgebung an.

Alles in allem handelte es sich um einen sich hinziehenden Ablösungsprozess, wie bei Professoren häufig. Analoges gilt auch überörtlich, da ich noch Mitglied in zwei wissenschaftlichen Gesellschaften (Deutsche Vereinigung für Politische Wissenschaft, Deutsche Gesellschaft für Politikwissenschaft) geblieben bin, allerdings inaktiv. Die Mitarbeit in einer Evaluationskommission, die im Sommer 2000 die Politikwissenschaft an den Universitäten Münster, Bochum und Duisburg begutachtete, blieb ein einmaliger Vorgang.

Dennoch: Ich habe noch ein wissenschaftliches Weiterleben nach dem beruflichen Tode. Zu einem Lehrbuch zum Vergleich politischer Systeme, wie zunächst beabsichtigt, ist es zwar nicht gekommen. Mir wurde klar, dass neben der regelmäßigen Erneuerung meines etablierten Lehrbuches zur Bundesrepublik kaum Kraft für ein gänzlich neues, weitgespanntes Werk bleiben würde. Das Erreichte aufgeben oder aufs Spiel setzen für ein Abenteuer, dem ich wahrscheinlich nicht gewachsen sein würde? Tatsächlich zeigte sich schon bei der Neuauflage des Bundesrepublik-Buches 2003, dass mich 70 Seiten Neutext auslasteten. Es sind ja dabei neue Daten und die Ergebnisse neuer empirischer Forschungen einzuarbeiten.

Außerdem: Gefährdet schienen seit Anfang jenes Jahres wissenschaftliche Lehrbücher ohnehin. Ein Gesetzentwurf zum Urheberrecht sah in den Paragraphen 52a und 53 vor, veröffentlichte Werke für Unterricht und Forschung „öffentlich zugänglich zu machen, soweit die Zugänglichmachung zu dem jeweiligen Zweck geboten und zur Verfolgung nicht kommerzieller Zwecke gerechtfertigt ist". Bedeutete das eine „Enteignung der Autoren", wie die Frankfurter Allgemeine schrieb? Es gehe, so die Bundesjustizministerin, um einen

„angemessenen Ausgleich des Rechts am geistigen Eigentum mit dem Allgemeinwohlbelang von Bildung und Forschung"[26]. In meiner Sicht war, wenn diese „Belange" das Urheberrecht aushebeln konnten, zu erwarten, dass mein Lehrbuch ganz vorn auf das Enteignungsschafott geschleift würde. Ich schrieb: *„Aber der Wurm ist drin, nachdem das neue Urheberrecht wissenschaftliche Publikationen weithin zur Plünderung freigibt. Das könnte dem Lehrbuch den Garaus machen. Seitdem nagt Unsicherheit, erlahmt die Hand am Griffel."*[27] In dieser Situation teilte mir mein Verleger Edmund Budrich Ende 2003 mit, er habe seinen Verlag mit allen Rechten an den Verlag für Sozialwissenschaften verkauft. Angesichts dessen vertrat ich dann bei einem Treffen mit Vertretern des neuen Verlages im Frankfurter Opernhaus eine Linie, die möglichst wenig zur Plünderung einladen sollte: den Preis des Buches niedrig und das kleine Format beizubehalten. Sehr wirksam, das war klar, würde dies allerdings nicht sein.

So kam es bei einem späteren Treffen mit meinem Lektor, Frank Schindler, in einem Oldenburger Restaurant zu einem Deal: Ich stimmte dem Verlagswunsch zu, das Buch in größerem Format und außerhalb der roten Reihe herauszubringen – er hingegen erklärte sich bereit, einen Sammelband „Informelles Regieren" mit meinen Arbeiten zum Koalitionsmanagement zu publizieren. Klar war, dass der Absatz dieses Bandes gering sein würde, und insofern war das sein Entgegenkommen. Damit konnte ich eine Reihe meiner Arbeiten über Koalitionsausschüsse, die seit 1970 verstreut publiziert waren, ins Licht der gegenwärtigen Politikwissenschaft rücken. Hinzu kam eine Einleitung und ein bisher nicht publizierter Forschungsbericht von 1993 über das deutsche Koalitionsmanagement 1979–89. Mithin wurden 114 der insgesamt 270 Seiten des Buches erstmals veröffentlicht. Es war ein Altersprodukt, das als später Ersatz für mein Anfang der siebziger Jahre gescheitertes zweites Buch diente. Dem folgte 2008 noch ein Aufsatz zum Koalitionsmanagement der ersten Regierung Merkel nach[28]. Mein Beitrag zur deutschen Regierungsforschung ist seither besser sichtbar.

Die Ausgangsfrage meines informalen, entscheidungstheoretischen Ansatzes lautete: *„Wer trifft auf welche Weise die politisch wichtigen Entscheidungen tatsächlich?"* Der Begriff der *„Entscheidung"* meint dabei nicht die rechtlich verbindliche Entscheidung, sondern die eines Kollektivs oder Einzelnen, *„die*

---

26 Heike Schmoll, Enteignung der Autoren und Verlage? In: FAZ, 29.1.2003.
27 Rudzio, Eingelebt im Ruhestand (2001–03), Sp. 8. Das Gesetz hierzu kam bisher nicht zustande, doch liegt ein neuer Gesetzentwurf mit gleicher Zielrichtung auch 2017 vor. FAZ, 3.2.2017.
28 Wolfgang Rudzio, Informelles Regieren, Wiesbaden 2005; ders., Das Koalitionsmanagement der Regierung Merkel, in: APuZ 2008/16, S. 11 ff.

sich innerhalb des politischen Systems durchzusetzen pflegen" (= „Entscheidungszentrum"). Hierfür muss ein Entscheidungszentrum

(1) sachliche und politische (d.h. auf Interessen und Kräfteverhältnisse bezogene) Information verarbeiten,
(2) die Entscheidung formulieren (d.h. möglichst wenige Personen umfassen),
(3) die Entscheidung durchsetzen (somit eher mehr Personen umfassen, die Einfluss auf rechtlich zuständige Instanzen haben)[29].

Meine Untersuchungen zur Praxis der Koalitionsregierungen Österreichs 1945–66 sowie der Bundesrepublik Deutschland 1961–69, 1979–91 und 2005–07 zeigen, dass die koalitionsintern strittigen Entscheidungen in einem Koalitionsausschuss bzw. ähnlich strukturierten Gremien zu Koalitionsverhandlungen fallen. Es handelt sich um paritätisch von den Koalitionsparteien gebildete, informale Gremien, die aus Vertretern der Parteien (Parteivorsitzende und zuweilen Bundesgeschäftsführer), Koalitionsfraktionen (Vorsitzende und zuweilen erste Parlamentarische Geschäftsführer) sowie der Regierung (Kanzler, Vizekanzler und einzelne Minister) bestehen. Der Informationsbeschaffung dienen fallweise vorgeladene Minister, Fraktionsexperten oder zuarbeitende Expertengruppen. Die Größe des Entscheidungszentrums variiert, normal sind 6–8 Mitglieder. Entscheidungen werden nicht per Mehrheit getroffen, sondern in Verhandlungen bis zur Einigung. Dort, nicht in Regierung oder Parlament, spielt die Musik.

Die Parlamentsfraktionen folgen solchen Entscheidungen, gelegentlich knurrend, ebenso die Regierung. Sind Parlament und Regierung damit zu Ausführungsorganen degradiert? Dies trifft insofern nicht ganz zu, als ihre Spitzen an den Koalitionsrunden teilnehmen und mit ihrer Autorität deren Entscheidungen stützen. Generell gilt, dass die Beteiligten die Sicht ihres Bereichs in die Verhandlungen einbringen, und im Ergebnis eine Entscheidung *„in antizipierender Reaktion"* dessen erfolgt, was für Fraktionen und Regierung zumutbar erscheint. Insofern sind es nicht von außen oktroyierte Entscheidungen, denen sich die Fraktionen gegenüber sehen. Gewiss, ihnen bleibt nur eine Ratifikationsentscheidung, aber doch das Recht, sich zu verweigern.

Ein solches informelles Koalitionsmanagement ist auch in Regierungen anderer parlamentarischer Demokratien mit Verhältniswahlrecht und in den deutschen Bundesländern verbreitet. Der Blick auf die tatsächlichen Entscheidungsprozesse liefert also ein anderes Bild als die Verfassungstexte erwarten lassen. Schon 1971 sprach ich im Titel meiner Österreich-Darstellung von der „Realverfassung Österreichs". Solche Untersuchungen tatsächlicher Entschei-

---

29 Rudzio, Informelles Regieren, S. 10, 21–23.

dungsstrukturen sind eine wichtige Aufgabe der Politikwissenschaft, und so freut es mich, die Dinge an einem zentralen Punkt vorangetrieben zu haben. Die informale Praxis erklärt sich aus einer allgemeinen Notwendigkeit: *„Trotz aller Funktionentrennungen: Politisch bilden in modernen parlamentarischen Systemen eben Regierung, Parlamentsmehrheit und die sie tragenden Parteien eine Einheit, die in der Tätigkeit eines Koalitionsausschusses ihren Ausdruck findet. Nur so kann in Koalitionskonstellationen eine gewisse Entscheidungsfähigkeit erreicht werden und mit ihr ein zwar nicht in Verfassungen explizit verankerter, faktisch aber hochrangiger Wert."*[30]

Meine Hauptarbeit aber galt – trotz des drohenden politischen Damoklesschwertes Urheberrecht – den Erneuerungen des Lehrbuchs. In der erstmals großformatigen Auflage von 2006 kam ein gänzlich neues, 30-seitiges Kapitel „Deutschland in der Europäischen Union" hinzu. Bei der darauf folgenden Auflage von 2011 wurden, neben den üblichen Erneuerungen, zwei Aspekte möglichst in alle Kapitel eingearbeitet:

- orientierende theoretische Leitfragen bzw. Grundbegriffe einzufügen,
- soweit als möglich deutsche Verhältnisse in Vergleich mit ausländischen zu setzen.

Damit sollte dem Leser mehr Orientierung und Einordnung ermöglicht werden. Demgegenüber beschränkt sich die 9. Auflage von 2015 darauf, das Buch auf den neuesten Stand zu bringen.

Trotz schwankendem Absatz hat der viel zitierte „Klassiker" inzwischen seinen 30. Geburtstag hinter sich – ist zu einem „long seller" mit insgesamt über 160 000 verkauften Exemplaren ausgewachsen. Die Einnahmen hieraus reduzierten, jedenfalls bis zur Pensionierung, meinen Gehaltsabstand zum C4-Professor weitgehend. Dem Flaggschiff ist zudem zu verdanken, dass ich 2006 im zweiten politikwissenschaftlichen Reputationsindex auf den fünften Platz für „Innenpolitik und politisches System der Bundesrepublik" gelangte (bei insgesamt 57 hierfür genannten Personen). Auch wenn die Umfrage „nur teilrepräsentativ" ist[31], erfreut sie das Herz eines Ruheständlers. Eine große berufliche Karriere war mir nicht beschieden, dafür ein bisschen emotionaler Ersatz.

Das Buch sieht die Demokratie im politischen System der Gegenwart deutlich eingeschränkter als üblich. Nicht nur durch den Wandel des Parteiensystems (insbesondere das Aufkommen der Linken) und daraus resultierende Große Koalitionen hat sich der Einfluss des Wahlbürgers verringert. Auch das

---

30 Rudzio, Koalitionsmanagement der Regierung Merkel, S. 17.
31 Jürgen Falter/Michèle Knodt, Die Bedeutung von Themenfeldern, theoretischen Ansätzen und die Reputation von Fachvertretern, in: Politikwissenschaft. Rundbrief der Deutschen Vereinigung für Politische Wissenschaft Herbst 2007, S. 147 ff., hier 147, 159.

Wolfgang Rudzio und ein wahrer Spruch (Englischer Garten in München 26.4.2008).
© Wolfgang Rudzio, Autor.

politische System, unter dem die Deutschen heute leben, hat sich infolge massiver Kompetenzverschiebungen hin zur Europäischen Union verändert. Es ist nicht mehr die Demokratie des Grundgesetzes. Vielmehr handelt es sich nun um ein *„integriertes Vier-Ebenen-System"*, in dem die Europäische Union allen anderen Ebenen übergeordnet ist: dem Bund, den Bundesländern und den Kommunen – jedenfalls auf weiten, sich ausdehnenden Feldern. Europäisches Recht bricht deutsches Recht, auch das Grundgesetz. Wieweit europäisches Recht gilt, entscheidet im Streitfall allein der Europäische Gerichtshof, in dem Deutschland nur einen von 28 Richtern stellt.

Zudem: Die Europäische Union ist keine Demokratie im Sinne des Grundgesetzes. Sie kann es auch nicht sein, da es kein europäisches Volk mit Gemeinschaftsbewusstsein gibt. So hat die Wählerstimme in der Europäischen Union je nach Nationalität höchst ungleiches Gewicht (die deutsche das geringste). Mehr noch: In der regierungsähnlichen Kommission, der Europäischen Zentralbank und im EU-Gerichtshof hat jeder Staat einen Sitz – Deutschland soviel wie Malta. Selbst im europäischen Rat der Regierungen ist Deutschland deutlich unterrepräsentiert[32]. Die unvermeidliche Konsequenz: „*Jedes Mehr an europäischen Kompetenzen bedeutet (...) ein Weniger an demokratischer Selbstbestimmung.*"[33]

Die verbindlichen EU-Beschlüsse kommen als „Richtlinien" daher, die in deutsche Gesetze umgesetzt werden müssen. Verhüllt im Gewand eines deutschen Gesetzes erkennt der Durchschnittsbürger meist nicht ihren europäischen Ursprung. Das Ergebnis ist eine „*Verformung*" des deutschen Verfassungssystems. Der deutsche Gesetzgeber hat seine wirtschafts- und währungspolitischen Zuständigkeiten verloren, weitgehend auch die bei Umwelt-, Zuwanderungs- und Grenzsicherungsfragen. Selbst bei der Sozial-, Verkehrs- und Steuerpolitik u. a. fährt die EU dazwischen, meist aufgrund von Klagen der Kommission durch Urteile ihres Gerichtshofes. Weithin wirken daher Bundestag und Bundesrat wie „*ausgehöhlt*". Die Bundesbank fungiert nur noch als „*Ausführungsorgan*", auch das Bundesverfassungsgericht verliert im Schatten des EU-Gerichtshofes an Bedeutung.

Hinzu kommt: Auch die Überkomplexität des verflochtenen 4-Ebenen-Systems macht Politik für den deutschen Bürger „*immer weniger gezielt beeinflußbar*". Alles in Allem: Die Demokratie, verstanden als bestimmender Einfluss der Wähler, hat in der Deutschland ihren Zenit überschritten. Bei nüchterner Analyse ist eine Entwicklung zu einem „zunehmend demokratiearmen Liberalismus westlicher Prägung" zu prognostizieren (Michael Zürn 2011) – übersetzt: *„freiheitliche Verhältnisse, aber verkümmerte Demokratie"*[34]. Es vollzieht sich eine stille Revolution.

Die Überarbeitung meines Bundesrepublik-Buches wurde begleitet von insgesamt 112 Vorträgen während des Ruhestandes. Sie lagen meist im Themenfeld des Buches, und insofern unterstützte die Vortragstätigkeit weiterhin die Überarbeitungen. Die Vorträge behandelten relativ häufig: politische Parteien (18 Vorträge), Wahlen und Meinungsforschung (13), Extremismus (11), Europäische Union (10) und Geschichte der Bundesrepublik (8). Je drei bis fünf Vorträge entfielen auf Antifaschismus, Politik in Italien, Bevölkerungsentwicklung, Medien, direkte Demokratie, deutsche Außenpolitik, Regieren, Patriotismus und Bürgergesellschaft. Der Rest streute. Die Hörerschaft hing von Einlader bzw. Veranstaltungsort ab:

- 56 Vorträge fanden auf Einladung der Adenauer-Stiftung in deren Räumen oder Hotels statt. Älteres, eher bürgerliches und in der Mehrzahl männliches Publikum herrschte in diesen Fällen vor.

---

32 Rudzio, politische System 2015, S. 444 f.
33 Rudzio, Europa und die Zukunft 2013, S. 487 ff., hier 489 und 494.
34 Rudzio, Europa und die Zukunft, S. 494.

- 19 Vorträge fanden in Universitätsräumen bei verschiedenen Trägern statt. Hörer waren überwiegend Studierende.
- 11 Vorträge, meist zur Extremismusproblematik, hielt ich bei der Niedersächsischen Landeszentrale für politische Bildung. Die Hörer kamen aus bestimmten Gruppen (Lehrern, Polizisten, Soldaten).
- 6 Vorträge, meist zur Europäischen Union, richteten sich (mit einer Ausnahme) an Schüler in Gymnasien.

In weiteren Fällen ergab sich die Zuhörerschaft vom Veranstalter her, so bei der Freimaurerloge in Wilhelmshaven (2 Vorträge), der Deutsch-Italienischen Gesellschaft in Oldenburg (3 Vorträge), Katholischen Akademien (3 Vorträge) und Bremer Akademikerverbänden (2 Vorträge).

Anregend war nicht nur die Begegnung mit vielen unterschiedlichen Menschen, sondern auch der Besuch vieler Orte. Über die Hälfte der Vorträge konzentrierte sich zwar auf drei bzw. vier Städte: Oldenburg (26 Vorträge), Hamburg (22) und Bremen/Bremerhaven (19). Mit Abstand folgten Bad Nenndorf mit 6, Vechta 4, Cuxhaven 3 sowie mit jeweils zwei Vorträgen Münster, Lüneburg, Hannover und Wilhelmshaven. In dreizehn weiteren Orten Niedersachsens sowie sieben in den neuen Bundesländern sprach ich jeweils einmal. Dazu kamen je ein Vortrag an den Universitäten Birmingham/Großbritannien und Nijmwegen/Niederlande. Ab 2010 ging die Vortragstätigkeit zurück, um 2012 zu enden. Die Ursache war mein Alter, hing aber auch damit zusammen, dass bis 2011 meine wichtigsten Einlader berufliche Positionen in der Ferne übernahmen (Dr. Hofmann/Oldenburg und Reinhard Wessel/Bremen) oder selbst in den Ruhestand traten (so Dr. Manfred Dahlke/Hamburg). Die Vorträge haben zu erfüllten, abwechslungsreichen Jahren beigetragen.

Neuerdings aber hat sich mein Zukunftshorizont verdunkelt. Eines Morgens im Februar 2015 sah ich doppelt, so Autos, und konnte nicht gerade gehen. Der Hausarzt tippte auf Schlaganfall. Ein freundlicher Nachbar, Leonhard Witt, fuhr uns in ein Krankenhaus, lange Stunden vergingen in der Notaufnahme, bis ich in einer „Stroke Unit" landete. In der folgenden Nacht wurde ein „stiller" Herzinfarkt festgestellt. Verlegt in eine andere Klinik, erhielt ich zwei Stents gesetzt. Während die Folgen des leichten Schlaganfalls verschwunden waren, erlitt ich am 23.2. in der Klinik einen zweiten, linksseitigen Schlaganfall, verbunden mit Rippenbrüchen. Als Ursache wurde eine Stenose in einer Halsschlagader festgestellt und durch Stentsetzung therapiert. Der 23-tägige Aufenthalt in Kliniken nahm mich mit. Ohne die Besuche meiner Frau und unserer Kinder wäre er mir noch bitterer angekommen.

Meine Bewegungsfähigkeit besserte sich jedoch. Bald konnte ich mich gut bewegen, fuhr wieder Auto und Fahrrad, ging auch ohne aufzufallen. Ende Juni fuhr ich meine Frau per Auto nach Frankfurt, um die Feier unserer Goldenen Hochzeit nachzuholen. Bei dieser Gelegenheit sprach ich, begleitet von

Lichtbildern, über die Geschichte unserer Ehe. Mitte Juli folgte dem ein dreitägiger Amsterdam-Besuch mit ausgedehnten Stadtgängen und Museumsbesuchen. Ich schien wiederhergestellt.

Doch Mitte September 2015 brach ich nach und nach zusammen. Ein Facharzt stand mir bei, konnte aber Ursachen nicht feststellen. So wurde ich in ein Krankenhaus geschickt, dort nach zehnstündigem Warten aufgenommen, tags darauf in ein anderes verlegt. Ich hatte, insbesondere im Beinbereich, keine Kraft und konnte mich ohne Hilfe nicht mehr bewegen, die Nieren versagten völlig. Angesichts dessen wurde meine Medikation verändert, in dichter Folge erhielt ich Dialysen und eine Cortison-Behandlung. Dies schlug an, mein Zustand besserte sich langsam. Die Nieren wurden gerettet, die Bewegungsfähigkeit nahm langsam wieder zu.

Für mich klärte sich die Lage, als meine Frau, unser Sohn und unsere Tochter mich im Krankenhaus besucht hatten und Ilka meine alte Medikation prüfte. Ihr Ergebnis: Mein Zustand entsprach präzise einer Firmen-Beschreibung über mögliche verheerende Wirkungen bei Kombination zweier Medikamente insbesondere bei älteren Patienten. Beide waren mir seit März 2015 verschrieben gewesen. Ich litt an Muskelzerfall mit der Folge akuten Nierenversagens. Allerdings beharrte man lange auf weiteren Untersuchungen, um andere Ursachen zu finden. Nach anschließender Reha wurde ich am 10.11. entlassen – mit Rollator, Katheter, akuter Entzündung und Gewichtsverlust auf 58,7 kg[35]. Danach habe ich mich weiter erholt und all jenes rasch hinter mich gelassen. Aber Nachwirkungen bleiben. Das Jahr 2015 wird einen Lebenseinschnitt bilden – Grund genug, hier den Bericht enden zu lassen.

Die Katastrophe, die mein Leben lange überschattete und mich die Welt von unten erfahren ließ, hat mich geprägt. Sie lehrte mich, in welchem Maße politische Entscheidungen über Leben, Rechte und Möglichkeiten des Einzelnen bestimmen. Nur in dem damit gegebenen Rahmen können eigenes Bemühen und Arbeit einen vorwärts bringen. Wie schon Percy Ernst Schramm lehrte, der Tellerwäscher schafft es dabei nicht zum Millionär. Selbst der Auswanderer, der seine Nationalität wechselt, bleibt sprachlich gehandicapt.

Erfahrungen und Wissenschaft lehrten mich zudem, die Welt nicht in Schwarz-Weiß, sondern in unterschiedlichen Grautönen zu sehen. Das gilt auch für Demokratien, die ihre „Werte" nur teilweise und selektiv verwirklichen. Aber Besseres haben wir nicht. Vorrangig bleibt für den Einzelnen, im Rahmen der vorgefundenen Verhältnisse das eigene Leben zu optimieren. Das heißt, Lebensziele wie Familie, Besitz und Lebensgenuss ausbalancierend anzustreben, um so ein Optimum zu erreichen.

---

35 Vorläufiger Entlassungsbrief des Reha-Zentrums Oldenburg für Wolfgang Rudzio, 10.11.2015.

Zwei Pessimisten haben Glück gehabt: Waltraut und Wolfgang Rudzio, Hamburg 2006.
© Wolfgang Rudzio, Autor.

Es scheint, als sei mir das gelungen. Trotz vieler Niederschläge, Fehlentscheidungen und Umwege blicke ich heute auf ein erfülltes, gutes Leben zurück – wie die Einladung zur Feier unserer Goldenen Hochzeit und zugleich meinem 80. Geburtstag formulierte: *„Zwei Pessimisten haben Glück gehabt".* Es war war das Glück meines Lebens, dass ich meine geliebte Frau traf und wir beide 50 Jahre glücklich zusammen leben konnten, mit gelungenen, lieben Kindern und Enkeln. Zweitens waren es Arbeit, Engagement und günstige Umstände, die mich meinen Traumberuf des Professors erreichen ließen, wenngleich in einem anderen Fach und auf kleinerer Stelle. Drittens hatte ich Glück, unter – im ganzen – geordneten Verhältnissen der Bundesrepublik zu leben. Auch deren Leistungen (Studien- und Doktorandenstipendien, Lastenausgleich, Schulgeld- und Gebührenerlassen) habe ich einiges für meinen Aufstieg zu verdanken.

Wissenschaftliche Schriften Wolfgang Rudzio

1. Politisches System der Bundesrepublik Deutschland

Das politische System der Bundesrepublik Deutschland, 9. A. Wiesbaden 2015, 583 S. (1. A. 1983)

Parlamentarische Parteiendemokratie – oder was sonst? In: Bernd Guggenberger u. a. (Hg.), Parteienstaat und Abgeordnetenfreiheit, München 1976, S. 117–26 (urspr. in: Die Neue Gesellschaft 1970, S. 361–66)
Politische Willensbildung in der Bundesrepublik, in: Volker Nitzschke u. a. (Hg.), Handbuch für den politischen Unterricht, Stuttgart 1987, S. 339–347
Das politische System der Bundesrepublik Deutschland, in: Theo Stammen u. a., Grundwissen Politik, Frankfurt/NY 1991, S. 48–88 (2. A. Bonn 1993, S. 47–88)
Das neue Gefüge der Institutionen, in: Hermann Hartwich u. a. (Hg.), Regieren in der Bundesrepublik 5, Opladen 1993, S. 251–61
Die gewandelte politische Kultur Deutschlands, in: Dietrich Thränhardt (Hg.), Japan und Deutschland in der Welt nach dem Kalten Krieg, Münster 1996, S. 227–255
Freiheitliche demokratische Grundordnung und wehrhafte Demokratie, in: Peter Massing (Hg.), Das Demokratiemodell der Bundesrepublik Deutschland, Schwalbach 1996, S. 11–22 (dgl. in: Politische Bildung 1996)
Datenschutz, Landesregierung, Landesverfassung, Landesverfassungsgericht, Landtag, Ministerpräsident, Öffentlicher Dienst, Opposition, Verwaltung, in: Barbara Budrich u. a. (Red.), NRW-Lexikon, 2. A. Opladen 2000 (1. A. 1996), S. 63–64, 173–77, 183–85, 206–08, 235–36, 328–29
The Federal President: Parameters of Presidential Power in a Parliamentary Democracy, in: Ludger Helms (Hg.), Institutions and Institutional Change in the Federal Republic of Germany, London/NY 2000, S. 48–64

Institutionelles Lernen aus der Geschichte? Der Staatspräsident im demokratischen Deutschland, in: Roman Bäcker u. a. (Hg.): Spoleczenstwo w dobie Modernizacji., Torun 2000, S. 137–52
Parlament/Parlamentarier, in: Rüdiger Voigt/Ralf Walkenhaus (Hg.): Handwörterbuch zur Verwaltungsreform, Wiesbaden 2006, S. 240–44
Europa und die Zukunft der Demokratie, in: Alexander Gallus u. a. (Hg.), Deutsche Kontroversen, Baden-Baden 2013, S. 487–98

2. Parteien und Verbände

Die organisierte Demokratie – Parteien und Verbände in der Bundesrepublik, 2. Auflage Stuttgart 1982, 173 S. (1. A. 1977)

Expertokratie – Innerparteiliche Demokratie – Partei – Parteienstaat – SPD Organisation, in: Thomas Meyer et al. (Hg.), Lexikon des Sozialismus, Köln 1986, S. 268–69, 475–76, 653
Partei im Spagat: Die SPD nach der Bundestagswahl 1990, in: Peter Eisenmann u. a. (Hg.), Die Entwicklung der Volksparteien im vereinten Deutschland, München/Landsberg 1992, S. 35–57
Demokratie und Politikverdrossenheit, in: Politische Studien, SH 5/1992, S. 5–15
Die Bundesrepublik Deutschland – ein Parteienstaat? in: Politische Studien, Sonderheft 4/1993, S. 5–13
Socjologia Partii Politycznych w Republice Federalnej Niemiec, in: Acta Universitatis Nicolai Copernici – Socjologia Wychowania XI – 269/1994, S. 33–43
Das neue Parteienfinanzierungsmodell und seine Auswirkungen, in: ZParl 3/1994, S. 390–401
Die SPD nach der Bundestagswahl 1994, in: Gerhard Hirscher (Hg.), Parteiendemokratie zwischen Kontinuität und Wandel, München 1995, S. 198–242
Der demokratische Verfassungsstaat als Beute der Parteien? In: Winand Gellner u. a. (Hg.), Umbruch und Wandel in westeuropäischen Parteiensystemen, Frankfurt a. M. 1995, S. 1–15
Die Parteifinanzen und die Zukunft des Parteiensystems, in: ZParl 2000, S. 428–40

3. Kommunalpolitik

Die Neuordnung des Kommunalwesens in der Britischen Zone, Stuttgart 1968, 243 S.

Export englischer Demokratie? Zur Konzeption der britischen Besatzungspolitik in Deutschland, in: Vierteljahrshefte für Zeitgeschichte 1969, S. 219-36

Öffentliche Aufgabe oder Marktobjekt: Die Wohnungsversorgung in der BRD, in: Recht und Gesellschaft 1973, S. 73-76

Eine Erneuerung gesellschaftsverändernder Kommunalpolitik? In: Karl-Heinz Naßmacher (Hg.), Kommunalpolitik und Sozialdemokratie, Bonn 1977, S. 78-110

Karl-Heinz Naßmacher/Wolfgang Rudzio, Das lokale Parteiensystem auf dem Lande, in: Hans-Georg Wehling (Hg.), Dorfpolitik, Opladen 1978, S. 127-42

Wahlverhalten und kommunalpolitisches Personal in ausgewählten Oldenburger Gemeinden, in: Wolfgang Günther (Hg.), Sozialer und politischer Wandel in Oldenburg, Oldenburg 1981, S. 253-97

4. Kommunistische Einflussstrategien

Ossip K. Flechtheim, Wolfgang Rudzio, Fritz Vilmar, Manfred Wilke: Der Marsch der DKP durch die Institutionen, 2. A. Frankfurt a. M. 1981, 272 S. (1. A. 1980)

Die Erosion der Abgrenzung, Opladen 1988, 322 S.

(mit F. Deppe, J. Schleifstein, F. Vilmar) Ein Streitgespräch mit zwei prominenten Sowjetmarxisten, in: Fritz Vilmar, Was heißt hier kommunistische Unterwanderung? Frankfurt a. M. u. a. 1981, S. 15-32

Fritz. Vilmar/Wolfgang Rudzio, Politische Apathie und Kaderpolitik, in: APuZ 46/1981, S. 13-38

Rauch - aber kein Feuer? In: APuZ 6/1982, S. 25-29

Grundlage linker Demokratieaversionen: notwendig enttäuschte Erwartungen, in: Kurt Franke (Hg.), Der 2. Bundeskongress für politische Bildung in Berlin 1984, Opladen 1985, S. 311-14

Systemaversionen bei linksorientierten Jugendlichen, in: APuZ 50/1984, S. 27-34. (in anderer Fassung in: Elisabeth Noelle-Neumann/Erp Ring, Das Ex-

tremismus-Potential unter jungen Leuten in der Bundesrepublik Deutschland 1984, Bonn 1984, S. 282–95)
Antifaschismus als Volksfrontkitt, in: Der Bundesminister des Innern (Hg.), Bedeutung und Funktion des Antifaschismus, Bonn 1990 (2. Aufl. 1994), S. 65–82
Autonome Gewalt und Antifaschismus, in: Der Bundesmnister des Innern (Hg.), Extremismus und Gewalt, Bd. III, Bonn 1994, S. 37–49

5. Vergleich politischer Systeme/Regieren

Informelles Regieren. Zum Koalitionsmanagement in deutschen und österreichischen Regierungen, Wiesbaden 2005 (271 S.)

Militärregierung, Beitrag zu: Carola Stern u. a. (Hg.), Lexikon zur Geschichte und Politik des 20. Jahrhunderts, München 1971, Bd. II, S. 523–24
Mit Koalitionsausschüssen leben? In: ZParl 1970, S. 206–222
Entscheidungszentrum Koalitionsausschuss – Zur Realverfassung Österreichs unter der Großen Koalition, in: Politische Vierteljahresschrift 1971, S. 87–118
Die Regierung der informellen Gremien, in: Sozialwissenschaftliches Jahrbuch für Politik 1972, S. 339–366
Informelle Entscheidungsmuster in Bonner Koalitionsregierungen, in: Hans-Hermann Hartwich u. a. (Hg.), Regieren in der Bundesrepublik 2, Opladen 1991, S. 125–41
New Democratic Party (Kanada), Beitrag in: Thomas Meyer u. a. (Hg.), Lexikon des Sozialismus, Köln 1986, S. 638–39
Parteienverdrossenheit im internationalen Vergleich, in: Politische Bildung 3/1994, S. 60–68
(mit Maren Reyelt) Herbert Ehrenberg, in: Udo Kempf/Hans-Georg Merz (Hg.): Kanzler und Minister 1949–1998, Wiesbaden 2001, S. 216–19
(mit Jiahn-Tsyr Yu) Hans Matthöfer, in: Udo Kempf/Hans-Georg Merz (Hg.): Kanzler und Minister 1949–1998, Wiesbaden 2001, S. 470–74
Effizienz und Transparenz, in: Klaus Dicke (Hg.), Politisches Entscheiden, Baden-Baden 2001, S. 41–51
Informelles Regieren – Koalitionsmanagement der Regierung Merkel, in: APuZ 16/2008, S. 11–17

6. Politische Theorie

Methodology in German Political Science, Birmingham 1997 (15 S.)

Eine Verwissenschaftlichung der Politikwissenschaft? In: Adolf Arndt u.a. (Hg.), Konkretionen politischer Theorie und Praxis, Stuttgart 1972, S. 105-123

Freies Mandat und Demokratie, in: Recht und Gesellschaft 1972, S. 206-209

Zwischen marxistischer Politökonomie und Erfahrung, in: Michael Hereth (Hg.), Grundprobleme der Politischen Ökonomie, München 1977, S. 112-58

Politische Perspektiven der „Stamokap"-Theorie, in: Gewerkschaftliche Monatshefte 1979, S. 228-41

Gefährdungen der Freiheit, in: Rudolf Lengert (Hg.), Philosophie der Freiheit, Oldenburg 1983, S. 63-78

Ohne Mehrheitsentscheid keine handlungsfähige Demokratie, in: Thomas Meyer u.a. (Hg.), Widerstandsrecht in der Demokratie, Köln 1984, S. 132-34

Extremismus, in: Thomas Meyer u.a. (Hg.), Lexikon des Sozialismus, Köln 1986, S. 167-68

Was bedeutet Repräsentation in einer parlamentarischen Demokratie? In: Zeitschrift zur politischen Bildung 2/1995, S. 18-24

Parteiendemokratie und Repräsentation, in: Günther Rüther (Hg.): Repräsentative oder plebiszitäre Demokratie - eine Alternative? Baden-Baden 1996, S. 136-145

7. Sozialisierungspolitik

Für eine radikale Reform des Bodenrechts, in: Recht und Gesellschaft 1971, S. 53-56

Entwicklung der Sozialisierungsdiskussion seit 1945, in: Norbert Konegen/Gerhard Kracht (Hg.), Sozialismus und Sozialisierung, Kronberg 1975, S. 200-10

Die ausgebliebene Sozialisierung an Rhein und Ruhr - Zur Sozialisierungspolitik von Labourregierung und SPD 1945-48, in: Archiv für Sozialgeschichte 1978, S. 1-39

Das Ringen um die Sozialisierung der Kohlewirtschaft nach dem Zweiten Weltkrieg, in: Hans Mommsen/Ulrich Borsdorf (Hg.), Glück auf, Kameraden! Die Bergarbeiter und ihre Organisationen in Deutschland, Köln 1979, S. 367-88

Großbritannien als sozialistische Besatzungsmacht in Deutschland, in: Lothar Kettenacker et al. (Hg.), Studien zur Geschichte Englands und der deutsch-britischen Beziehungen, München 1981, S. 341–52

Das Sozialisierungskonzept der SPD und seine internationalen Realisierungsbedingungen, in: Josef Foschepoth/Rolf Steininger (Hg.), Britische Deutschland- und Besatzungspolitik 1945–1949, Paderborn 1985, S. 119–34 (Dgl. Thesen zur Sozialisierungspolitik der SPD nach 1945, in: Karl Rohe/Gustav Schmidt (Hg.), Referate und Diskussionsbeiträge der 1. Jahrestagung des Arbeitskreises Deutsche England-Forschung, Bochum 1982, S. 306–32)

8. Sonstiges

Der Kampf um die soziale Demokratie in der Weimarer Republik, Arbeitsheft der Abteilung Bildungswesen der IG Metall, Frankfurt a. M. 1961, 77 S.

Das Ständestaatsprogramm von Bundeskanzler Dollfuß, Staatsexamensarbeit, Frankfurt 1962, MS 96 S.

Außerdem: 34 Rezensionen und 38 Zeitungs- und Rundfunkveröffentlichungen (überwiegend Interviews).

Abkürzungen

A.	Auflage
Apo	Außerparlamentarische Opposition
APG	Altpreußische Geschlechterkunde
ApuZ	Aus Politik und Zeitgeschichte
AsD	Archiv der sozialen Demokratie
ASF	Arbeitsgemeinschaft sozialdemokratischer Frauen
AStA	Allgemeiner Studentenausschuss
AuS	Arbeiter- und Soldaten(rat)
BAT	Bundesangestelltentarif
BdD	Bund der Deutschen
BdV	Bund der Vertriebenen
BdWi	Bund demokratischer Wissenschaftler
BfG	Bank für Gemeinwirtschaft
BHE	Block der Heimatvertriebenen und Entrechteten
Br.	Bruder
bzw.	beziehungsweise
ca.	etwa
CDU	Christlich-Demokratische Union
CSR	Tschechoslowakische Republik
CSU	Christlich-Soziale Union
CvO	Carl von Ossietzky
DDP	Deutsche Demokratische Partei
DDR	Deutsche Demokratische Republik
Demo	Demonstration
DFG	Deutsche Forschungsgemeinschaft
DGB	Deutscher Gewerkschaftsbund
dgl.	desgleichen
Diamat	Dialektischer Materialismus

Dipl.-Ing.	Diplom-Ingenieur
Dipl.-Kfm.	Diplom-Kaufmann (Betriebswirt)
DRK	Deutsches Rotes Kreuz
DJV	Deutscher Journalistenverband
DKP	Deutsche Kommunistische Partei
DM	Deutsche Mark
DP	Deutsche Partei
DP	Displaced Persons
Dr.	Doktor
dto	dasselbe
DVPW	Deutsche Vereinigung für Politische Wissenschaft
Ebd.	Ebenda
EDV	Elektronische Datenverarbeitung
EHA	Erbhuldigungsakten
EU	Europäische Union
Ehem.	Ehemalig, ehemals
EKD	Evangelische Kirche Deutschlands
etc.	und weiteres
FAZ	Frankfurter Allgemeine Zeitung
FB	Fachbereich
FDP	Freie Demokratische Partei
Ffm.	Frankfurt am Main
Flak	Flugzeug-Abwehrkanone
FNP	Frankfurter Neue Presse
FPÖ	Freiheitliche Partei Österreichs
FR	Frankfurter Rundschau
FU	Freie Universität
FVV	Fachschafts-Vollversammlung
GB	Großbritannien
Gen.	General
geb.	geboren(e)
Gestapo	Geheime Staatspolizei
GEW	Gewerkschaft Erziehung und Wissenschaft
GmbH	Gesellschaft mit beschränkter Haftung
Gr. B.	Großburgwedel
Hg.	Herausgeber(in)
HSV	Hamburger Sport-Verein
IG	Industriegewerkschaft
IM	Inoffizieller Mitarbeiter
Jh.	Jahrhundert
Juso	Jungsozialist
Kap.	Kapitel

KAS	Konrad-Adenauer-Stiftung
Kfz	Kraftfahrzeug
Kgb.	Königsberg
km	Kilometer
KP	Kommunistische Partei
KPD	Kommunistische Partei Deutschlands
KPdSU	Kommunistische Partei der Sowjetunion
KPO	Kommunistische Partei-Opposition
k. u. k.	kaiserlich und königlich(er)
KSV	Kommunistischer Studentenverband
KZ	Konzentrationslager
LAG	Lastenausgleichsgesetz
LKW	Lastkraftwagen
MdB	Mitglied des Bundestages
MdEP	Mitglied des Europäischen Parlaments
MdL	Mitglied des Landtages
m	Meter
m. E.	meines Erachtens
MS	Maschinenschrift
MSB	Marxistischer Studentenbund
NATO	North Atlantic Treaty Organization
NAK	Nichtabiturientenkurs
NDR	Norddeutscher Rundfunk
NHG	Niedersächsisches Hochschulgesetz
NN	Normal Null
NPD	Nationaldemokratische Partei Deutschlands
NS	Nationalsozialistisch/-lismus
NSDAP	Nationalsozialistische Deutsche Arbeiterpartei
NSKK	Nationalsozialistisches Kraftfahrer-Korps
NSU	Neckarsulmer Fahrzeugwerke
NSV	Nationalsozialistische Volkswohlfahrt
ÖTV	Öffentliche Dienste, Transport und Verkehr
ÖVP	Österreichische Volkspartei
Parl.	Parlamentarischer
PD	Privatdozent(in)
PH	Pädagogische Hochschule
PKW	Personenkraftwagen
Pr.	Preußen
Prof.	Professor
Prot.	Protokoll
PV	Parteivorstand
RAF	Rote Armee Fraktion

RCDS	Ring Christlich-Demokratischer Studenten
Reha	Rehabilitation(s)
RM	Reichsmark
S.	Seite
s.	siehe
SA	Sturm-Abteilung
SB	Sozialistisches Büro
SBZ	Sowjetische Besatzungszone
SDS	Sozialistischer Deutscher Studentenbund
SED	Sozialistische Einheitspartei Deutschlands
SHB	Sozialdemokratischer (Sozialistischer) Hochschulbund
s. o.	siehe oben
Sopade	SPD im Exil
Sopowa	Sozialer und politischer Wandel Oldenburg/Ostfriesland
SPD	Sozialdemokratische Partei Deutschlands
SPÖ	Sozialistische Partei Österreichs
Sp.	Spalte
SPSS	Statistical Package for the Social Sciences
SS	Sommersemester
St.	Stimmen
St.	Sankt
StA	Studienabschnitt
Stamokap	Staatsmonopolistischer Kapitalismus
Stv.	Stadtverordneter/e
SWS	Semesterwochenstunde(n)
SU	Sowjetunion
SZ	Süddeutsche Zeitung
TH	Technische Hochschule
u. a.	unter anderen
UB	Unterbezirk
UBV	Unterbezirksvorstand
Uni	Universität
USA	United States of America
USPD	Unabhängige Sozialdemokratische Partei Deutschlands
vgl.	vergleiche
VHS	Volkshochschule
Vopo	Volkspolizei
Vors.	Vorsitzende/r
VVN	Vereinigung der Verfolgten des Naziregimes
VW	Volkswagen
W. R.	Wolfgang Rudzio
WS	Wintersemester

WUK	Welt- und Umweltkunde
zit.	zitiert (nach)
ZParl	Zeitschrift für Parlamentsfragen

MIX
Papier aus verantwortungsvollen Quellen
Paper from responsible sources
FSC® C105338

If you have any concerns about our products,
you can contact us on
ProductSafety@springernature.com

In case Publisher is established outside the EU,
the EU authorized representative is:
**Springer Nature Customer Service Center GmbH
Europaplatz 3, 69115 Heidelberg, Germany**

Printed by Libri Plureos GmbH
in Hamburg, Germany